Die vertragszahnärztliche Wirtschaftlichkeits- und Abrechnungsprüfung

Bochumer Schriften zum Sozialrecht

Herausgegeben von Friedrich E. Schnapp

Band 13

PETER LANG
Frankfurt am Main · Berlin · Bern · Bruxelles · New York · Oxford · Wien

Ralf Großbölting

Die vertragszahnärztliche Wirtschaftlichkeits- und Abrechnungsprüfung

Unter besonderer Berücksichtigung vergütungsrelevanter Verteilungsmechanismen

PETER LANG
Internationaler Verlag der Wissenschaften

Bibliografische Information der Deutschen Nationalbibliothek
Die Deutsche Nationalbibliothek verzeichnet diese Publikation in der Deutschen Nationalbibliografie; detaillierte bibliografische Daten sind im Internet über <http://www.d-nb.de> abrufbar.

Zugl.: Bochum, Univ., Diss., 2007

D 294
ISSN 1434-2731
ISBN 978-3-631-56678-7

www.peterlang.de

Bochumer Schriften zum Sozialrecht (BOSS)

Ungeachtet der bundeseinheitlichen Regelungen des Sozialrechts ist diese Materie nach wie vor unübersichtlich und kompliziert. Die Klagen über systemwidrige Vielfalt und Widersprüche sowie über den normativen Wildwuchs auf diesem Gebiet sind alt; sie haben gleichwohl auch heute ihre Berechtigung. Aufgabe der Wissenschaft ist es dabei, diesem Komplex "dogmatische Korsettstangen" einzuziehen und systematische Grundlinien aufzuzeigen – falls der hochmotorisierte Gesetzgeber ihr die Zeit dazu läßt.
Die durch die strukturellen Besonderheiten des Sozialrechts bedingte Herausbildung eines Spezialistentums hat einen weiteren Nachteil mit sich gebracht: Trotz verdienstvoller Bemühungen der Sozialrechtswissenschaft ist das Sozialrecht – jedenfalls in Teilen – ein verfassungs- und verwaltungsrechtlicher Spätentwickler. Das ist in letzter Zeit u.a. auf den Gebieten der Rechtsquellenlehre und des Vertragsarztrechts, aber auch auf dem Felde von Rechtsschutzfragen deutlich geworden.
Die "Bochumer Schriften zum Sozialrecht" wollen ihren Teil dazu beitragen, Mängel auf diesen Gebieten zu beheben und wissenschaftliche Desiderate einzulösen. Entsprechend der interdisziplinären Ausrichtung des Instituts für Sozialrecht der Ruhr-Universität Bochum ist die Schriftenreihe auch offen für Untersuchungen aus den Nachbarwissenschaften.
Die "Bochumer Schriften zum Sozialrecht" sollen wissenschaftlichen Abhandlungen, die sich mit den angesprochenen Fragen auseinandersetzen, ein Forum für eine weitere Öffentlichkeit bieten. Daneben sollen Vorträge und Diskussionsbeiträge auf dem alljährlichen Praktikerseminar des Instituts Aufnahme finden. Herausgeber und Verlag erhoffen sich damit einen Beitrag zur weiteren wissenschaftlichen Aufarbeitung und Durchdringung des Sozialrechts.

Friedrich E. Schnapp

Gewidmet meinen Eltern

Vorwort

Die vorliegende Arbeit wurde als Dissertation im Oktober 2006 in das Verfahren der Rechtswissenschaftlichen Fakultät der Ruhr-Universität Bochum eingebracht.

Ich danke meinem sehr verehrten Doktorvater Herrn Prof. Dr. E. Friedrich Schnapp, der mir mit seiner großen Erfahrung in diesem sehr speziellen Bereich des Medizinrechts für Fragen und Hilfestellungen wie aber auch mit konkreten Anregungen, hilfreicher Kritik und dogmatischen Hinweisen zur Verfügung stand. Mein Dank bezieht sich ebenfalls auf die Aufnahme in die Schriftenreihe.

Ich danke meinem Zweitvotanten Herrn Prof. Dr. Stefan Huster für die schnelle Erstellung des Zweitgutachtens.

Für großes Verständnis und Unterstützung in der Phase der Erstellung der Arbeit bin ich meinen Kollegen und Partnern der „kwm - kanzlei für wirtschaft und medizin" verbunden.

Schließlich danke ich von Herzen Susan Shakery, deren in jeglicher Hinsicht gewährter Beistand und Rat mir eine große Hilfe war und ohne die die Erstellung der Arbeit nicht möglich gewesen wäre.

Abschlossen wurde die Arbeit im Oktober 2006. Der Stand der Rechtsprechung und Literatur wurden bis zu diesem Zeitpunkt berücksichtigt.

Berlin, im Februar 2007

Ralf Großbölting

Inhaltsverzeichnis

Literaturverzeichnis

Axer, Peter — Normsetzung der Exekutive in der Sozialversicherung Tübingen 2000
(zit.: Axer, Normsetzung der Exekutive in der Sozialversicherung, S.)

ders. — Abrechnungs- und Wirtschaftlichkeitsprüfungen durch Kassenzahnärztliche Vereinigungen im vertragszahnärztlichen Festzuschusssystem
Neue Zeitschrift für Sozialrecht 2006, S. 225-232
(zit.: Axer, Abrechnungs- und Wirtschaftlichkeitsprüfung, NZS 2006, S.)

Baader, Emil — Zur gerichtlichen Überprüfbarkeit des statistischen Unwirtschaftlichkeitsbeweises im Kassenarztrecht
Die Sozialgerichtsbarkeit 1986, S. 309-317
(zit.: Baader, Zur gerichtlichen Überprüfbarkeit, SGb 1986, S.)

ders. — „Praxisumstände" beim statistischen Beweis der Unwirtschaftlichkeit im Kassenarztrecht
Die Sozialgerichtsbarkeit 1985, S. 446-449
(zit.: Baader, „Praxisumstände" beim statistischen Beweis der Unwirtschaftlichkeit im Kassenarztrecht
SGb 1985, S.)

Beeretz, Rainer — Abrechnungsprüfung in der vertragsärztlichen Versorgung
Zeitschrift für das gesamte Medizin- und Gesundheitsrecht 2004, S. 103-109
(zit.: Beeretz, Abrechnungsprüfung in der vertragsärztlichen Versorgung, ZMGR 2004, S.)

Behnsen, Erika — Die Definitionsmacht des Bundesausschusses der Ärzte und Krankenkassen
Die Krankenversicherung 1999, S. 264-269
(zit.: Behnsen, Die Definitionsmacht des Bundesausschusses der Ärzte und Krankenkassen, KrV 1999, S.)

Beske, Fritz
Leistungskatalog des Gesundheitswesens im internationalen Vergleich
Bd. 104, Institut für Gesundheitssystemforschung
(zit.: Beske, Leistungskatalog des Gesundheitswesens im internationalen Vergleich)

Boecken, Winfried
Festzuschüsse beim Zahnersatz: insbesondere zu den Fragen ihrer Einbeziehung in die Gesamtvergütung und ihrer Budgetierung
Vierteljahresschrift für Sozialrecht 2005, S. 1-20
(zit.: Boecken, Festzuschüsse beim Zahnersatz, VSSR 2005, S.)

Boerner, Dietmar
Die Neuregelung des § 69 SGB V und ihre Bedeutung für die Leistungserbringungsverträge
Die Sozialgerichtsbarkeit 2000, S. 389-393
(zit.: Boerner, Die Neuregelung des § 69 SGB V und ihre Bedeutung für die Leistungserbringungsverträge, SGb 2000, S.)

Bogs, Harald
Ist das uneingeschränkte Monopol der deutschen Kassenärztlichen Vereinigungen noch zeitgemäß? - Grundrechtliche Betrachtungen zur Rechtsstellung dieser öffentlichen Körperschaften
Festschrift für Krasney, München 1997, S. 25-38
(zit.: Bogs, Ist das uneingeschränkte Monopol der deutschen Kassenärztlichen Vereinigungen noch zeitgemäß?, in: FS für Krasney, S.)

ders.
Freie Zulassung zum freien Kassenarztamt unter dem Bonner Grundgesetz
Festschrift für Wannagat, S. 51-85
(zit.: Bogs, Freie Zulassung zum freien Kassenarztamt unter dem Bonner Grundgesetz, in: FS für Wannagat, S.)

Bongen, Wolfgang, u.a.	Zum Vergütungsanspruch des Kassenzahnarztes bei Zahnersatz nach dem Gesundheits-Reformgesetz Neue Juristische Wochenzeitschrift 1992, S. 723-728 (zit.: Bongen, Zum Vergütungsanspruch des Kassenzahnarztes bei Zahnersatz nach dem GRG, NJW 1992, S.)
Broglie, Maximilian	Jetzt machen die KVen ernst mit Plausibilitätsprüfungen Arzt und Recht 2001, S. 158-162 (zit.: Broglie, Jetzt machen die KVen ernst mit Plausibilitätsprüfungen, ArztuR 2001, S.)
Butzer, Hermann	Nullbeteiligungsgesellschaften unter Ärzten Medizinrecht 2001, S. 604-613 (zit.: Butzer, Nullbeteiligungsgesellschaften unter Ärzten MedR 2001, S.)
ders./Kaltenborn, Markus	Die demokratische Legitimation des Bundesausschusses der Ärzte und Krankenkassen Medizinrecht 2001, S. 333-342 (zit.: Butzer/Kaltenborn, Die demokratische Legitimation des Bundesausschusses der Ärzte und Krankenkassen, MedR 2001, S.)
ders./Epping, Volker	Methodik der Fallbearbeitung im öffentlichen Recht 3. Auflage 2006 (zit.: Butzer/Epping, Methodik der Fallbearbeitung im öffentlichen Recht, S.)
Clemens, Thomas	Rechtliche Grenzen bei der Honorarverteilung durch Honorarverteilungsmaßstäbe Medizinrecht 1998, S. 264-254 (zit.: Clemens, Rechtliche Grenzen bei der Honorarverteilung durch Honorarverteilungsmaßstäbe MedR 1998, S.)

ders. | Verfassungsrechtliche Anforderungen an untergesetzliche Rechtsnormen
Medizinrecht 1996, S. 432-439
(zit.: Clemens, Verfassungsrechtliche Anforderungen an untergesetzliche Rechtsnormen, MedR 1996, S.)

ders. | Regelungen der Honorarverteilung, Stand der Rechtssprechung des BSG
Medizinrecht 2000, S. 17-23
(zit.: Clemens, Rechtliche Regelungen der Honorarverteilung, Stand der Rechtssprechung des BSG, MedR 2000, S.)

Dahm, Franz-Josef | Das „Systemversagen“ in der Gesetzlichen Krankenversicherung - Sachleistung oder Kostenerstattung
Medizinrecht 2002, S. 6-10
(zit.: Dahm, Das „Systemversagen“ in der Gesetzlichen Krankenversicherung - Sachleistung oder Kostenerstattung, MedR 2002, S.)

Dettling, Heinz-Uwe | Grundstrukturen des Rechtsverhältnisses zwischen Leistungserbringern und gesetzlich Versicherten
Vierteljahresschrift für Sozialrecht 2006, S. 1-23
(zit.: Dettling, Grundstrukturen, VSSR 2006, S.)

Ebsen, Ingwer | Das selektive Vertragshandeln der Krankenkassen und Leistungserbringer im Lichte europäischen Vergaberechts
Festschrift für Zuleeg 2005, S. 439-455
(zit.: Ebsen, Das selektive Vertragshandeln der Krankenkassen und Leistungserbringer im Lichte europäischen Vergaberechts, in: FS für Zuleeg, S.)

ders. Rechtliche Instrumente der Freiheitssicherung und Steuerung bei der Leistungserbringung im Gesundheitswesen, in: Freiheit und Bindung bei der Leistungserbringung
Schriftenreihe des Deutschen Sozialrechtsverbands, Nr. 38, S. 7-26 (1994)
(zit.: Ebsen, Rechtliche Instrumente der Freiheitssicherung und Steuerung bei der Leistungserbringung im Gesundheitswesen, S.)

Ehlers, Alexander (Hrsg.) Praxis der Wirtschaftlichkeitsprüfung
2. Auflage, München 2002
(zit.: Bearbeiter, in: Ehlers, Wirtschaftlichkeitsprüfung, S.)

Engelhard, Wolfgang Änderungen der Wirtschaftlichkeitsprüfung im Vertragsarztrecht durch das GKV-Gesundheitsreformgesetz 2000
Neue Zeitschrift für Sozialrecht 2001, S. 123-129
(zit.: Engelhard, Änderungen der Wirtschaftlichkeitsprüfung im Vertragsarztrecht durch das GKV-Gesundheitsreformgesetz 2000, NZS 2001, S.)

ders. Richtgrößenprüfung im Vertragsarztrecht
Neue Zeitschrift für Sozialrecht 2004, S. 572-576
(zit.: Engelhard, Richtgrößenprüfung im Vertragsarztrecht, NZS 2004, S.)

ders. Zur Zulässigkeit von Wirtschaftlichkeitsprüfungen im Bereich der Übergangszone
Juris Praxis-Report 4/2005
(zit.: Engelhard, Zur Zulässigkeit von Wirtschaftlichkeitsprüfungen im Bereich der Übergangszone)

Engelmann, Klaus	Untergesetzliche Normsetzung im Recht der gesetzlichen Krankenversicherung durch Verträge und Richtlinien Neue Zeitschrift für Sozialrecht, 2000, S. 1- 8, S. 76-84 (zit.: Engelmann, Untergesetzliche Normsetzung, NZS 2000, S.)
Eul, Lotte	Zur Wirtschaftlichkeitsprüfung anhand des Vergleichs mit eigenen Abrechnungswerten Die Sozialgerichtsbarkeit 1995, S. 405 (zit.: Eul, Zur Wirtschaftlichkeitsprüfung anhand des Vergleichs mit eigenen Abrechnungswerten, SGb 1995, S.)
Fastabend, Katrin	Der Begriff der notwendigen Krankenbehandlung im SGB V Neue Zeitschrift für Sozialrecht 2002, S. 299-307 (zit.: Fastabend, Der Begriff der notwendigen Krankenbehandlung, NZS 2002, S.)
Francke, Robert/ Schnitzler, Jörg	Die Behandlungspflicht des Vertragsarztes bei begrenzten Finanzmitteln - Zur Unzulässigkeit der Verweigerung unrentabler Leistungen Die Sozialgerichtsbarkeit 2002, S. 84-92 (zit.: Francke, Die Behandlungspflicht, SGb 2002, S.)
Filler, Gert	Die Neugestaltung der Wirtschaftlichkeitsprüfung der vertragsärztlichen Versorgung durch das GMG ab dem 1.1.2004 Gesundheitsrecht 2004, S. 503-505 (zit.: Filler, Neugestaltung der Wirtschaftlichkeitsprüfung, GesR 2004, S.)
Greve, Peter	Anmerkungen zum BSG-Urteil vom 27.4.2005 Zeitschrift für das gesamte Medizin- und Gesundheitsrecht 2005, S. 329-330 (zit.: Greve, Anmerkung, ZMGR 2005, S.)

Großbölting, Ralf — Kostenerstattung für neue Behandlungsmethoden - die Rechtsprechung des BSG im Wandel
Medizinrecht 1999, S. 405-409
(zit.: Großbölting, Kostenerstattung für neue Behandlungsmethoden - die Rechtsprechung des BSG im Wandel, MedR 1999, S.)

Großbölting, Ralf/ Middendorf, Max — Die differenzierte Einstufung bei der Gründung oder Erweiterung einer zahnärztlichen Gemeinschaftspraxis - wie definiert sich der Unterschied zwischen gleichberechtigter und ungleichberechtigter Gemeinschaftspraxis?
Medizinrecht 2003, S. 93-100
(zit.: Großbölting/Middendorf, Die differenzierte Einstufung bei der Gründung oder Erweiterung einer zahnärztlichen Gemeinschaftspraxis, MedR 2003, S.)

Grütters, Jochen — Auswirkungen des Einheitlichen Bewertungsmaßstabes vom 1.1.1996 auf die Wirtschaftlichkeitsprüfung nach § 106 SGB V
Diss. Münster 1998
(zit.: Grütters, Auswirkungen des Einheitlichen Bewertungsmaßstabes vom 1.1.1996 auf die Wirtschaftlichkeitsprüfung nach § 106 SGB V, S.)

Hällßig, Gert — Normsetzung durch Richtlinien im Vertragsarztrecht - Zum Rechtscharakter der Richtlinien des Bundesausschusses für Ärzte und Krankenkassen
Diss. Saarbrücken 2000
(zit.: Hällßig, Normsetzung durch Richtlinien, S.)

Hänlein, Andreas — Rechtsquellen im Sozialversicherungsrecht
Berlin 2001
(zit.: Hänlein, Rechtsquellen im Sozialversicherungsrecht, S.)

Harneit, Paul	Die vertragszahnärztliche Vergütung - Konkurrenz zwischen Degression, sachlich-rechnerischer Berichtigung, Wirtschaftlichkeitsprüfung, Honorarverteilung und Budgetüberschreitung Gesundheitsrecht 2002, S. 73-79 (zit.: Harneit, Die vertragszahnärztliche Vergütung, GesR 2002, S.)
Hauck, Karl/Noftz, Wolfgang (Hrsg.)	Gesamtkommentar SGB V Loseblattsammlung, Berlin 2005 (zit.: Bearbeiter, in: Hauck/Noftz, §, Rn.)
Hesral, Harald	Praxis- und Zusatzbudgets des EBM (Ärzte) in der gerichtlichen Praxis Neue Zeitschrift für Sozialrecht 2000, S. 596-603 (zit.: Hesral, Praxis- und Zusatzbudgets des EBM in der gerichtlichen Praxis, NZS 2000, S.)
Hess, Rainer	Angemessenheit der Vergütung und angemessenes Arzthonorar - aus Sicht der ärztlichen Selbstverwaltung Vierteljahresschrift für Sozialrecht 1995, S. 367-381 (zit.: Hess, Angemessenheit der Vergütung und angemessenes Arzthonorar, VSSR 1995, S.)
ders.	Anmerkung zum Urteil des BSG vom 28.4.2004 Die Sozialgerichtsbarkeit 2005, S. 113-115 (zit.: Hess, Anmerkung, SGb 2005, S.)
Hinz, Peter	Der Honorarverteilungsvertrag - Ablösung des Honorarverteilungsmaßstabes Die Leistungen 2005, S. 705-709 und 2006, S. 1-6. (zit.: Hinz, Der Honorarverteilungsvertrag - Ablösung des Honorarverteilungsmaßstabes, Die Leistungen 2005/2006, S.)

ders.	Neue Versorgungsformen im Gesundheitsmodernisierungsgesetz seit dem 1.1.2004 Die Leistungen 2004, S. 449-454, 513-522 (zit.: Hinz, Neue Versorgungsformen im GMG, Die Leistungen 2004, S.)
Höwing, Jörg	Qualitätssicherung ärztlichen Handelns als Aufgabe der ärztlichen und kassenärztlichen Selbstverwaltung - Eine Untersuchung zur Verbesserung des Wirtschaftlichkeitsprüfverfahrens, § 368n Absatz 5 RVO Diss. Göttingen 1990 (zit.: Höwing, Qualitätssicherung ärztlichen Handelns als Aufgabe der ärztlichen und kassenärztlichen Selbstverwaltung - Eine Untersuchung zur Verbesserung des Wirtschaftlichkeitsprüfverfahrens, § 368n Absatz 5 RVO, S.)
Hufen, Friedhelm	Grundrechtsschutz der Leistungserbringer und privaten Versicherer in Zeiten der Gesundheitsreform Neue Juristische Wochenzeitschrift 2004, S. 14-18 (zit.: Hufen, Grundrechtsschutz, NJW 2004, S.)
ders.	Inhalt und Einschränkbarkeit vertragsärztlicher Grundrechte Medizinrecht 1996, S. 394-403 (zit.: Hufen, Inhalt und Einschränkbarkeit vertragsärztlicher Grundrechte, MedR 1996, S.)
Huster, Stefan	Anmerkung zum Beschluss des BVerfG vom 6.12.2005 Juristenzeitung 2006, S. 466-468 (zit.: Huster, Anmerkung, JZ 2006, S.)
Isensee, Josef	Das Recht des Kassenarztes auf angemessene Vergütung Vierteljahresschrift für Sozialrecht 1995, S. 321-353 (zit.: Isensee, Das Recht des Kassenarztes auf angemessene Vergütung, VSSR 1995, S.)

Jahn, Kurt	Kommentar zum SGB X Loseblattsammlung, Freiburg (zit.: Jahn, Kommentar zum SGB X, §, Rn.)
Jörg, Michael	Das neue Kassenarztrecht München 1993 (Jörg, Kassenarztrecht, S.)
Jung, Eberhard	Verjährung, Ausschluss und Verwirkung sozialrechtlicher Ansprüche Zeitschrift für Sozialhilfe und Sozialgesetzbuch 1988, S. 16-23 (zit.: Jung, Verjährung, Ausschluss und Verwirkung sozialrechtlicher Ansprüche, ZfSH/SGB, S.)
Kamps, Hans	Die Honorarverteilung an die Vertragszahnärzte Medizinrecht 1994, S. 41-48 (zit.: Kamps, Die Honorarverteilung an die Vertragszahnärzte, MedR 1994, S.)
ders.	Der neue Teilnahmestatus der eingeschränkten Zulassung gemäß § 101 Absatz 1 Nr. 4 SGB V Medizinrecht 1998, S. 103-108 (zit.: Kamps, Der neue Teilnahmestatus der eingeschränkten Zulassung gemäß § 101 Absatz 1 Nr. 4 SGB V, MedR 1998, S.)
Kasseler Kommentar	Kommentar zum Sozialversicherungsrecht, Loseblattsammlung, München (zit.: Bearbeiter, in: Kasseler Kommentar, §, Rn.)
Klingenberger, David, u.a.	Befundbezogene Festzuschüsse als innovatives Steuerungsinstrument in der Zahnmedizin - Systemtheoretische Einordnung und empirische Befunde Forschungsbericht, Institut der deutschen Zahnärzte 10/05 (zit.: Klingenberger/Micheelis, Befundbezogene Festzuschüsse, S.)

Krauskopf, Dieter — Vom Arzneimittelbudget zu Richtgrößen
Medizinrecht 1998, S. 491-496
(zit.: Krauskopf, Vom Arzneimittelbudget zu Richtgrößen, MedR 1998, S.)

Lepsius, Oliver — Verfassungsrechtliche und dogmatische Probleme der sachlich-rechnerischen Richtigstellung
Vierteljahresschrift für Sozialrecht 1998, S. 95-132
(zit.: Lepsius, Verfassungsrechtliche und dogmatische Probleme der sachlich-rechnerischen Richtigstellung, VSSR 1998, S.)

Lindenau, Lars — Medizinisches Versorgungszentrum - Gesetzesanspruch und Zulassungswirklichkeit
Gesundheitsrecht 2005, S. 494-498
(zit.: Lindenau, MVZ, GesR 2005, S.)

Link, Christoph/ de Wall, Heinrich — Verfassungsanforderungen an die Honorarverteilung im Vertragsarztrecht - insbesondere mit Blick auf ärztliche Minderheitsgruppen
Vierteljahreszeitschrift für Sozialrecht 2001, S. 69 - 100
(zit.: Link, Verfassungsanforderungen an die Honorarverteilung, VSSR 2001, S.)

Luckhaupt, Ralf — Vergleichsabschluss mit Kollegialorganen
Gesundheitsrecht 2004, S. 464-468
(zit.: Luckhaupt, Vergleichsabschluss mit Kollegialorganen, GesR 2004, S.)

Maaß, Rainald — Fragen der Proportionalität und des verfassungsrechtlichen Gleichheitssatzes bei Wirtschaftlichkeitsprüfung, Regress und Honorarverteilung in der vertragsärztlichen Praxis
Neue Zeitschrift für Sozialrecht 2000, S.109-120
(zit.: Maaß, Fragen der Proportionalität und des verfassungsrechtlichen Gleichheitssatzes bei Wirtschaftlichkeitsprüfung, Regress und Honorarverteilung in der vertragsärztlichen Praxis, NZS 2000, S.)

ders.	Die Angemessenheit der Vergütung der vertragsärztlichen Leistung Neue Zeitschrift für Sozialrecht 1998, S. 13-20 (zit.: Maaß, Die Angemessenheit der Vergütung der vertragsärztlichen Leistung, NZS 1998, S.)
ders.	Wesentliche Neuerungen des GKV-Modernisierungsgesetzes aus der Sicht der Rechtsprechung Medizinrecht 2004, S. 197-202 (zit.: Maaß, Wesentliche Neuerungen des GMG, MedR 2004, S.)
Mangoldt, von, Hermann u. a. (Hrsg.)	Kommentar zum Grundgesetz 5. Auflage, München 2005 (zit.: Bearbeiter, in: Mangoldt, Art., Rn.)
Maunz, Theodor u.a. (Hrsg.)	Grundgesetz Kommentar Bd. 2, Art. 6-16a und Bd. 3, Art. 17-27 München 1997/2004 (zit.: Bearbeiter, in: Maunz, Art., Rn.)
Maurer, Hartmut	Allgemeines Verwaltungsrecht 16. Auflage, München 2006 (zit.: Maurer, Allgemeines Verwaltungsrecht, §, Rn.)
Maydell, von, Bernd/ Pietzcker, Jost	Begrenzung der Kassenarztzulassung Baden-Baden 1993 (zit.: Maydell/Pietzcker, Begrenzung der Kassenarztzulassung, 1993, S.)
Maydell, von, Bernd (Hrsg.)	Gemeinschaftskommentar zum Sozialgesetzbuch, GK-SGB V Loseblattsammlung, Neuwied 1989 (zit.: Bearbeiter, in: Maydell, GK-SGB V, §, Rn.)

Merten, Detlef	Krankenversicherung zwischen Eigenverantwortung und Staatsversorgung Neue Zeitschrift für Sozialrecht 1996, 593-599 (zit.: Merten, Krankenversicherung zwischen Eigenverantwortung und Staatsversorgung, NZS 1996, S.)
Methner, Christian	Prüfvereinbarungen (KZV) in der Praxis Wege zu Sozialversicherung 1995, S. 200-204 (zit.: Methner, Prüfvereinbarungen (KZV) in der Praxis, WzS 1995, S.)
Meydam, Jan	Abrechnungs-Prüfungsbefugnis der gesetzlichen Krankenkassen und Datenschutz Neue Zeitschrift für Sozialrecht 1998, S. 115-120 (zit.: Meydam, Abrechnungs-Prüfungsbefugnis der gesetzlichen Krankenkassen und Datenschutz NZS 1998, S.)
ders.	Gewährleistungspflicht, Sachleistungsgrundsatz und Kostenerstattung im neu normierten Leistungsrecht der GKV Die Sozialgerichtsbarkeit 1991, S. 377-381 (zit.: Meydam, Gewährleistungspflicht, Sachleistungsgrundsatz und Kostenerstattung im neu normierten Leistungsrecht der GKV, SGb 1991, S.)
Meyer-Ladewig, Jens/ Keller, Wolfgang/ Leitherer, Stephan	Sozialgerichtsgesetz - Kommentar 8. Auflage, München 2005 (zit.: Meyer-Ladewig, SGG, §, Rn.)
Muckel, Stefan	Das Sachleistungsprinzip der gesetzlichen Krankenversicherung nach dem 2. GKV-Modernisierungsgesetz Die Sozialgerichtsbarkeit 1998, S. 385-389 (zit.: Muckel, Das Sachleistungsprinzip der gesetzlichen Krankenversicherung nach dem 2. GKV-Modernisierungsgesetz, SGb 1998, S.)

Münch, von, Ingo/ Künig, Philip (Hrsg.)	Grundgesetz - Kommentar 5. Auflage, München 2003 (zit.: Bearbeiter, in: Münch, Art., Rn.)
Möller, Karl-Heinz	Der im zugelassenen Medizinischen Versorgungszentrum angestellte Arzt Gesundheitsrecht 2004, S. 456-464 (zit.: Möller, Der im zugelassenen Medizinischen Versorgungszentrum angestellte Arzt, GesR 2004, S.)
Neumann, Volker	Der Vorrang des Gesetzes im Leistungserbringungsrecht der gesetzlichen Krankenversicherung in: Schnapp (Hrsg.), Probleme der Rechtsquellen im Sozialversicherungsrecht, Teil II, 1999, S. 43-75 (zit.: Neumann, Der Vorrang des Gesetzes im Leistungserbringungsrecht der gesetzlichen Krankenversicherung, in: Schnapp, Probleme der Rechtsquellen im Sozialversicherungsrecht, S.)
ders.	Der Anspruch auf Krankenbehandlung - ein Rahmenrecht? Die Sozialgerichtsbarkeit 1998, S. 609-614 (zit.: Neumann, Der Anspruch auf Krankenbehandlung - ein Rahmenrecht?, SGb 1998, S.)
Neugebauer, Gabriele	Das Wirtschaftlichkeitsgebot in der Gesetzlichen Krankenversicherung Berlin 1996 (zit.: Neugebauer, Das Wirtschaftlichkeitsgebot in der Gesetzlichen Krankenversicherung, S.)
Oehler, Klaus	BEMA-Z und Wirtschaftlichkeitsprüfung Berlin 2004 (zit.: Oehler, BEMA-Z und Wirtschaftlichkeitsprüfung, S.)
Ossenbühl, Fritz	Richtlinien im Vertragsarztrecht Neue Zeitschrift für Sozialrecht 1997, S. 497-503 (zit.: Ossenbühl, Richtlinien, NZS 1997, S.)

Palandt	Bürgerliches Gesetzbuch 65. Auflage, München 2006 (Bearbeiter, in: Palandt, §, Rn.)
Peikert, Peter	Erste Erfahrungen mit Medizinischen Versorgungszentren Zeitschrift für das gesamte Medizin- und Gesundheitsrecht 2004, S. 211-221 (zit.: Peikert, Erste Erfahrungen mit MVZ, ZMGR 2004, S.)
Peters, Horst	Handbuch der Krankenversicherung Teil 11 - SGB V Loseblattsammlung, Stuttgart, Berlin, Köln (zit.: Bearbeiter, in: Peters, Handbuch der Krankenversicherung, §, Rn.)
Pieroth, Bodo/ Schlink, Bernhard	Grundrechte - Staatsrecht II 21. Auflage, Heidelberg 2005 (zit.: Pieroth/Schlink, Grundrechte, Rn.)
Plagemann, Hermann	Handbuch des Sozialrechts München 2005 (zit.: Plagemann, Handbuch des SozialR, §, Rn.)
Pollandt, Andreas	Plausibilitätsprüfung nach Zeitprofilen Arztrecht 2005, S. 99-101 (zit.: Pollandt, Plausibilitätsprüfung nach Zeitprofilen, ArztR 2005, S.)
Preissler, Reinhold, u.a.	Das Medizinische Versorgungszentrum Berlin 2005 (zit.: Preissler/Zwingel, Das MVZ, S.)
Preissler, Reinhold	Grenzen des Gestaltungsermessens in Honorarverteilungsmaßstäben Medizinrecht 1996, S. 162-166 (zit.: Preissler, Grenzen des Gestaltungsermessens in HVM, MedR 1996, S.)

Quaas, Michael | Ungelöste Rechtsfragen der Vergütung in der integrierten Versorgung
Das Krankenhaus 2005, S. 967-974
(zit.: Quaas, Ungelöste Probleme in der integrierten Versorgung, KH 2005, S.)

ders./Zuck, Rüdiger | Medizinrecht
München 2005
(zit.: Quaas/Zuck, Medizinrecht, §, Rn.)

Rath, Marion | Arzneimittelbudget und die neuen Arzneimittel-Richtlinien in der Wirtschaftlichkeitsprüfung
Medizinrecht 1999, S. 245-247
(zit.: Rath, Arzneimittelbudget und die neuen Arzneimittel-Richtlinien in der Wirtschaftlichkeitsprüfung, MedR 1999, S.)

Ratzel, Rudolf | Medizinische Versorgungszentren
Zeitschrift für das gesamte Medizin- und Gesundheitsrecht 2004, S. 63-68
(zit.: Ratzel, MVZ, ZMGR 2004, S.)

Riemer-Kafka, Gabriele | Moral Hazard und Selbstverantwortung
Schweizerische Zeitschrift für Sozialversicherung und berufliche Vorsorge 2006, S. 190-207
(zit.: Riemer-Kafka, Moral Hazard und Selbstverantwortung, SZS 2006, S.)

Rompf, Thomas | Die Normsetzungsbefugnis der Partner der vertragsarztrechtlichen Kollektivverträge
Vierteljahresschrift für Sozialrecht 2004, S. 281-309
(zit.: Rompf, Normsetzungsbefugnis, VSSR 2004, S.)

Saekel, Rüdiger | Beiträge zur Qualitätssicherung in der Zahnmedizin
Die Betriebskrankenkasse 1992, S. 464-475
(zit.: Saekel, Qualitätssicherung in der Zahnmedizin, BKK 1992, S.)

Saenger, Ingo — Gesellschaftsrechtliche Gestaltung ärztlicher Kooperationsformen
Neue Zeitschrift für Sozialrecht 2001, S. 234 - 240
(zit.: Saenger, Gesellschaftsrechtliche Gestaltung ärztlicher Kooperationsformen, NZS 2001, S.)

Schauenburg, Birgit — EBM 2000plus - die neue vertragsärztliche Gebührenordnung
Betriebskrankenkassen 2004, S. 241-242
(zit.: Schauenburg, EBM 2000plus - die neue vertragsärztliche Gebührenordnung, BKK 2004, S.)

Schewe, Dieter — Die Beschwörung des Wirtschaftlichen im SGB V
Die Sozialgerichtsbarkeit 1989, S. 410-416
(zit.: Schewe, Die Beschwörung des Wirtschaftlichen, SGb 1989, S.)

Schimmelpfeng-Schütte, Ruth — Richtliniengebung durch den Bundesausschuss der Ärzte und Krankenkassen und demokratische Legitimation Neue Zeitschrift für Sozialrecht 1999, S. 530-537
(zit.: Schimmelpfeng-Schütte, Richtliniengebung durch den Bundesausschuss der Ärzte und Krankenkassen und demokratische Legitimation, NZS 1999, S.)

Schmiedl, Wolfgang — Das Recht des Vertrags(zahn)arztes auf angemessene Vergütung in Zeiten der Budgetierung
Medizinrecht 2002, S. 116-122
(zit.: Schmiedl, Angemessene Vergütung, MedR 2002, S.)

ders. — Das Recht des vertrags(zahn)ärztlichen Schiedswesens
Diss. Berlin 2002
(zit.: Schmiedl, Recht des Schiedswesens, S.)

Schmitz, Rochus	Wirtschaftlichkeitsprüfung - Amtsermittlung - Darlegungslast Neue Zeitschrift für Sozialrecht 1997, S. 398-404 (zit.: Schmitz, Wirtschaftlichkeitsprüfung - Amtsermittlung - Darlegungslast, NZS 1997, S.)
Schnapp, Friedrich E./ Wigge, Peter (Hrsg.)	Handbuch des Vertragsarztrechts 2. Auflage, München 2006 (zit.: Bearbeiter, in: Schnapp/Wigge, §, Rn.)
Schnapp, Friedrich E.	Honorareinbehalt, Wesentlichkeitstheorie und Satzungsautonomie im Kassenarztrecht Festschrift für Wolfgang Gitter, S. 861-873 (zit.: Schnapp, Honorareinbehalt, Wesentlichkeitstheorie und Satzungsautonomie, S.)
ders.	Rechtsetzung durch Schiedsämter und gerichtliche Kontrolle von Schiedsamtsentscheidungen, in: ders. (Hrsg.) Probleme der Rechtsquellen im Sozialversicherungsrecht, 1999, Teil 2, S. 77-98 (zit.: Schnapp, Rechtsetzung durch Schiedsämter und gerichtliche Kontrolle von Schiedsamtsentscheidungen, S.)
ders.	Geltung und Auswirkungen des Gesetzesvorbehalts im Vertragsarztrecht Medizinrecht 1996, S. 418-424 (zit.: Geltung und Auswirkungen des Gesetzesvorbehalts im Vertragsarztrecht, MedR 1996, S.)
ders.	Kompetenzkonflikte durch Normerlaß im Kassenarztrecht Neue Zeitschrift für Sozialrecht 1997, S. 152-154 (zit.: Schnapp, Kompetenzkonflikte durch Normerlaß im Kassenarztrecht, NZS 1997, S.)

ders.	Gesamtverträge und Schiedsverfahren mit Ersatzkassenbeteiligung - Rechtschutzprobleme und Aufsichtskonfusionen Neue Zeitschrift für Sozialrecht 2003, S. 1-5 (zit.: Schnapp, Gesamtverträge und Schiedsverfahren mit Ersatzkassenbeteiligung, NZS 2003, S.)
ders.	Anmerkung zum Urteil des BSG vom 20.10.2004 Die Sozialgerichtsbarkeit 2005, S. 548-551 (zit.: Schnapp, Anmerkung, SGb 2005, S.)
ders.	Privatversicherungsrechtliche Elemente in der gesetzlichen Krankenversicherung – ein verfassungsrechtliche Betrachtung Zeitschrift für das gesamte Medizin- und Gesundheitsrecht 2005, S. 6-14- (zit.: Schnapp, Privatversicherungsrechtliche Elemente in der GKV, ZMGR 2005, S.)
ders.	Untergesetzliche Rechtsquellen im Vertragsarztrecht am Beispiel der Richtlinien Festschrift 50 Jahre BSG, S. 497-515 (zit.: Schnapp, FS 50 Jahre, S.)
ders.	Das Verwaltungsverfahren im Kassenarztrecht Die Sozialgerichtsbarkeit 1985, S. 89-94 (zit.: Schnapp, Verwaltungsverfahren, SGb 1985, S.)
Schneider, Günther	Handbuch des Kassenarztrechts 2. Auflage, München 2006 (zit.: Schneider, Kassenarztrecht, S.)
ders.	Die vertragsärztliche Vergütung im Spannungsfeld von EBM und HVM Medizinrecht 1997, S. 1-6 (zit.: Schneider, Die vertragsärztliche Vergütung im Spannungsfeld von EBM und HVM MedR 1997, S.)

ders. | Die Preisfindung für vertragszahnärztliche Leistungen Die Sozialgerichtsbarkeit 2004, S. 143-153
(zit.: Schneider, Die Preisfindung für vertragszahnärztliche Leistungen, SGb 2004, S.)

ders. | Wirtschaftlichkeitsprüfung unter dem Einfluss von Praxisbudgets
Medizinrecht 1998, S. 540-545
(zit.: Schneider, Wirtschaftlichkeitsprüfung unter dem Einfluss von Praxisbudgets, MedR 1998, S.)

Schrinner, Bernd | Bedeutung, Umfang und Grenzen des Sicherstellungsauftrags der Kassenärztlichen Vereinigungen gemäß § 75 Abs. 1 SGB V, seine Defizite und deren mögliche Beseitigung
Diss. Bonn 1996
(zit.: Schrinner, Sicherstellungsauftrag, S.)

Schulin, Bertram (Hrsg.) | Handbuch des Sozialversicherungsrechts, Band 1 Krankenversicherungsrecht
München 1994
(zit.: Schulin, Handbuch des Sozialversicherungsrechts, §, Rn.)

Schwerdtfeger, Gunther | Verfassungsrechtliche Grenzen der Freiheit und Bindung der Leistungserbringung
in: Freiheit und Bindung bei der Leistungserbringung
Schriftenreihe des Deutschen Sozialrechtsverbandes, Nr. 38, S. 27-48 (1994)
(zit.: Schwerdtfeger, Verfassungsrechtliche Grenzen der Freiheit und Bindung der Leistungserbringung, SDSRV Nr. 38, S.)

ders. | Die Leistungsansprüche der Versicherten im Rechtskonkretisierungskonzept des SGB V
Neue Zeitschrift für Sozialrecht 1998, S. 49-53, S. 97-103
(zit.: Schwerdtfeger, Die Leistungsansprüche der Versicherten, NZS 1998, S.)

Sodan, Helge	Rückwirkende Korrekturen vertrags(zahn)ärztlicher Gesamtvergütungsverträge und Honorarbescheide als Rechtsproblem Neue Zeitschrift für Sozialrecht 2003, S. 57-62, S. 130-134 (zit.: Sodan, Rückwirkende Korrekturen vertrags(zahn)ärztlicher Gesamtvergütungsverträge und Honorarbescheide als Rechtsproblem, NZS 2003, S.)
ders.	Der Vertragsarzt - Ausschussbeauftragter für den Richtlinienvollzug? in: Schnapp (Hrsg.), Probleme der Rechtsquellen im Sozialversicherungsrecht, Teil III, 2000, S. 185-223 (zit.: Sodan, Der Vertragsarzt - Ausschussbeauftragter für den Richtlinienvollzug?, S.)
Spellbrink, Wolfgang	Wirtschaftlichkeitsprüfung im Kassenarztrecht nach dem Gesundheitsstrukturgesetz Berlin 1994 (zit.: Spellbrink, Wirtschaftlichkeitsprüfung, Rn.)
ders.	Die „intellektuelle Wirtschaftlichkeitsprüfung“ Medizinrecht 1996, S. 125-126 (zit.: Spellbrink, Die „intellektuelle Wirtschaftlichkeitsprüfung“, MedR 1996, S.)
Spoerr, Wolfgang	Haben Ärzte ein Recht auf angemessenes Honorar? Medizinrecht 1997, S. 342-346 (zit.: Spoerr, Haben Ärzte ein Recht auf angemessenes Honorar? MedR 1997, S.)
Steege, Reinhard	Die Konkretisierung des Krankenbehandlungsanspruchs im Sachleistungssystem der GKV Festschrift 50 Jahre BSG, S. 517-532 (zit.: Steege, Die Konkretisierung des Krankenbehandlungsanspruchs im Sachleistungssystem der GKV, in: FS 50 Jahre , S.)

Steinhilper, Gernot | Die Plausibilitätsprüfung nach neuem Recht
Medizinrecht 2004, S. 597-600
(zit.: Steinhilper, Die Plausibilitätsprüfung nach neuem Recht, MedR 2004, S.)

Stiller, Klaus Peter | Der Honoraranspruch des überbeschäftigten Kassenarztes: Die Verhütung einer übermäßigen Ausdehnung der kassenärztlichen Tätigkeit
Berlin 1992
(zit.: Stiller, Der Honoraranspruch, S.)

Stork, Robert | Arzneikostenregress und Datengrundlagen
Gesundheitsrecht 2005, S. 533-566
(zit.: Stork, Arzneikostenregress und Datengrundlagen, GesR 2005, S.)

Taupitz, Jochen | Richtlinien in der Transplantationsmedizin
Neue Juristische Wochenzeitschrift 2003, S. 1145-1150
(zit.: Taupitz, Richtlinien in der Transplantationsmedizin, NJW 2003, S.)

Tempel-Kromminga, Helke | Die Problematik der Richtlinien der Bundesausschüsse der Ärzte und Krankenkassen, Diss. Münster 1992
(zit.: Tempel-Kromminga, Die Problematik der Richtlinien der Bundesausschüsse der Ärzte und Krankenkassen, S.)

Tiemann, Burkhard, u.a. | Zur Kostenerstattung nach dem Gesundheits-Reformgesetz
Neue Juristische Wochenzeitschrift 1990, S. 743-748
(zit.: Tiemann, Zur Kostenerstattung nach dem GRG, NJW 1990, S.)

Wannagat, Georg (Hrsg.) | Kommentar zum gesamten Recht des Sozialgesetzbuches
Loseblatt 2002
(zit.: Bearbeiter, in: Wannagat, SGB, §/Rn., S.)

Wasem, Jürgen, Greß, Stefan	Anreize für die Versicherten in der Gesetzlichen Krankenversicherung - die Diskussion um das „Moral-Hazard"-Problem in der GKV Schriftenreihe des Deutschen Sozialrechtsverbandes 2004, S. 115-126 (zit.: Wasem, Greß, Die Diskussion um das „Moral-Hazard"-Problem in der GKV, SDSRV Nr. 52, S.)
Wehebrink, Eva	Die Praxisgemeinschaft als „faktische Gemeinschaftspraxis" - Zur Abrechnung ärztlicher Leistungen in einer Praxisgemeinschaft bei auffällig hoher Patientenidentität Neue Zeitschrift für Sozialrecht 2005, S. 400-407 (zit.: Wehebrink, Die Praxisgemeinschaft als „faktische Gemeinschaftspraxis", NZS 2005, S.)
Weiß, Wolfgang	Der Vertragsarzt zwischen Freiheit und Bindung Neue Zeitschrift für Sozialrecht 2005, S. 67-74 (zit.: Weiß, Der Vertragsarzt zwischen Freiheit und Bindung, NZS 2005, S.)
Wiesmann, Reimund	Rechtsprechungsgrundsätze zu unkonventionellen Heilmethoden Die Sozialversicherung 1999, S. 121-123 (zit.: Wiesmann, Rechtsprechungsgrundsätze zu unkonventionellen Heilmethoden, SozVers 1999, S.)
Wigge, Peter	Medizinische Versorgungszentren nach dem GMG Medizinrecht 2004, S. 123-134 (zit.: Wigge, MVZ, MedR 2004, S.)
ders.	Der degressive Punktwert in der vertragszahnärztlichen Versorgung Neue Zeitschrift für Sozialrecht 1995, S. 529-533 (zit.: Wigge, Der degressive Punktwert in der vertragszahnärztlichen Versorgung, NZS 1995, S.)

Wilk, Thomas	Die Rechtsbeziehungen im Vertragsarztwesen unter besonderer Berücksichtigung der Rechtsstellung des Belegarztes Diss. Bochum 2005 (zit.: Wilk, Die Rechtsbeziehungen im Vertragsarztwesen, S.)
Wimmer, Raimund	Der Rechtsanspruch von Vertragsärzten auf angemessene Vergütung Medizinrecht 1998, S. 533-539 (zit.: Wimmer, Der Rechtsanspruch von Vertragsärzten auf angemessene Vergütung, MedR 1998, S.)
ders.	Rechtsstaatliche Defizite im vertragsärztlichen Berufsrecht Neue Juristische Wochenzeitschrift 1995, S. 1577-1599 (zit.: Wimmer, Rechtsstaatliche Defizite im vertragsärztlichen Berufsrecht, NJW 1995, S.)
Wolff, Heinrich Amadeus	Die Legitimationsveränderungen des Richtlinienerlasses durch den Gemeinsamen Bundesausschuss auf Grundlage des GKV-Modernisierungsgesetzes Neue Zeitschrift für Sozialrecht 2006, S. 281-285 (zit.: Wolff, Legitimationsveränderungen, NZS 2006, S.)
Wulffen, von, Matthias u.a.	Sozialgesetzbuch - SGB X 5. Auflage, München 2005 (zit.: Bearbeiter, in: Wulffen, SGB X, §, Rn.)
Ziermann, Karin	Sicherstellung der vertragszahnärztlichen Versorgung durch Medizinische Versorgungszentren Medizinrecht 2004, S. 540-547 (zit.: Ziermann, Sicherstellung der vertragszahnärztlichen Versorgung, MedR 2004, S.)

Abkürzungsverzeichnis

Kirchner, Hildebert/ Butz, Cornelia	Abkürzungsverzeichnis der Rechtssprache 5. Auflage, Berlin 2003 (Alle aufgeführten Abkürzungen entsprechen diesem Abkürzungsverzeichnis)

Kapitel 1 – Einleitung

I. Zielvorgaben

Die Wirtschaftlichkeits- und Abrechnungsprüfung begrenzen faktisch die Therapiefreiheit der Zahnärztin und des Zahnarztes.[1] Die selbstständigen Prüfgremien kontrollieren die vertragszahnärztliche Behandlungs- und Verordnungsweise und verhängen bei Feststellung von Unwirtschaftlichkeiten im Sinne des SGB V Sanktionen gegen den Vertragszahnarzt. Obwohl Fragen der Budgetierung heute teilweise von zentraler Bedeutung sind, hat die Wirtschaftlichkeits- und Abrechnungsprüfung in der Praxis der Sozialgerichte keineswegs an Bedeutung verloren. Im Gegenteil ist festzustellen, dass in vielen Kassenzahnärztlichen Vereinigungen (KZV) die Prüftätigkeit verstärkt wird. Dies beruht nicht zuletzt auf den aktuellen gesetzgeberischen Maßnahmen.

Aufgabe dieser Arbeit soll es zum einen sein, die „Prüfung der Wirtschaftlichkeit und Abrechnung" vertragszahnärztlicher Behandlung in ihren problematischen Bereichen rechtlich und tatsächlich zu analysieren, wobei der Schwerpunkt auf das materielle Prüfrecht gelegt wird. Die Organisation der Prüfung selbst sowie der Prüfungseinrichtungen sollen nur am Rande behandelt werden. Ein besonderes Augenmerk gilt den gegenüber dem Vertragsarztrecht bestehenden Besonderheiten des Vertragszahnarztrechts, die sowohl vom Gesetzgeber als auch von der Literatur seit jeher eher stiefmütterlich behandelt werden. Gemäß § 72 Absatz 1 Satz SGB V[2] beziehen sich die Vorschriften des vierten Kapitel nicht nur auf Ärzte. Sie gelten entsprechend für Zahnärzte, sofern nichts Abweichendes bestimmt ist.

Durch das Gesundheitsmodernisierungsgesetz[3] wurden die Vorschriften der Wirtschaftlichkeits- und Abrechnungsprüfung zudem einer umfassenden Veränderung unterworfen. Die einzelnen Prüfungen werden vom Gesetzgeber grundsätzlich nicht mehr als eigenständige Verfahren, sondern nunmehr als umfassende und miteinander verknüpfte Richtigkeits- und Rechtmäßigkeitskontrollen verstanden. Daher sollen zum anderen die Wirtschaftlichkeits- und Abrechnungsprüfung und ihre Auswirkungen in einen Kontext mit den weiteren gesetzgeberischen Maßnahmen zur Erhaltung der Stabilität und Finanzierbarkeit der Gesetzlichen Krankenversicherung gestellt werden. Insoweit wird zu überprüfen sein, wie ein solcher Kontext interpretiert werden kann.

In diesem Zusammenhang werden die honorarrelevanten Mechanismen des SGB V nach einer kurzen Einführung und einer sich anschließenden Darstellung der historischen Entwicklung, soweit die Historie für das Verständnis angezeigt ist,

---

[1] Aus praktischen Erwägungen wird im Folgenden allein die männliche Form verwendet.
[2] Alle §§ sind solche des SGB V, es sei denn, etwas anderes ist erwähnt.
[3] V. 19.11. 2003, BGBl I S. 2190; im Folgenden GMG; allgemein: Maaß, Wesentliche Neuerungen des GMG, MedR 2004, 197 ff.

konkret in Tatbestand und Rechtsfolge näher beleuchtet und einer rechtlichen Betrachtung unterzogen. Letztendlich wird auf der Basis der gewonnenen Erkenntnisse die Frage zu beantworten sein, in welchem Verhältnis die vorgestellten weiteren Instrumente zur Wirtschaftlichkeits- und Abrechnungsprüfung bzw. die Wirtschaftlichkeitsprüfung zur Abrechnungsprüfung untereinander stehen.

II. Historischer Hintergrund, Grundkonstellation, Einordnung der Wirtschaftlichkeits- und Abrechnungsprüfung, Rechtsbeziehungen im System der vertragszahnärztlichen Versorgung

1. Historischer Hintergrund

Schon frühzeitig sah sich der Gesetzgeber aufgefordert, eine rein marktwirtschaftliche Einordnung der Beziehungen zwischen Zahnarzt und Patient zu unterbinden. Mit der detaillierten Ausgestaltung der rechtlichen Verhältnisse zwischen Zahnarzt und KZV einerseits sowie Patienten und Krankenkasse andererseits - beginnend schon 1883 mit dem Gesetz betreffend die Krankenversicherung der Arbeiter[4] - sollte der Gefahr der sozialen Unausgewogenheit einer nur privatrechtlichen Betrachtung der zahnärztlichen Behandlung zu Lasten des Kranken begegnet werden.[5]
Grundlegend war die Entstehung des Sachleistungsprinzips, in dem die gesetzlich gegen Krankheit Versicherten erstmals ärztliche Hilfe in Anspruch nehmen konnten, ohne diese unmittelbar bezahlen zu müssen. Dazu trat eine weitere Besonderheit: Nur ausgewählte Ärzte sollten die Berechtigung haben, Patienten auf Rechnung der Krankenkassen zu behandeln.[6] Die sozialen Versicherungen wurden allseitig und umfassend geordnet. 1911 wurde die Reichsversicherungsordnung (RVO) erlassen, die 1914 in Kraft trat und als „Grundgesetz" der gesamten Sozialversicherung galt.
Um Einzelverträge und eine Abhängigkeit von den Kassen („Einkaufsmodell" der Krankenkassen, Direktverträge zwischen Kasse und Arzt) zu vermeiden, begannen Ärzte und Zahnärzte, sich frühzeitig zu organisieren, um ihre Verhandlungsposition zu stärken.[7] Kurz vor Inkrafttreten der RVO und im Zusammenhang mit einem durch einen außerordentlichen Ärztetag bereits beschlossenen allgemeinen Streik ab dem 1.1.1914 kam es zu einer Einigung in Form eines

---

[4] KVG v. 15.6.1883 (RGBl 73); ausführlich zur geschichtlichen Entwicklung: Schnapp, in: Schnapp/Wigge, Vertragsarztrecht, § 1; zur Rechtslage vor 1883: Schneider, Kassenarztrecht, 6 ff.; Wilk, Rechtsbeziehungen im Vertragsarztwesen, 8 ff.

[5] Spellbrink, Wirtschaftlichkeitsprüfung, Fn. 3.

[6] Lindemann, in: Wannagat, SGB, S. 2; zur konkreten Entwicklung bei den Zahnärzten: Muschallik, in: Schnapp/Wigge, Vertragsarztrecht, § 22, Rn. 1 ff.

[7] Schneider, Kassenarztrecht, 12 ff.; Entstehung des „Leipziger Verbandes", heute Hartmannbund.

privatrechtlichen Vertrages zwischen den Kassenverbänden und der organisierten Kassenärzteschaft, welcher als Berliner Abkommen bezeichnet wird.[8]
Damit wurde auch das primäre Ziel des Gesundheitswesens vorgegeben, das bis heute gilt: die Sicherstellung der vertragsärztlichen Versorgung.[9] Danach wirken Zahnärzte und Krankenkassen zur Sicherstellung der zahnärztlichen Versorgung der Versicherten und ihrer Angehörigen in der Weise zusammen, dass letzteren eine bedarfsgerechte und gleichmäßige ärztliche Versorgung gewährt wird (§ 368 Absatz 1 Satz 1, Absatz 3 RVO).
Im Jahre 1932 kam es zu weit reichenden Änderungen der §§ 368 ff. RVO. Mit der Einschaltung der Kassenärztlichen Vereinigungen wurde das bisher zwischen Arzt, Patient und Kasse bestehende Kettenverhältnis in das heute noch vorherrschende Vierecksverhältnis gewandelt; die Selbstverwaltungsorgane und das Zulassungswesen wurden in das öffentliche Recht eingefügt.[10]

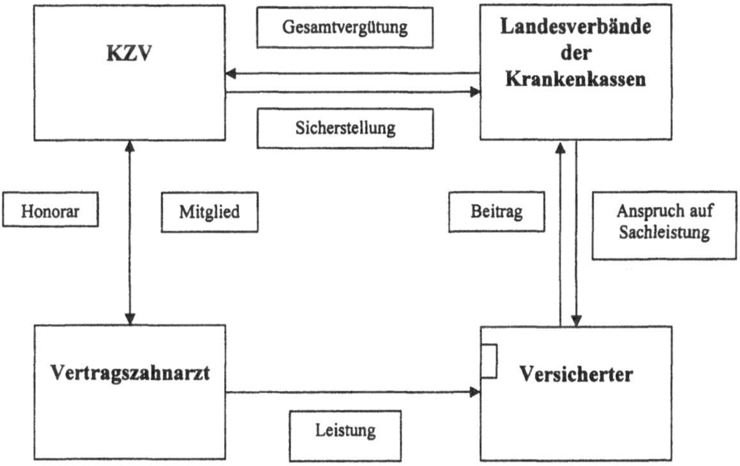

2. Aktuelle Grundkonstellation

Die auf dieses Prinzip zurückzuführenden § 95 Absatz 3 und § 5 schreiben dementsprechend vor, dass nicht nur der Vertragszahnarzt Mitglied einer Körperschaft, sondern auch der einzelne Versicherte in eine Solidargemeinschaft eingebunden und Mitglied einer Krankenkasse wird. Das Ziel der Solidargemeinschaft ist insbesondere die Unterstützung aller Versicherten für den Fall der Krankheit des Einzelnen. Dementsprechend hat die „Krankenversicherung als

[8] Schneider, Kassenarztrecht, 15.
[9] Lindemann, in: Wannagat, SGB, S. 2.
[10] Schneider, Kassenarztrecht, 37.

Solidargemeinschaft (...) die Aufgabe, die Gesundheit der Versicherten zu erhalten, wiederherzustellen oder ihren Gesundheitszustand zu bessern".[11]
Das privatrechtliche Verhältnis Zahnarzt-Patient wird damit grundsätzlich - wenn auch im zahnärztlichen Bereich mit einigen Ausnahmen[12] - verändert. Wesentliche Bereiche der Rechte und Pflichten der überwiegend dienstvertraglichen Leistungsbeziehungen zwischen Zahnarzt und Versichertem werden zwischen Versichertem und Krankenkasse auf der einen und zwischen Vertragszahnarzt und Kassenzahnärztlicher Vereinigung[13] auf der anderen Seite geregelt. Im Behandlungsverhältnis selbst sind die Leistungserbringer gemäß § 76 Absatz 4 zur Sorgfalt nach den Vorschriften des BGB verpflichtet.
Die juristische Konstruktion basiert damit auf zwei Grundpfeilern:

a) Vertragzahnarzt und KZV

Ausgangspunkt sind die Regelungen der §§ 73 und 75. Danach haben die Kassenzahnärztlichen Vereinigungen und die Kassenzahnärztliche Bundesvereinigung die vertragszahnärztliche Versorgung sicherzustellen sowie den Krankenkassen und ihren Verbänden gegenüber die Gewähr dafür zu übernehmen, dass die vertragszahnärztliche Versorgung den gesetzlichen und vertraglichen Erfordernissen entspricht. Sie haben die Erfüllung der den Vertragszahnärzten obliegenden Pflichten zu überwachen. Die Vertragszahnärzte bilden gemäß § 77 für ihren Bereich eine KZV, welche als Körperschaft des öffentlichen Rechts die ihr übertragenen Aufgaben - dies sind insbesondere die Gewährleistung der zahnmedizinischen Versorgung der Bevölkerung (Sicherstellungsauftrag[14]) und die Verteilung der durch die Kassen zur Verfügung gestellten Gesamtvergütung an die Vertragszahnärzte - zu erfüllen hat. Die zuständige oberste Verwaltungsbehörde des jeweiligen Landes übt die Rechtsaufsicht aus (§ 78). Die Zulassung zur Vertragszahnarztpraxis ist öffentlich-rechtlich geregelt.[15] Sie erfolgt durch Verwaltungsakt des Zulassungsausschusses auf Antrag des Zahnarztes. Jeder Vertragszahnarzt wird mit der Zulassung ordentliches Mitglied der KZV.
Der Umfang der vertragszahnärztlichen Versorgung ist in § 73 Absatz 2 festgelegt. Der Sicherstellungsauftrag ist dabei Ausgangspunkt für jede Entscheidung über die Zulassung. Im achten Titel (§§ 99 - 105) finden sich die Vorschriften zu den Themen Bedarfsplanung sowie Unter- und Überversorgung. Spezielle Ausformungen der Zulassung sind die Sonderbedarfszulassung und die Ermächtigung von Krankenhausärzten (§ 116). Einen weiteren Sonderfall der Zulassung stellt die so genannte eingeschränkte Zulassung gemäß § 101 Absatz 1 Nr. 4 dar.

---

[11] Siehe § 1 Absatz 1.
[12] Sprau, in: Palandt, vor § 632, Rn. 38; zum Streit über die rechtliche Einordnung des Rechtsverhältnisses zwischen Vertragszahnarzt und Versichertem: Wilk, Rechtsbeziehungen im Vertragsarztrecht, 50 ff.; siehe auch: Dettling, Grundstrukturen, VSSR 2006, S. 1 ff.
[13] Im Folgenden KZV.
[14] Dazu: Schrinner, Sicherstellungsauftrag, S. 1 ff.
[15] Zur geschichtlichen Entwicklung: Schneider, Kassenarztrecht, 40 ff.

Darüber hinaus kann das Recht und die Pflicht zur Behandlung der gesetzlich Versicherten auch ermächtigten und angestellten Zahnärzten übertragen werden. Um die Zulassung als Vertragszahnarzt kann sich jeder Zahnarzt bewerben, der im Zahnarztregister eingetragen ist, welches von der KZV für jeden Zulassungsbezirk geführt wird. Voraussetzung für die Eintragung in das Arztregister ist, dass die Bestimmungen des § 95a und des § 3 der Zahnärzte-Zulassungsverordnung beachtet wurden. Erforderlich ist demnach die Approbation als Zahnarzt und eine mindestens zweijährige Vorbereitungszeit gemäß § 3 Absatz 2b Zahnärzte-Zulassungsverordnung. Die Zulassung bewirkt nicht nur, dass der Vertragszahnarzt Mitglied der für seinen Vertragszahnarztsitz zuständigen KZV wird, sondern auch, dass er zur Teilnahme an der vertragszahnärztlichen Versorgung im Rahmen der Residenzpflicht berechtigt und verpflichtet ist (§ 95 Absatz 3). Die vertraglichen Bestimmungen über die vertragszahnärztliche Versorgung sind für ihn verbindlich. Nach den §§ 4-7 des Bundesmantelvertrages[16] ist der Zahnarzt insbesondere gehalten, Leistungen persönlich und wirtschaftlich zu erbringen, Aufzeichnungen ordnungsgemäß vorzunehmen, Sprechstunden abzuhalten und anzukündigen und am Notfalldienst teilzunehmen. Dem Berufsrecht ist gegenüber dem Vertragszahnarztrecht Vorrang einzuräumen.[17] Die Zulassung endet grundsätzlich am Ende des Kalendervierteljahres, in dem der Vertragszahnarzt sein 68. Lebensjahr vollendet, von Amts wegen (§ 95 Absatz 7 Satz 3). Entsprechende Vorgaben liegen auch für die zweite Altersgrenze vor, nach der Zahnärzte nach Vollendung des 55. Lebensjahres grundsätzlich nicht mehr zur vertragzahnärztlichen Versorgung zugelassen werden können.[18]

Die wirtschaftliche Tätigkeit im Rahmen des zahnärztlichen Berufs ist seit einigen Jahren in nahezu allen Ausgabebereichen durch gesetzlich oder untergesetzlich festgelegte Abrechnungsobergrenzen rationiert. Die Budgetierung der Gesamtvergütung ist ein Stichwort, welches diese Thematik kennzeichnet. Dem Zuschnitt der vertragszahnärztlichen Vergütung liegt insgesamt eine „Mischkalkulation“[19] zugrunde. Der Vertragszahnarzt hat einen Anspruch auf eine leistungsgerechte Teilhabe an der Gesamtvergütung, welcher in aller Regel dazu führt, dass das aus der vertragszahnärztlichen Tätigkeit erzielbare Einkommen

---

[16] Im Folgenden: BMV-Z. Diesen Vorschriften kommt gegenüber den Vertragszahnärzten, aber auch den Versicherten normative Wirkung zu: BSG, Urt. v. 1.7.1992 - 14a/6 RKa 1/90 = BSGE 71, 42, 48. Parallele Vorgaben sind im Ersatzkassenvertrag, im Folgenden EKV-Z, zu finden.

[17] Wigge, in: Schnapp/Wigge, Vertragsarztrecht, § 2, Rn. 30. Umstritten ist insbesondere, wie weit der Vorrang des Berufsrechts gegenüber dem Vertrags(zahn)arztrecht reicht; den Streitstand stellen Quaas/Zuck, Medizinrecht, § 16, Rn. 9-11, dar. Dieser Streit bestimmt auch die Diskussion zum Vertragsarztrechtsänderungesetz (BR-Drs. 353/06); dazu: „Kompetentielle Fragen des Entwurfs eines VÄndG“ (Rechtsgutachten Prof. Dr. Pestalozza (= www.blaek.de/docs/pdf_info/Gutachten_Pestalozza_2006.pdf).

[18] Siehe § 25 der Zulassungsverordnung-Zahnärzte; BVerfG, Urt. v. 20.3.2001 - 1 BvR 491/96 = ArztR 2001, 263-267; zur Bedarfsplanung auch BVerfG, Urt. v. 23.3.1960 - 1 BvR 216/51 = BVerfGE 11, 30.

[19] BSG, Urt. v. 14.3.2001 - B 6 KA 54/00 R = NJW 2002, 238.

Zahnärzten hinreichenden Anreiz bietet, an der vertragszahnärztlichen Versorgung mitzuwirken.
Zu den (weiteren) Pflichten der Vertragszahnärzte gehört unter anderem und insbesondere eine ordnungsgemäße Abrechnung der von ihnen erbrachten Leistungen. Die Abrechnung des Vertragszahnarztes ist bei der KZV einzureichen und von dieser auf sachlich-rechnerische Richtigkeit bzw. durch die Prüfgremien auf Wirtschaftlichkeit zu prüfen, so dass den Krankenkassen nur solche Leistungen in Rechnung gestellt werden, die nach den jeweils geltenden Gebührenordnungen berechnungsfähig und in sich plausibel bzw. wirtschaftlich sind. Zwischen der Einreichung der Abrechnungsunterlagen und der vorläufigen Auszahlung der Honorare liegen eine Schlüssigkeitsprüfung sowie die Berechnung des Individualbudgets des Zahnarztes. Das in diesem Zusammenhang berechnete Honorar wird vorläufig ausgezahlt. Damit erhält der Vertragszahnarzt bis zum Abschluss der Prüfungen mehr als nur finanzielle Abschläge von der KZV. Der Vertragszahnarzt muss mit Blick auf die möglichen weitergehenden Kontrollen und Prüfungen aber damit rechnen, dass Teile des Honorars zurückgefordert werden.
Für den Fall, dass die Kassenzahnärztlichen Vereinigungen der Verpflichtung zur Überprüfung nicht nachkommen, gibt der Gesetzgeber den Krankenkassen ein effektives Mittel in die Hand: die in den Gesamtverträgen vereinbarten Vergütungen können gemäß § 75 Absatz 1 Satz 3 ganz oder teilweise zurückbehalten werden. Die Kassenzahnärztlichen Vereinigungen wiederum können ihre Mitglieder auf der Grundlage des § 75 Absatz 2 Satz 2 in Verbindung mit § 81 Absatz 5 über das Disziplinarecht zur Erfüllung der vertragszahnärztlichen Pflichten anhalten oder über den Honorarverteilungsvertrag[20] Gelder einbehalten.
Diese gesetzlichen Vorgaben sind Grundlage und Hintergrund für die Abrechnungsprüfung der §§ 106 und 106a. Das Gesetz erlegt sowohl den Krankenkassen als auch der KZV die Prüfung der Rechtmäßigkeit und der Plausibilität der Abrechnungen auf.

b) Patient und Gesetzliche Krankenversicherung

Im Rahmen der Versicherungspflicht ist ein näher definierter Patientenkreis grundsätzlich in die Zwangsmitgliedschaft in der Gesetzlichen Krankenversicherung eingebunden.[21] Darüber hinaus besteht die Möglichkeit, freiwillig der Gesetzlichen Krankenversicherung beizutreten.[22]

---

[20] Im Folgenden: HVV. Bisher war vom Honorarverteilungsmaßstab (HVM) die Rede. Hintergrund dieser Modifikation ist die mit dem GMG einhergehende Gesetzesänderung, die der KZV statt der Herstellung eines Benehmens nun eine einvernehmliche Übereinkunft mit den Krankenkassen abverlangt. Der Ausdruck HVM wird im Folgenden nur verwendet, wenn auf die Rechtslage bis Ende 2003 Bezug genommen wird.
[21] Siehe §§ 5 ff.
[22] Siehe §§ 9 ff.

Dieser Versichertenkreis hat nach dem Sachleistungsprinzip gegenüber den Krankenkassen einen Anspruch auf Krankenbehandlung. Nach § 2 stellen die Krankenkassen den Versicherten die im dritten Kapitel genannten Leistungen unter Beachtung des Wirtschaftlichkeitsgebots des § 12[23] zur Verfügung, soweit diese Leistungen nicht der Eigenverantwortung der Versicherten zugerechnet werden. Dabei haben Qualität und Wirksamkeit der Leistungen dem allgemein anerkannten Stand der zahnmedizinischen Erkenntnisse zu entsprechen und den zahnmedizinischen Fortschritt zu berücksichtigen. Die Versicherten erhalten die Leistungen grundsätzlich[24] als Sach- und Dienstleistungen.
Die Krankenkasse bedient sich zur Erfüllung ihrer Leistungspflichten der Leistungen der Vertragszahnärzte. Nur in Ausnahmefällen fällt der Sicherstellungsauftrag unmittelbar (zurück) an die Krankenkassen. Dies ist denkbar, wenn eine Vielzahl von Vertragszahnärzten gemeinschaftlich mit anderen Vertragszahnärzten in einem abgestimmten Verfahren oder Verhalten auf ihre Zulassung verzichten, um z. B. auf diese Weise ein gemeinsames (honorar-)politisches Ziel zu erreichen. Es liegt dann ein kollektiver Zulassungsverzicht vor. Gemäß § 95b ist es mit den Pflichten eines Vertragsarztes nicht vereinbar, in einem mit anderen Zahnärzten aufeinander abgestimmten Verfahren oder Verhalten auf die Zulassung als Vertragszahnarzt zu verzichten. In den §§ 95b, 72a und 79a sieht der Gesetzgeber Maßnahmen gegen Zuwiderhandlungen der einzelnen Vertragszahnärzte oder auch der KZV vor. Nur bei einer festgestellten Gefährdung der Gesundheitsversorgung wird in diesen Fällen den Krankenkassen und ihren Verbänden der Sicherstellungsauftrag übertragen. Die Kassen schließen in solchen Fällen gemäß § 72a Absatz 3 Einzel- oder Gruppenverträge mit geeigneten Zahnärzten und Kieferorthopäden, können Eigeneinrichtungen errichten oder Leistungen im Ausland abfragen.
Eigeneinrichtungen der Krankenkassen sind - von diesen Ausnahmefällen abgesehen - gemäß § 140 Absatz 2 grundsätzlich nicht erlaubt. Allein im Rahmen der integrierten Versorgung können die Krankenkassen Einzelverträge mit Leistungserbringern schließen (§§ 140a-140d).[25]

c) Konsequenzen

Eine Folge des beschriebenen Wandels vom privatrechtlichen zum öffentlich-rechtlichen System ist die fehlende Kontrolle der Abrechnung des Vertragszahnarztes gegenüber dem gesetzlich Versicherten. Die vertragszahnarztrechtliche Konzeption nimmt sowohl dem Vertragszahnarzt als auch dem Versicher-

---

[23] Siehe dazu unter Kapitel 2, I.
[24] Die Kostenerstattung ist eine Ausnahme (§ 13). Zu den Besonderheiten im Bereich des Zahnersatzes siehe Kapitel 2, II., 5., b), cc).
[25] Dazu: Quaas, Ungelöste Probleme in der integrierten Versorgung, KH 2005, 967-974; Knieps, in: Schnapp/Wigge, § 12, Rn. 38 ff.; Ebsen, Das selektive Vertragshandeln der Krankenkassen und Leistungserbringer im Lichte europäischen Vergaberechts, in: FS für Zuleeg, 439 ff. und Gutachten des Sachverständigenrates für die konzertierte Aktion im Gesundheitswesen, 226 ff., Bundestags-Drucksache 15/530.

ten, die Mechanismen zur Überprüfung der Wirtschaftlichkeit.[26] Zudem wird jeder Zahnarzt bemüht sein, dem Patienten eine möglichst gute medizinische Versorgung zuteil werden zu lassen, die nicht nur passable Gewinne für den freiberuflich tätigen Vertragszahnarzt abwirft, sondern auch entsprechende Kosten hervorruft. Der Patient wird der umfassenden Versorgung weder mit Blick auf seine Gesundheit noch aus pekuniären Gründen widersprechen. Schließlich garantiert ihm die (Pflicht)Versicherung prinzipiell eine Vollversorgung, welche keinen individuellen Anlass gibt, die Inanspruchnahme von Leistungen zu vermeiden.[27] Insoweit besteht die zwingende Notwendigkeit einer objektiven Kostenkontrolle, welche die Finanzierbarkeit des Systems der gesetzlichen Krankenversicherung absichert. Es ist allgemein anerkannt, dass die Ursachen der steigenden Ausgabenentwicklung nicht nur in Leistungsausweitungen der Mediziner liegen, sondern diverse Steuerungsmängel im System der Krankenversicherung selbst begründet sind.[28]
Sowohl die Wirtschaftlichkeits- als auch die Abrechnungsprüfung sollen nach dem Willen des Gesetzgebers die Instrumente sein, um die Kontrolldefizite und deren Folgen abzustellen oder zumindest abzumildern.

Die weitere Folge der beschriebenen Konstellation ist ein kompliziertes Abrechnungssystem, welches in seinem Umfang weit über die Einreichung der Abrechnungsunterlagen des Vertragszahnarztes bei der KZV und die Auszahlung von Honorar hinausgeht. Denn an die Vorlage der Unterlagen schließen sich in einem ersten Schritt die schon für sich betrachtet diffizile Berechnung des Individualbudgets und eine erste Schlüssigkeitsprüfung an. Bis zum Ablauf der 4-jährigen Verjährungsfrist sind zudem verschiedene weitere Prüfungen und Kontrollen denkbar, die nicht nur selbst einer einwandfreien Umsetzung bedürfen, sondern deren Ergebnisse wiederum Einfluss auf die bereits (vorläufig) ausgeschütteten Honorare haben. Der damit verbundene Schwebezustand bedarf einer

---

[26] Schneider, Wirtschaftlichkeitsprüfung unter dem Einfluss von Praxisbudgets, MedR 1998, 540 ff.

[27] Dieses Phänomen des „moral hazard“ wird seit langer Zeit in verschiedenen Bereichen der Wissenschaft diskutiert. Es ist in der Volkswirtschaft ebenso anzutreffen wie in der Sozialpolitik. Moral Hazard beschreibt die Gefahr einer Verhaltensänderung nach (vermeintlichem) Wegfall des Risikos. Ein Moral Hazard droht, wenn es einen Widerspruch gibt zwischen dem, was für die Allgemeinheit (für das Kollektiv) und dem, was für das Individuum vernünftig ist. Die Problematik verstärkt sich, wenn - wie im Bereich der GKV - staatliche Garantien vorliegen und damit eine „Vollkaskomentalität“ entsteht. Dazu: Wasem, Greß, Die Diskussion um das „Moral-Hazard“- Problem in der GKV, SDSRV Nr. 52, 115-126. In der Schweiz wird das Phänomen besonders intensiv untersucht, siehe nur: Riemer-Kafka, Moral Hazard und Selbstverantwortung, SZS 2006, 190-207, m. w. N.

[28] Siehe nur: Gutachten „Koordination und Qualität im Gesundheitswesen“ (2005) des Sachverständigenrates zur Begutachtung der Entwicklung im Gesundheitswesen = http://dip.bundestag.de/parfors/parfors.htm oder das Gutachten 2003:„Finanzierung, Nutzenorientierung und Qualität“.

klaren juristischen Handhabe, um einen Interessenausgleich der verschiedenen Beteiligten zu erreichen.

III. Ökonomische Hintergründe[29]

Im ersten Quartal 2005 verzeichnete die Gesetzliche Krankenversicherung Einnahmen von 34,609 Mrd. Euro und Ausgaben von 33,974 Mrd. Euro. Die zahnärztliche Behandlung ohne Zahnersatz umfasste ein Volumen von 1,925 Mrd. Euro (= 5,59 %). Die Kosten für Zahnersatz erreichten eine Höhe von 0,519 Mrd. Euro (= 1,51 %). Die Pro-Kopf-Ausgaben in Euro betrugen 2004 insgesamt 3.566,00.[30] Bei der zahnärztlichen Versorgung liegt Deutschland mit 0,8 Zahnärzten je 1000 Einwohner im europäischen Vergleich an dritter Stelle.[31]

---

[29] Quelle: GKV Statistik BMGS, Gutachten des Sachverständigenrates zur Begutachtung der Entwicklung im Gesundheitswesen 2005.

[30] Beske, Leistungskatalog des Gesundheitswesens im internationalen Vergleich, Bd. 104, Institut für Gesundheitssystemforschung.

[31] Beske, a. a. O.

Kapitel 2 - Die Wirtschaftlichkeitsprüfung

I. Historische Entwicklung im Überblick, Regelungszweck

Die Wirtschaftlichkeit und das Verfahren zur Überprüfung der Wirtschaftlichkeit, geregelt in § 106, stehen in unmittelbarem Zusammenhang mit weiteren rechtlichen Vorschriften, wobei es sich um bundesrechtliche gesetzliche Regelungen einerseits und untergesetzliche Regelungen der Selbstverwaltungspartner andererseits handelt. Diese Vorgaben sind für das Verständnis des § 106 von großer Bedeutung.

Zentrale Norm im Bereich der Wirtschaftlichkeit ist neben § 106 der § 12. Die Versicherten haben danach Anspruch auf ausreichende, zweckmäßige und wirtschaftliche Leistungen, welche das Maß des Notwendigen nicht überschreiten dürfen. Dieses Wirtschaftlichkeitsgebot hat eine Doppelnatur: Es ist anspruchsbegründend[32] und modifiziert zugleich den Anspruchsrahmen[33]. Es ist von den Leistungserbringern und den Krankenkassen zu beachten und muss die Brücke schlagen zwischen der auf die Gesundheit des einzelnen Menschen ausgerichteten Individualmedizin und den finanziell-wirtschaftlichen Grenzen der Krankenkassen. Das Gebot muss daher einerseits den notwendigen Leistungsstandard ebenso gewährleisten wie andererseits Leistungen im Übermaß verhindern. Zielvorgabe der Vorschrift ist es, unter Einsatz möglichst geringer Mittel den bestmöglichen Erfolg zu erzielen.[34]

Der Begriff der Wirtschaftlichkeit ist ein unbestimmter Rechtsbegriff, der einer ausfüllenden Auslegung unterliegt.[35] Dies gilt ebenfalls für die gesetzlichen Begriffe „zweckmäßig", „ausreichend" und „notwendig", welche konkretisierungsbedürftig sind. Sie stehen zueinander und mit dem Begriff der Wirtschaftlichkeit in einem inneren Zusammenhang.[36]
Zweckmäßig ist eine Leistung, wenn ein vom Vertragszahnarzt selbst näher zu bestimmender zahnmedizinischer Zusammenhang zwischen dem Leistungsinhalt und dem Leistungsziel besteht.[37] Im Regelfall ist eine Prognose geboten,

---

[32] Noftz, in: Hauck/Noftz, § 12, Rn. 2 und 11.
[33] Wigge/Wille, in: Schnapp/Wigge, Vertragsarztrecht, § 19, Rn. 28.
[34] Maaß, Fragen der Proportionalität und des verfassungsrechtlichen Gleichheitssatzes bei Wirtschaftlichkeitsprüfung, Regress und Honorarverteilung in der vertragsärztlichen Praxis, NZS 2000, 110 ff.: „Das Wirtschaftlichkeitsprinzip ist ein ökonomisches Prinzip, für welches üblicherweise zwei Versionen - nämlich das Maximal- und das Minimalprinzip - genannt werden. Da Zweck und Ziel der ärztlichen Tätigkeit durch § 11 I 1 SGB V vorgegeben sind, hat der Vertragsarzt den Heilerfolg mit dem geringsten Aufwand anzustreben; die Methode muss effektiv sein, d.h. zu dem vorgegebenen Zweck führen; stehen mehrere Methoden zur Wahl, hat der Vertragsarzt die effizientere, d.h. kostengünstigere, zu wählen." Ausführlich: Neugebauer, Das Wirtschaftlichkeitsgebot in der Gesetzlichen Krankenversicherung, S. 1 ff.
[35] BSG, Urt. v. 27.11.1959 - B 6 RKa 4/58 = BSGE 11, 102, 117 f.
[36] BSG, Urt. v. 29.5.1962 - 6 RKa 24/59 = BSGE 17, 79, 84.
[37] Schneider, Kassenarztrecht, 1033.

welche sich am allgemeinen anerkannten Stand der medizinischen Erkenntnisse und an den Regeln der zahnärztlichen Kunst orientieren muss. In Ergänzung dazu sieht § 92 vor, dass der Gemeinsame Bundesausschuss Richtlinien zur Sicherung der vertragszahnärztlichen Versorgung beschließt, die das allgemeine Wirtschaftlichkeitsgebot konkretisieren. Nach diesen Richtlinien sollen nur solche Untersuchungs- oder Heilmethoden angewandt werden, deren diagnostischer und therapeutischer Wert ausreichend gesichert ist. Die Erprobung solcher Methoden auf Kosten der Versicherungsträger ist hingegen unzulässig. Soweit der Vertragszahnarzt diese Richtlinien beachtet, ist seine Leistung zweckmäßig und wirtschaftlich im Sinne des SGB V. Die Richtlinien[38] sind gemäß § 92 Absatz 8 Bestandteil der Bundesmantelverträge und daher als Anhang zum Bewertungsmaßstab der Zahnärzte (BEMA-Z) aufgeführt. Sie sind für den Vertragszahnarzt verbindlich (§ 95 Absatz 3 Satz 3 und § 81 Absatz 3). Nur in begründeten Fällen kann von diesen Richtlinien abgewichen werden.[39]
Notwendig ist eine Leistung, wenn sie nach Art und Ausmaß zur Zweckerzielung zwangsläufig unentbehrlich und unvermeidlich ist.[40] Wann dies der Fall ist, muss der Vertragszahnarzt im Einzelfall aufgrund seiner qualifizierten Ausbildung beurteilen. Der Begriff der Notwendigkeit stellt somit sowohl auf die Qualität als auch auf die Menge der Leistung ab.
Ausreichend ist eine Leistung, wenn sie nach den Regeln der zahnärztlichen Kunst Erfolgschancen für die Erzielung des medizinischen Leistungszwecks bietet.[41] Damit wird ein Mindeststandard garantiert.

Das Gebot zur Wirtschaftlichkeit betrifft nicht nur Vertragszahnärzte. Auch die Krankenkassen haben den Versicherten die im SGB V definierten Leistungen unter Beachtung des Wirtschaftlichkeitsgebots zur Verfügung zu stellen, soweit diese Leistungen nicht der Eigenverantwortung der Versicherten zugerechnet werden müssen. Nach § 70 Absatz 1 Satz 2 muss die Versorgung der Versicherten „nur" ausreichend und zweckmäßig sein, darf das Maß des Notwendigen nicht überschreiten und muss in der fachlich gebotenen Qualität sowie wirtschaftlich erbracht werden. Zudem bestimmt § 72 Absatz 2, dass die vertragszahnärztliche Versorgung im Rahmen der gesetzlichen Vorschriften und der Richtlinien des Gemeinsamen Bundesausschusses durch Verträge der KZV mit den Verbänden der Krankenkassen so zu regeln ist, dass eine ausreichende, zweckmäßige und wirtschaftliche Versorgung der Versicherten unter Berück-

---

[38] Zur Entwicklung: Muschallik, in Schnapp/Wigge, Vertragsarztrecht, § 22, Rn. 5 f.

[39] BVerfG, Beschl. v. 6.12.2005 - 1 BvR 347/98 = ZfSH/SGB 2006, 20 f.; kritisch: Huster, Anmerkung, JZ 2006, S. 466 ff.; Dahm, Das „Systemversagen" in der Gesetzlichen Krankenversicherung - Sachleistung oder Kostenerstattung, MedR 2002, 6 ff.; BSG, Urt. v. 20.5.2003 - B 1 KR 9/03 R = SozR 4-2500, § 13, Nr. 1; Großbölting, Kostenerstattung für neue Behandlungsmethoden - die Rechtsprechung des BSG im Wandel, MedR 1999, 405 ff.

[40] Noftz, in: Hauck/Noftz, § 12, Rn. 21; ausführlich: Fastabend, Der Begriff der notwendigen Krankenbehandlung, NZS 2002, 299 ff.

[41] Jörg, in: Schnapp/Wigge, Vertragsarztrecht, § 11, Rn. 51.

sichtigung des allgemein anerkannten Standes der medizinischen Erkenntnisse gewährleistet ist. Die Wirtschaftlichkeit muss daher grundsätzlich sowohl insgesamt als auch in jedem Teilbereich gegeben sein, sowohl beim Gesamtfallwert, in jeder einzelnen Sparte, bei jeder Einzelleistung als auch bei den Arzneiverordnungen.[42] Letztere weisen allerdings im vertragszahnärztlichen Bereich nicht die Relevanz auf wie im vertragsärztlichen Bereich.

Neben diesen Vorgaben sieht das Gesetz in den §§ 135 und 136 Maßnahmen zur Sicherung der Qualität der Leistungserbringung vor. Grundsätzlich sind die Wirtschaftlichkeitsprüfungen der vertragszahnärztlichen Versorgung und die Qualitätssicherung der vertragszahnärztlichen Versorgung zunächst zwar zwei voneinander getrennte Gebiete. Das Gedankengut der Qualitätssicherung muss jedoch in jede Bewertung einbezogen und auf den Bereich der Wirtschaftlichkeitsprüfung übertragen werden. Auch die letzte Überarbeitung des § 106 ist vom Gesetzgeber insbesondere damit begründet worden, dass eine qualitätsorientierte Wirtschaftlichkeitsprüfung anzustreben sei.[43]

Die Einhaltung des in § 12 fixierten Wirtschaftlichkeitsgebots muss naturgemäß überwacht werden. Nur so können die Kosten der sozialen Krankenversicherung in Grenzen und das System der vertragszahnärztlichen Versorgung funktionsfähig gehalten werden. Diese Überwachung erfolgt im Wesentlichen durch Wirtschaftlichkeitsprüfungen. Die überprüfenden Gremien tragen in diesem Zusammenhang mittelbar zur Stabilität der Gesetzlichen Krankenversicherung bei.[44] Die Vorschrift berechtigt daher nicht nur zu Prüfungen, sondern verpflichtet die Prüfgremien auch zur Kontrolle.[45] Eine Gesetzesinterpretation, die im Ergebnis dazu führen kann, dass einzelne Vertragszahnärzte oder Gruppen von vertragszahnärztlichen Leistungserbringern keiner Wirtschaftlichkeitsprüfung unterliegen, ist ausgeschlossen. So ist § 106 z. B. auch dadurch gekennzeichnet, dass die Feststellung eines Verschuldens des betroffenen Vertragszahnarztes nicht erforderlich ist.[46]
Aus diesen Vorschriften zur Wirtschaftlichkeit ergibt sich aber ebenfalls, dass der Vertragszahnarzt grundsätzlich und im Rahmen der Richtlinien[47] berechtigt ist, die ihm geeignet erscheinenden Untersuchungs- und Behandlungsmethoden anzuwenden; auch in der vertragszahnärztlichen Versorgung gilt der Grundsatz

---

[42] BSG, Urt. v. 10.5.2000 - B 6 KA 25/99 R = MedR 2001, 157-159 und Urt. v. 5.11.1997 - 6 RKa 1/97 = SozR 3-2500, § 106, Nr. 42.
[43] BGBl II S. 2190 ff.; zu diesem Aspekt: Höwing, Qualitätssicherung ärztlichen Handelns als Aufgabe der ärztlichen und kassenärztlichen Selbstverwaltung - Eine Untersuchung zur Verbesserung des Wirtschaftlichkeitsprüfverfahrens, § 368n Absatz 5 RVO, S. 1 ff.
[44] BSG, Urt. v. 24.8.2001 - B 6 KA 28/01 B (Juris-Dokument: KSRE086621018).
[45] BSG, Urt. v. 30.11.1994 - 6 RKa 14/93 = BSGE 75, 220, 22 = SozR 3-2500, § 106, Nr. 24, S. 131, 134.
[46] BSG, Urt. v. 14.3.2001 - B 6 KA 71/00 B (Juris-Dokument: KSRE083881518) unter Bezugnahme auf Urt. v. 18.8.1972 - 6 RKa 8/71 = BSGE 34, 248.
[47] Dazu Kapitel 3, III., 1., a), aa), (2), (aa).

der Freiheit des Zahnarztes in der Wahl seiner Untersuchungs- und Behandlungsmethoden.[48] Beide Zielrichtungen müssen bei der konkreten Betrachtung der Vorschrift im Auge behalten werden.

In dem Bemühen, eine gerechtere Überprüfung und damit Beurteilung vertragszahnärztlicher Tätigkeit zu erreichen, wurde die Wirtschaftlichkeitsprüfung im vertragszahnärztlichen Bereich im Zuge der mannigfachen Reformen einem steten Wandel unterzogen. Die gesetzliche Grundlage der vertragszahnärztlichen Wirtschaftlichkeitsprüfung ist seit ihrer Einführung mehrfach geändert worden.[49] Vorläufervorschrift des heutigen § 106 ist § 368n Absatz 5 der RVO.[50] Bereits dort wurde die „Überwachung der Wirtschaftlichkeit" angeordnet. Das Verfahren zur Überwachung und Prüfung der Wirtschaftlichkeit sowie das Verfahren vor den Ausschüssen hatten die Partner der Gesamtverträge zu regeln. Aufgrund fehlender weiterer gesetzlicher Vorgaben in der RVO wurden die Grundsätze der vertragszahnärztlichen Wirtschaftlichkeitsprüfung überwiegend richterrechtlich entwickelt.
Den § 106 etablierte das Gesetz zur Strukturreform des Gesundheitswesens (GRG) vom 20.12.1988.[51] § 368n Absatz 5 RVO wurde durch Artikel 5 Nr. 2 GRG aufgehoben.
Auch nach Überführung der RVO in das SGB V ist § 106 mehrfach modifiziert worden, bisher insgesamt neunmal. Für die Zeit ab dem 1.1.1989 hat der Gesetzgeber in § 106 Absatz 2 Satz 1 Nr. 1 ausdrücklich die Prüfung der Wirtschaftlichkeit auch der vertragzahnärztlichen Versorgung nach Durchschnittswerten vorgeschrieben. Damit wurde die in der Praxis der Prüfgremien entwickelte und durch die Rechtsprechung bestätigte Methode des statistischen Kostenvergleichs als Anknüpfungspunkt für die Beurteilung der Wirtschaftlichkeit der vertragszahnärztlichen Tätigkeit anerkannt und als Regelprüfmethode übernommen.[52]
Die erste wesentliche Änderung des § 106 erfolgte mit dem Inkrafttreten des „Gesetzes zur Sicherung und Strukturverbesserung der Gesetzlichen Krankenversicherung" (GSG) vom 21.12.1992.[53] Die Umstrukturierung sollte zum einen die Kumulation von Prüfungen vermeiden und zum anderen die Prüfungsweise verbessern. Insbesondere die Möglichkeit, dass der Vertragszahnarzt sowohl im Bereich der Primär- als auch der Ersatzkassen bzw. von Krankenkassen verschiedener Kassenarten zum identischen Sachverhalt einer Wirtschaftlichkeitsprüfung unterzogen werden konnte, wurde mit der Neuformulierung des Absatz

---

[48] BSG, Urt. v. 1.3.1979 - 6 RKa 4/78 = SozR 2200, § 368n RVO, Nr. 19.
[49] Ausführlich: Engelhard, in: Hauck/Noftz, § 106, Rn. 1-16.
[50] Dazu ausführlich: Spellbrink, Wirtschaftlichkeitsprüfung, Rn. 405 ff.; die erste Entscheidung des BSG stammt aus dem Jahr 1959, Urt. v. 27.11.1959 - 6 RKa 4/58 = BSGE 11, 102.
[51] BGBl I S. 2477.
[52] BSG, Urt. v. 15.3.1995 - 6 RKa 37/93 = BSGE 76, 53, 54 = SozR 3-2500, § 106, Nr. 26, S. 1455.
[53] BGBl I S. 2266.

3 Satz 1 unterbunden. Durch die in Absatz 5 Satz 2 vorgesehene gezielte Beratung, welche den Prüfungen in der Regel vorauszugehen hatte, sollte eine bessere Information des Vertragszahnarztes und damit möglichst die Vermeidung von Prüfungen erreicht werden. Die Prüfarten wurden erstmalig in die Komplexe „Auffälligkeitsprüfung“ und „Zufälligkeitsprüfung“ unterteilt (§ 106 Absatz 2 Nr. 1 und 2 in der Fassung des GSG). § 106 Absatz 2 Nr. 1 sah dabei eine weitere Untergliederung in arztbezogene Prüfung „ärztlicher oder ärztlich verordneter Leistungen nach Durchschnittswerten“ oder „bei Überschreitung der Richtgrößen“ vor. Daneben wurde der Begriff „kassenärztlich“ durch die Wendung „vertragsärztlich“ ersetzt.

Das „Zweite Gesetz zur Neuordnung von Selbstverwaltung und Eigenverantwortung in der Gesetzlichen Krankenversicherung“ (2. NOG) vom 23.6.1997[54] brachte für die vertragszahnärztliche Wirtschaftlichkeitsprüfung ebenfalls eine Neuerung. Im Zuge des Systemwechsels bei kieferorthopädischer und prothetischer Behandlung von der Sachleistung zur Kostenerstattung (§§ 29 und 30 i. d. F. des 2. NOG) wurde § 106 Absatz 3 Satz 5[55] dahingehend geändert, dass die Möglichkeit einer nachträglichen Wirtschaftlichkeitsprüfung aus Gründen der Rechts- und Verwaltungsvereinfachung entfiel. Die Vertragspartner waren nicht mehr verpflichtet, das Prüfverfahren für die Fälle zu regeln, in denen eine Kostenerstattung vorgesehen war. Eine Überprüfung sollte im Rahmen der erforderlichen Genehmigung[56] der Krankenkassen oder gegebenenfalls durch ein Gutachterverfahren stattfinden. Die gesamtvertraglichen Vorschriften über die bestehende Gutachter- und Genehmigungspraxis sowie über Einigungsverfahren bei Streitfällen, insbesondere zum Prothetik-Einigungsausschuss, blieben allerdings unberührt.

Das „Gesetz zur Stärkung der Solidarität in der Gesetzlichen Krankenversicherung“ (GKV-SolG) vom 19.12.1998[57] führte zwar zur Abschaffung der erst Anfang 1998 in Kraft getretenen Kostenerstattung im Rahmen der Kieferorthopädie und des Zahnersatzes, brachte aber für den § 106 keine relevanten Neuerungen.

Das „Gesetz zur Reform der Gesetzlichen Krankenversicherung ab dem Jahr 2000“ (GKV-Reformgesetz 2000) vom 22.12.1999[58] konkretisierte die bisher nicht im Gesetz spezifizierten Ziele und Gegenstände der Stichprobenprüfung (§ 106 Absatz 2a). Damit wurde klargestellt, dass nicht nur Kosten, sondern

---

[54] BGBl I S. 1520.

[55] In der Fassung des Artikel 38 nach Maßgabe des Artikel 19 Absatz 4 i.V.m. Bekanntmachung der Festzuschüsse nach § 30a vom 3.1.1998, BGBl I 38.

[56] Das Vertragszahnarztrecht verwendet in diesem Zusammenhang einen anderen Terminus als das Zivilrecht. Die Genehmigung meint Zustimmung im Sinne einer Erlaubnis. Im BGB wird nur die nachträgliche Zustimmung als Genehmigung (nach der Legaldefinition in § 184 Abs. 1 BGB) bezeichnet, während die vorherige Zustimmung als Einwilligung bezeichnet wird (§ 183 BGB).

[57] BGBl I S. 3853.

[58] BGBl I S. 2626; allgemein: Engelhard, Änderungen der Wirtschaftlichkeitsprüfung im Vertragsarztrecht durch das GKV-Gesundheitsreformgesetz 2000, NZS 2001, 123 ff.

auch qualitative Aspekte der erbrachten Leistungen in die Prüfung eingezogen werden sollten.
Den letzten großen Eingriff brachte sodann das „GKV-Modernisierungsgesetz" (GMG) vom 19.11.2003.[59]

II. § 106 - aktuelle Fassung/Gegenstand der Regelung

§ 106 hat mit dem GMG in entscheidenden formalen und inhaltlichen Bereichen tief greifende Änderungen erfahren.

1. Beratung und Prüfung

Die Wirtschaftlichkeit der vertragszahnärztlichen Leistungen soll nach Auffassung des Gesetzgebers nicht nur durch Prüfungen, sondern insbesondere auch im Wege der Beratung der Vertragszahnärzte gewährleistet werden.
Schon durch das GSG wurde in § 106 Absatz 5 Satz 2 der Grundsatz „Beratung vor Kürzung" eingeführt. Danach „soll" einer Honorarkürzung die gezielte Beratung vorausgehen. Diese Vorgabe wurde durch die Rechtsprechung frühzeitig auf einen nur geringen Anwendungsbereich reduziert. Das BSG hat diesen Vorschriften über die Beratung - zumindest bei Überschreitung des Fachgruppendurchschnitts in den Bereich des offensichtlichen Missverhältnisses[60] - nicht entnehmen können, dass Honorarkürzungen erst nach vorherigen Beratungen des Vertragszahnarztes erfolgen dürfen.[61] Denn die Erforderlichkeit einer Aufklärung auch bei Überschreitungen bis in das offensichtliche Missverhältnis führe dazu, dass die Kürzung von einer weiteren Voraussetzung, nämlich der Kenntnis oder des Kennenmüssens, abhängig gemacht werden könne.[62] Die gesetzlichen Formulierungen deuteten demgegenüber allein darauf hin, dass die Prüfgremien eine einzelfallbezogene Überprüfung dahingehend vorzunehmen hätten, ob dem gesetzgeberischen Ziel einer effektiven Überwachung der Wirtschaftlichkeit der vertragszahnärztlichen Versorgung durch eine zielgerichtete Beratung des betroffenen Vertragszahnarztes hinreichend Rechnung getragen werden könne oder ob gegenüber dem Vertragszahnarzt stärker belastende Maßnahmen erforderlich seien.[63] Das BSG ist in Bezug auf die bisherigen gesetzlichen Vorgaben insoweit richtigerweise der Auffassung, dass dem Wortlaut des Gesetzes kein genereller Grundsatz zu entnehmen ist, nach welchem jeder

[59] BGBl I S. 2190.
[60] BSG, Urt. v. 28.4.2004 - B 6 KA 24/03 R = MedR 2004, 424-427 und Urt. v. 19.6.1996 - 6 RKa 40/95 = BSGE 78, 278-284; Einzelheiten: 7, b).
[61] Urt. v. 9.3.1994 - 6 RKa 17/92 - (n. v.) unter Bezugnahme auf Urt. v. 27.4.1982 - 6 RKa 4/79 - USK 82178; bestätigt mit Urt. v. 19.6.1996 - 6 RKa 40/95 = SozR 3-2500, § 106, Nr. 37 und Urt. v. 14.5.1997 - 6 RKa 63/95 = SozR 3-2500, § 106, Nr. 39; BSG, Urt. v. 18.6.1997 - 6 RKa 95/96 = USK 97124.
[62] BSG, Urt. v. 30.5.2006 - B 6 KA 14/06 B (Juris); BSG, Urt. v. 19.6.1996 - 6 RKa 40/95 = BSGE 78, 278-284.
[63] LSG Baden-Württemberg, Beschl. v. 22.10.1998 - L 5 KA 3589/97 (Juris-Dokument: KSRE077971318).

Honorarkürzung eine gezielte Beratung im Sinne eines Rechtmäßigkeitserfordernisses vorauszugehen habe.[64]

Mit den Neuregelungen des GMG erhalten die Normadressaten, das sind die KZV und die Krankenkassen (§ 106 Absatz 1) sowie die Prüfgremien (§ 106 Absatz 1a), zusätzlich die Aufgabe der Information und Beratung der Vertragszahnärzte. So heißt es in § 106 Absatz 1 nunmehr explizit, dass die Wirtschaftlichkeit der vertragszahnärztlichen Versorgung im Wege der Beratung und Prüfung zu gewährleisten ist. Gemäß § 106a Satz 1 hat der Prüfungsausschuss in den erforderlichen Fällen den Vertragszahnarzt anhand von Übersichten über die erbrachten oder veranlassten Leistungen über die Fragen der Wirtschaftlichkeit und Qualität zu beraten.

Es stellt sich in diesem Zusammenhang die Frage, ob die restriktive Rechtsprechung des BSG zu relativieren ist. Mit der Änderung der gesetzlichen Vorgaben lässt sich zunächst ein „Mehr" an Bedeutung für die Beratung festhalten. Denn zum einen ist die bisherige Regelung in § 106 Absatz 5 Satz 2 nicht geändert worden. Zum anderen geht der Gesetzgeber ausweislich der Gesetzesbegründung davon aus, dass die Information und Beratung der Vertragszahnärzte über Fragen der Wirtschaftlichkeit und Qualität der von ihnen erbrachten, verordneten und veranlassten Leistungen bisher unzulänglich gewesen ist. Das mit der Beratung verbundene Wirtschaftlichkeitspotenzial sei erheblich. Zum anderen könne es gleichzeitig zu einer Verbesserung der Versorgungsqualität kommen. Begründet wird diese Einschätzung insbesondere mit der fehlenden Festlegung einer Verantwortlichkeit für die Beratung.
Insoweit ist es durchaus konsequent, die Beratung in den Vordergrund zu stellen und neben den Prüfgremien ebenfalls die Krankenkassen sowie die KZV in die Pflicht zu nehmen. Der Gesetzgeber erhebt nach Sinn und Zweck sowie Wortlaut der gesetzlichen Vorschrift die Prüfung und die Beratung im Grundsatz in den Stand der Gleichrangigkeit. Beide Mechanismen stehen nunmehr nebeneinander. Diese Gleichrangigkeit könnte dahingehend verstanden werden, dass ohne die Beratung eine Prüfung ausgeschlossen ist.[65]

Eine solche Auffassung ist aber nicht zu teilen. Vielmehr deuten der Wortlaut des Gesetzes, der systematische Zusammenhang und die Gesetzesbegründung darauf hin, dass Beratungen völlig unabhängig von möglichen Prüfungen und Regressen durchzuführen sind.
Die Neugestaltung der Beratung innerhalb eines selbstständigen Absatzes 1a zeigt mit Blick auf die bisherige, weiter geltende Formulierung in Absatz 5 Satz

[64] Urt. v. 19.6.1996 - 6 RKa 40/95 = BSGE 78, 278-284.
[65] Peikert (in: Schnapp/Wigge, Vertragsarztrecht, § 20, Rn. 55) scheint dieser Auffassung zuzuneigen und spricht davon, dass das Beratungselement gegenüber der Kürzung vorzugswürdig sei; Steinhilper, in Schnapp/Wigge, Vertragsarztrecht, § 17, Rn. 43 spricht hingegen von einer Gleichwertigkeit.

2 zunächst schon systematisch, dass keine unmittelbare Verbindung zwischen der Beratung und der Folge einer Prüfung (in der Regel die Kürzung von Honorar) bestehen muss. Die Beratung im Sinne der Absätze 1 und 1a ist daher zeitlich eher im Vorfeld einer Prüfung zu verankern.
Bestätigt wird diese Betrachtung durch die Unterscheidung der allgemeinen Beratungspflicht für die Normadressaten des Absatzes 1 (die KZV und die Kassen) und der konkretisierten Beratungspflicht für die Prüfungsausschüsse im Rahmen des Absatzes 1a. Denn die Prüfungsausschüsse müssen nur „in erforderlichen Fällen" beratend tätig werden. Diese „erforderlichen Fälle" können - müssen aber nicht - in erkannten Abrechnungsauffälligkeiten des Vertragszahnarztes ihren Ursprung haben. Die Entscheidung liegt allein im - zu begründenden - Beurteilungsspielraum der Ausschüsse bzw. wird durch die Vorgaben der regionalen Prüfvereinbarung bestimmt. § 106 Absatz 2 Satz 1 überlässt es insoweit den Vertragspartnern, die genauen Inhalte und die Durchführung der Beratungen durch den Prüfungsausschuss zu konkretisieren.
Letztlich lässt sich mit den Folgen einer anderen Auslegung für das Wirtschaftlichkeitsgebot argumentieren. Diese bestünden z. B. darin, dass in den ersten Quartalen der Tätigkeit eines neu zugelassenen Vertragszahnarztes unabhängig von der Höhe der Überschreitung der Vergleichswerte stets nur Beratungshinweise gegeben werden dürften. Dies würde zu einer ineffektiven Ausgestaltung der Wirtschaftlichkeitsprüfung führen, was mit dem Zweck des § 106 nicht vereinbar wäre.
Die Neugestaltung und Aufwertung des Beratungsgrundsatzes ist mithin so zu verstehen, dass die KZV und die Krankenkassen die allgemeine Pflicht haben, Beratungsangebote für alle Vertragszahnärzte zu schaffen. Das BSG betont in ständiger Rechtsprechung, dass sich aus § 106 Absatz 1 nicht nur die Befugnis, sondern vielmehr die Verpflichtung der Krankenkassen und der Kassenzahnärztlichen Vereinigungen als Träger der gemeinsamen Selbstverwaltung von Zahnärzten und Krankenkassen ergebe, die Wirtschaftlichkeit der vertragszahnärztlichen Versorgung zu überwachen.[66] Dieser Grundsatz ist auf die Beratung zu übertragen. Der Vertragszahnarzt kann also seinen Anspruch auf Beratung (im Rahmen der echten Leistungsklage) rechtlich durchsetzen. Hierbei ist es durchaus erheblich, ob die Körperschaften selbst oder die Prüfungsausschüsse die Beratung durchführen. Das Gesetz unterteilt klar zwischen diesen Normadressaten und will eine deutliche Zuständigkeit begründen.
Eine dahingehende Auslegung, dass aufgrund der Neuregelung in § 106 Absatz 1 eine unmittelbare Verknüpfung zwischen Beratung und Prüfung anzunehmen ist, ist hingegen im Ergebnis zu weitgehend. Insoweit ist auch eine Abkehr vom Grundgedanken des BSG zu § 106 Absatz 5 Satz 2 nicht erforderlich. Die Beratung kann nämlich zum einen (im Sinne des § 106 Absatz 1) vor einer Prüfung,

---

[66] BSG, Urt. v. 30.11.1994 - 6 RKa 14/93 = BSGE 75, 220, 222 = SozR 3-2500, § 106, Nr. 24; es ist ganz herrschende Meinung, dass eine reine Zuständigkeitsbestimmung implizit nicht nur die Ermächtigung, sondern auch eine Verpflichtung der angesprochenen Stellen bewirkt, statt vieler: Maurer, Allgemeines Verwaltungsrecht, § 10, Rn. 5.

aber auch völlig unabhängig von dieser, oder zum anderen (im Sinne des § 106 Absatz 5 Satz 2) als Ergebnis einer bereits durchgeführten Wirtschaftlichkeitsprüfung vorgenommen werden.

Festzuhalten ist, dass die Beratung zwar ein stärkeres Gewicht erhalten soll, eine unmittelbare Auswirkung auf die Prüfpraxis aufgrund der andersartigen Zielrichtung der Neuregelungen rechtlich nicht zwingend und daher auch nicht zu erwarten ist. Auch die mit dem GMG vorgenommene Änderung führt mithin zu keinem anderen Verständnis des Beratungsgrundsatzes auf der Ebene der Prüfgremien.

2. Verwaltung und Datenaustausch Kasse - KZV - Geschäftsstelle

Neben einer kompetenten Beratung sollen durch die Schaffung organisatorischer und logistischer Voraussetzungen, insbesondere durch qualifiziertes Personal und die aussagekräftige Gestaltung der Datengrundlagen, Defizite in der bisherigen praktischen Umsetzung beseitigt werden. Gemäß § 106 Absatz 4a unterstützt die Geschäftsstelle die Prüfungsausschüsse bei der Arbeit. Diese hat im Auftrag des nunmehr unabhängigen Vorsitzenden zu Ausschusssitzungen zu laden, die Entscheidungen vorzubereiten, Feststellungen zu den für die Beurteilung von Wirtschaftlichkeit wesentlichen Sachverhalten zu treffen und einen Vorschlag zur Festsetzung von Maßnahmen zu unterbreiten sowie die Prüfakten zu führen. Die Einzelheiten ergeben sich unmittelbar aus § 106 Absätze 4a-4d. Das BSG hat zur Vertretungs- und Entscheidungskompetenz der neu formierten Gremien früh Stellung bezogen.[67] Es hat geurteilt, dass diese auch über Quartale aus der Zeit bis Ende 2003 nur in der durch das GMG vorgeschriebenen Besetzung mit einem unparteiischen Vorsitzenden entscheiden dürfen und gerichtlich nur durch einen solchen Vorsitzenden vertreten werden können. Begründet wird diese Auffassung insbesondere mit rechtsstaatlichen Gesichtspunkten, die eine beliebige Zusammensetzung der zuständigen Verwaltungsstelle verbieten sowie mit der fehlenden Übergangsregelung bzw. einer fehlenden gegenteiligen Festlegung in der „Verordnung zur Geschäftsführung der Prüfungs- und Beschwerdeausschüsse sowie der Geschäftsstellen"[68] nach § 106 Absatz 4a. Verfahrensvorschriften werden mit ihrem Inkrafttreten grundsätzlich unmittelbar wirksam.[69] Damit setzt das BSG seine diesbezügliche Rechtsprechung[70] konsequent fort.

---

[67] Urt. v. 28.4.2004 - B 6 KA 8/03 R = SozR 4-2500, § 106, Nr. 5; zur Zustimmungspflicht der KZV und der Krankenkassen bei Vergleichen a. M. als das BSG ist Plagemann, Handbuch des SozialR, § 18, Rn. 168, Fn. 320, der unter Verweis auf die Regelung des § 106 Absatz 5d, die nur den Prüfungsausschuss als Vertragspartner bezeichnet, eine spätere Anfechtung nicht für möglich hält; zustimmend hingegen: Hess, Anmerkung, SGb 2005, S. 113 ff.

[68] BGBl I 2004, 29.

[69] Engelmann, in: Wulffen, SGB X, § 2, Rn. 10.

Der bisherige Datenaustausch zwischen den Kassenzahnärztlichen Vereinigungen und den Krankenkassen ist entfallen. Stattdessen werden die Daten jeweils an die Geschäftsstelle nach § 106 Absatz 4a übermittelt. Unter dem zweiten Abschnitt „Übermittlung und Aufbereitung von Leistungsdaten, Datentransparenz" (§§ 294 ff.) legt das Gesetz umfassend die Verpflichtungen der Beteiligten zum Datenaustausch fest.

Gemäß § 294 sind die Vertragszahnärzte verpflichtet, die für die Erfüllung der Aufgaben der Krankenkassen sowie der Kassenzahnärztlichen Vereinigungen notwendigen Angaben, die aus der Erbringung, der Verordnung sowie der Abgabe von Versicherungsleistungen entstehen, aufzuzeichnen und den Krankenkassen, den Kassenzahnärztlichen Vereinigungen oder den mit der Datenverarbeitung beauftragten Stellen mitzuteilen. Zur Abdeckung der Besonderheiten im vertragszahnärztlichen Bereich sind die Vertragszahnärzte im Rahmen der Prüfung nach § 106 Absatz 5a verpflichtet und befugt, auf Verlangen der Geschäftsstelle die für die Prüfung erforderlichen Befunde vorzulegen.
Die Kassenzahnärztlichen Vereinigungen übermitteln den Geschäftsstellen nach § 106 Absatz 4a für die Prüfungen nach § 106 Absatz 2 Satz 1 Nr. 1 aus den Abrechnungsunterlagen der Vertragszahnärzte für jedes Quartal die Zahnarztnummer, die Kassennummer und die abgerechneten Behandlungsfälle, getrennt nach Mitgliedern und Rentnern sowie deren Angehörige. Im Zusammenhang mit der Zufälligkeitsprüfung stellen die Kassenzahnärztlichen Vereinigungen jeweils für den Zeitraum eines Jahres den Geschäftsstellen für jedes Quartal eine Liste derjenigen Zahnärzte zur Verfügung, die gemäß § 106 Absatz 3 in die Prüfung nach § 106 Absatz 2 Satz 1 Nr. 2 einbezogen werden. Sie übermitteln den Geschäftsstellen aus den Abrechnungsunterlagen der in die Prüfung einbezogenen Vertragszahnärzte neben den in § 297 genannten Daten zudem die abgerechneten Gebührenpositionen je Behandlungsfall einschließlich des Tages der Behandlung, bei ärztlicher Behandlung mit der nach dem in § 295 Absatz 1 Satz 2 genannten Verfahren verschlüsselten Diagnose, bei zahnärztlicher Behandlung mit Zahnbezug und Befunden, bei Überweisungen mit dem Auftrag des überweisenden Arztes (§ 297 Absatz 2).
Die Krankenkassen wiederum überreichen gemäß § 297 Absatz 3 die Daten über die von den in die Prüfung nach § 106 Absatz 2 Satz 1 Nr. 2 einbezogenen Vertragszahnärzten verordneten Leistungen sowie die Feststellungen der Arbeitsunfähigkeit jeweils unter Angabe der Arztnummer, der Kassennummer und der Krankenversichertennummer.
Die Daten über kassen- und vertragszahnärztliche Leistungen sowie Daten über verordnete Leistungen dürfen, soweit sie versichertenbezogen sind, auf maschinell verwertbaren Datenträgern nur zusammengeführt werden, soweit dies zur Durchführung der Prüfungen nach § 106 Absatz 2 Satz 1 Nr. 2 erforderlich ist.

---

[70] BSG, Urt. v. 10.5.1990 - 6 RKa 27/89 = BSGE 67, 41, 43 = SozR 3-2500, § 106, Nr. 2, S. 4; BSG, Urt. v. 8.4.1992 - 6 RKa 27/90 = BSGE 70, 246 = SozR 3-2500, § 116, Nr. 10.

Die Veränderungen im Datenaustausch sind weitgehender Natur. Im Sinne der Prüfungen mögen sie zwar effektiv sein, dennoch können auch erhebliche Bedenken im Sinne des Datenschutzes erhoben werden, denen hier nicht weiter nachgegangen werden soll.[71]

3. Prüfvereinbarungen

Das Gesetz gibt der KZV und den Landesverbänden der Krankenkassen in § 106 Absatz 3 auf, Prüfvereinbarungen zu schließen. Diese sind - ebenso wie z. B. Richtgrößenvereinbarungen - öffentlich-rechtliche Verträge mit Rechtsnormcharakter im Range untergesetzlichen Landesrechts.[72] Denn sie entfalten gegenüber den am Vertragsschluss nicht beteiligten Vertragszahnärzten unmittelbare rechtliche Außenwirkung. Dies ergibt sich bereits aus § 106 Absatz 3. Die Prüfvereinbarungen werden regional zwischen den Kassenzahnärztlichen Vereinigungen einerseits und den Landesverbänden der Krankenkassen und den Verbänden der Ersatzkassen andererseits geschlossen. Soweit eine Einigung scheitert, setzt das Schiedsamt nach § 89 Absatz 1 den Inhalt fest.[73] Nach Auffassung des BSG können Wirtschaftlichkeitsprüfungen ohne Prüfvereinbarung nicht durchgeführt werden.[74]

Die Änderungen in Bezug auf die Prüfvereinbarung durch das GMG sind umfassend. In Absatz 3 ist nunmehr vorgesehen, dass „Inhalt und Durchführung der Beratung (...) und der Prüfung" gemeinsam und einheitlich zu vereinbaren sind. Die bisherige gesetzliche Formulierung gab den Vertragsparteien lediglich vor, „Verfahren zur Prüfung der Wirtschaftlichkeit" zu vereinbaren.
Das BSG verlangte schon mit Blick auf die alte Formulierung, die verfahrensrechtlichen Regelungen so zu gestalten, dass das Prüfverfahren der gesetzlichen Intention entsprechend sachgerecht durchgeführt werden könne.[75] Mit Einführung des SGB V, der Vorgabe konkreter Prüfmethoden und Verwaltungsvorgänge, könne sich die Prüfvereinbarung nicht mehr umfassend auf „das" Verfahren der Wirtschaftlichkeitsprüfung im Sinne des § 8 SGB X, sondern allein auf

---

[71] Zu weiteren Details der formalen Änderungen, auch z. B. der Vorstandshaftung: Filler, Neugestaltung der Wirtschaftlichkeitsprüfung, GesR 2004, 502 ff.

[72] Vgl. BSG Urt. v. 27.6.2001 - B 6 KA 66/00 R = SozR 3-2500, § 106, Nr. 53, Peikert, in: Schnapp/Wigge, Vertragsarztrecht, § 20, Rn. 14; LSG Nordrhein-Westfalen, Urt. v. 14.7.2004 - L 11 KA 174/03 = MedR 2004, 705-707.

[73] Schnapp, Rechtsetzung durch Schiedsämter und gerichtliche Kontrolle von Schiedsamtsentscheidungen, Probleme der Rechtsquellen im Sozialversicherungsrecht, 77-98; Schmiedl, Recht des Schiedswesens, 1 ff.

[74] BSG, Urt. v. 18.6.1997 - 6 RKa 42/96 = SozR 3-2500, § 106, Nr. 40, S. 217, 220; Methner, Prüfvereinbarungen (KZV) in der Praxis, WzS 1995, 200 ff.

[75] BSG, Urt. v. 20.9.1995 - 6 RKa 40/94 = BSGE 76, 285, 292 = SozR 3-2500 § 106, Nr. 30, S. 173.

die Beweismethoden zur Feststellung von Unwirtschaftlichkeit beziehen.[76] Die KZV und die Verbände der Krankenkassen waren daher nicht berechtigt, den Prüfungs- und Entscheidungsspielraum der Gremien durch generelle Regelungen einzuschränken.[77] Regelungen zu den Einzelheiten der Durchführung der Prüfungen, zur Entscheidung über Art und Umfang der Leistungen, die in die Prüfung einzubeziehen sind, und die damit im Zusammenhang stehenden Fragen ihrer Feststellung und ihres Nachweises sowie zum Umfang der Wirtschaftlichkeitsprüfung und des Beweisverfahrens sowie der Darlegungs- und Nachweislast wurden für den Fall nicht akzeptiert, dass sie zu einer Einschränkung der Rechte der Beteiligten führen und negativen Einfluss auf die Effektivität der Prüfung als solche haben.[78] Das Verwaltungsverfahren hat sich daher an den Rahmen zu halten, durch das SGB X vorgegeben wird.[79]

Mit der Neufassung wählt der Gesetzgeber eine Formulierung, welche sich zwischen der Fassung des § 368n Absatz 5 Satz 3 RVO[80] und der bisherigen Vorgabe des § 106 Absatz 3 Satz 1 bewegt. Die Prüfvereinbarungen müssen damit einerseits zwingend eine Reihe verschiedener Vorgaben erfüllen, können andererseits aber neue Möglichkeiten eröffnen.
Sowohl der Umfang als auch die inhaltliche Ausgestaltung der Prüfvereinbarungen werden aufgrund der geänderten gesetzlichen Vorgaben sowie der nunmehr normierten Wirtschaftlichkeitsprüfungs-Verordnung eingeschränkt. Die Verordnung zur Geschäftsführung der Prüfungs- und Beschwerdeausschüsse sowie der Geschäftsstellen nach § 106 Absatz 4a Satz 9[81] (sog. Wirtschaftlichkeitsprüfungs-Verordnung) konkretisiert die gesetzlichen Vorgaben im Bereich der Besetzung, Verwaltung und des Verfahrens der Prüfungs- und Beschwerdeausschüsse sowie die Aufgaben und die Entschädigung des unabhängigen Vorsitzenden. Der Gesetzgeber berücksichtigt mit der Besetzung der Prüfungs- und Beschwerdeausschüsse durch fachkundige Mitglieder und einen unabhängigen

---

[76] BSG, Urt. v. 14.5.1997 - 6 RKa 10/96 = SozR 3-1300, § 63, Nr. 10, S. 34 ff.; Siewert, in: Maydell, GK-SGB V, § 106, Rn. 70 m. w. N.
[77] Als zu weitgehend wurde z. B. die verbindliche Festlegung der Grenze zum offensichtlichen Missverhältnis eingestuft: BSG, Urt. v. 30.11.1994 - 6 RKa 16/93 = SozR 3-2500, § 106, Nr. 25, S. 137, 140.
[78] LSG Berlin, Urt. v. 27.10.1999 - L 7 KA 7/99 (Juris-Dokument: KSRE081280318).
[79] Peikert, in: Schnapp/Wigge, Vertragsarztrecht, § 20, Rn. 15. Insofern war nach der Rechtsprechung durch die Regelungen in den Prüfvereinbarungen lediglich eine Konkretisierung oder Ergänzung der gesetzlichen Vorschriften möglich: LSG Berlin, Urt. v. 27.10.1999 - L 7 KA 7/99 (Juris-Dokument: KSRE081280318).; Hencke, in: Peters, Handbuch der Krankenversicherung, § 106, Rn. 32. Akzeptiert wurde z. B. die Festlegung von Antragsfristen für die Einleitung eines Prüfverfahrens: BSG, Urt. v. 16.1.1991 - 6 RKa 24/89 = BSGE 68, 93, 95 = SozR 3-2500, § 106, Nr. 3, S. 8; BSG, Urt. v. 21.4.1993 - 14a RKa 11/92 = BSGE 72, 214, 219 = SozR 3-1500, § 35, Nr. 5, S. 10.
[80] „Die Vertragsparteien des Gesamtvertrages vereinbaren das Verfahren zur Überwachung und Prüfung der Wirtschaftlichkeit sowie das Verfahren vor den Ausschüssen".
[81] BGBl I 2004, S. 29.

Vorsitzenden gleichzeitig sowohl die zahnärztliche Berufserfahrung als auch die Interessen der Krankenkassen. So kann eine professionelle Prüfung gewährleistet werden. Zudem kann verhindert werden, dass sich die Prüfung auf einen statistischen Vergleich reduziert oder das Heranziehen weiterer Fachleute erforderlich wird.[82]

Nach den gesetzlichen Vorgaben müssen in der Prüfvereinbarung obligatorisch der Inhalt und die Durchführung der Beratung nach § 106 Absatz 1 a enthalten sein.

Durch die Neufassung des § 106 Absatz 3 Satz 3, 2. Halbsatz wurde den Prüfgremien auch die Beantwortung der Frage, ob der Prüfungsausschuss bei Anträgen der KZV oder der Kassen eine Einzelfallprüfung durchzuführen hat, entzogen. Diese Vorgabe dürfte eine unmittelbare Folge der erweiterten Prüfrechte der Krankenkassen im Sinne des § 106a Absatz 3 sein. Denn den Krankenkassen muss neben der erweiterten Ermächtigung, selbst zu prüfen, ein effektives Mittel zur Durchsetzung dieser Prüfung an die Hand gegeben werden. In den Vereinbarungen ist auch das Verfahren zur Bestimmung von Stichproben für die Prüfungen nach Absatz 2 Satz 1 Nr. 2 festzulegen; dabei kann die Bildung von Stichprobengruppen abweichend von den Fachgebieten nach ausgewählten Leistungsmerkmalen vorgesehen werden. Zudem ist die Frage zu beantworten, unter welchen Voraussetzungen Einzelfallprüfungen durchgeführt und pauschale Honorarkürzungen vorgenommen werden können. Für den Fall wiederholt festgestellter Unwirtschaftlichkeit sind - wie bisher - pauschale Honorarkürzungen vorzusehen.

Auf der anderen Seite eröffnet Absatz 3 mehr Spielraum.[83]

Generell reicht auch nach der Neufassung von Absatz 3 die Normierungskompetenz der Partner der Gesamtverträge nur so weit, wie SGB V und SGB X Regelungslücken enthalten. Diese Erkenntnis wird nicht nur durch die umfassenden inhaltlichen Vorgaben selbst bestätigt - insbesondere durch die gesetzliche, unmittelbare Geltung hervorrufende Einbeziehung der Richtlinien in die Prüfvereinbarungen (§ 106 Absatz 3 Satz 1, 2. Halbsatz in Verbindung mit Absatz 2b). Auch die Neugestaltung des § 83, der die Überprüfung der Rechtmäßigkeit und der sachlichen Richtigkeit der Leistungsabrechnung in den neuen § 106a verlagert, legt diese nahe. Der Gesetzgeber gibt also zu erkennen, dass das gesamte Recht der Wirtschaftlichkeitsprüfung im neunten Titel des SGB V geregelt werden soll. Damit kommt die bisherige allgemeine Ermächtigung des § 83 nicht mehr zum Zuge, welche es den Gesamtvertragsparteien ermöglichte, durch untergesetzliche Vereinbarungen von Regelungen des SGB X abzuweichen.[84]

---

[82] Ablehnend zur Beauftragung von Sachverständigen schon: LSG Stuttgart, Urt. v. 22.5.1996 - L 5 Ka 744/95 = MedR 1997, 230; LSG Nordrhein-Westfalen, Urt. v. 11.3.1998 - L 11 KA 165/97 (Juris).

[83] Beispiele bei: Engelhard, in: Hauck/Noftz, § 106, Rn. 430 ff.

[84] Dazu: BSG, Urt. v. 13.3.1991 - 6 RKa 35/89 = SozR 3-2500, § 85, Nr. 2, S. 8 f.; BSG, Urt. v. 13.11.1974 - 6 RKa 4/73 = BSGE 38, 201, 202 = SozR 5548, § 3, Nr. 1.

4. Amtsermittlung

Die Prüfgremien sind nach § 20 SGB X - diese Vorschrift gilt auch für die vertragszahnärztliche Wirtschaftlichkeitsprüfung[85] - verpflichtet, den Sachverhalt im erforderlichen Umfang aufzuklären, alle für die Entscheidung relevanten Umstände zu ermitteln sowie für den so ermittelten Sachverhalt daraufhin rechtlich zu prüfen, ob sich das Behandlungsverhalten und die Behandlungsweise des Vertragszahnarztes in ihrer Häufigkeit von der Typik der Vergleichsgruppe wesentlich unterscheiden.[86] Was genau diesen erforderlichen Umfang ausmacht und welche konkreten Maßnahmen notwendig sind, entzieht sich dabei einer generellen Festlegung. Hierzu sind die jeweiligen Umstände des Einzelfalls heranzuziehen. Die Resultate eines statistischen Abrechnungsvergleichs müssen aber immer berücksichtigt werden. Gegenteilige Festlegungen in Prüfvereinbarungen sind mit § 20 SGB X unvereinbar.[87] Die Pflicht der Gremien zur Ermittlung des Sachverhalts wird auch dadurch bestimmt, inwieweit entscheidungserhebliche Umstände von den Beteiligten vorgetragen werden. Die Sachaufklärungspflicht endet jedenfalls da, wo weitere Bemühungen der Behörde im Verhältnis zum Erfolg nicht mehr vertretbar und zumutbar sind oder die Mitwirkungspflicht eines des Verfahrensbeteiligten die Amtsermittlungspflicht begrenzt.[88] Der Umfang der Verpflichtung zur Aufklärung hängt im Ergebnis also entscheidend von den Umständen des Einzelfalles, den statistischen Vergleichsdaten sowie nicht zuletzt dem Vorbringen des Vertragszahnarztes ab.

Das Verfahren der Wirtschaftlichkeitsprüfung wird grundsätzlich von Amts wegen eingeleitet.[89] Nunmehr sieht das Gesetz in § 106a wieder bestimmte Antragsverfahren vor.[90]

---

[85] Vgl. BSG, Urt. v. 2.6.1987 - 6 RKa 19/86 = BSGE 62, 18, 23 = SozR 2200, § 368n, Nr. 54, S. 187; Schmitz, Wirtschaftlichkeitsprüfung - Amtsermittlung - Darlegungslast, NZS 1997, 398 ff.

[86] BSG, Urt. v. 15.11.1995 - 6 RKa 43/94 = BSGE 77, 53, 60 = SozR 3-2500, § 106, Nr. 33, S. 191; Bayerisches LSG, Urt. v. 26.1.2000 - L 12 KA 510/98 (Juris-Dokument: KSRE080270318).

[87] BSG, Urt. v. 2.6.1987 - 6 RKa 19/86 = BSGE 62, 18, 23 = SozR 2200, § 368n, Nr. 54, S. 187.

[88] Vgl. Jahn, Kommentar zum SGB X, § 20, Rn. 4; BSG, Beschl. v. 5.11.2003 - B 6 KA 58/03 B (Juris); kritisch: Greve, Anmerkung, ZMGR 2005, 330.

[89] Der Gesetzgeber hat das Antragsverfahren vom 1.1.2000 an mit dem GRG durch ein von Amts wegen durchzuführendes Prüfverfahren ersetzt. Letztlich lässt er den Selbstverwaltungsgremien bezüglich des „Ob“ und des „Wie“ nur noch einen geringen Spielraum. Insoweit hat sich die Auffassung nicht durchgesetzt, dass auf Antrag der KZV oder der Krankenkassen durchgeführte Prüfungen zumindest für den Fall rechtswidrig sind, dass der Ausschuss nicht selbst nochmals die Einleitung der Prüfung diskutiert hat. § 106 Absatz 5 Satz 1 in der neuen Fassung regelt allerdings auch nicht explizit, auf welcher Grundlage der Prüfungsausschuss seine Tätigkeit aufnimmt. Dies kann daher weiterhin in einer Prüfvereinbarung geregelt werden (so richtig: SG Dresden, Urt. v. 3.12.2003 - S 11 KA 5001/03 Z (n. v.)).

Schon zu Zeiten des Antragsverfahrens war die den Prüfantrag stellende Institution nicht einmal verpflichtet, den Antrag zu begründen. Sie konnte durch ihren Antrag das Prüfungsverfahren auch nicht auf bestimmte Teile der Abrechnung des Vertragszahnarztes beschränken,

5. Prüfungsumfang

Die Prüfgremien haben nach den gesetzlichen Vorgaben einen grundsätzlich umfassenden Prüfauftrag und müssen daher in allen denkbaren Bereichen die Wirtschaftlichkeit der Behandlungsweise kontrollieren. Dies ergibt sich unmittelbar aus § 106 Absatz 1, der wie geschildert nicht nur zu Prüfungen berechtigt, sondern auch zur Kontrolle verpflichtet.[91] Allerdings obliegt es - soweit keine speziellen Vorgaben im SGB V existieren - den Prüfgremien ebenfalls, zu bestimmen, ob und wie die Prüfungen durchgeführt werden.

Im vertragszahnärztlichen Bereich stellt sich in diesem Zusammenhang - anders als bei den Vertragsärzten - in einigen Bereichen die Frage der Prüffähigkeit bzw. Prüfnotwendigkeit bestimmter Leistungen. Dies betrifft insbesondere die genehmigungsbedürftigen Leistungen

1. der Parodontosebehandlungen,
2. der Kieferorthopädie sowie
3. des Zahnersatzes

und die diesbezüglichen Vereinbarungen zwischen der KZBV und den Spitzenverbänden der Krankenkassen.

a) Vertragliche Vorgaben

Jeder Vertragszahnarzt bzw. Kieferorthopäde muss vor Beginn der kieferorthopädischen[92], der prothetischen[93] und der parodontologischen[94] Behandlung an-

---

da die Prüfgremien auf Grund der Anträge zur gesamten Überprüfung der Wirtschaftlichkeit berechtigt und verpflichtet sind (BSG, Urt. v. 21.6.1995 - 6 RKa 54/94 = SozR 3-2500, § 106, Nr. 53). Die Antragstellung setzte keinen formgebundenen, qualifizierten Prüfantrag voraus. Dieser hatte nämlich keine materiell-rechtliche Bedeutung, sondern war eine bloße Verfahrensvoraussetzung (BSG, Urt. v. 21.6.1995 - 6 RKa 54/94 = BSGE 76, 149, 152 = SozR 3-2500, § 106, Nr. 28, S. 159). Ein wirksamer Prüfantrag konnte daher selbst im schlüssigen Verhalten eines Antragsberechtigten liegen oder auch noch nachträglich während des schon laufenden Prüfverfahrens gestellt werden (so BSGE 76, 149, S. 151 = SozR 3-2500, § 106, Nr. 28, S. 158; BSG SozR 3-5533 Allg., Nr. 2, S. 10 f. sowie Urt. v. 9.9.1998 - B 6 KA 57/97 R - S. 6 f. = BSG USK 9596). Ebenso reichte es aus, wenn ein Prüfantrag bei einer falschen Stelle (z. B. bei der KZV) gestellt wurde, die ihn an die sachlich zuständigen Prüfgremien weiterleitete (BSG, Urt. v. 16.1.1991 - 6 RKa 24/89 = BSGE 68, 93, 95 = SozR 3-2500, § 106, Nr. 3, S. 8; vgl. auch § 16 Absatz 2 SGB I, § 91 SGG).

[90] Siehe Kapitel 3, III., 3.

[91] BSG, Urt. v. 30.11.1994 - 6 RKa 14/93 = BSGE 75, 220, 22 = SozR 3-2500, § 106, Nr. 24, S. 131, 134.

[92] § 2 Absatz 3 des Bundesmantelvertrag für Zahnärzte (BMV-Z) in Verbindung mit Anlage 6, § 1 Absatz 1 bzw. § 14 Absatz 3 in Verbindung mit Anlage 8a Ersatzkassenvertrag für Zahnärzte (EKV-Z).

[93] § 2 Absatz 3 BMV-Z in Verbindung mit Anlage 12, § 1 Absatz 1 bzw. § 14 Absatz 5 in Verbindung mit Anlage 4 EKV-Z.

[94] § 2 Absatz 3 BMV-Z in Verbindung mit Anlage 9, § 1 Absatz 1 bzw. § 14 Absatz 4 in Verbindung mit den Anlagen 10a und 10b EKV-Z.

hand der erforderlichen diagnostischen Unterlagen einen Behandlungsplan, einen Heil- und Kostenplan bzw. einen Parodontalstatus erstellen und diesen der Krankenkasse zusenden. Die Kassen senden den Plan bei Kostenübernahme bzw. Bezuschussung in der Regel innerhalb von vier Wochen zurück.[95] Grundsätzlich darf der Vertragszahnarzt die Behandlung erst nach Rücksendung des Plans beginnen.

Das System der vorhergehenden Genehmigung bei umfassenden Behandlungen hat in das klassische Sachleistungssystem eine hohe Hürde eingezogen. Den Krankenkassen wird die unmittelbare Möglichkeit eingeräumt, Leistungen zu verweigern, falls diese im Gutachterverfahren für nicht notwendig erachtet werden. Sinn und Zweck der Genehmigungspflicht besteht also darin, ein Verfahren einzuleiten, im Rahmen dessen die gesetzlichen und vertraglichen Voraussetzungen sowie die Wirtschaftlichkeit der geplanten Maßnahme geprüft werden und - wenn die Voraussetzungen nicht vorliegen - die Genehmigung zu verweigern. Bei genauer Betrachtung des Genehmigungsverfahrens zeigt sich, dass dieses Verfahren umfänglich ausgestaltet ist und von der Prüfung des ausführlichen Behandlungsplans bis hin zur möglichen Anforderung von Nachbefunden vom einreichenden Vertragszahnarzt reicht. Gegen die Stellungnahmen von Gutachtern können die Beteiligten Einspruch erheben. Sodann wird ein Obergutachten erstellt. Bei der geplanten Versorgung mit Zahnersatz kann sogar der Patient vom Gutachter geladen und untersucht werden, um die Notwendigkeit der Arbeit zu überprüfen.
Das Genehmigungssystem kommt damit einer individuellen Einzelfallüberprüfung nahe und bietet eine umfassende und wohl die effektivste Gewähr zur Einhaltung der Vorgaben zur wirtschaftlichen Behandlung durch den Vertragszahnarzt. Die Möglichkeit einer weiteren, umfassenden nachträglichen, pauschalen Prüfung widerspricht daher diesem System.

Im EKV-Z findet sich dementsprechend in § 14 Absatz 6 folgende Formulierung:
„Behandlungen, für die die Ersatzkasse aufgrund des Heil- und Kostenplans, des KFO-Behandlungs-, Therapieänderungs- oder Verlängerungsantrages und des Parodontalstatus die Kosten übernommen oder einen Zuschuss gewährt hat, unterliegen keiner nachträglichen Prüfung auf Notwendigkeit und Wirtschaftlichkeit, es sei denn, die abgerechneten Leistungen gehen über den Umfang der genehmigten Leistungen hinaus."
In Absatz 7 heißt es zudem:
„Kieferorthopädische Maßnahmen (einschließlich zahntechnischer Leistungen), die ohne Therapieänderung über die ursprünglich geplanten hinausgehen, sind

---

[95] Bei der Kostenübernahmeerklärung handelt es sich um einen Verwaltungsakt der Krankenkasse gegenüber dem Versicherten: Muschallik, in: Schnapp/Wigge, Vertragsarztrecht, § 22, Rn. 71, m. w. N.

durch den Vertragszahnarzt der Ersatzkassen anzuzeigen und von der Ersatzkasse zu genehmigen. Die genehmigten Leistungen unterliegen nicht der Prüfung auf Notwendigkeit und Wirtschaftlichkeit."

Auch im Primärkassenbereich haben die Partner in § 2 Absatz 3 der Anlage 6 des BMV-Z für die kieferorthopädischen bzw. in § 2 Absatz 3 der Anlage 2 für die Zahnersatzleistungen festgelegt, dass Behandlungen, für die die Krankenkasse aufgrund eines Behandlungsplanes die Kosten übernommen oder einen Zuschuss gewährt hat, nicht mehr der Prüfung auf Notwendigkeit und Wirtschaftlichkeit unterliegen. Weitere Regelungen für den Bereich der Primärkassen, insbesondere also in Bezug auf die parodontologischen Leistungen, fehlen allerdings. Weder der BMV-Z noch die Anlagen des BMV-Z sehen einen weitergehenden expliziten Ausschluss vor.

b) Auswirkungen

Damit stellt sich zum einen die Frage, welche rechtlichen Auswirkungen die neu gefassten vertraglichen Bestimmungen auf die Wirtschaftlichkeitsprüfung haben. Zum anderen ist zu diskutieren, wie mit Wirtschaftlichkeitsprüfungen von genehmigungspflichtigen Behandlungen umzugehen ist, zu denen keine vertraglichen Vereinbarungen zu finden sind.

aa) Reichweite des vertraglichen Ausschlusses

Das BSG hat sich in Bezug auf die Frage des bisherigen vertraglichen Ausschlusses einer nachträglichen Prüfung der Wirtschaftlichkeit klar positioniert. Es ist der Auffassung, dass ein solcher Ausschluss auf Bereiche zu beschränken ist, die bei der vorangehenden Genehmigung zu überprüfen waren oder tatsächlich abschließend geprüft wurden.[96] Denn derartige Regelungen über den Ausschluss der nachträglichen Wirtschaftlichkeitsprüfung beträfen allein die Bindungswirkung der Kostenübernahme, nicht aber die Überprüfung von Ausführung und Ergebnis der Behandlung auf der Grundlage eines genehmigten Planes.[97]

Soweit die Vertragspartner die Einhaltung eines bestimmten Verfahrens mit einer Vorabgenehmigung durch die Krankenkasse vereinbaren, stellt dies zunächst eine zulässige Konkretisierung des Wirtschaftlichkeitsgebotes dar. Die Wirtschaftlichkeitsprüfung reduziert sich auf zeitlich nachfolgende Schritte bzw. auf die Prüfung von Bereichen, die im Genehmigungsverfahren nicht abschließend

---

[96] BSG, Urt. v. 16.6.1993 - 14a RKa 4/92 = SozR 3-2500, § 106, Nr. 18.

[97] BSG, Urt. v. 5.8.1992 - 14a/6 RKa 17/90 = SozR 3-2500, § 106, Nr. 12; zum Schadensersatz bei mangelhaftem Zahnersatz: Urteile v. 30.5.1992 - 14a/6 RKa 6/90 = DOK 1992, 472 und 14a/6 RKa 9/90 = SozR 3-5555, § 12, Nr. 3; zum Fall mangelhafter kieferorthopädischer Behandlung: BSG, Urt. v. 5.8.1992 - 14a/6 RKa 61/91 = USK 92162.

geprüft werden. Alle Komponenten, die im Gutachterverfahren abgeschlossen und erkennbar waren, sind hingegen nicht mehr prüffähig. Dies geht konform mit der Rechtsprechung des BSG[98], nach der eine nachträgliche Prüfung nur dann notwendig (und zulässig) ist, wenn die Vorprüfung durch die Krankenkassen lediglich einer Schlüssigkeitsprüfung gleichkommt. Damit ist im zu prüfenden Einzelfall nach den gesetzlichen Änderungen von besonderer Bedeutung, ob sich das Genehmigungsverfahren und die geltenden Richtlinien nur mit der Bindungswirkung einer Kostenübernahme befassen oder auch, zumindest bezogen auf Teilbereiche, materielle Wirkung haben.

Die vertraglichen Vereinbarungen des EKV-Z gehen für die kieferorthopädischen Prüfungen noch einen Schritt weiter, indem sie - ganz im Gegensatz zur Formulierung des § 14 Absatz 6 - auch über die Erstplanung hinausgehende Leistungen nicht der Wirtschaftlichkeitsprüfung unterwerfen. Voraussetzung ist allein, dass keine Therapieänderung vorgenommen wird. Diese Modifikation hält sich in den Grenzen der Regelungsbefugnis, da sie nicht pauschal jegliche Prüfung ausschließt, sondern nur für einen bestimmten Sachverhalt. Dieser Sachverhalt beinhaltet zudem die wesentlichen oder (bei Begutachtung des Patienten selbst) sogar alle Merkmale einer umfassenden Einzelfallprüfung. Somit sind die gesetzgeberischen Ziele einer umfassenden Wirtschaftlichkeitsprüfung nicht beeinträchtigt, sondern lediglich zeitlich verschoben. Im Sinne der Effektivität kann das in den Gesamtverträgen vereinbarte präventive Verfahren sogar als optimal bezeichnet werden, da es den speziellen Einzelfall betrachtet und vor Beginn der Behandlung ansetzt. Aufgrund der Pflicht zur Genehmigung aller Behandlungspläne entstehen im Ergebnis also keine Bedenken. Der Ausschluss der Wirtschaftlichkeitsprüfung für über den Behandlungsplan hinausgehende Leistungen wird verknüpft mit der Notwendigkeit, dass auch diese Leistungen von der Ersatzkasse genehmigt wurden. Mit der Einbeziehung dieser Kontrollinstanz ist dem Wirtschaftlichkeitsgebot Genüge getan.

bb) Umgang mit der Regelungslücke zur Parodontologie im BMV-Z

Bisher waren für die Prüfung, ob eine Parodontosebehandlung nicht den dazu ergangenen Richtlinien entsprochen hat und deshalb nicht abrechnungsfähig ist, grundsätzlich die Gremien der Wirtschaftlichkeitsprüfung zuständig.[99] Im Bereich der parodontologischen Behandlung stellt sich mit Blick auf die fehlende Regelung im BMV-Z sowie die geänderten Richtlinien[100] allerdings die Frage, welche materiellen Auswirkungen die vorherige Genehmigung des Parodontalstatus mit sich bringt und, gegebenenfalls darüber hinausgehend, wie die Be-

---

[98] BSG, Urt. v. 16.6.1993 - 14a RKa 4/92 = SozR 3-2500, § 106, Nr. 18.

[99] BSG Urt. v. 31.7.1991 - 6 RKa 20/90 = SozR 3-2500, § 106, Nr. 8; Urt. v. 5.8.1992 - 14a/6 RKa 17/90 = SozR 3-2500 § 106, Nr. 12.

[100] Richtlinien für die vertragszahnärztliche Versorgung, Allg. Behandlungsrichtlinien (Ziffer V) v. 24.9.2003, Bundesanzeiger Nr. 226, S. 24966.

stimmung des § 14 Absatz 6 EKV-Z bzw. der Umstand einer fehlenden Regelung im BMV-Z zu werten sind.

Die damit zu untersuchenden Richtlinien wurden 2004 umfangreich reformiert und weisen daher eine veränderte materielle Wirkung auf. Wie bisher ist jeder Vertragszahnarzt verpflichtet, vor Beginn der Behandlung einen Behandlungsplan (Parodontalstatus) zu erstellen und diesen der Krankenkasse zur Bestätigung der Kostenübernahme zur Verfügung zu stellen. Das entsprechende Verfahren ist für den Primärkassenbereich in der Anlage 9 BMV-Z als „Vereinbarung über das Gutachterverfahren bei Behandlungen von Parodontopathien" und für den Ersatzkassenbereich in § 24 EKV-Z, der die alte Anlage 23 ersetzt, als „Gutachterverfahren für BEMA-Teil 4" geregelt. Aussagen zum Inhalt und Umfang des Parodontalstatus finden sich in den Anlagen 10a und 10b, welche die früheren Anlagen 10 und 11 ersetzen, zum BMV-Z bzw. 10a und 10b zum EKV-Z.

Systematische parodontaltherapeutische Maßnahmen bei Versicherten der gesetzlichen Krankenkassen sind nur dann zu Lasten der Krankenkassen abrechnungsfähig, wenn ein PSI-Code 3 bzw. 4 oder eine Sondiertiefe von 3,5 mm[101] und mehr festgestellt wurde. Die früher vertraglich festgelegte Wartefrist zwischen Vorbehandlung und Befunderhebung von zwei bis drei Wochen ist nicht mehr festgeschrieben. Dagegen haben die Kriterien der Vorbehandlung wie Zahnsteinentfernung, Ausschaltung von Reizfaktoren, die Anleitung zur richtigen Mundhygiene und die Mitarbeit des Patienten nach wie vor ihre Bedeutung. Die Prognose einzelner Parodontien und des gesamten Gebisses ist vor Beantragung der PAR-Therapie zu prüfen. Systemische und exogene Risikofaktoren sowie Lokalbefunde müssen den Richtlinien entsprechend berücksichtigt werden. Sind die Kriterien der Vorbehandlung erfüllt und liegen Taschentiefen von 3,5 mm und mehr vor, ist die Indikation für die Abrechnungsziffern P200 und P201 gegeben. Diese Indikation kann damit durch die Wirtschaftlichkeitsprüfung nicht mehr in Frage gestellt werden. Sie kann von der genehmigenden Krankenkasse anhand des Status abschließend geprüft werden. Denn im Status sind Diagnosen nach der gültigen Klassifikation, Familienanamnese, Blutung,

[101] Der Parodontale Screening-Index (PSI) und die Sondierung der Zahntaschen bieten einen orientierenden Überblick über das Vorliegen und/ oder die Schwere einer parodontalen Erkrankung und den Behandlungsbedarf. Der PSI ist auch geeignet, Erkrankungsrezidive aufzudecken. Um das Zahnfleisch zu beurteilen wird das Gebiss in sechs Abschnitte unterteilt und die jeweils tiefste Zahnfleischtasche notiert. Danach werden die Befunde anhand der Taschen in Code 0 bis Code 4 eingeteilt und die Therapie vorgeschlagen: Code 0 (gesund): keine Therapie notwendig, weitere präventive Betreuung; Code 1 (Gingivitis): Beläge entfernen. Instruktionen zur Verbesserung der Oralhygiene; Code 2 (Gingivitis): Zusätzlich professionelle Zahnreinigung, Verbesserung von Kronenrändern, die Beläge halten; Code 3 (mittelschwere Parodontitis): Zusätzlich weitergehende therapeutische Maßnahmen, bei zwei und mehr Abschnitten mit Code 3 Diagnostik und Therapie des gesamten Gebisses; Code 4 (schwere Parodontitis): wie Code 3 bei 2 und mehr Abschnitten.

Furkationsbefall sowie Rezessionen anzugeben. Die aktuellen Richtlinien sehen unter V. Punkt 2. - anders als die bisher geltende Ziffer 22 - vor, dass die Krankenkasse vor Genehmigung alle zur Entscheidung über die Therapie erforderlichen Unterlagen (Anamnese, Röntgenbilder, klinischer Befund (Parodontalstatus)) anfordern und den Patienten begutachten lassen kann. Die materielle Wirkung der Richtlinien ist insoweit umfassend.
Die Richtlinien repräsentieren den wissenschaftlichen Stand der Dinge und stellen gleichzeitig eine Ausprägung des Wirtschaftlichkeitsgebotes dar. Denn die Richtlinien wurden aufgrund der gesetzlichen Ermächtigung des § 92 Absatz 1 Satz in Verbindung mit Satz 2 Nr. 2 erlassen, nach der der Gemeinsame Bundesausschuss „die zur Sicherung der ärztlichen Versorgung erforderlichen Richtlinien über die Gewähr für eine ausreichende, zweckmäßige und wirtschaftliche Versorgung der Kranken" zu beschließen hat. So heißt es dann auch in den Richtlinien selbst: „Die vom Bundesausschuss der Zahnärzte und Krankenkassen gemäß § 92 Absatz 1 SGB V beschlossenen Richtlinien sichern die Maßnahmen, die im Sinne der §§ 2, 12 Absatz 1 und 70 SGB V Gewähr für eine ausreichende, zweckmäßige und wirtschaftliche Behandlung der Versicherten bieten sowie eine den allgemein anerkannten Stand der medizinischen Erkenntnisse und den medizinischen Fortschritt berücksichtigende Versorgung der Versicherten gewährleisten. Sie sind auf eine ursachengerechte, zahnsubstanzschonende und präventionsorientierte zahnärztliche Behandlung ausgerichtet. Die Richtlinien sind auch Kriterien im Sinne von § 136 Absatz 1 Satz 2 SGB V." Insoweit ist im positiven Sinne bei Einhaltung der Richtlinien eine wirtschaftliche Leistung zu vermuten wie im negativen Sinne bei Nichtbeachtung ein Verstoß gegen das Gebot der Wirtschaftlichkeit. Der Vertragszahnarzt, aber auch die Prüfgremien, bleiben nur in Ausnahmefällen berechtigt darzulegen, dass die den Richtlinien zugrunde liegenden Erfahrungssätze entweder fehlerhaft sind oder dem gegenwärtigen Stand der zahnmedizinischen Wissenschaft widersprechen oder dass aufgrund besonderer Verhältnisse im Einzelfall die Behandlung unter Umgehung der Richtlinien durchaus wirtschaftlich gewesen ist.[102]

Aus dieser beispielhaften Darstellung lassen sich Rückschlüsse ableiten: Auch im Falle der fehlenden gesamtvertraglichen Regelung ist eine Wirtschaftlichkeitsprüfung nur dann zulässig, wenn Tatsachen betroffen sind, die zeitlich nach Genehmigung des Planes liegen und die deshalb für die Krankenkassen zum Zeitpunkt der Genehmigung nicht erkennbar sind. Denn spätere Fehler des Vertragszahnarztes bei der Ausführung des Planes sowie Abweichungen von der Planung können nicht von der Genehmigung umfasst sein. Folglich unterliegen sie auch der nachträglichen Wirtschaftlichkeitsprüfung.[103] Zu weitgehend wäre

---

[102] BSG, Urt. v. 16.6.1993 - 14a RKa 4/92 = SozSich 1994, 230-231.

[103] Diese Überlegungen werfen die Frage auf, was die Folge einer nachträglich festgestellten unwirtschaftlichen Behandlung ist. Hier kommen naturgemäß zwei Möglichkeiten in Betracht. Das Honorar könnte vollständig oder nur bezogen auf bestimmte Abrechnungsziffern zurückgefordert werden dürfen. Die Prüfgremien haben in Folge des vorlaufenden Genehmi-

es hingegen, die vertraglichen Vereinbarungen des EKV-Z in Bezug auf die Kieferorthopädie auf die Richtlinien zur parodontologischen Behandlung zu übertragen. Solche Festlegungen können nur die KZBV und die Spitzenverbände der Krankenkassen vornehmen.
Noch weitergehende gesamtvertragliche Vereinbarungen als die des EKV-Z stünden mit dem Gedanken des § 106 nicht mehr in Einklang und wären nach gesetzeskonformer Auslegung auf die Bereiche zu beschränken, die bei der vorangehenden Genehmigung zu überprüfen waren oder tatsächlich abschließend geprüft wurden.

cc) Sonderfall Zahnersatz

Auch in Bezug auf den Zahnersatz sehen die Gesamtverträge Regelungen zum Ausschluss der Wirtschaftlichkeitsprüfung vor. Es gilt allerdings, durch das GMG hervorgerufene Besonderheiten zu diskutieren.
Das BSG war bei Zahnersatzleistungen stets der Auffassung, dass selbst bei vereinbartem nachträglichen Ausschluss der Wirtschaftlichkeitsprüfung dieser in gesetzeskonformer Auslegung der Vorschriften zur Wirtschaftlichkeitsprüfung auf Bereiche zu beschränken sei, die bei der vorangehenden Genehmigung zu überprüfen waren oder tatsächlich abschließend geprüft wurden.[104] Die hier zuständigen Prothetik-Einigungsausschüsse - diese von den Vertragspartnern vereinbarten besonderen Prüfungseinrichtungen können an die Stelle der allgemeinen Prüfgremien treten[105] - entschieden bisher nicht nur über Mängelansprüche der Krankenkassen, sondern auch über Einsprüche des Zahnarztes oder der Krankenkasse gegen die Stellungnahme des Gutachters.

Allerdings ist mit Inkrafttreten des GMG die Frage zu beantworten, ob der Zahnersatz aufgrund der umfassenden Neuregelung im SGB V überhaupt noch Prüfgegenstand und damit Regelungsgegenstand der gesamtvertraglichen Vereinbarungen sein kann.
In diesem Zusammenhang eröffnet sich die grundsätzliche Problematik der Verankerung des Zahnersatzes im Sachleistungs- oder im Kostenerstattungssys-

---

gungsverfahrens bei nachträglich feststehender Unwirtschaftlichkeit der Behandlungsweise die Rückforderung des zahnärztlichen Honorars auf die für die systematische Parodontosebehandlung bezahlten zahnärztlichen Gebühren zu beschränken. Denn die diagnostischen Leistungen, wie die Herstellung der Modelle oder Röntgenaufnahmen, fallen auch dann an, wenn der Zahnarzt selbst zu der Auffassung gelangt, die Behandlung sei nicht notwendig und daher von der Einreichung eines Plans absieht oder der Plan (so) nicht genehmigt wird. Mit Blick auf den Charakter der Richtlinien wäre zudem nicht verständlich, warum der Vertragszahnarzt das alleinige Risiko trägt, z. B. für den Fall, dass der Patient nicht zur eigentlichen Parodontosebehandlung erscheint oder dass die Parodontosebehandlung mangels Mitarbeit des Patienten vor Durchführung der Hauptbehandlung abgebrochen werden muss.

[104] BSG, Urt. v. 30.5.1992 - 14a/6 RKa 6/90 = DOK 1992, 472, Urt. v. 30.5.1992 - 14a/6 RKa 9/90 = SozR 3-5555, § 12, Nr. 3.

[105] BSG, Urt. v. 20.7.1988 - 6 RKa 36/87 = SozR 5545, § 24, Nr. 2.

tem.[106] Denn die Wirtschaftlichkeitsprüfung ist in ihrem Grundgedanken ein Regulativ zum Sachleistungssystem. Zu diskutieren ist damit nicht nur, ob der Gesetzgeber mit den Änderungen im Bereich des Zahnersatzes ein separates, in sich geschlossenes System geschaffen hat, welches eine nachträgliche Prüfung ausschließt, sondern auch ob überhaupt noch eine Legitimation bzw. eine Notwendigkeit für die Wirtschaftlichkeitsprüfung besteht. Letzteres könnte zumindest für den Fall, dass nicht mehr das Sachleistungsprinzip, sondern die Kostenerstattung zur Anwendung gelangt, gelten.

(1) Rechtliche Grundlagen

Bis zum 31.12.2003 hatten Versicherte gemäß § 28 Absatz 1 a. F. im Rahmen des Sachleistungsprinzips einen Anspruch auf medizinisch notwendige Versorgung mit Zahnersatz.[107] Der Anspruch auf Zahnersatz umfasste auch Zahnkronen. Bei großen Brücken war die Versorgung auf den Ersatz von bis zu vier fehlenden Zähnen je Kiefer und bis zu drei fehlenden Zähnen je Seitenzahngebiet, bei Kombinationsversorgungen auf zwei Verbindungselemente je Kiefer, bei Versicherten mit einem Restzahnbestand von höchstens drei Zähnen je Kiefer auf drei Verbindungselemente je Kiefer, begrenzt. Für Suprakonstruktionen bestand der Anspruch nur in den vom Bundesausschuss der Zahnärzte und Krankenkassen festgelegten Ausnahmefällen. Zur Versorgung hatten die Versicherten einen Zuschuss in Höhe von 40-50% zu leisten. Nur die über § 30 Absatz 1 a. F. hinausgehenden Leistungen waren auf Grundlage eines privatrechtlichen Behandlungsvertrages zwischen dem Versicherten und dem Zahnarzt zu erbringen und nach der Gebührenordnung für Zahnärzte (GOZ) abzurechnen, wobei der Gebührensatz gem. § 87a Satz 2 a. F. grundsätzlich auf den 2,3-fachen Satz begrenzt war. Die Brückenglieder und Teleskope innerhalb der vertragszahnärztlichen Versorgung waren auch in diesen Fällen Sachleistung. Die Begrenzungen auf Kunststoffverblendungen bzw. bei Legierungen auf Nichtmetalle

[106] Dazu ausführlich: Steege, Die Konkretisierung des Krankenbehandlungsanspruchs im Sachleistungssystem der GKV, in: FS 50 Jahre BSG, S. 517 ff.; Muckel, Das Sachleistungsprinzip der gesetzlichen Krankenversicherung nach dem 2. GKV-Modernisierungsgesetz, SGb 1998, 385 ff.

[107] Der Anspruch auf prothetische Leistungen umfasst dabei vor allem den Ersatz fehlender Zähne durch festsitzenden oder abnehmbaren Zahnersatz. Zum festsitzenden Zahnersatz gehören Brücken und - entsprechend der Zurechnung in der Gesetzlichen Krankenversicherung - auch Kronen, obwohl sie keinen Zahn ersetzen, sondern verlorene Zahnhartsubstanz restaurieren. Abnehmbarer Zahnersatz unterteilt sich in abnehmbare Teilprothesen, die einen ganzen Kiefer oder Teile davon betreffen und Vollprothesen für Menschen ohne Restzähne. Außerdem gibt es kombiniert festsitzenden und herausnehmbaren Zahnersatz. Die einzelnen in solche Kombinations-Konstruktionen einbezogenen Zähne werden wieder nach festsitzend oder herausnehmbar ersetzt unterteilt. Implantate, d. h. Zahnersatz, bei dem die genannten Formen des Zahnersatzes auf im Kieferknochen implantierten künstlichen Zahnwurzeln verankert sind, werden je nach Umfang und Konstruktion dem festsitzenden oder abnehmbaren Zahnersatz zugerechnet.

bedeuteten für die Abrechnung, dass Versicherte, die statt der Kunststoffverblendung eine Keramikverblendung oder statt einer Nichtedelmetalllegierung eine Goldlegierung wählten, nur die Differenz der zahntechnischen Leistungen zwischen einer Kunststoff- und einer keramischen Verblendung bzw. einer Nichtedelmetalllegierung und einer Goldlegierung zusätzlich zu zahlen hatten. Bei Verblendungen im Seitenzahnbereich waren die Kronen bzw. Brücken Sachleistung, lediglich die Verblendung selbst war als zahntechnische Leistung privat abrechenbar. Die zugrunde liegenden Kronen- und Brückenleistungen bei Verblend- und Legierungsarbeiten waren daher im Rahmen der vertragszahnärztlichen Versorgung über den BEMA-Z abzurechnen.
Die kieferorthopädische Behandlung nach dem 18. Lebensjahr gehörte ebenso wenig zu den Leistungen der Gesetzlichen Krankenversicherung wie implantologische Leistungen, jeweils mit Ausnahme der durch den Bundesausschuss festgelegten Indikationen. Verfassungsrechtliche Bedenken gegen diesen Ausschluss hatte die Rechtsprechung nicht.[108]

Das System der Versorgung mit Zahnersatz wurde im Zuge des GMG und des Gesetzes zur Anpassung der Finanzierung des Zahnersatzes[109] (erneut) einschneidenden Änderungen unterworfen. Die Richtlinien für die Versorgung mit Zahnersatz und Zahnkronen[110] sind noch weiter reichend überarbeitet worden. Dies hängt mit dem vollständigen Systemwechsel im Bereich des Zahnersatzes zusammen. Es gilt nicht mehr ein prozentuales Bezuschussungssystem, sondern ein befundbezogenes Festzuschusssystem. 1989 bis 1992 sowie 1998 gab es bereits ein - wiederum anders gelagertes - therapieorientiertes Festzuschusssystem.

Nach § 55 Absatz 1 als Nachfolgevorschrift des § 30 haben Versicherte nunmehr Anspruch auf befundbezogene Festzuschüsse bei einer medizinisch notwendigen Versorgung mit Zahnersatz einschließlich Zahnkronen und Suprakonstruktionen (zahnärztliche und zahntechnische Leistungen) in den Fällen, in denen eine zahnprothetische Versorgung notwendig ist und die geplante Versorgung einer im Sinne des § 135 Absatz 1 anerkannten Methode entspricht. Die Festzuschüsse umfassen 50 % der nach § 57 Absatz 1 Satz 6 und Absatz 2 Satz 6 und 7 festgesetzten Beträge für die jeweilige Regelversorgung. Die Regelversorgung entspricht im Wesentlichen den Vertragsleistungen bis zum 31.12.2004. Wählen Versicherte einen über die Regelversorgung des § 56 Absatz 2 hinausgehenden gleichartigen Zahnersatz, haben sie gemäß § 55 Absatz 4 die Mehrkosten selbst zu tragen. Für eigene Bemühungen zur Gesunderhaltung der Zähne

---

108 LSG Nordrhein-Westfalen, Urt. v. 8.3.2001 - L 16 KR 213/99 (Juris-Dokument: KSRE083841118); BSG, Urt. v. 19.6.2001 - B 1 KR 23/00 R = BSGE 88, 166-172.

109 Art. 1 Nr. 17 GMG und Gesetz zur Anpassung der Finanzierung des Zahnersatzes vom 15.12.2004, BGBl 2004, S. 3445.

110 Vom 8.12.2004 i. d. F. v. 1.1.2005, Bundesanzeiger Nr. 54 v. 18.3.2005, S. 4094; zuletzt geändert durch Beschl. des Bundesausschusses v. 21.12.2005 = Bundesanzeiger Nr. 44 (S. 1408) v. 3.3.2006 und Nr. 54 (S. 1729) v. 17.3.2006.

erhöhen sich die Festzuschüsse.[111] Die Vergütung für die Regelversorgung richtet sich vollständig nach dem BEMA-Z (Teil 5) mit bundeseinheitlichem Punktwert. Die Abrechnung erfolgt sowohl über die KZV (§ 87 Absatz 1a Satz 8), bezogen auf den Festzuschuss, als auch gegenüber dem Patienten, bezogen auf die über die Festzuschüsse hinausgehenden Kosten (§ 87 Absatz 1a Satz 1 in Verbindung mit § 87 Absatz 2).

Bei der Vergütung ist ein bundeseinheitlicher Punktwert anzusetzen, der sich zunächst am durchschnittlichen Punktwert des Jahres 2004 orientierte, gewichtet nach der Zahl der Versicherten. Für das Jahr 2005 wurde der durchschnittliche Punktwert nach der - unter Anwendung der für das Jahr 2005 nach § 71 Absatz 3 maßgeblichen durchschnittlichen Veränderungsrate - beitragspflichtigen Einnahmen aller Mitglieder der Krankenkassen je Mitglied für das gesamte Bundesgebiet festgelegt. Für die folgenden Kalenderjahre gelten § 71 Absatz 1 bis 3, also der Grundsatz der Beitragsstabilität, sowie § 85 Absatz 3, welcher den Vertragsparteien des Gesamtvertrages die Veränderung der Gesamtvergütung unter Beachtung der näher bestimmten Voraussetzungen auferlegt. Der Gesetzgeber begründet die Verlagerung der Verhandlungsebene damit, dass für die Satzungsleistung Zahnersatz ein bundeseinheitlicher Beitrag erhoben werde und diesem einheitlichen Beitrag ein einheitlicher Festzuschuss gegenüberstehen müsse. In Bezug auf die Punktwerte haben die Vertragspartner beginnend mit dem Jahr 2006 entsprechend den allgemeinen Grundsätzen zu verfahren.

Das Gesetz kennt damit neben der bereits erwähnten Regelversorgung die gleichartige Versorgung und die andersartige Versorgung.
Eine gleichartige Versorgung liegt vor, wenn diese die Regelleistung beinhaltet und weitere Leistungen hinzukommen. Die Abrechnung erfolgt sowohl über KZV, bezogen auf die Regelleistung, als auch gegenüber dem Versicherten, bezogen auf die weiteren Leistungen.
Eine andersartige Versorgung (z. B. Brückenversorgung statt vorgesehener Modellgussprothese) ist gegeben, wenn diese die für den jeweiligen Befund vorgesehene Regelversorgung nicht beinhaltet. Eine Abrechnung erfolgt hier gemäß § 87a Satz 1 ausschließlich nach der GOZ gegenüber dem Versicherten. Dieser wiederum wendet sich mit dem genehmigten Heil- und Kostenplan für den Festzuschuss an seine Krankenkasse. Die Krankenkassen haben die bewilligten

[111] Die Einzelheiten regelt der Beschluss zur Bestimmung der Befunde und (der diesen zuzuordnenden) Regelversorgungsleistungen für die Festzuschüsse des Gemeinsamen Bundesausschusses, veröffentlicht im Bundesanzeiger 242 v. 21.12.2004, S. 24463 (zuletzt geändert: Bundesanzeiger Nr. 54 (S. 1729) v. 17.3.2006). Die Festzuschüsse liegen in ihrer Grundanlage, je nach Befund und je nach Höhe des Zuschusses, zwischen 115,27 und 775,00 Euro; Ausführlich: KZBV, Bericht über die Auswirkungen der Einführung des Festzuschuss-Systems bei Zahnersatz in der GKV, Köln 10/2005 und Klingenberger/Micheelis, Befundbezogene Festzuschüsse, S. 48 ff.

Festzuschüsse zu erstatten, wenn eine von der Regelversorgung (im Sinne des § 56 Absatz 2) abweichende, andersartige Versorgung durchgeführt wird.
Die Begleitleistungen, die beim Zahnersatz anfallen, werden grundsätzlich über die KZV in Rechnung gestellt. Werden diese nur aufgrund der gleichartigen oder andersartigen Versorgung nötig, erfolgt die Abrechnung jedoch gegenüber dem Patienten nach der GOZ.

Für nicht nach § 135 Absatz 1 anerkannte Versorgungsformen dürfen keine Festzuschüsse gewährt werden (§ 55 Absatz 1 Satz 1). Diese Vorgabe entspricht der Vorgängervorschrift des § 30 Absatz 3 Satz 3.
Vor jeder Behandlung hat der Vertragszahnarzt einen Heil- und Kostenplan zu erstellen, der den Befund, die Regelversorgung und die tatsächlich geplante Versorgung auch in den Fällen des § 55 Absatz 4 und 5 nach Art, Umfang und Kosten beinhaltet. Bei bestehender Versorgungsnotwendigkeit bewilligt die Krankenkasse die Festzuschüsse gemäß § 55 Absatz 1 oder 2 entsprechend dem im Heil- und Kostenplan ausgewiesenen Befund.
Mit diesen Vorgaben wird die bisherige prozentuale Bezuschussung von befundbezogenen Festzuschüssen - welche unabhängig von der Art der tatsächlichen Versorgung gezahlt werden - abgelöst.

(2) Rechtsfolgenbetrachtung

Aus der separierten Betrachtung der §§ 30 und 55 kann der Schluss gezogen werden, dass eine grundlegende Änderung des Leistungsanspruchs des Versicherten umgesetzt wurde: Während § 30 den Versicherten noch einen „Anspruch auf medizinisch notwendige Versorgung mit Zahnersatz (zahnärztliche Behandlung und zahntechnische Leistungen)" zugestand, spricht § 55 nur davon, dass die Krankenkassen befundbezogene Festzuschüsse vorzusehen haben. Das Gesetz wechselt also vom Leistungsanspruch auf Zahnersatz zum Anspruch auf Auszahlung des Festzuschusses, der dem Patienten nach Maßgabe der Absätze 4 und 5 des § 55 unabhängig davon gewährt wird, welche konkrete Versorgung er wählt. Zudem sieht § 73 Absatz 2 Nr. 2a vor, dass die Versorgung mir Zahnersatz einschließlich Zahnkronen und Suprakonstruktionen nur dann zur vertragszahnärztlichen Versorgung gehört, wenn sie der Vorschrift des § 55 Absatz 2 entspricht. Diese Änderungen könnten insoweit als eine Abkehr vom Sachleistungsprinzip verstanden werden.

Das Sachleistungsprinzip[112] ist eines der Strukturprinzipien innerhalb der Gesetzlichen Krankenversicherung. Nach den §§ 2 Absatz 2, 13 erhalten die Versicherten die Leistungen als Sach- und Dienstleistungen. Die Kostenerstattung ist

---

[112] Ausführlich: Muckel, Das Sachleistungsprinzip der gesetzlichen Krankenversicherung nach dem 2. GKV-Modernisierungsgesetz, SGb 1998, 385 ff.; Schnapp, Privatversicherungsrechtliche Elemente in der GKV, ZMGR 2005, 6 ff.

grundsätzlich eine Ausnahme (§ 13). Vor der Normierung in § 2 Absatz 2 Satz 1 galt dieses Prinzip der Rechtsprechung als „übernormatives Grundprinzip der gesetzlichen Krankenversicherung".[113] Das Bundesverfassungsgericht meinte, die GKV beruhe „seit ihren Anfängen auf dem Sachleistungsprinzip, d. h. auf der Gewährung freier ärztlicher Behandlung und kostenloser Arzneimittel".[114] Das Sachleistungsprinzip verpflichtet auf der einen Seite die Krankenkassen, über die Erbringung der Sach- und Dienstleistungen Verträge mit den Leistungserbringern zu vereinbaren, damit auf der anderen Seite die Versicherten die Leistungen als Dienst- und Sachleistungen in Natur erhalten. Die Pflicht der Krankenkassen zur Leistungserbringung in Natur und die Einbindung der Leistungserbringer in diese Aufgabe hat zum einen den Schutz der Versicherten vor mangelnder medizinischer Versorgung infolge der damit eintretenden finanziellen Belastungen des einzelnen zum Ziel.[115] Das Sachleistungsprinzip dient zum anderen aber auch der Sicherstellung einer bedarfsgerechten und gleichmäßigen ärztlichen Versorgung und der Wirtschaftlichkeit der Leistungserbringung.[116] Nach der Rechtsprechung des BSG[117] besteht der Unterschied zwischen Sachleistung und Kostenerstattung darin, dass im Sachleistungssystem der Vergütungsanspruch des Vertragszahnarztes offen ist, während sich im Kostenerstattungssystem der Vergütungsanspruch allein gegen den Versicherten richtet. Neben diesem Vergütungsanspruch steht dem Vertragszahnarzt nicht zugleich ein Anspruch gegen die KZV zu. Führte man diese Gedanken konsequent fort, wäre zumindest bei den andersartigen Versorgungen mit Zahnersatz die Anwendung des Sachleistungsprinzips ausgeschlossen.

Von besonderem Interesse ist in diesem Zusammenhang also die Regelung des § 55 Absatz 5, nach der, abweichend vom üblichen Abrechnungsweg, Versicherte bei Durchführung einer von der Regelversorgung abweichenden andersartigen Versorgung gegenüber ihrer Krankenkasse nur einen Anspruch auf Erstattung der bewilligten Zuschüsse aufweisen. Damit besitzt der Vertragszahnarzt einen schuldrechtlichen Anspruch gegenüber dem Versicherten auf Zahlung des gesamten Rechnungsbetrages (Festzuschuss und Mehrkosten). Der Versicherte muss sich sodann direkt an seine Krankenkasse wenden. Die KZV kann demnach gar nicht verpflichtet sein, diese Vergütungsansprüche gegenüber den Kassen durchzusetzen.[118] Ist die KZV in diesen Fällen nicht einmal in das Abrech-

---

[113] BSGE 69, 170 (173); kritisch Schnapp, Privatversicherungsrechtliche Elemente in der GKV, ZMGR 2005, 6 (Fn. 4).

[114] BVerfGE 11, 30 (31).

[115] BSGE 88, 20 (25).

[116] BSGE 88, 20 (26 f.); Schulin, in: ders., Handbuch des Sozialversicherungsrechts, § 6, Rn. 114, m. w. N., führt zu Recht aus, dass erst im Zusammenspiel von Leistungsrecht und Leistungserbringungsrecht die Bedeutung des Sachleistungsprinzips voll erkennbar sei..

[117] BSG, Urt. v. 10.4.1990 - 6 RKa 36/98 = BSGE 66, 284.

[118] Zum alten System: Meydam, Gewährleistungspflicht, Sachleistungsgrundsatz und Kostenerstattung im neu normierten Leistungsrecht der GKV, SGb 1991, 377, 379; BSG, Urt. v.

nungssystem einbezogen, kann das klassische Sachleistungssystem nicht greifen.

Auch bei gleichartigen Versorgungen und Regelversorgungen ist die KZV nicht mehr als eine Abrechnungsstelle, so dass sich ebenfalls die Frage nach Verortung der Leistungen stellt, zumal das Gesetz zwischen der Abrechnung der Behandlung einerseits und der Abrechnung der Festzuschüsse andererseits unterscheidet. Insoweit wäre es denkbar, den Vertragszahnarzt nur als im Wege einer gesetzlichen Abtretung bevollmächtigten Gläubiger des Versicherten zu betrachten, welcher dessen Geldanspruch über die KZV von den Krankenkassen vereinnahmt. Diese Einschätzung geht konform mit dem Abrechnungsweg, den § 87 Absatz 1a vorschreibt. Der Vertragszahnarzt ist danach gehalten, den gesamten Rechnungsbetrag gegenüber dem Versicherten abzurechnen, abzüglich des über die KZV zu generierenden Festzuschusses. Der Anspruch des Versicherten wandelt sich damit von einem Anspruch auf Erlangung einer ganz bestimmten zahnärztlichen Leistung zu einem Anspruch auf Bezuschussung bzw. Erstattung.

Das BSG hat in Bezug auf die Festzuschussphase in den Jahren 1989 bis 1992 offen gelassen, ob die gemäß § 30 in der Fassung des GSG im Wege der Kostenerstattung zu honorierende prothetische Versorgung noch dem Sachleistungssystem zugeordnet werden konnte oder eine Abkehr davon darstellte.[119] In untergerichtlichen Instanzen wurde explizit festgestellt, dass durch die Einführung einer Kostenerstattung für die Zahnbehandlung die sonstigen Grundsätze wie z. B. das Sachleistungsprinzip nicht tangiert wurden.[120] Die (reine) Kostenerstattung bei kieferorthopädischer Behandlung habe nichts daran geändert, dass auch diese Behandlung im Rahmen der kassenzahnärztlichen Versorgung erfolge.[121] In der Literatur wurde hingegen die Auffassung vertreten, dass für Leistungen im Rahmen des § 29 a. F. der Abschluss eines zivilrechtlichen Vertrages zwischen Behandler und Patient erforderlich sei.[122]

Die Untersuchung der gesetzlichen Vorgaben des SGB V in der Fassung durch das GMG ergibt folgendes Bild:

10.4.1990 - 6 RKa 36/98 = BSGE 66, 284, 287; das BSG äußert sich aber nicht dahingehend, dass das Vertragsrecht für die Kieferorthopädie keine Anwendung mehr findet.

[119] BSG, Urt. v. 20.5.1992 - 14a/6 RKa 9/90 = SozR 3-5555, § 12, Nr. 3, S. 24 und Urt. v. 16.1.1991 - 6 RKa 25/89 = SozR 3-5555, § 12, Nr. 2.

[120] LSG Baden-Württemberg, Urt. v. 14.12.1994 - L 5 Ka 781/94 = MedR 1995, 211-212; SG München, Beschl. v. 19.10.1992 - S 31 VR 5092/92 Ka = NZS 1993, 123, 125.

[121] LSG Niedersachsen, Urt. v. 12.3.1997 - L 5 Ka 65/95 (Juris-Dokument: KSRE067011618).

[122] Bongen/Kremer, Zum Vergütungsanspruch des Kassenzahnarztes bei Zahnersatz nach dem GRG, NJW 1992, 723, 725; Tiemann, Zur Kostenerstattung nach dem GRG, NJW 1990, 743, 745; der Weiterbestand öffentlich-rechtlicher Regelungen über Wirtschaftlichkeitsprüfungen, etc. im Bereich Zahnersatz und Kieferorthopädie wird allerdings nicht in Frage gestellt.

Zunächst erlaubt § 2 Absatz 1 Satz 1 in Verbindung mit Absatz 2 Satz 1 grundsätzlich Abweichungen vom Sachleistungsprinzip, „soweit dieses oder das Neunte Buch nichts Abweichendes vorsehen“.[123] Eine solche Abweichung ist in den Vorschriften der §§ 55 ff. und 87 ff. allerdings nicht zu erkennen. Dies zeigt insbesondere die systematische Betrachtung.
Der Anspruch des Versicherten auf Zahnersatz ist nicht mehr im 5. Abschnitt des dritten Kapitels „Leistungen bei Krankheit“, sondern im separaten siebten Abschnitt „Zahnersatz“ näher dargelegt. Der Versicherte hat aber gemäß § 11 Absatz 1 Nr. 4 in Verbindung mit § 27 Absatz 1 Satz 2 Nr. 2a und § 28 Anspruch auf die zahnärztliche Versorgung und die Versorgung mit Zahnkronen einschließlich Suprakonstruktionen. Insoweit besteht eine klare Verknüpfung zwischen den Abschnitten 5 und 7. Die zahnärztliche Behandlung umfasst dabei „auch konservierend-chirurgische Leistungen und Röntgenleistungen, die im Zusammenhang mit Zahnersatz einschließlich Zahnkronen und Suprakonstruktionen erbracht werden“[124] (also Begleitleistungen).
Der Gesetzgeber gibt also durch die Änderung nicht zu erkennen, dass Zahnersatzleistungen nicht mehr dem klassischen Sachleistungssystem zuzuordnen sind. Im Gegenteil: Zwar wurde die Formulierung „einschließlich der Versorgung mit Zahnersatz“ aus § 27 Absatz 1 Satz 2 Nr. 2 gestrichen. Gleichzeitig wurde aber in der Nr. 2a festgelegt, dass die „Versorgung mit Zahnersatz einschließlich Zahnkronen und Suprakonstruktionen“ Teil der Krankenbehandlung ist. Auf diese Behandlung hat der Versicherte einen Rechtsanspruch gemäß § 27 Absatz 1 Satz 1. Im Ergebnis wird dadurch klargestellt, dass Zahnersatz zur Krankenbehandlung zählt.
§ 27 deutet darauf hin, dass die prothetische Versorgung auch mit dem Festzuschusssystem Bestandteil der vertragszahnärztlichen Versorgung geblieben ist. Hier ordnet der Gesetzgeber einen grundsätzlichen Leistungsanspruch an, den er im siebten Abschnitt nur näher beschreibt. Insoweit kann der Auffassung von Axer[125] nicht gefolgt werden, der die nachfolgenden Vorschriften als Konkretisierung (und damit Einschränkung) des Anspruchs begreift. Die Vorgaben der §§ 55 ff. sind aber systematisch nicht (mehr) dem fünften Abschnitt („Leistungen bei Krankheit“) zugeordnet.[126]

Auch § 87 Absatz 1a Satz 8 kann als Argument für eine weiter existierende Einbeziehung auch des Abrechnungsweges in das System der Gesetzlichen Krankenversicherung herangezogen werden. Die Vorgabe des § 87 Absatz 1a Satz 1,

---

[123] Gesetzliche Ausnahmen sind z. B. §§ 44 ff. (Krankengeld), § 65a (Bonuszahlungen an Versicherte) § 72a Absatz 3 Satz 2 (Übergang des Sicherstellungsauftrages auf die Krankenkassen bei kollektiver Rückgabe von Zulassungen), § 140 (Eigeneinrichtungen der Krankenkassen).
[124] Artikel 37 Absatz 8 GMG.
[125] Axer, Abrechnungs- und Wirtschaftlichkeitsprüfung, NZS 2006, 227.
[126] Insoweit unterscheidet sich die Sachlage auch von der dem Urteil des BSG (= SozR-2500, § 30, Nr. 10) zugrunde liegenden Fallgestaltung.

die Kosten der gewählten Versorgung seien mit dem Patienten abzurechnen, unterscheidet sich im Regelungsgehalt nicht von den §§ 30 und 87a a. F. Der in § 87 Absatz 1a normierte Abrechnungsmodus kann daher nicht als Argument herangezogen werden, nur von einem Zuzahlungsanspruch des Versicherten gegenüber seiner Krankenkasse und nicht von einem Leistungsanspruch auszugehen. Soweit § 87 Absatz 1a zwischen der Abrechnung der erfolgten medizinischen Behandlung gegenüber dem Versicherten einerseits und der Abrechnung der Festzuschüsse andererseits unterscheidet, stellt dies keine wirkliche Novellierung dar. § 87 Absatz 1 a Satz 1 besitzt nur eine klarstellende Funktion in Bezug auf die Abrechnungsgrundlage bei Versorgungen im Sinne der Absätze 2 und 4 des § 55. Letztlich bestätigt die systematische Einordnung des § 87 diese Auffassung. Im vierten Kapitel regelt das SGB V die Beziehungen zwischen den Vertragszahnärzten und den Krankenkassen, bestimmt aber nicht die Ansprüche der Versicherten.

Die Sonderregelungen in § 87 Absatz 1 Satz 5, 6 und 7 lassen ebenfalls keine andere Betrachtung zu. Danach ist der Heil- und Kostenplan von der Krankenkasse vor der Behandlung zwingend zu überprüfen. Die Kasse kann den Befund, die Versorgungsnotwendigkeit und die geplante Versorgung darüber hinaus begutachten lassen. In Abänderung zur Formulierung des § 30 Absatz 4 a. F., der allein bei aufwändigen Versorgungen eine Soll-Vorgabe für eine Begutachtung vorgab, ist § 87 Absatz 1a Satz 6 eine Kann-Bestimmung zur Begutachtung der Versorgungsnotwendigkeit. Dies geschieht wie bisher im vereinbarten Gutachter-Verfahren. Es bleibt Raum für die Anwendung der Wirtschaftlichkeitsprüfung.[127]

Bestätigung findet diese Auffassung durch die in § 106 Absatz 2a Nr. 5 vorgesehene Prüfung im Sinne einer Diagnoseplausibilität. Hier nimmt die Wirtschaftlichkeitsprüfung direkt auf Leistungen aus dem Bereich des Zahnersatzes Bezug. Dies wäre überflüssig, schlösse man die Anwendung der Prüfung an sich aus.

---

[127] A. M. ist Axer, Abrechnungs- und Wirtschaftlichkeitsprüfung, NZS 2006, 229, der unter Verweis auf das vertraglich geregelte Gutachterverfahren als „vorgezogene Wirtschaftlichkeitsprüfung" und die abstrakte Bestimmung der Wirtschaftlichkeit durch die Beschlüsse des Bundesausschusses zumindest bei der gleichartigen und andersartigen Versorgung mit Zahnersatz keinen Raum (mehr) sieht. Im speziellen Fall des Zahnersatzes kann aber in allen Fällen zum einen geprüft werden, ob die Behandlung entsprechend dem Behandlungsplan durchgeführt wurde und ob die im Heil- und Kostenplan vorgesehenen Leistungen der Wirtschaftlichkeit entsprechen. Zum anderen kann die Übereinstimmung der tatsächlich abgerechneten mit den im Heil- und Kostenplan veranschlagten Leistungen überprüft werden bzw. festgestellt werden, ob nachträgliche (Begleit-)Leistungen, die nicht nach Art und Anzahl zum Zeitpunkt der Bewilligung feststehen, erforderlich waren. Gleiches gilt für die Frage, ob die Material- und Laborkosten angemessen waren.

Schließlich bestimmt § 136b Absatz 2 Satz 3 („Qualitätssicherung in der vertragszahnärztlichen Versorgung“) weiterhin, dass der Zahnarzt für Füllungen und die Versorgung mit Zahnersatz eine zweijährige Gewähr zu übernehmen hat. Bei den prothetischen Leistungen wurde daher mit Blick auf die festgelegte zweijährige Gewährleistungspflicht für Füllungen und die Versorgung mit Zahnersatz ein Einigungsverfahren vorgesehen. Nach § 135 Absatz 4 Satz 1 haben die Vertragspartner weiterhin einheitliche Qualitätskriterien für die Versorgung mit Zahnersatz zu vereinbaren. Gerade die Überprüfung der Qualität des Zahnersatzes macht in der Praxis des Prüfwesens den größten Teil der Fälle aus. Die Einhaltung der Qualitätskriterien und die damit verbundene Verbesserung der Versorgungsqualität stellen eine wesentliche Legitimation für die (nachträgliche) Wirtschaftlichkeitsprüfung dar.

Letztlich wäre die notwendige Aufspaltung zwischen der Anwendung der Prüfung bei Regelversorgung und der Nichtanwendung bei gleichartiger und andersartiger Leistung kaum nachvollziehbar. Konsequenterweise wird im Rahmen der Verteilung der Vergütungen für die Leistungen des Zahnersatzes die Regelung des § 85 Absatz 2 Satz 8 durch Artikel 37 Absatz 8 und 9 des GMG dahingehend geändert, dass die Gesamtvergütung um diese Anteile vollständig und ohne Unterteilung zwischen gleich- und andersartigen Versorgungen bereinigt wird.[128]
Die Neufassung der §§ 28 und 85 ist daher nur eine (finanzielle) Folge für das Verhältnis zwischen der Krankenkasse und der KZV. Folglich spricht viel dafür, dass sich an der grundsätzlichen Verortung des Zahnersatzes im System der Gesetzlichen Krankenversicherung nichts geändert hat.[129] Selbst wenn also die KZV mit den Fällen des § 55 Absatz 5 weder organisatorisch noch finanziell etwas zu tun hat, bleibt das System des Zahnersatzes in der Gesetzlichen Krankenversicherung verankert.

Festzuhalten ist, dass die Versorgung mit Zahnersatz weiterhin im Sachleistungssystem eingebunden ist. Es ist jedenfalls kein Ansatz zu finden, der die Anwendbarkeit der Wirtschaftlichkeitsprüfung in Frage stellen kann. Folge dessen ist, dass auch für sämtliche Formen der Versorgung mit Zahnersatz die Wirtschaftlichkeitsprüfung, insbesondere im Sinne einer Gewährleistungsverpflichtung, anwendbar bleibt. Die Prüfgremien sind auch insoweit zur Überprüfung prädestiniert, als sie fachkundig besetzt sind.

---

[128] Siehe dazu Kapitel 5, III., 2., a).

[129] A. M. ist Muschallik, in: Schnapp/Wigge, Vertragsarztrecht, § 22, Rn. 12, der unter Verweis auf den Abrechnungsweg eine Sachleistung nicht mehr gegeben sieht und Quaas/Zuck, Medizinrecht, § 29, Rn. 16, die den Anspruch des Versicherten auf Zahlung des Festzuschusses als Argument für die Einordnung in ein Kostenerstattungssystem heranziehen. Axer, Abrechnungs- und Wirtschaftlichkeitsprüfung, NZS 2006, 231 ist der Auffassung, dass sich das befundbezogene Festzuschusssystem im Ergebnis weder bruchlos dem Sachleistungsprinzip noch dem Kostenerstattungssystem zuordnen lässt und daher ein Mischsystem darstellt.

Daraus ist des Weiteren der Schluss zu ziehen, dass entsprechend den Ergebnissen zu den kieferorthopädischen und parodontologischen Leistungen auch für den Zahnersatz eine Notwendigkeit zur Prüfung durch die Gremien der Wirtschaftlichkeitsprüfung besteht. Die Kontrolle kann in den geschilderten Grenzen durch Festlegungen im Bundesmantelvertrag ausgeschlossen oder beschränkt werden.

6. Prüfarten

Der § 106 Absatz 2 Satz 1 legt nicht mehr drei, sondern lediglich zwei Prüfarten als Regelverfahren fest. Diese Verfahren bilden Aufgreifkriterien. Darüber hinaus sieht das Gesetz in § 106 Absatz 2 Satz 4 eine Öffnungsklausel zur Vereinbarung anderer zahnarztbezogener Prüfarten vor. Besondere Erwähnung finden dabei die Prüfungen nach Durchschnittswerten sowie die Einzelfallprüfung.

a) Auffälligkeitsprüfung

Der § 106 beschreibt in Absatz 2 Nr. 1 die Prüfung des Abrechnungsverhaltens in Form der Prüfung nach Richtgrößen gemäß § 84 (einheitliche arztgruppenspezifische Richtgrößen für das Volumen der je Arzt verordneten Leistungen, insbesondere von Arznei-, Verband- und Heilmitteln). Es handelt sich hierbei um eine Form der Auffälligkeitsprüfung. Die wesentliche Funktion der Richtgröße besteht darin, Maßstäbe für die Auffälligkeit zu liefern.[130]
Die Vertragspartner, also die Landesverbände der Krankenkassen und die jeweilige Kassenärztliche Vereinigung, vereinbaren zur Sicherstellung der vertragsärztlichen Versorgung für das auf das Kalenderjahr bezogene Volumen der je Arzt verordneten Arznei- und Verbandmittel (Richtgrößenvolumen) arztgruppenspezifische fallbezogene Richtgrößen als Durchschnittswerte. Der einzelne Arzt wird bei der Richtgrößenprüfung nicht mit seinen Fachkollegen verglichen, sondern mit einem von KV und Krankenkassen ausgehandelten Sollwert.[131] Ins-

---

[130] Bundestags-Drucksache 14/1977; Stork, Arzneikostenregress und Datengrundlagen, GesR 2005, 533 ff.; Krauskopf, Vom Arzneimittelbudget zu Richtgrößen, MedR 1998, 491 ff.; Rath, Arzneimittelbudget und die neuen Arzneimittel-Richtlinien in der Wirtschaftlichkeitsprüfung, MedR 1999, 245 ff.

[131] Geprüft werden das Leistungsvolumen, das Überweisungsverhalten und die Anzahl der Krankenhauseinweisungen, der Arbeitsunfähigkeitsfeststellungen sowie der sonstigen veranlassten Leistungen. Die Überschreitung des Richtgrößenvolumens löst gemäß § 84 Absatz 6 Satz 4 eine Wirtschaftlichkeitsprüfung aus, soweit nicht die Ausnahme des § 84 Absatz 4a Satz 9 greift. Die Durchführung der Wirtschaftlichkeitsprüfung hat sich nach den Vorgaben des § 106 Absatz 5a zu richten. Danach kommt es hinsichtlich der Vorgehensweise der Prüfungsgremien entscheidend auf die Höhe der Überschreitung an. Sofern das Verordnungsvolumen eines Arztes in einem Kalenderjahr das Richtgrößenvolumen um mehr als 15 % übersteigt und der Prüfungsausschuss aufgrund der vorliegenden Daten nicht davon ausgeht, dass die Überschreitung in vollem Umfang durch Praxisbesonderheiten begründet ist, so erfolgt eine Beratung. Die Prüfungsgremien werden durch das GMG erstmals verpflichtet, entspre-

besondere im Zusammenhang mit der Festlegung der Richtgrößen nach § 84 Absatz 6 Satz 1 und der Abschaffung des im Arzneimittelbereich existierenden Kollektivregresses durch das Arzneimittelablösungsgesetz[132] zum 1.1.2002 sind zahllose Probleme entstanden[133], die der Gesetzgeber unter anderem mit dem Gesetz zur Verbesserung der Wirtschaftlichkeit in der Arzneimittelverordnung[134] und das in § 84 Absatz 4a eingeführte Bonus-Malus-System in den Griff zu bekommen versucht. Arzneimittel, die dem § 84 Absatz 4a unterliegen, fallen nicht mehr in die Wirtschaftlichkeitsprüfung des § 106 Absatz 2, die Richtgrößen sind entsprechend zu bereinigen.

Die Richtgrößen existieren im vertragszahnärztlichen Bereich nicht und betreffen daher praktisch nur die Vertragsärzte.[135] Denn diese Prüfung bezieht sich allein auf die Überschreitung des Richtgrößenvolumens, beinhaltet keine anderen Sachverhalte[136] und kann daher auch nicht wegen § 72 Absatz 1 Satz 2 auf den Vertragszahnarzt übertragen werden. Das weit weniger umfängliche Verordnungsverhalten der Vertragszahnärzte ist nicht an Richtgrößen zu messen.
Die Verordnung durch Vertragszahnärzte erfolgt entweder als Einzelverordnung oder im Rahmen des quartalsbezogenen Sprechstundenbedarfs. Sie darf sich inhaltlich allein auf den Zusammenhang mit einer Zahn-, Mund- oder Kieferkrankheit beziehen. Dies gilt selbst für Vertragszahnärzte, welche die Bestallung als Arzt besitzen, die aber im Rahmen der vertragszahnärztlichen Versorgung tätig werden. Als Sprechstundenbedarf kann nur verordnet werden, was zur Behandlung einer Mehrzahl von Versicherten der Krankenkasse in der zahnärztlichen Praxis benötigt wird. Weder als Sprechstundenbedarf noch als Verordnung auf den Namen des Patienten können Mittel verordnet werden, die durch die vertraglich festgelegten Gebühren abgegolten sind (z. B. respektive Lokalanästhetika oder Füllungsmaterial) oder die zur zahnärztlichen Praxisführung gehören.
Die gesetzlichen Ausgangsvorschriften finden sich in den §§ 31, 34 und 35, welche die Ansprüche der Versicherten bei Arznei-, Heil- und Hilfsmitteln in der Gesetzlichen Krankenversicherung regeln. § 34 wurde durch das GMG umfangreich verändert bzw. ergänzt. Nunmehr sind sämtliche nicht verschreibungspflichtige Arzneimittel nicht mehr vertragszahnärztlich verordnungsfähig.

---

chende Beratungen durchzuführen. Sofern demgegenüber das Richtgrößenvolumen um mehr als 25 % überschritten wird, hat der Vertragsarzt nach Feststellung durch den Prüfungsausschuss den sich daraus ergebenden Mehraufwand den Krankenkassen zu erstatten, soweit dieser nicht durch Praxisbesonderheiten begründet ist.

[132] ABAG, vom 19.12.2001, BGBl 3773, 3774.

[133] Siehe: LSG Nordrhein-Westfalen, Urt. v. 14.7.2004 - L 11 KA 174/03 = GesR 2004, 527-528.

[134] Bundestags-Drucksache: 16/194 v. 13.12.2005.

[135] Weitere Einzelheiten: Engelhard, Richtgrößenprüfung im Vertragsarztrecht, NZS 2004, 572 ff.; Peikert, in: Schnapp/Wigge, Vertragsarztrecht, § 20, Rn. 51 ff.; Plagemann, Handbuch des SozialR, § 18, Rn. 162 ff.

[136] Quaas/Zuck, Medizinrecht, § 21, Rn. 50.

Diese Vorgabe gilt nicht für versicherte Kinder bis zum vollendeten 12. Lebensjahr sowie für versicherte Jugendliche bis zum vollendeten 18. Lebensjahr mit Entwicklungsstörungen. Eine Sonderreglung existiert für Arzneimittel, die der Individualprophylaxe dienen. Deren Verschreibung und Anwendung unterliegt nicht den §§ 31 und 34, sondern wird durch die §§ 22 ff. geregelt. Die Richtlinien des Bundesausschusses (allgemeine Behandlungsrichtlinien, Punkt C) ordnen das notwendige Vorgehen an. Zum Teil finden sich weitere Vorgaben in den Richtlinien in Bezug auf bestimmte Behandlungen (so ist z. B. bei der parodontologischen Behandlung nach Ziffer V Punkt 6 die lokale Antibiotikatherapie nicht zu Lasten der Gesetzlichen Krankenversicherung durchzuführen).
Überprüfungen sind den Prüfgremien über § 9 und 10 EKV-Z in Verbindung mit der Anlage 7 (bisher Anlage 12) bzw. §§ 14 und 15 des BMV-Z in Verbindung mit der Anlage 4, § 4 Absatz 1 möglich.

b) Zufälligkeitsprüfung

Des weiteren hat der Gesetzgeber der Zufälligkeitsprüfung, das heißt der Prüfung zahnärztlicher Leistungen auf der Grundlage von vertragszahnarztbezogenen und versichertenbezogenen Stichproben, einen deutlich höheren Stellenwert zugemessen.

Hierbei ist zunächst fraglich, ob die Zufälligkeitsprüfung im Sinne der Stichprobenprüfung auch eine Prüfmethode an sich ist oder nur einen Anknüpfungspunkt für die Auswahl der Vertragszahnärzte vorgibt. Die Lösung dieses Problems ist mit Blick auf die neue starke Stellung der Stichprobenprüfung und die Rückstufung der Durchschnittsprüfung von gewichtiger Bedeutung. Im ersten Fall reduziert sich die Regelmethode auf einen bestimmten Inhalt und schränkt damit auch die Kompetenzen der KZBV und der Spitzenverbände der Krankenkassen zum Erlass von Richtlinien im Sinne des Absatz 2b[137] ein. Im zweiten Fall überlässt die Regelmethode das „Wie" der Prüfung der Festlegung durch die KZBV und die Spitzenverbände der Krankenkassen. Dies schlösse auch die Möglichkeit der Bestimmung der statistischen Vergleichsprüfung als Mittel der Wahl ein.
In der Literatur ist aufgrund der fehlenden gesetzlichen Vorgaben umstritten, ob das Gesetz mit der Zufälligkeitsprüfung nur ein Aufgreifkriterium für eine weitergehende, frei zu gestaltende Prüfung vorgibt oder ob auf der zweiten Stufe zwingend eine Einzelfallprüfung durchzuführen ist.
Auf der einen Seite[138] wird im Sinne einer denknotwendigen Einzelfallprüfung argumentiert, der Sinn der Stichprobe bestehe insbesondere in der Aufdeckung von statistisch unauffälligen Abrechnungen. Dieses Ziel könne mit einer Durch-

[137] Diese liegen zwar im Entwurf vor, eine Einigung ist aber nicht in Sicht. Letztlich wird das Bundesschiedsamt eine Entscheidung treffen müssen.
[138] Engelhard, in: Hauck/Noftz, § 106, Rn. 266 ff.; Hess, in: Kasseler Kommentar, § 106, Rn. 24.

schnittsbetrachtung nicht erreicht werden. Für eine Einzelfallprüfung spreche auch, dass die Stichprobenprüfung auf Grundlage arzt- und versichertenbezogener Proben erfolge. Dies zeige der Bezug zu den einzelnen Versicherten und damit zum einzelnen Behandlungsfall. Letztlich sei die Aufzählung in Absatz 2a (Erreichung des therapeutischen Ziels, Vereinbarkeit der Leistungen mit dem Heil- und Kostenplan, etc.) von abschließender Natur und auf den Einzelfall bezogen.
Die Gegenmeinung[139] begründet ihre Auffassung insbesondere mit praktischen Erwägungen. Die Kapazität der Prüfgremien reiche nicht aus, um tatsächlich eine Einzelfallprüfung vorzunehmen. Zudem könne mit der Formulierung nur eine arztbezogene, nicht aber patientenbezogene Einzelfallprüfung gemeint sein.

Wie bzw. mit welchem Verfahren die Prüfung als solche vorzunehmen ist, ist dem Gesetz auch in der Fassung des GMG nicht unmittelbar zu entnehmen. Die Vorgaben betreffen lediglich den Rahmen der Prüfung. So wird zum einen vorgeschrieben, dass der einer Prüfung zu Grunde zu legende Zeitraum mindestens ein Jahr zu betragen hat. Zum anderen müssen mindestens 2 % der pro Quartal an der vertragszahnärztlichen Versorgung teilnehmenden Mediziner ausgewählt werden.

Der Gesetzgeber hat den Anwendungsbereich der Stichprobenprüfung mit dem GMG erweitert. Er bezieht nicht nur die Häufigkeit von Überweisungen, Krankenhauseinweisungen, sonstiger veranlasster, insbesondere aufwändiger medizinisch-technischer Leistungen und Feststellungen der Arbeitsunfähigkeit auf Absatz 2 Nr. 2, sondern nunmehr auch das „zur Abrechnung vorgelegte Leistungsvolumen". Durch diese Formulierung gibt er zu erkennen, dass nicht nur einzelne Bereiche der Abrechnung, sondern auch das Gesamtergebnis der Abrechnung einer Prüfung unterzogen werden soll. Der Prüfungsumfang wird mithin vergrößert. Diesen Umfang kann eine ausschließliche Einzelfallprüfung allerdings gar nicht erreichen. Denn ohne Vergleichswerte hat es keinen Sinn, das Abrechnungsvolumen des Vertragszahnarztes zu prüfen.
Gegen eine zwingende Festlegung auf die Einzelfallprüfung spricht auch folgendes: Absatz 2a bezieht die Beurteilung der Stichprobenprüfung zwar auf einzelfallbezogene Komponenten. Dies gilt aber nur, „soweit dafür Veranlassung" besteht. Was eine solche Veranlassung ist, haben die KZBV und die Spitzenverbände in den Richtlinien des Absatz 2b vorzugeben. In diesem Zusammenhang zeigt die Entwicklung des Absatzes 2a, dass eine abschließende Fassung keineswegs anzunehmen ist. Dem Gesetzgeber ging es bei der Änderung der Stichprobenprüfung auch ausweislich der Gesetzesbegründung um eine Erweiterung des Spielraums zum Umfang der Stichprobe.[140] Die zunächst vorgesehene Ein-

---

[139] Schneider, Kassenarztrecht, 1072 f.; Spellbrink, Wirtschaftlichkeitsprüfung, Rn. 785 ff.; Quaas/Zuck, Medizinrecht, § 21, Rn. 40 und 52; Peikert, in: Schnapp/Wigge, Vertragsarztrecht, § 20, Rn. 49; Hesral, in: Ehlers, Wirtschaftlichkeitsprüfung, Rn. 254 f.
[140] Bundestags-Drucksache 14/1977.

bindung der Kriterien als „Gegenstand der Beurteilung der Wirtschaftlichkeit in den Prüfungen nach Absatz 2 Satz 1 Nr. 2“ in Absatz 3[141] wurde nicht umgesetzt. Letztlich handelt es sich um eine Verdeutlichung, dass nicht nur die Kosten, sondern zusätzlich qualitative Aspekte einzubeziehen sind. Insoweit beweist die Neufassung von Absatz 2b, dass das Gesetz eine Öffnung und Entscheidungsfreiheit zu Gunsten der KZBV und der Spitzenverbände der Krankenkassen auf Bundesebene beabsichtigt. Diesen ist es nämlich gestattet, selbstständig die Richtlinien zu den Beurteilungsgegenständen nach Absatz 2a zur Bestimmung und zum Umfang der Stichproben sowie zur Auswahl von Leistungsmerkmalen festzulegen. Mit Blick auf die Formulierung „insbesondere“ stehen damit auch andere denkbare Varianten zur Verfügung, um den Inhalt und die Durchführung der Prüfungen zu bestimmen. Das Wortpaar „zum Inhalt und zur Durchführung“ verwendet das Gesetz als übergeordnete, vor die Klammer zu ziehende Begrifflichkeit, welcher auf einer zweiten Stufe eine beispielhafte Aufzählung dessen folgt, was darunter zu subsumieren ist. Zu nennen sind die Konkretisierung der Beurteilungsgegenstände des Absatz 2a, Regelungen zur Bestimmung und zum Umfang der Stichproben sowie eine Auswahl von Leistungsmerkmalen. Zuständig für die Festlegung sind die KZBV und die Spitzenverbände der Krankenkassen, nicht die Ebene der Landesverbände und die jeweilige KZV. § 106 Absatz 2b bestimmt hier eine Sonderzuweisung, so dass im Rahmen einer Prüfvereinbarung vorgenommene Festlegungen nicht von der Ermächtigungsgrundlage des § 106 Absatz 3 gedeckt wären. Diese Feststellung bestätigt Absatz 3 Satz 1, 2. Halbsatz, der die Richtlinien des Absatzes 2b unmittelbar zum Gegenstand der Prüfvereinbarungen macht.

Auch der systematische Zusammenhang zwischen Richtlinien und Prüfvereinbarungen stützt die These, die Zufälligkeitsprüfung gebe keine Prüfmethode vor.
Nach Absatz 3 Satz 2 obliegt es den Partnern der Prüfvereinbarung, das Verfahren zur Bestimmung der Stichproben festzulegen. Sie bestimmen auch die Vertragszahnärzte, welche in die Prüfung einbezogen werden. Das ergibt sich unmittelbar aus § 297 Absatz 1 in Verbindung mit § 106 Absatz 3 Satz 2 1. Halbsatz. Darüber hinaus werden die Partner ermächtigt, die Bildung von Stichprobengruppen abweichend von den Fachgebieten nach definierten Leistungsmerkmalen festzulegen. Systematisch ist für die Stichprobengruppenbildung der Zusammenhang mit dem Verfahren zur Bestimmung der Stichproben zu beachten. Während im § 106 Absatz 2 Satz 2, 2. Halbsatz a. F. die Gruppenbildung noch den Prüfungsausschüssen oblag, erfolgt nun eine Verankerung im Rahmen der Prüfvereinbarung. Hier wird deutlich, dass die Bildung der Stichprobengruppen nur als ein Unterfall des Verfahrens der Bestimmung der Stichproben angesehen wird.
Letztlich bestätigt auch die Gesetzesbegründung diese Annahme. Danach wird das Bestimmungsverfahren aus „regelungssystematischen Gründen“ in Absatz 3

[141] Bundestags-Drucksache 14/1245, S. 16.

integriert. Während die Prüfvereinbarung also „nur" das Verfahren der Bestimmung regelt, geht die Formulierung des Absatzes 2b weiter und erlaubt eine inhaltliche Festlegung.

Festzuhalten bleibt, dass KZBV und den Spitzenverbänden der Krankenkassen ein Spielraum bei der Ausgestaltung der Inhalte der Stichprobenprüfung zugestanden wird. Während die Einzelfallprüfung in die Richtlinien einzufügen ist, können weitere Varianten und Ausformungen durchaus zugefügt werden.

Mit dieser Feststellung erklären sich auch besondere Formulierungen im SGB V, welche von den Befürwortern einer zwingend durchzuführenden Einzelfallprüfung zum Teil herangezogen werden. In der Literatur wird insbesondere § 297[142] ins Feld geführt. Im Gegensatz zu § 297 Absatz 1 a. F., der den Vertragspartnern für jedes Quartal die Pflicht auferlegte, nach Erhalt der Unterlagen die Vertragszahnärzte zu bestimmen, die in die Stichprobenprüfung eingezogen werden, erfolgt dies nach Maßgabe des § 106 Absatz 3 Satz 1, 2. Halbsatz nunmehr nach den Vorgaben der Vertragspartner in der Prüfvereinbarung.
Dies zeigt zweierlei: Trotz der teils versichertenbezogenen Datenanforderungen ist es nicht ausgeschlossen, dass die übermittelten Daten auch anders verwertet werden können als für eine ausschließliche Nutzung im Rahmen der Prüfung von Einzelfällen. Im Gegenteil: Durch die im Zuge der Streichung der Durchschnittsprüfungen erfolgte Übernahme der bisher im Rahmen der Stichprobenprüfungen vorgesehenen Datenübermittlung in § 297 Absatz 3 und den damit verbundenen Wegfall dieser Datenübertragung in § 296 Absatz 3 Nr. 4 a. F. und § 296 Absatz 5 a. F. zeigt der Gesetzgeber, dass auch eine andere Verwendung für die Datenkombinationen möglich ist. Denn die gemäß § 296 Absatz 3 a. F. zu übermittelnden Daten wurden auch für die Durchschnittsprüfungen verwendet.
Gleiches lässt sich zu § 275 Absatz 1b ausführen, der den Medizinischen Dienst verpflichtet, bei Vertragszahnärzten, die nach § 106 Absatz 2 Satz 1 Nr. 2 geprüft werden, stichprobenartig und zeitnah die Feststellungen der Arbeitsunfä-

---

[142] Dieser ist im zweiten Abschnitt des zehnten Kapitels „Übermittlung und Aufbereitung von Leistungsdaten, Datentransparenz" zu finden und trägt die Überschrift „Zufälligkeitsprüfungen". Nach § 297 Absatz 1 übermitteln die Kassenzahnärztlichen Vereinigungen den Geschäftsstellen für jedes Quartal eine Liste der Vertragszahnärzte, die gemäß § 106 Absatz 3 in die Prüfung nach § 106 Absatz 2 Satz 1 Nr. 2 einbezogen werden sowie für den Zeitraum eines Jahres aus deren Abrechnungsunterlagen die Arztnummer, Kassennummer, Krankenversichertennummer und abgerechnete Gebührenpositionen je Behandlungsfall einschließlich des Tages der Behandlung, bei zahnärztlicher Behandlung mit Zahnbezug und Befunden, bei Überweisungen mit dem Auftrag des überweisenden Arztes. Auch die Krankenkassen übermitteln den Geschäftsstellen nach § 106 Absatz 4a die Daten über die von den in die Prüfung nach § 106 Absatz 2 Satz 1 Nr. 2 einbezogenen Vertragszahnärzten verordneten Leistungen sowie die Feststellungen der Arbeitsunfähigkeit jeweils unter Angabe der Zahnarztnummer, der Kassennummer und der Krankenversichertennummer. Die Daten sind jeweils für den Zeitraum eines Jahres zu übermitteln.

higkeit zu überprüfen. Hier wird durch den Verweis des Absatzes 1b Satz 2 auf § 106 Absatz 2 Satz 4 eine Klausel eingezogen, die den Vertragspartnern Spielräume eröffnet.

Diese Überlegungen bestätigen im Ergebnis die Auffassung von Spellbrink[143] zu § 106 a. F., nach der die Prüfgremien grundsätzlich einen Auswahlspielraum haben, wenn es um die Frage des „Wie" der Prüfung geht.
Dieses Ergebnis geht wie erwähnt konform mit der Gesetzesbegründung, nach der die Neuregelung des Satz 3 eine unverfälschte und transparente Vergleichsmöglichkeit gewährleisten soll. Auch die Vorgabe der zeitlichen Komponente in Absatz 2 Satz 6, der die Prüfgremien verpflichtet, einen Zeitraum von mindestens einem Jahr zu Grunde zu legen, bestätigt das praktische Argument, die Einzelfallprüfung von zigtausend Einzelfällen führe zur faktischen Unmöglichkeit einer Prüfung von 2% der Vertragszahnärzte. Die Zufälligkeitsprüfung soll nach der gesetzlichen Intention die Nachteile einer ausschließlich an Durchschnittswerten orientierten Prüfung ausschließen, damit - unabhängig von statistischen Überschreitungen - auch die statistisch unauffälligen Zahnärzte in die Wirtschaftlichkeitsprüfung einbezogen werden. Insbesondere verdeckte Unwirtschaftlichkeiten sollen mithin erkannt werden.[144]

Festzuhalten bleibt, dass dem Gesetz keine zwingende Vorgabe zu entnehmen ist, die Stichprobenprüfung im Rahmen der Durchsicht von Einzelfällen durchzuführen.

Damit wird gleichzeitig eine Folgeproblematik erkennbar: Es bedarf erhöhter Anforderungen an die Durchschnittsprüfung, um der wertenden Stufung des Gesetzes gerecht zu werden. Die bisherige Argumentation, die Stichprobenprüfung diene insbesondere der Prüfung statistisch unauffälliger Vertragszahnärzte, ist nicht mehr schlüssig. Denn die Zufälligkeitsprüfung umfasst sowohl statistisch auffällige als auch unauffällige Vertragszahnärzte.

c) Durchschnittsprüfung und andere zahnarztbezogene Methoden

Es stellt sich die Frage, ob die Durchschnittsprüfung ihre besondere oder zumindest eine gleichrangige Stellung beibehalten kann oder muss bzw. welche Bedeutung ihr beizumessen ist.

Nach den für die bis zum 31.12.2003 geltenden gesetzlichen Regelungen von der Rechtsprechung entwickelten Grundsätzen war die statistische Vergleichs-

[143] Spellbrink, Wirtschaftlichkeitsprüfung, Rn. 785 ff.
[144] Hencke, in: Peters, Handbuch der Krankenversicherung, § 106, Rn. 19.

prüfung eine Regelprüfmethode im Sinne einer Vorrangigkeit.[145] Mit der Einführung der Durchschnittsprüfung im Rahmen des GRG hatte der Gesetzgeber die in der Praxis der Prüfgremien bereits ausgeprägte und durch das BSG früh bestätigte[146] Methode als Anknüpfungspunkt übernommen[147]. Der § 106 Absatz 2 Satz 1 Nr. 1 in der Fassung des GRG sah in der ersten Alternative die „arztbezogene Prüfung ärztlicher und ärztlich verordneter Leistungen nach Durchschnittswerten“ vor. Die Abrechnungswerte des Vertragszahnarztes wurden in diesem Verfahren mit denjenigen seiner Fachgruppe - in bestimmten Fällen mit denen einer nach verfeinerten Kriterien gebildeten engeren Vergleichsgruppe - im selben Quartal verglichen. Das BSG hat die Durchführung der Wirtschaftlichkeitsprüfung nach der Methode des statistischen Kostenvergleichs gebilligt und sie als mit dem Verfassungsrecht im Einklang stehend bewertet.[148]

Betrachtet man allein den Wortlaut der alten und der neuen Fassung, sind zunächst keine relevanten Änderungen festzustellen, da die bisherige Formulierung im § 106 Absatz 2 Satz 1 Nr. 1, 1. Alternative a. F. wortgleich in Satz 4 ausgelagert wurde. Das althergebrachte Standardverfahren, die Auffälligkeitsprüfung in Form der Prüfung nach Durchschnittswerten, ist damit keineswegs vollständig weggefallen. Das Gesetz gibt zudem nicht mehr wie im Absatz 3 Satz 6 a. F. vor, dass für den Fall der Richtgrößenprüfung die Prüfung nach Durchschnittswerten nicht anwendbar ist. In der Folge dieser Textbetrachtung wäre der Durchschnittsprüfung mit Blick auf die anderen Methoden zumindest ein gleichrangiger Stellenwert beizumessen.

In den ersten Regierungsentwürfen des GMG war eine darüber hinausgehende Änderung, nämlich die vollständige Abschaffung der Prüfmethode, beabsichtigt.[149] Die geplante Entfernung begründete der Gesetzesentwurf mit der mangelnden Effektivität und der konzeptionellen Unzulänglichkeit dieser Prüfungsart. Bereits im GRG sei vorgegeben worden, dass nach einer Übergangszeit diese Prüfungsart durch die mit dem GRG eingeführte Richtgrößen-Prüfungen bei Arznei- und Heilmitteln sowie durch die Zufälligkeitsprüfungen (Stichprobenprüfungen) ersetzt werden sollte. Eine Abschaffung sei angezeigt, weil die Zufälligkeitsprüfungen, die durch das GKV-Gesundheitsreformgesetz 2000 zu qualitätsorientierten Wirtschaftlichkeitsprüfungen der ärztlichen und ärztlich verordneten Leistungen weiter entwickelt worden seien, nur rudimentär umgesetzt

---

[145] Z. B. BSG, Urt. v. 15.11.1995 - 6 RKa 43/94 = SozR 3-2500, § 106, Nr. 33; BSG, Urt. v. 9.6.1999 - B 6 KA 21/98 R = BSGE 84, 85, 86 = SozR 3-2500, § 106, Nr. 47, S. 250; BSG, Urt. v. 16.7.12003 - B 6 KA 45/02 R = SozR 4-2500, § 106, Nr. 3, Rn. 8.

[146] Z. B. BSG, Urt. v. 2.6.1987 - 6 RKa 19/86 = BSGE 62, 18 = SozR 2200, § 368n, Nr. 54.

[147] Vergleiche Gesetzesbegründung: Bundestags-Drucksache 11/2237, S. 196 zu § 114; BSG, Urt. v. 15.3.1995 - 6 RKa 37/93 = BSGE 76, 53, 54 = SozR 3-2500, § 106, Nr. 26, S. 145.

[148] Vgl. BSGE 76, 53, 55 = SozR 3-2500, § 106, Nr. 26, S. 145.

[149] Arbeitsentwürfe vom 13.3.2003 und 12.5.2003 (n. v.); Gesetzentwurf der Fraktionen SPD und Bündnis 90/Grüne vom 16.6.2003, Bundestags-Drucksache 15/1170.

wurden. Zudem sei die Durchschnittsprüfung ein qualitativ minderwertiges Prüfungsverfahren, welches ausschließlich auf statistischen Auffälligkeiten basiere und verdeckte Unwirtschaftlichkeiten nicht erkennbar werden lasse. Bei den ärztlichen Leistungen könne die mit der Durchschnittsprüfung angestrebte Vermeidung einer übermäßigen Mengenausweitung der abgerechneten Leistungen sachgerechter durch andere Instrumente erreicht werden, insbesondere durch eine stringente Ausgestaltung und systematische Durchführung der Plausibilitätsprüfungen der ärztlichen Leistungsabrechnungen durch die Kassenzahnärztlichen Vereinigungen nach § 106a. Letztlich solle die Selbstverwaltung durch die Abschaffung der insoweit entbehrlichen Durchschnittsprüfung einen Impuls erhalten, den gesetzlich vorgegebenen Übergang zu anderen Prüfungsformen, insbesondere zu den qualitätsbezogenen Wirtschaftlichkeitsprüfungen zügig durchzuführen.
Erst im Entwurf der Fraktionen SPD, CDU/CSU und Bündnis 90/Die Grünen vom 8.9.2003[150] findet sich der Begriff der Durchschnittsprüfung wieder im Gesetz.[151] § 106 Absatz 2 Satz 4 erlaubt es den Landesverbänden der Krankenkassen und der Ersatzkassen zusammen mit der KZV explizit und über die in Satz 1 erwähnten Prüfungen hinaus, andere arztbezogene Prüfungen oder die Prüfung ärztlicher oder ärztlich verordneter Leistungen nach Durchschnittswerten zu vereinbaren. Diese Version stellt die letztlich in das Gesetz übernommene Formulierung (Absatz 2 Satz 4) dar. Damit wurde auch die Begründung des Gesetzes verändert. Während die ersten Entwürfe in ihren entsprechenden Begründungen grundsätzlich von einer vollständigen Abschaffung der „entbehrlichen Durchschnittsprüfungen" sprechen, verlangt die amtliche Begründung des Gesetzes nur die Abschaffung der verpflichtenden Vorgabe. Im Übrigen ist die Gesetzesbegründung allerdings mit den Begründungen der Referentenentwürfe identisch. Allein die Passagen, welche sich mit der vollständigen Abschaffung beschäftigen, wurden mit Blick auf die nunmehr nur noch geforderte Abschaffung der Pflichtvorgabe geändert. Der Gesetzgeber selbst erklärt in der Begründung zum GMG, dass die Prüfungsart zwar erhalten bleibe, aber „künftig nur nachrangig" sei.

Der so deutlich formulierte Sinn und Zweck der Neufassung des § 106 Absatz 2 Satz 1 wird bestätigt durch den systematischen Blick auf die detaillierten Vorgaben zur Abrechnungsprüfung, welcher der Gesetzgeber ebenso wie der Zufäl-

[150] Bundestags-Drucksache 15/1525.

[151] Der Gesetzgeber scheint - wohl mit Blick auf die Erfahrungen mit der Selbstverwaltung - Angst vor der eigenen Courage bekommen zu haben. Bereits im Gesetzgebungsverfahren zum GRG (Bundestags-Drucksache 11/2237, S. 196; ausführlich: Siewert, GKV-SGB V, § 106, Rn. 3 ff.) wurden der Selbstverwaltung neben der Durchschnittsprüfung konkrete weitere Möglichkeiten sowie eine Ermächtigungsgrundlage zur Vereinbarung darüber hinausgehender Methoden an die Seite gestellt. Auch damals sollte insbesondere eine ausschließlich an Durchschnittswerten orientierte Prüfung verhindert werden. Eine Umsetzung erfolgte jedoch nicht.

ligkeitsprüfung bzw. in Kombination mit der Zufälligkeitsprüfung eine effektivere Wirkung zuspricht. Zwar begründet der Gesetzgeber die Notwendigkeit der Änderungen zur Abrechnungsprüfung auch mit der Einführung der Regelleistungsvolumina in den §§ 85a bis c. Diese betreffen die Vertragszahnärzte nicht (§ 85b Absatz 1 Satz 4). Er verweist aber insbesondere auf die fehlende Effektivität der Prüfungen insgesamt und erwartet eine deutliche Verbesserung der Verfahren.[152] Explizit werden auch die zahnärztlichen Leistungen erwähnt, die z. B. einer Prüfung durch die Krankenkassen bisher nicht zugänglich waren. Ergebnis dieser Erwägungen ist die Einführung der Befundplausibilität des § 106a Absatz 3 Nr. 3, 2. Alternative. Das Gesetz will also durch die Kombination der Wirtschaftlichkeits- und der Abrechnungsprüfung den maximalen Erfolg erreichen und sieht durch die verbesserte Abrechnungsprüfung etwaige Defizite aus der subsidiären Anwendung der Durchschnittsprüfung kompensiert. Auch dies spricht dafür, die Durchschnittsprüfung nur noch als Auffangtatbestand anzusehen.

Inhaltlich fordert das Gesetz in § 106 Absatz 2b die Vereinbarung von konkreten Richtlinien zur Zufälligkeitsprüfung.[153] Dabei sind „insbesondere" die Kriterien des Absatz 2a, der Umfang der Stichproben sowie die Auswahl von Leistungsmerkmalen zu formulieren. Im Wege der Ersatzvornahme kann das Bundesministerium für Gesundheit die Richtlinien sogar selbst erlassen. Ingesamt ist der Abschnitt der Wirtschaftlichkeitsprüfung nach Sinn und Zweck der Vorgaben vom Wunsch nach erhöhter Effektivität geprägt. Dies zeigt die persönliche Haftung der Vorstände von KZV und Krankenkassen gemäß Absatz 4b, sowie die Installation eines unabhängigen Vorsitzenden gemäß Absatz 4 Satz 2.

Nicht nur Sinn und Zweck der Reform und die Gesetzesbegründung, sondern auch die systematische Betrachtung zeigt ein anderes Bild als der Wortlaut es nahe legt.

§ 106 Absatz 2 Satz 1 stellt einen Katalog an vorrangigen Prüfmethoden zur Verfügung. Denn während Satz 1 Absatz 2 Pflichtprüfungen enthält, ermächtigt Absatz 2 Satz 4 nur zur Vereinbarung weiterer Prüfmethoden. Diese können im Sinne einer Nachrangigkeit nur zu Anwendung gelangen, wenn die Regelmethoden nicht zu tragfähigen Ergebnissen gelangen. Betrachtet man darüber hinaus, dass die Regelungen in den §§ 296 und 297, welche umfassende Vorgaben zur Übertragung der erforderlichen Daten an die Geschäftsstellen enthalten, die Durchschnittsprüfung nicht mehr erwähnen, ist dies ein weiteres Indiz für die Nachrangigkeit der Durchschnittsprüfung.

---

[152] Filler, Neugestaltung der Wirtschaftlichkeitsprüfung, GesR 2004, S. 503, spricht aber zu Recht davon, dass „ein derartiges Prüfungsziel wohl weit gehend Theorie" bleibt.

[153] Diese liegen zwar im Entwurf vor, eine Einigung ist aber nicht in Sicht. Letztlich wird das Bundesschiedsamt eine Entscheidung treffen müssen.

Schließlich zeigt auch die historische Betrachtung, dass von einer Vor- oder Gleichrangigkeit der Prüfung nach Durchschnittswerten nicht mehr ausgegangen werden kann. Während § 368n Absatz 5 der RVO allein die „Überwachung der Wirtschaftlichkeit" angeordnete, keinerlei Aussage zum Verfahren traf und damit Interpretationen erforderlich machte, trifft § 106 Absatz 2 Satz 1 seit dem GRG eine Auswahl an zu bevorzugenden Prüfmethoden. Im Gesetzgebungsverfahren zum Gesundheitsreformgesetz 2000[154] erwähnte der Gesetzgeber explizit, dass andere Prüfungsarten nur erforderlich sein könnten, soweit ein unwirtschaftliches Verhalten ansonsten nicht zu erkennen sei. Die besondere Hervorhebung der Durchschnittsprüfung in Absatz 2 Satz 4 lässt vor diesem Hintergrund keine Interpretationsmöglichkeiten zum Willen des Gesetzgebers in Bezug auf die Qualität der Durchschnittsprüfung zu. Es kann nicht argumentiert werden, dass die Methode ob ihrer besonderen Erwähnung einen (weiterhin) herausragenden Stellenwert habe. Dies gilt erst recht nicht im Vergleich zu den Regelmethoden des Absatzes 2 Satz 1. Die besondere Erwähnung ist auf den beschriebenen Meinungswandel im Laufe des Gesetzgebungsverfahrens zurückzuführen.

Am Ende kann für eine gesonderte Stellung der Durchschnittsprüfung auch nicht ins Feld geführt werden, dass die explizite Erwähnung der Prüfung nach Durchschnittswerten in Satz 4 überflüssig sei, da sie ohne weiteres unter die Variante der „anderen arztbezogenen Prüfungsarten" hätte subsumiert werden können. Nur zur Klarstellung[155] wurde die Methode nochmals erwähnt. Dieses Vorgehen liegt auf der Hand, da ohne eine Klarstellung der dogmatische Streit, ob die Durchschnittsprüfung überhaupt noch anzuwenden ist, abzusehen gewesen wäre.

Das Ergebnis der nachrangigen Anwendung der Prüfung nach Durchschnittswerten bzw. sonstiger Methoden ist auch auf ein etwaiges Spannungsfeld zwischen der Nachrangigkeit dieser Prüfungen und der grundsätzlichen Notwendigkeit, Wirtschaftlichkeitsprüfungen durchzuführen, zu untersuchen. § 106 Absatz 1 verpflichtet die KZV und die Krankenkassen zu einer umfassenden Prüfung. Unstreitig ist, dass § 106 Absatz 2 Satz 4 die Vertragspartner ermächtigt, über die Regelmethoden hinaus weitere Prüfungsarten zu vereinbaren. Dies kann in zweierlei Hinsicht geschehen. Zum einen kann in der Prüfvereinbarung selbst eine konkrete Methode bestimmt sein. Zum anderen kann die Prüfvereinbarung die Gremien ableitend ermächtigen, für den Einzelfall selbst taugliche Methoden zu entwickeln. Das BSG geht in der bisherigen Rechtsprechung davon aus, dass es zumindest dann zulässig und geboten ist, andere Prüfarten anzuwenden, wenn die Regelmethoden keine verwertbaren Ergebnisse hervorrufen.[156] Sei in beson-

[154] Bundestags-Drucksache 14/1977, S. 166.
[155] Siehe Gesetzesbegründung GMG, BGBl I S. 2190 v. 19.11.2003.
[156] BSG, Urt. v. 30.11.1994 - 6 RKa 14/93 = SozR 3-2500, § 106, Nr. 24, S. 133 ff.

ders gelagerten Fällen keine der bisher in der Praxis der Prüfgremien entwickelten - und durch die Rechtsprechung bestätigten - Methoden zur Überprüfung der Wirtschaftlichkeit der vertragsärztlichen Behandlungen und Verordnungen eines Arztes geeignet, dann obliege es den Prüfgremien, nach einer anderen geeigneten Prüfmethode zu suchen und nötigenfalls neue sachgerechte Prüfungsarten zu entwickeln.[157]

Die diesbezügliche Begründung ist allerdings kritisch zu betrachten. Soweit das BSG ausführt[158], dass „Bestrebungen, die Wirtschaftlichkeitsprüfung auf eine rein statistische Operation zu reduzieren und den Prüfungsorganen die Anwendung bestimmter, nach den Maßstäben der statistischen Wissenschaft geeigneter Vergleichsverfahren vorzuschreiben, (...) schon im Gesetzeswortlaut selbst keine Stütze" finden, ist dies zumindest dann problematisch, wenn die Aussage folgt, dass „dem Gesetz (...) keine generelle Beschränkung auf die gesetzlich vorgesehenen oder vertraglich vereinbarten Prüfungsarten zu entnehmen" sei. Diese und ähnliche Formulierungen finden sich auch in weiteren Entscheidungen.[159]

Dogmatisch ist es ein unabdingbares Kriterium, dass das Gesetz entweder selbst die Durchführung einer bestimmten Prüfung vorschreibt oder die KZV und die Landesverbände der Krankenkassen ermächtigt, weitere Prüfungsarten zu vereinbaren. Anders formuliert: Es ist nicht - wie es die Formulierung des BSG nahe legt - denkbar, den Prüfgremien alle Handlungsmöglichkeiten einzuräumen, die das Gesetz nicht ausschließt.

Weder das Argument des BSG, eine Ausweitung der Prüfarten sei dann zulässig und geboten, wenn die vorgesehenen Prüfungsarten keine verwertbaren Ergebnisse erbringen können, noch der Hinweis des Gerichts darauf, dass die aus Sinn und Zweck der Wirtschaftlichkeitsprüfung abzuleitende allgemeine rechtliche

---

[157] BSG, Urt. v. 30.11.1994 - 6 RKa 14/93, a. a. O.

[158] BSG, Urt. v. 30.11.1994 - 6 RKa 38/93 = BSGE 75, 220-225 (zum § 106 Absatz 2 in der Fassung des GRG).

[159] In der Entscheidung vom 11.9.2002 - B 6 KA 30/01 = MedR 2003, 466-469 ist folgendes zu finden: „Die Vorschrift ist aber (...) nicht notwendigerweise dahin zu verstehen, dass die Leistungen nach ihrer Art und ihrem Umfang stets gleichmäßig, dh mit einem für alle Leistungen einheitlichen Punktwert, honoriert werden müssten. Das Gesetz schließt vielmehr nicht aus, durch Regelungen im HVM die Gesamtvergütungen in Teilbudgets (Honorartöpfe) aufzuteilen, auch wenn dies dazu führt, dass vertragsärztliche Leistungen nach verschiedenen Punktwerten, die auf unterschiedlichen Mengenentwicklungen in den einzelnen Bereichen beruhen können, vergütet werden. Die Bildung der Honorartöpfe kann nach Arztgruppen, Versorgungsgebieten oder Leistungsbereichen erfolgen; Mischsysteme sind ebenfalls zulässig."

In den Urteilen v. 9.9.1998 - B 6 KA 55/97 R = BSGE 83, 1-7) und v. 3.3.1999 - B 6 KA 15/98 R = MedR 2000, 153-156) heißt es: „Das Gesetz schließt nicht grundsätzlich aus, durch Regelungen im HVM die Gesamtvergütung in Teilbudgets aufzuteilen, auch wenn sich als deren Folge ergibt, daß vertragsärztliche Leistungen nicht mehr entsprechend der im EBM-Ä festgelegten Punktzahl-Bewertung, sondern - aufgrund unterschiedlicher Punktwerte, die auf unterschiedlichen Mengenentwicklungen in den verschiedenen Leistungsbereichen beruhen - unterschiedlich hoch vergütet werden."

Verpflichtung die Beteiligten zu einer umfassenden Kontrolle, das BSG spricht von einem ansonsten entstehenden Wertungswiderspruch, verpflichte, kann über den Mangel dieser schon im Grundsatz angreifbaren Argumentation hinwegtäuschen.
Eine solche Art der Gesetzesinterpretation hätte zur Folge, dass - je nach Bedarf - einmal mit den rechtsbegründenden Vorgaben des Gesetzes („... das Gesetz erlaubt...“) und einmal mit fehlenden Vorgaben des Gesetzes („...das Gesetz schließt nicht aus...“) argumentiert werden könnte. Damit ist der Beliebigkeit Tür und Tor geöffnet. Hier ist eine konsequentere und dogmatisch weniger beliebige Argumentation vonnöten.

Die Rechtsprechung ist auf die aktuelle Konstellation und die entwickelten Befunde aber zumindest insoweit zu übertragen, als eine Anwendung anderer Methoden nur zulässig ist, wenn die Regelmethoden nicht greifen. Die Methode nach Durchschnittswerten stellt nach Ansicht des Gesetzgebers eine ineffektive Prüfmethode dar. Das heißt, dass es im Einzelfall zwingender Gründe bedarf, um eine Anwendung der Durchschnittsmethode trotz Anhaftung dieser Nachteile zu gestatten.
Den Prüfgremien ist in diesem Zusammenhang eine erhöhte Sorgfalt abzufordern, die den ihnen zustehenden Beurteilungsspielraum für die Wahl der Prüfmethode[160] einschränkt. Dieser Spielraum deckt keine begründungslos abweichende Bewertung der gesetzlich festgelegten Regelmethoden. Die Gründe, die den Gesetzgeber veranlasst haben, bestimmte Methoden als vorrangig zu betrachten, dürfen nicht außer Acht gelassen werden. Daraus ist der Schluss zu ziehen, dass die Prüfung nach Durchschnittswerten nur dann in Betracht kommt wenn,

1. die Richtlinien des § 106 Absatz 2b die Durchschnittswerte als Merkmal zur Bestimmung der Stichproben definieren und die Prüfgremien im Einzelfall zwingende Gründe angegeben, warum die Prüfung nach Durchschnittswerten allein die taugliche Methode darstellt oder
2. die Prüfvereinbarung im jeweiligen KZV-Bezirk die Prüfung an sich oder die Ermächtigung zur Durchführung weiterer Prüfungen enthält und die Prüfgremien im Einzelfall zwingende Gründe angegeben, warum die Prüfung nach Durchschnittswerten allein die taugliche Methode darstellt.

Eine andere Betrachtung würde die Zielrichtung der Neufassung des § 106 konterkarieren, die vom Gesetzgeber formulierten Schwächen der Durchschnittsprüfung bestätigen und auch eine einheitliche Rechtsanwendung erschweren.

Die völlige Abschaffung der Durchschnittsprüfung kann (noch) nicht als sinnvoll erachtet werden. Dies hat der Gesetzgeber erkannt. Er ermöglicht daher die Festlegung durch die Vertragspartner selbst. Dies ist im vertragszahnärztlichen

---

[160] Vgl. dazu BSG, Urt. v. 2.6.1987 - 6 RKa 19/86 - BSGE 62, 18, 19 = SozR 2200, § 368n, Nr. 54.

Bereich von großer praktischer Bedeutung. Denn während bei den Vertragsärzten effektive anderweitige Instrumente bereits geschaffen sind, ist im vertragszahnärztlichen Bereich kein Fortschritt zu erkennen. Bis es tragfähige Lösungen gibt, muss daher mit Blick auf die Notwendigkeit der umfassenden Prüfung der Wirtschaftlichkeit das Instrument der Durchschnittsprüfung zur Verfügung stehen.

7. Prüfmethoden

Nach den bisherigen Ergebnissen steht den Prüfgremien sowohl bei der Auswahl der Prüfart als auch Ausgestaltung der Prüfmethode ein Gestaltungsspielraum zu. Die Gremien haben aber den grundsätzlichen Vorrang der Regelprüfungen zu beachten. Da die Zufälligkeitsprüfung keine Prüfmethode vorschreibt, kann das Prüfgremium auf alle bisher in der Praxis der Prüfgremien entwickelten Methoden, die zur Überprüfung der Wirtschaftlichkeit der vertragszahnärztlichen Behandlungen und Verordnungen eines Vertragszahnarztes geeignet sind, zurückgreifen. Gegebenenfalls obliegt es den Prüfgremien, neue geeignete Prüfmethoden zu entwickeln.

a) Einzelfallprüfung

Es sind zwei Arten von Einzelfallprüfungen zu unterscheiden:

Die strenge Einzelfallprüfung setzt beim objektiven Krankheitszustand des behandelten Versicherten im Zeitpunkt der Behandlung an. Für die Durchführung ist im besten Fall eine (Nach-)Untersuchung des Patienten, regelmäßig aber zumindest die Bewertung des Krankheitszustandes und des Behandlungsverlaufes aufgrund anderer objektiver Unterlagen (Röntgenbilder, Modelle, Karteikarte, Befunde anderer Zahnärzte) erforderlich.[161] Im Falle einer Kürzung muss jede einzelne Abrechnungsziffer sowie ihr Gebührenwert bestimmt werden, um den Regress der Höhe nach festlegen zu können. Aufgrund der erheblichen Aufwendungen einer Einzelfallprüfung sowie der Schwierigkeiten, ex-tunc die medizinische Indikation der Behandlung festzustellen, wird sie im konservierend-chirurgischen Bereich nicht durchgeführt. Dieser Umstand entspricht der Maßgabe des BSG, welches die Einzelfallprüfung von Beginn an als nicht praktikable Methode bezeichnete.[162]

Die eingeschränkte, repräsentative Einzelfallprüfung geht ebenfalls zunächst vom Befund und der durch den Vertragszahnarzt angewendeten Therapie aus.[163]

---

[161] BSG, Urt. v. 8.4.1992 - 6 RKa 27/90 = BSGE 70, 246, 252.

[162] BSG, Urt. v. 29.5.1962 - 6 RKa 24/59 = BSGE 17, 79; BSG, Urt. v. 26.4.1978 - 6 RKa 10/77 = BSGE 46, 136, 139; Urt. v. 15.4.1980 - 6 RKa 5/79 = BSGE 50, 84, 86; BSG, Urt. v. 22.5.1984 - 6 RKa 21/82 = SozR 2200, § 368n, Nr. 31.

[163] Engelhard, in: Hauck/Noftz, § 106, Rn. 136.

Anhand der Abrechnungs- und Behandlungsunterlagen wird das Behandlungsverhalten an diversen Behandlungsfällen im Rahmen einer Schlüssigkeitskontrolle auf die Wirtschaftlichkeit überprüft. Sodann erfolgt eine Hochrechnung und Umsetzung der Ergebnisse auf die übrigen, nicht geprüften Fälle. Diese auf eine Schlüssigkeit und eine bestimmte Anzahl von Behandlungsfällen begrenzte Prüfung führt zu einer eingeschränkten Beweissicherheit. Denn sie setzt voraus, dass eine ständig wiederkehrende Verhaltensweise des Vertragszahnarztes rechtssicher festzustellen ist.[164] Daher ist z. B. eine Mindestanzahl von Behandlungsfällen zu überprüfen und Sicherheitsabschläge in Höhe von 25 % vorzunehmen.[165] Diese Methode kommt aufgrund ihrer Unsicherheiten nur dann als geeignete Prüfmethode in Betracht, wenn weder eine statistische Vergleichsprüfung noch eine strenge Einzelfallprüfung durchgeführt werden können[166] bzw. die soeben für die Anwendung der Durchschnittsprüfung entwickelten Voraussetzungen nicht vorliegen. Die Nachrangigkeit der „eingeschränkten Einzelfallprüfung mit anschließender Hochrechnung" gilt nicht nur für den vertragsärztlichen, sondern auch für den vertragszahnärztlichen Bereich.[167] Insoweit ist der grundsätzliche Beurteilungsspielraum der Prüfgremien zur Auswahl der Prüfmethode zunächst auf die echte Einzelfallprüfung oder eine sonstige Prüfung beschränkt. Erst subsidiär kann die eingeschränkte Einzelfallprüfung in Betracht gezogen werden.

b) Die statistische Vergleichsprüfung

Es ist nahe liegend, im Rahmen der Wirtschaftlichkeitsprüfung wegen der noch fehlenden wirksamen anderweitigen Methoden weiterhin die statistische Vergleichsprüfung als Grundlage der Prüfung heranzuziehen.[168] Angesichts der Notwendigkeit einer möglichst effektiven und umfassenden Prüfung der Wirtschaftlichkeit kann nicht davon ausgegangen werden, dass die statistische Vergleichsprüfung in absehbarer Zeit keine Anwendung mehr findet. Entscheidet sich ein Prüfgremium unter Angabe von Gründen unter Verweis auf die Prüfvereinbarung für die Anwendung der Prüfung nach Durchschnittswerten bzw. bestimmen die Richtlinien als Auswahlkriterium den statistischen Vergleich und ermöglichen dem Prüfgremium damit die Anwendung der statistischen Ver-

---

[164] LSG Baden-Württemberg, Urt. v. 20.8.2003 - L 5 KA 1089/03 (Juris).
[165] Engelhard, in: Hauck/Noftz, § 106, Rn. 147.
[166] BSG, Urt. v. 23.2.2005 - B 6 KA 72/03 R = SGb 2005, 180; BSG, Urt. v. 8.4.1992 - 6 RKa 27/90 = BSGE 70, 246, 254 = SozR 3-2500, § 106, Nr. 10. Eine repräsentative Einzelfallprüfung, die für ein Vorquartal kein unwirtschaftliches Verhalten ergeben hat, führt nicht prinzipiell dazu, dass im Folgequartal Honorarkürzungen wegen Unwirtschaftlichkeiten, die im Wege einer statistischen Vergleichsprüfung ermittelt worden sind, schlechthin nicht verhängt werden dürfen: BSG, Urt. v. 5.11.2003 - B 6 KA 58/03 B = Berliner Ärzteblatt 2004, 241.
[167] BSG, Urt. v. 15.11.1995 - 6 RKa 43/94 = NZS 1996, 394-397; entgegen LSG Mainz, Urt. v. 30.6.1994 - L 5 Ka 37/93 = Breith 1995, 189-193.
[168] Siehe 6. c). Auch Steinhilper, in: Schnapp/Wigge, Vertragsarztrecht, § 17, Rn. 41 (Fn. 58) spricht von der „wohl fortgeltenden" Rechtsprechung zur Wirtschaftlichkeitsprüfung.

gleichsprüfung, muss die Frage aufgeworfen werden, nach welchen Maßstäben unter dem GMG eine solche Vergleichsprüfung durchzuführen ist.
Die zahnarztbezogene Vergleichsprüfung nach Durchschnittswerten ist nicht nur hinsichtlich des Gesamtfallwerts denkbar. Dabei wird geprüft, warum das Abrechnungsvolumen des geprüften Vertragszahnarztes (abgerechnete BEMA-Punkte pro Abrechungsschein im Quartal) von dem des Durchschnitts abweicht. Gleichermaßen ist sie zur Überprüfung der Wirtschaftlichkeit des Ansatzes einzelner Leistungspositionen bzw. mehrerer zu einzelnen Leistungssparten zusammengefasster Leistungspositionen des Bewertungsmaßstabes heranzuziehen.[169] Schließlich ist der Vertragszahnarzt gehalten, in jedem Teilbereich seiner Tätigkeit das Wirtschaftlichkeitsgebot umfassend zu beachten.[170] Die Prüfgremien können im Rahmen ihres Auswahlermessens grundsätzlich wählen, ob sie der Prüfung die Gesamtfallwerte oder nur den Aufwand in einzelnen Leistungssparten oder bei bestimmten Einzelleistungen zugrunde legen.[171] Dies gilt auch für die Entscheidung, nach welcher statistischen Methode eine Vergleichsprüfung durchgeführt werden soll.[172] Ein statistischer Einzelleistungsvergleich setzt zudem voraus, dass Leistungen betroffen sind, die für die gebildete Vergleichsgruppe typisch sind, also zumindest von einem größeren Teil der Fachgruppenmitglieder regelmäßig in nennenswerter Zahl erbracht werden.[173]

Das BSG war bisher der Auffassung, dass diese Methode die typischerweise umfassendsten Erkenntnisse bringe.[174] Die Auswertung der Vergleichswerte ermögliche es, gezielt nach den Gründen für eine Überschreitung der Durchschnittswerte zu suchen. Diese beruhe nämlich in der Regel nicht auf zufälligen Gegebenheiten, sondern habe eine in den Praxisumständen oder der Behandlungsweise des Vertragszahnarztes liegende Ursache.[175]

---

[169] BSGE 71, 194, 196 = SozR 3-2500, § 106, Nr. 15, S. 88; BSG SozR 3-2500, § 106, Nr. 23, S. 124; Nr. 55, S. 306, m. w. N.
[170] BSG, Urt. v. 28.10.1992 - 6 RKa 3/92 = BSGE 71, 194, 199, 201 = SozR 3-2500, § 106, Nr. 15, S. 91 und 93; BSG, Urt. v. 5.11.1997 - 6 RKa 1/97 = BSG SozR 3-2500, § 106, Nr. 42, S. 232.
[171] Vgl. BSG, Urt. v. 27.6.2001 - B 6 KA 43/00 R = SGb 2001, 551.
[172] Vgl. BSG, Urt. v. 2.6.1987 - 6 RKa 19/86 = BSGE 62, 24, 25 = SozR 2200, § 368n, Nr. 48 und BSG, Urt. v. 5.8.1992 - 14a/6 RKa 4/90 = BSGE 71, 90, 93 = SozR 3-2500, § 106, Nr. 13.
[173] Vgl. BSG, Urt. v. 5.8.1992 - 14a/6 RKa 4/90 = BSGE 71, 194, 196 f. = SozR 3-2500, § 106, Nr. 15, S. 88 f.; BSG, Urt. v. 9.3.1994 - 6 RKa 18/92 = BSGE 74, 70, 76 = SozR 3-2500, § 106, Nr. 23, S. 130; BSG, Urt. v. 15.3.1995 - 6 RKa 37/93 = BSGE 76, 53, 57 = NZS 1996, 33-36.
[174] BSG, Urt. v. 21.5.2003 - B 6 KA 32/02 R, in: BE Ärzteblatt 2003, 198; BSG, Urt. v. 10.5.2000 - B 6 KA 25/99 R = BSG SozR 3-2500, § 106, Nr. 49, S. 257; BSG, SozR 3-2500, Nr. 50, S. 263 f.; SozR 3-2500, Nr. 55, S. 306.
[175] BSG, Urt. v. 15.3.1995 - 6 RKa 37/93 = BSGE 76, 53, 57 = SozR 3-2500, § 106, Nr. 26, S. 148; Peikert, in: Schnapp/Wigge, Vertragsarztrecht, § 20, Rn. 31 a. E., ist der Auffassung, dass bei der Durchschnittsprüfung aufgrund des fehlenden Status als Regelprüfmethode nicht

Anders formuliert: Unwirtschaftlichkeit ist anzunehmen, wenn der Fallwert (Gesamtfallwert, Sparten- oder Einzelleistungswert) des Vertragszahnarztes so erheblich über dem Vergleichsgruppendurchschnitt liegt, dass sich die Mehrkosten nicht mehr durch die Unterschiede in der Praxisstruktur und den Behandlungsnotwendigkeiten erklären lassen und deshalb auf eine unwirtschaftliche Behandlungsweise als Ursache der erhöhten Aufwendungen geschlossen werden kann.[176] Letztlich handelt es sich bei der statistischen Vergleichsprüfung um eine spezielle Ausprägung der Auffälligkeitsprüfung. Dem System der vergleichenden Prüfung liegt die Unterstellung zugrunde, dass die Gesamtheit der Vertragszahnärzte im Durchschnitt gesehen wirtschaftlich handelt und das Maß des Notwendigen und Zweckmäßigen weder über- noch unterschreitet. Dem festgelegten Mittelwert kommt somit eine erhebliche, letztlich entscheidende Bedeutung zu.[177]

Das BSG hat in Bezug auf den Überschreitungsgrad des Fallwerts zum Fachgruppen-Durchschnitt drei Stufen gebildet.[178] Bei Einzelleistungsprüfungen

---

mehr vermutet werden könne, dass der Durchschnitt der Fachgruppe wirtschaftlich handele. Nunmehr trage das Prüfgremium die diesbezügliche Beweislast.
Es ist allerdings nicht recht verständlich, was die Festlegung als Regelprüfmethode mit der gesetzlichen Vermutung zu tun haben soll. Schließlich ist die Anwendung der Methode weiterhin möglich. Vielmehr hat der Wegfall die unter 6., c) geschilderten Folgen.

[176] BSG, Urt. v. 15.3.1995, a. a. O.

[177] Ausführlich, auch zur Art der Festlegung des Mittelwertes: Spellbrink, Wirtschaftlichkeitsprüfung, Rn. 435 ff. und 548 ff.; Engelhard in: Hauck/Noftz, § 106, Rn. 128 ff.; die Annahme, dass die Gesamtheit aller Ärzte im Durchschnitt wirtschaftlich handelt und der Behandlungsaufwand damit als Vergleichsmaßstab herangezogen werden kann, ist allerdings nicht bewiesen. Dies entspricht nicht der klassischen formalen Logik (lex rationis determinantis sive sufficientis) und ist allein pragmatisch zu erklären.

[178] Ausführlich: Engelhard, in: Hauck/Noftz, § 106, Rn. 300 ff. Damit soll nicht nur Transparenz geschaffen, sondern auch die Anforderung für den Nachweis der Unwirtschaftlichkeit und die Beweislast des Vertragszahnarztes eindeutig festgelegt werden. Diese Unterteilung gewährleistet, dass im Bereich der normalen statistischen Abweichung in der Regel keine Kürzungen vorgenommen werden. Denn hier lässt sich eine Unwirtschaftlichkeit von Mehrkosten nicht positiv feststellen. Dies ergibt sich bereits aus der zahnärztlichen Therapiefreiheit, welche unterschiedliche Behandlungsweisen rechtfertigt. Das BSG billigt daher jedem Vertragszahnarzt um den Fachgruppendurchschnitt einen Bereich der normalen Streuung zu. Dieser wird nach ständiger Rechtsprechung bei Überschreitungen von bis zu 20 % angenommen: BSG, Urt. v. 3.6.1987 - 6 RKa 24/86 = SozR 2200 § 368n, Nr. 49, S. 164. Erst auf der zweiten Stufe, der Übergangszone zwischen einer 20 und 40%-Überschreitung der Vergleichsgruppe, ist eine Kürzung ohne die Durchführung einer Einzelfallprüfung zulässig. Der Nachweis der Unwirtschaftlichkeit ist aber anhand der Prüfung, die Behandlungs- oder Verordnungsweise des geprüften Vertragszahnarztes und anhand einer genügenden Zahl von zufällig ausgewählten Behandlungsfällen zu führen („ergänzende Einzelfallprüfung"). Sodann kann eine Schätzung des Gesamtumfangs der Unwirtschaftlichkeit folgen: z. B. BSG Urt. v. 6.9.2000 - B 6 KA 24/99 R = SozR 3-2500, § 106, Nr. 50, S. 261, 267 m. w. N.; überschreitet der Vertragszahnarzt die Grenze zum offensichtlichen Missverhältnis (40-50% Überschreitung der Werte der Vergleichsgruppe, teilweise auch weniger: BSG, Urt. v. 23.2.2005 - B 6 KA 79/03 R = ArztR 2005, 291-294), ist die dritte Stufe erreicht. Der Begriff des offensichtli-

muss die Grenze zum offensichtlichen Missverhältnis typisierend beim Doppelten des Fachgruppendurchschnitts (= + 100 %) gezogen werden, um die verbleibenden Unwägbarkeiten einer statistischen Vergleichsprüfung zu erfassen.[179] Denn mit Blick auf die vielfältigen Diagnose- und Behandlungsmethoden ist der Aussagewert eines Einzelleistungsvergleichs tendenziell geringer und damit die Gefahr einer Fehlinterpretation größer als bei einem Gesamtvergleich.

Der Schwelle zum offensichtlichen Missverhältnis als Grenzwert kommt die Funktion zu, dass bei ihrem Überschreiten der Anscheinsbeweis der Unwirtschaftlichkeit erbracht ist und nunmehr der betroffene Vertragszahnarzt die Beweislast für eine wirtschaftliche Behandlungsweise trägt.[180] Bis zur Grenze des offensichtlichen Missverhältnisses obliegt es hingegen den Prüfgremien, die Unwirtschaftlichkeit nachzuweisen.[181]

Die Grenzwerte sind allerdings nicht als starre Übergänge zu betrachten.[182] Ab welcher Größenordnung im Einzelfall der Überschreitungsgrad zum offensichtlichen Missverhältnis erreicht ist, hängt von den jeweiligen Besonderheiten des Prüfungsgegenstandes und den Umständen des konkreten Falles ab. Er entzieht sich nach der - zustimmungswürdigen - Rechtsprechung des BSG einer allgemein verbindlichen Festlegung.

Im Rahmen einer intellektuellen Prüfung sind daher Praxisbesonderheiten[183] und deren Kostenanteil zu erkennen, zu würdigen und deren Auswirkungen von dem Gesamtfallwert des Vertragszahnarztes abzuziehen.[184] Die intellektuelle Prüfung dient der Abfederung der beachtlichen Beweislastumkehr bei Überschreitung der benannten Grenzwerte. Die Notwendigkeit der intellektuellen Prüfung begründet das BSG mit dem Wortlaut des § 106 Absatz 2 Satz 1 Nr. 1 in der Fassung des GRG. Dieser spreche nur von Durchschnittswerten, nicht aber von der statistischen Vergleichsprüfung. Eine rein statistische Bewertung finde daher im

---

chen Missverhältnisses beschreibt den Grad an statistischer Abweichung, bei dem sich die Mehrkosten regelmäßig nicht mehr durch Unterschiede in der Praxisstruktur und den Behandlungsnotwendigkeiten erklären lassen und deshalb zuverlässig auf eine unwirtschaftliche Behandlungsweise als Ursache der erhöhten Aufwendungen geschlossen werden kann: BSG, Urt. v. 8.4.1992 - 6 RKa 34/90 = SozR 3-2500, § 106, Nr. 11; Engelhard, in: Hauck/Noftz, § 106, Rn. 340 ff.; zur älteren Rechtsprechung: Baader, Zur gerichtlichen Überprüfbarkeit, SGb 1986, S. 309 ff.; ders., Praxisumstände im Kassenarztrecht, SGb 1985, S. 446 ff.

[179] BSG, Urt. v. 9.3.1994 - 6 RKa 18/92 = BSGE 74, 70 = SozR 3-2500, § 106, Nr. 23; BSG, Urt. v. 2.6.1987 - 6 RKa 19/86 = BSGE 62, 24, 30 = SozR 2200, § 368n, Nr. 48, S. 162.

[180] Z. B. BSG, Urt. v. 21.6.1995 - 6 RKa 35/94 = SozR 3-2500, § 106, Nr. 27, S. 154; Hess, in: Kasseler Kommentar, § 106, Rn. 15; Engelhard, in: Hauck/Noftz § 106, Rn. 349 ff.

[181] Ständige Rechtsprechung, vgl. z. B. BSG, Urt. v. 6.9.2000 - B 6 KA 24/99 R = SozR 3-2500, § 106, Nr. 50, S. 263 f.; Urt. v. 6.9.2000 - B 6 KA 46/99 R = SozR 3-2500, Nr. 51, S. 272 und BSG, Urt. v. 11.12.2002 - B 6 KA 1/02 R = SozR 3-2500, Nr. 57, S. 319.

[182] BSG, Urt. v. 15.3.1995 - 6 RKa 37/93 = BSGE 76, 53, 55 = SozR 3-2500, § 106, Nr. 26, S. 146; BSG, Urt. v. 28.1.1998 - B 6 KA 69/96 R = NJW 1998, 3444-3445.

[183] Siehe dazu 9.

[184] Spellbrink, Die „intellektuelle Wirtschaftlichkeitsprüfung“, MedR 1996, 125 ff.; Noftz, Wirtschaftlichkeitsprüfung im Vertragszahnarztrecht zwischen Statistik und Intellektualität, NZS 1997, 207 ff.; Engelhard, in: Hauck/Noftz, § 106, Rn. 295 ff.

Gesetz keine Stütze.[185] Insoweit sind bei der Frage der Wirtschaftlichkeit die relevanten medizinischen Gesichtspunkte auch in Rechnung zu stellen.[186] Diese Gesichtspunkte können, dies liegt auf der Hand, mannigfaltig sein. So müssen bei der Prüfung zwingend die Negativstatistik[187], aber auch solche Leistungen beachtet werden, die der Vertragszahnarzt im Zusammenhang mit bestimmten Behandlungen erbringen muss, wie z. B. die Anästhesie und die begleitende Injektion bei der Extraktion oder der vorab genehmigten parodontologischen Behandlung, die Wurzelkanalfüllung nach vorheriger Öffnung oder die Begleitleistungen (Aufbaufüllungen, Excisionen, Röntgen, etc.) beim Zahnersatz. Erst auf Grundlage des verbleibenden Fallwerts ist die jeweilige Überschreitung zu ermitteln.
Da mit dem GMG die gesetzlichen Vorgaben im Wortlaut nicht verändert, sondern allein systematisch verschoben wurden, besteht kein Grund zur Abweichung von dieser gut begründeten Rechtsprechung.

Einen Vertragszahnarzt, dessen Praxis und Behandlungsweise von der Typik der Praxen seiner Fachgruppe abweicht, trifft deshalb für diesen Sachverhalt weiterhin sowohl die Darlegungslast als auch insofern die Feststellungslast, als besondere Umstände den Anscheinsbeweis nur dann korrigieren, soweit sie und ihre Auswirkungen festgestellt werden können.[188] Anders als im Zivilprozess ist dieser Anscheinsbeweis nicht bereits erschüttert, wenn die ernsthafte Möglichkeit eines anderweitigen Geschehensablaufs dargelegt wird.[189] Ein Tätigwerden der Prüfgremien kann nur dann verlangt werden, wenn der geprüfte Vertragszahnarzt entsprechende substantiierte Umstände dafür darlegt oder besondere offenkundige Anhaltspunkte dafür vorliegen, die von den Prüfgremien auch ohne besonderen Hinweis aufgegriffen werden müssen.[190]
Diese Rechtsprechung scheint in ihrer Grundaussage durch die Einführung des Absatz 2c in den § 106 Bestätigung gefunden zu haben. Danach gelten die den Geschäftsstellen übermittelten Daten grundsätzlich als richtig. § 106 Absatz 2c Satz 2 erlegt dem Vertragszahnarzt auf, Zweifel an der Richtigkeit der Daten „hinreichend begründet“ geltend zu machen.[191]

---

[185] BSG, Urt. v. 9.3.1994 - 6 RKa 18/92 = SozR 3-2500, § 106, Nr. 23, S. 123/125; Engelhard, in: Hauck/Noftz, § 106, Rn. 296; zur Kritik an dieser Argumentation des BSG siehe unter 6., c).

[186] BSG, Urt. v. 9.3.1994 - 6 RKa 18/92 = BSGE 74, 70, 72 = SozR 3-2500, § 106, Nr. 23, S. 125.

[187] Also die Zahl der Nichtabrechner: BSG, Urt. v. 5.8.1992 - 6 14a/Rka 4/90 = BSGE 71, 90, 94 ff.

[188] BSG, Urt. v. 22.5.1984 - 6 RKa 21/82 = USK 84119.

[189] LSG Nordrhein-Westfalen, Urt. v. 29.1.1997 - L 11 Ka 52/96 (Juris); zu § 20 SGB X siehe Kapitel 2, II., 4.

[190] Vgl. BSG, Urt. v. 28.10.1992 - 6 RKa 3/92 = BSGE 71, 194, 201 = SozR 3-2500, § 106, Nr. 15, S. 92 f.; Nr. 42, S. 233.

[191] Es ist mit Blick auf § 72 Absatz 1 Satz 2 zu diskutieren, ob diese gesetzliche Vorgabe auf den zahnärztlichen Bereich zu übertragen ist. Absatz 2c bezieht sich ausweislich des Wortlau-

Im Ergebnis lässt sich festhalten, dass die bisher von der Rechtsprechung entwickelten Grundsätze auch nach Inkrafttreten des GMG Geltung beanspruchen können, soweit die Durchschnittsprüfung zur Anwendung kommen darf und die Richtlinien des § 106 Absatz 2b keine speziellen Vorgaben vorsehen..

8. Vergleichsgruppe

Insbesondere mit Blick auf die zunehmende Spezialisierung, die immer weiter differenzierenden Weiterbildungsordnungen sowie die beschriebene Einschätzung des Gesetzebers zur Qualität der Vergleichsprüfung bedarf die Bildung der Vergleichsgruppe[192] einer besonderen Betrachtung.

Grundlegender Berechnungsfaktor der statistischen Vergleichsprüfung bleibt auch unter der Ägide des GMG die Zusammensetzung der Vergleichsgruppe. Der Zuordnung zu einer Vergleichsgruppe kommt eine besondere Bedeutung zu, da die statistische Vergleichsprüfung auf der Vorstellung beruht, dass die überwiegende Mehrheit der Vergleichsgruppe wirtschaftlich handelt. Die Bedeutung steigt, wenn die Abrechnungswerte des Vertragszahnarztes das offensichtliche Missverhältnis überschreiten. Denn in diesem Fall wird von einem überhöhten Fallwert auf eine unwirtschaftliche Behandlungsweise geschlossen. Das wieder-

---

tes auf die Prüfungen nach Absatz 2 Satz 1 und umfasst damit die Richtgrößen- wie die Stichprobenprüfung, in all ihren denkbaren Ausformungen. Der systematische Blick auf Satz 2 verdeutlicht allerdings den beschränkten inhaltlichen Aussagewert des Satzes 1 für die vertragszahnärztliche Wirtschaftlichkeitsprüfung. Denn für den Fall der begründeten Zweifel an der Richtigkeit der Daten hat der Prüfungsausschuss zu entscheiden, ob deren Richtigkeit auf der Grundlage einer Stichprobe aus den Originalbelegen oder aus Kopien dieser Belege zu überprüfen ist. Damit gibt das Gesetz zu erkennen, dass Absatz 2c eine Sonderregelung in Bezug auf die Arzneimittelverordnungen ist. Denn „Originalbelege" in diesem Sinne gibt es im Vertragszahnarztrecht nicht. Schon der Wortlaut der Vorschrift spricht daher gegen eine Anwendung. Die Neuregelung des Absatz 2c ist historisch auch als Reaktion auf diverse Urteile (z. B. BSG, Urt. v. 27.4.2005 - B 6 KA 1/04 R = BSGE 94, 273 = SozR 4-2500, § 106, Nr. 9; BSG, Urt. v. 2.11.2005 - B 6 KA 63/04 R (www.bundessozialgericht, dort: Entscheidungen), welches eine Entscheidung des LSG Berlin, Urt. v. 25.4.2004 - L 7 KA 23/03 = GesR 2004, 482) bestätigte) zu verstehen, die Arzneimittelregresse wegen fehlenden Datentransparenz für rechtswidrig erklärt hatten. Das Ergebnis wird gestützt durch die Gesetzesbegründung, ausweislich derer insbesondere eine Klarstellung hinsichtlich der Arzneimittelverordnungen vorgenommen werden soll. Dort sei es zu Verwerfungen gekommen, da die Krankenkassen dem Prüfungsausschuss die Originalverordnungsbelege oder Kopien dieser Belege der zu prüfenden Ärzte routinemäßig vorzulegen hätten. Dies sei mit einem nicht vertretbaren Verwaltungsaufwand verbunden und nicht mit der Absicht des Gesetzgebers in Übereinstimmung zu bringen. Effektiv und effizient könne die Prüfung nur durchgeführt werden, wenn die Daten auf elektronischen Datenträgern übermittelt und in dieser Form für die Prüfungsverfahren genutzt werden. Mit dieser Stichprobenprüfung in begründeten Einzelfällen bleibe das Prüfverfahren einerseits handhabbar und schütze andererseits den Arzt vor gegebenenfalls unberechtigten Regressen. Die Gesetzesbegründung, der Wortlaut und die Systematik zeigen demnach, dass keine Übertragung auf den vertragszahnärztlichen Bereich in Betracht kommt.

[192] Ausführlich zu den Hintergründen und zur Rechtsprechung: Maaß: Fragen der Proportionalität und des verfassungsrechtlichen Gleichheitssatzes bei Wirtschaftlichkeitsprüfung, Regress und Honorarverteilung in der vertragsärztlichen Praxis, NZS 2000, 110 ff., 114.

um setzt voraus, dass die Praxis des geprüften Vertragszahnarztes mit den Praxen der Fachgruppe vergleichbar ist.
Im Sinne der Voraussetzungen einer soliden Statistik muss diese homogen und ausreichend groß sein. Die Homogenität wird dahingehend interpretiert, dass die wesentlichen Leistungsbedingungen des geprüften Zahnarztes mit den wesentlichen Leistungsbedingungen der übrigen Vertragszahnärzte des KZV-Bezirks übereinstimmen müssen.[193] Die Aussage des Anscheinsbeweises wird daher eingeschränkt, soweit bei der geprüften Arztpraxis besondere Umstände vorliegen, die für die zum Vergleich herangezogene Gruppe untypisch sind.[194]

Unproblematisch ist zunächst der Umstand, dass dem Zahnarzt umfangreiche Möglichkeiten zur privatzahnärztlichen Abrechnung zustehen. Verglichen werden allein vertragszahnärztliche Leistungsziffern. Die gesetzlichen Vorgaben zur Frage der Abdingung gelten für alle Vertragszahnärzte, mit der Folge, dass zum einen eine Gleichstellung erreicht ist und zum anderen Auffälligkeiten[195] im Verfahren erklärt werden können.

Die Notwendigkeit der Bildung engerer Vergleichsgruppen kann bei Vertragszahnärzten, in Anlehnung an die Rechtsprechung des BSG zum Vertragsarztrecht, allenfalls begründet sein, wenn sich die Praxisstruktur eines allgemein medizinisch tätigen Vertragszahnarztes sowohl hinsichtlich der Zusammensetzung der Patientenklientel wie des zahnärztlichen Diagnose- und Behandlungsangebotes soweit von der Typik einer allgemein zahnärztlichen Praxis entfernt hat, dass der zahnärztliche Versorgungsauftrag bei einer vergleichenden Betrachtung nicht mehr umfassend wahrgenommen werden kann.[196] Bei den Vertragszahnärzten hat das BSG bisher - ganz im Gegensatz zum Vertragsarztrecht - eine Aufteilung in bestimmte Untergruppen, z. B. nach der Weiterbildungsordnung oder mit bestimmten Behandlungsschwerpunkten nicht für zwingend erforderlich gehalten. Die Fachgebietsbeschränkungen für Ärzte stellen nach ständiger Rechtsprechung verfassungsrechtlich unbedenkliche Berufsausübungsregelungen dar, wenn die Fachgebiete vom fachlich-medizinischen Standpunkt aus sachgerecht abgegrenzt sind und angenommen werden kann, dass der Arzt in der auf sein Fachgebiet beschränkten Tätigkeit eine ausreichende wirtschaftli-

---

[193] Peikert, in: Schnapp/Wigge, Vertragsarztrecht, § 20, Rn. 34.

[194] Vgl. BSG, Beschl. v. 28.9.2005 - B 6 KA 27/05 B (Juris); BSG, Urt. v. 27.4.2005 - B 6 KA 39/04 R = MedR 2005, 728-732; BSG, Urt. v. 28.10.1992 - 6 RKa 3/92 = BSGE 71, 194, 201 = SozR 3-2500, § 106, Nr. 15, 92 f.; Nr. 42, 233.

[195] Z. B. kann dem Vertragszahnarzt in der parodontologischen Prüfung das Fehlen der Vorbehandlung mit Blick auf die nicht in Anspruch genommen vertragszahnärztlichen Abrechnungsziffern nicht vorgeworfen werden, soweit eine privat liquidierte Prophylaxe vorgenommen wurde.

[196] BSG, Urt. v. 15.11.1995 - 6 RKa 58/94 = SozR 3-1300, § 16, Nr. 1 unter Hinweis auf Urt. v. 2.6.1987 - 6 RKa 19/86 = BSGE 62, 24, 27 = SozR 3-2200, § 368n, Nr. 48, S. 159 und Urt. v. 25.11.1998 - B 6 KA 58/98 B (Juris); LSG Baden-Württemberg, Urt. v. 18.3.1998, L 5 KA 2439/96 (Juris).

che Lebensgrundlage findet.[197] Das BSG hat bereits mehrfach judiziert, dass der Tätigkeitsbereich eines Gebietsarztes durch die auf landesrechtlicher Grundlage beruhende Gebietsbezeichnung bestimmt und begrenzt wird und dass hiergegen keine verfassungsrechtlichen Bedenken bestehen. Dies gilt auch für die dann verbindliche Übertragung vom Abrechnungs- auf den Prüfbereich.[198] Konsequenterweise wird eine Verpflichtung zur Bildung einer engeren Vergleichsgruppe bei Führung (nur) einer ärztlichen Zusatzbezeichnung verneint.[199]

Im vertragszahnärztlichen Bereich existiert zunächst keine den Vertragsärzten vergleichbare Beschränkung des Fachgebietes. Alle Vertragszahnärzte, auch wenn es Unterscheidungen im Sinne von praktischen Tätigkeitsschwerpunkten gibt, rechnen ihre Leistungen nach dem BEMA-Z ab, in dem gemäß § 87 Absatz 2 die Zahl der Bewertungspunkte auf der Grundlage eines einheitlichen Bewertungskonzepts vergeben wird, um das wertmäßige Verhältnis der verschiedenen Behandlungsleistungen zueinander auszudrücken. Begründet wird die bei den Vertragszahnärzten differenzierte Sicht von der Rechtsprechung also damit, dass die Leistungsbedingungen aller Vertragszahnärzte in der Regel übereinstimmen. Zudem seien einige Leistungen der (nachträglichen) Wirtschaftlichkeitsprüfung nicht zugänglich. Bei der Gruppe der Zahnärzte liege daher regelmäßig eine hohe Homogenität vor.[200] Eine Entscheidung des LSG Nordrhein-Westfalen, nach der die Bildung einer besonderen, engeren Vergleichsgruppe Oralchirurgie für erforderlich gehalten wird, wenn die jeweils maßgebenden Leistungsbedingungen (Vertragszahnarzt mit Gebietsbezeichnung Oralchirurgie) so verschieden sind, dass von einem statistischen Vergleich von vornherein keine verwertbaren Aussagen über die Wirtschaftlichkeit oder Unwirtschaftlichkeit einer Leistung oder eines Leistungskomplexes zu erwarten seien[201], hat das BSG aufgehoben.[202]

---

[197] Vgl. BVerfG, Beschl. v. 9.5.1972 - 1 BvR 518/62 = BVerfGE 33, 125; BSG, Urt. v. 27.10.1987 - 6 RKa 34/86 = BSGE 62, 224, 225 ff. = SozR 2200, § 368a, Nr. 19; Urt. v. 18.10.1995 - 6 RKa 52/94 = MedR 1997, 136-139.

[198] BSG, Urt. v. 20.3.1996 - 6 RKa 21/95 = BSGE 78, 91 = SozR 3-5540, § 25, Nr. 2; Urt. v. 20.1.1999 - B 6 KA 9/98 R und 16/98 R = BSGE 83, 218 = SozR 3-2500, § 87, Nr. 21; BSG, Urt. v. 18.3.1998 - B 6 KA 23/97 R = BSGE 82, 55, 59 = SozR 3-2500, § 135, Nr. 9.

[199] BSG, Urt. v. 11.12.2002 - B 6 KA 1/02 R = Breith 2003, 715-723.

[200] BSG, Urt. v. 2.6.1987 - 6 RKa 19/86 = BSGE 62, 24, 29; BSG, Urt. v. 31.7.1991 - 6 RKa 12/89 = BSGE 69, 138, 143.

[201] LSG Nordrhein-Westfalen, Urt. v. 13.10.2004 - L 11 KA 37/03 (Juris) unter Bezugnahme auf BSG, Urt. v. 8.5.1996 - 6 RKa 45/95 = SozR 3-2500, § 106, Nr. 36. Das LSG führt weiter aus, dass die zahnärztliche Gebietsbezeichnung „Oralchirurgie" zwar nicht die Verpflichtung zum Tätigwerden in diesem Gebiet begründe, doch könne aus der grundsätzlichen Berechtigung zum Führen entsprechender Gebietsbezeichnungen grundsätzlich geschlossen werden, dass der Zahnarzt die erlangten Fähigkeiten und Kenntnisse im Rahmen seiner Behandlungstätigkeit anwende und damit seine Behandlungstätigkeit derart geprägt werde, dass eine Vergleichbarkeit mit der Gruppe der allgemein tätigen Zahnärzte nicht mehr gegeben sei. Für die Bildung einer verfeinerten Vergleichsgruppe spreche auch, dass die KZV im Rahmen der Honorarverteilung für die Fachgruppe der Oralchirurgen eine gesonderte (höhere) Kontingent-

Es betont erneut, dass ein Vertragszahnarzt, nur weil er die Gebietsbezeichnung „Oralchirurgie“ führe, weder verpflichtet sei oralchirurgisch tätig zu sein, noch gehindert werde, alle anderen zahnärztlichen Behandlungen, wie Parodontosebehandlungen und Eingliederung von Zahnersatz, anzubieten.
Soweit die Prüfungsausschüsse in Einzelfällen (z. B. Mund-, Kiefer- und Gesichtschirurg) eine besondere Vergleichsgruppe gebildet haben, wurde dies vom BSG nicht beanstandet.[203] Grundsätzlich hält das BSG eine durchgehende Differenzierung aber nicht für zwingend erforderlich. Ein Rechtsanspruch auf Bildung einer engeren Vergleichsgruppe bestehe daher nicht; besondere Praxisumstände seien regelmäßig in einem späteren Prüfungsschritt als Praxisbesonderheit zu berücksichtigen.

Im Rahmen der Überprüfung dieser Rechtsprechung ist zunächst festzustellen, dass die Literatur sich mit der Thematik der Vergleichsgruppe bei Zahnärzten nicht auseinandersetzt und sich ausschließlich auf die genannte BSG-Rechtsprechung bezieht.[204]

Bei der im Einzelfall notwendigen Entscheidung ist zunächst der den Prüfgremien als sachverständig besetztes Organ zustehende Gestaltungs- und Beurteilungsspielraum[205] zu beachten. Nach der Rechtsprechung beschränkt sich die Kontrolle der Gerichte darauf, die Ergebnisse der Prüfgremien im Sinne einer vertretbaren und insbesondere mit Denk- und Erfahrungssätzen zu vereinbarenden Entscheidung zu überprüfen[206], da es grundsätzlich in der Wahlfreiheit der Prüfgremien stehe, ob sie einer Praxisbesonderheit durch die Bildung einer engeren Vergleichsgruppe Rechnung tragen oder im Rahmen einer statistischen allgemeineren Vergleichsgruppe anerkennen und berücksichtigen.[207]
Der Spielraum ist einzuschränken durch die Beachtung der rechtlichen Vorgaben der Weiterbildungsordnung[208], des Zulassungsrechts[209] und des tatsächli-

---

grenze je Behandlungsfall festgelegt habe; hieraus sei auf Besonderheiten des Behandlungs- und Abrechnungsverhaltens der Oralchirurgen zu schließen.

[202] BSG, Urt. v. 14.12.2005 - B 6 KA 4/05; ähnlich schon: SG Frankfurt, Urt. v. 8.9.2004 - S 27 KA 1180/04 (n. v.) und SG Dresden, Urt. v. 29.9.2004 - S 11 KA 5005/03 Z (n. v.); Engelhard, jurisPR-SozR 12/2005 Anm. 3.

[203] BSG, Urt. v. 27.6.2001 - B 6 KA 43/00 R = SGb 2001, 551.

[204] Peikert, in: Schnapp/Wigge, Vertragsarztrecht, § 20, Rn. 34; Quaas/Zuck, Medizinrecht, § 21, Rn. 28 f.; Hesral, in: Ehlers, Wirtschaftlichkeitsprüfung, S. 39 ff.

[205] BSG, Beschl. v. 11.12.2002 - B 6 KA 21/02 B (Juris).

[206] BSG, Urt. v. 16.7.2003 - B 6 KA 45/02 R = Breith 2004, 13-20; BSG, Urt. v. 27.1.1987 - 6 RKa 16/86 = MedR 1989, 154-155.

[207] Hessisches LSG, Urt. v. 3.2.1999 - L 7 KA 226/98 (Juris-Dokument: KSRE075860318).

[208] Die länderspezifischen Weiterbildungsordnungen verlangen dem Zahnarzt das Bestehen weit reichender Prüfungen ab. So umfasst das Gebiet Oralchirurgie die zahnärztliche Chirurgie einschließlich der Behandlung von Luxationen und Frakturen im Bereich des Gesichtsschädels (Kieferbruchbehandlung) sowie die entsprechende Diagnostik. Der Zahnarzt hat die für das Fachgebiet notwendigen Kenntnisse in Innerer Medizin, Anästhesie, Hals-Nasen-Ohren-Heilkunde, Chirurgie, Pathologie, Neurologie, Physiologie, Pharmakologie, Geriatrie,

chen Abrechnungsverhaltens des betroffenen Vertragszahnarztes sowie dessen rechtliche Interessen. Diese Aspekte müssen miteinander in Übereinstimmung gebracht werden. Das Hauptaugenmerk muss, zumindest für den Fall, dass keine formaljuristischen Vorgaben wie Abrechnungsausschlüsse oder unterscheidbare Fachgebietsgrenzen existieren, aber auf das tatsächliche Abrechnungsverhalten gelegt werden. Dieses spiegelt auch eine realistische wettbewerbliche Vergleichbarkeit wieder. So rechnen z. B. Oralchirurgen in der Praxis zwar auch allgemeinzahnärztliche Positionen ab. Dies geschieht regelmäßig aber nur im Zusammenhang mit den oralchirurgischen Ziffern. Während letztere originär angesetzt werden, fallen erstere nur als notwendige Begleitleistung an. Dieses Verhalten ist schon deshalb unvermeidlich, weil die dem Oralchirurg zuweisenden Zahnärzte eine originäre zahnärztliche Tätigkeit nicht dulden bzw. Überweisungen einstellen würden. Gleiches gilt für die Mund-, Kiefer- und Gesichtschirurgen. Letztlich ist dieses Abrechnungsverhalten auch Konsequenz der geänderten Weiterbildungsordnungen und der daraus resultierenden Spezialisierung. Es ist in Fortentwicklung der bisherigen Rechtsprechung erforderlich, den Beurteilungsspielraum der Prüfgremien in den Grenzbereichen zwischen gemischter Abrechnung und überwiegend fachspezifischer Abrechnung einzuschränken und letztlich auf Null zu reduzieren. Es bietet sich hier an, den notwendigen Vergleichsmaßstab anhand der im HVV der jeweiligen KZV vorgenommen Abgrenzung und Zuteilung der Budgets festzulegen. Die HVV sehen in Anlehnung an die in der Weiterbildungsordnung definierten Fachgebiete regelmäßig vor, dass die Zahnärzte bei bestimmtem Abrechnungsverhalten (z. B. 80% der abgerechneten Ziffern sind oralchirurgischer Art = Gruppe der Oralchirurgen) einer Abrechnungsgruppe zugeordnet werden. Mit dieser Zuordnung sind besondere Verteilungsmechanismen verbunden. Dass dieses Element im Ergebnis einem fremden Gebiet entliehen ist, kann die transparente und insbesondere an betriebswirtschaftlichen Überlegungen ausgerichtete Differenzierung nicht weniger plausibel erscheinen lassen. Die durch die Abrechnungsschwerpunkte zu Tage tretenden Besonderheiten der einzelnen Leistungsbereiche müssen daher bei der Bestimmung der Vergleichsgruppe differenzierende Berücksichtigung finden. Im Ergebnis kann mit dieser Vorgehensweise eine deutliche Verbesserung der Grundlagen der Vergleichsprüfung erreicht werden.

Eine Mindestzahl der in die Vergleichsgruppe aufzunehmenden Vertragszahnärzte lässt sich kaum bestimmen.[210] Die Gruppe muss nach statistischen Prinzi-

---

Hygiene und in klinischer Labordiagnostik zu vertiefen. Die fachspezifische Weiterbildungszeit beträgt drei Jahre und wird mit einer Prüfung abgeschlossen. Ähnliches gilt für das Gebiet der Kieferorthopädie.

[209] Im Bereich des Zulassungsstatus ist allein zwischen Zahnarzt und Kieferorthopäde zu unterscheiden. Eine Bedarfsplanung für z. B. Oralchirurgen ist den Bedarfsplanungsrichtlinien unbekannt (Bedarfsplanungsrichtlinien für Zahnärzte, B. Nr. 1 (Planungsbereiche) und D. Nr. 1. Satz 2 (Versorgungsgrad)).

[210] Engelhard, in: Hauck/Noftz, § 106, Rn. 332 ff.

pien umso größer sein, je weniger homogen sie ist. Denn das Risiko der Inhomogenität des Abrechnungsverhaltens schlägt besonders dann durch, wenn die Prüfgremien eine sehr kleine Vergleichsgruppe gebildet haben, während bei größeren Gruppen die „Ausreißer" statistisch nicht ins Gewicht fallen.[211] Das BSG betont andererseits zu Recht, dass ein Vergleich mit einer nur aus wenigen Vertragszahnärzten bestehenden Vergleichsgruppe dann möglich sein muss, wenn bestimmte Leistungen nur von einzelnen Vertragszahnärzten einer größeren Gruppe erbracht und abgerechnet werden.[212] Insoweit sind die Vergleichszahl und das Abrechnungsverhalten (z. B. die Möglichkeit der Abrechnung der Mund-, Kiefer- und Gesichtschirurgen über die KV) der Vergleichsgruppe bei der streitigen Ziffer zu beachten.[213]

Da bei den Vertragszahnärzten bzw. den verfeinerten Vergleichsgruppen eine große Homogenität angenommen wird, kann schon eine Vergleichsgruppengröße von einigen Praxen als ausreichend angesehen werden. Im Ergebnis muss auf den Einzelfall abgestellt und geprüft werden, ob die Statistik der streitigen Abrechnungsziffern bei einem gesonderten Vergleich an Aussagekraft gewinnt oder nicht.

9. Praxisbesonderheiten

Ist nach Auswertung der statistischen Unterlagen festzustellen, dass der Vertragszahnarzt die Grenze zum offensichtlichen Missverhältnis überschreitet, ist eine unwirtschaftliche Behandlungsweise zu vermuten. In diesem Fall obliegt es wie erwähnt dem Vertragszahnarzt, diesen Anschein auszuräumen. Er hat Umstände aufzuzeigen, welche eine andere Einschätzung ernsthaft möglich erscheinen lässt. Dies kann durch die Darstellung von Praxisbesonderheiten erfolgen.

Praxisbesonderheiten sind solche Gegebenheiten, die als sinnvoll anerkannt werden, deren Ursächlichkeit für den erhöhten Kostenaufwand festgestellt sind und die nicht zur Bildung einer besonderen Vergleichsgruppe Anlass geben, sondern zur Zuerkennung eines höheren Fallwerts oder einer höheren Toleranz bei einzelnen Gebührenziffern.[214] Wesentliche Leistungsbedingungen des geprüften Vertragszahnarztes müssen von wesentlichen Leistungsbedingungen der Vergleichsgruppe abweichen. Sind untypische Umstände dargelegt, wird der

---

211 BSG, Urt. v. 16.7.2003 - B 6 KA 14/02 R unter Verweis auf BSG, Urt. v. 6.9.2000 - B 6 KA 24/99 R = SozR 3-2500, § 106, Nr. 50.

212 BSG, Urt. v. 7.6.2002 -B 6 KA 103/01 B = MedR 2004, 173-175 unter Verweis auf Urt. v. 29.5.1962 - 6 RKa 24/59 = BSGE 17, 79, 86.

213 Aus dem Charakteristikum, dass MKG-Chirurgen grundsätzlich sowohl vertragsärztlich als auch vertragszahnärztlich abrechnen können und dass sie bei einigen Leistungen die Wahl zwischen der einen oder der anderen Abrechnungsweise haben, folgt daher, dass im Rahmen einer Wirtschaftlichkeitsprüfung vertragszahnärztlicher Prüfgremien im Regelfall auch die vertragsärztlichen Abrechnungswerte einzubeziehen sind: BSG, Urt. v. 27.6.2001 - B 6 KA 43/00 R = SGb 2001, 551.

214 Vgl. z. B: BSG, Urt. v. 23.2.2005 - B 6 KA 79/03 R = ArztR 2005, 291-294; BSG, Urt. v. 27.6.2001 - B 6 KA 43/00 R = SGb 2001, 551.

Beweiswert der Statistik eingeschränkt. Erforderlich ist, dass die Praxisbesonderheiten das Behandlungsverhalten des Vertragszahnarztes prägen, dass sie patientenbezogen sind und dass die Auswirkungen, bezogen auf den Mehraufwand, quantifiziert werden. Dass bestimmte Leistungen erbracht werden, reicht für sich alleine nicht aus, um eine Praxisbesonderheit annehmen zu können.[215]

So kommt im Rahmen von Einzelziffern dem Gesamtfallwert eine besondere Bedeutung zu. Dieser spiegelt die Wirtschaftlichkeit der gesamten Verhandlung des Vertragszahnarztes wieder. Der § 20 Absatz 2 BMV-Z formuliert insoweit, dass „bei der Prüfung der Wirtschaftlichkeit (...) die gesamte Tätigkeit des Kassenzahnarztes zu berücksichtigen" ist.

Obwohl außergewöhnlich niedrige Fallzahlen der statistischen Prüfung nicht grundsätzlich entgegenstehen[216], können sie die Aussagekraft des statistischen Vergleichs deutlich beeinträchtigen. Denn eine in Relation zur Vergleichsgruppe besonders niedrige Fallzahl kann zur Folge haben, dass einzelne schwere, besonders aufwändige Behandlungsfälle den Fallwert des betroffenen Vertragszahnarztes überproportional in die Höhe treiben.[217] Die Wirtschaftlichkeitsprüfung als solche setzt voraus, dass mindestens 20 % der Durchschnittsfallzahl der Fachgruppe erreicht werden müssen. Daraus ist erweiternd der Schluss zu ziehen, dass bei Erreichen der 20 % - Grenze zwar grundsätzlich eine statistische Vergleichsprüfung möglich ist, die auftretenden statistischen Unwägbarkeiten dann aber durch Toleranzen auszugleichen sind. Denn die Rechtsprechung des BSG kann nicht dahingehend interpretiert werden, dass bei Unterschreiten der durchschnittlichen Scheinzahl von 81 % eine Honorarkürzung ausgeschlossen ist, während bei einem Unterschreiten der durchschnittlichen Scheinzahl von 80 % die Wirtschaftlichkeitsprüfung ohne weiteres und einschränkungslos ermöglicht wird. Als Praxisbesonderheit muss die geringe Fallzahl insbesondere deswegen anerkannt werden, weil bei einer gegenüber der Vergleichsgruppe kleineren Fallzahl eine geringe Möglichkeit des Ausgleichs eines kostenaufwändige-

---

[215] BSG, Urt. v. 21.6.1995 - 6 RKa 35/94 = SozR 3-2500, § 106, Nr. 27, S. 153. Es müssen also Besonderheiten der Praxis vorgetragen werden, die einen entsprechenden Mehraufwand an Honorarkosten gegenüber der Vergleichsgruppe rechtfertigen. Solche Praxisbesonderheiten sind bereits von Amts wegen zu berücksichtigen, soweit sie den Prüfungsgremien aus Vorquartalen bekannt sind und erneut zutreffen oder offensichtlich und damit erkennbar sind. So kann die überdurchschnittliche Erbringung von Parodontoseleistungen und/oder prothetischen Leistungen zu erhöhten Begleitleistungen im konservierend-chirurgischen Bereich führen, die als Praxisbesonderheit zu berücksichtigen sind: LSG Baden-Württemberg, Urt. v. 8.5.2002 - L 5 KA 5/02 (Juris-Dokument: KSRE089071118). Zwingend ist dies aber nicht; nach zweifelhafter Auffassung des SG Magdeburg, Urt. v. 7.12.2005 - S 12 KA 48/05 (Juris) begründet die vermehrte Abrechnung von Zahnersatz keine Besonderheiten im konservierend-chirurgischen Bereich; weitere Beispiele: Engelhard, in: Hauck/Noftz, § 106, Rn. 362.

[216] LSG Stuttgart, Urt. v. 17.4.1996 - L 5 Ka 178/95 = MedR 1996, 525; LSG Baden-Württemberg, Beschl. v. 22.10.1998- L 5 KA 3589/97 (Juris-Dokument: KSRE077971318).

[217] BSG, Urt. v. 9.9.1998 - B 6 KA 50/97 R = SozR 3-2500, § 106, Nr. 45.

ren Falles durch mehrere weniger kostenintensive Fälle besteht. Die so genannten Verdünnerscheine[218] fallen weg. Die Prüfgremien sind daher bei kleinen Fallzahlen gehalten, zu überprüfen, ob die Homogenität des Patientenguts des zu prüfenden Zahnarztes in Relation zu seiner Fachgruppe noch gegeben ist.[219]
Als praktische Lösung kommt in diesen Fällen insbesondere in Betracht, eine bestimmte, vorab festgesetzte und für alle Vertragszahnärzte der Vergleichsgruppe einheitliche Anzahl der teuersten und der billigsten Fälle bei der Berechnung der mittleren Fallkosten nicht zu berücksichtigen.

In der Literatur wird bei durch einen vertragszahnärztlichen Nachfolger übernommen Praxen zwischen der „Anfängerpraxis“ und der „Anlaufpraxis“ unterschieden.[220] Als „Anfängerpraxis“ wird die Situation desjenigen Vertragszahnarztes beschrieben, der nur deshalb mehr Aufwand betreibt, weil er als Praxisanfänger zum einen mit gesteigertem Enthusiasmus und zum anderen mit universitärem, kostenneutralen Blick noch nicht genug Erfahrung in wirtschaftlicher Behandlung hat. Unter dem Schlagwort „Anlaufpraxis“ werden alle Situation erfasst, in denen der Vertragszahnarzt nicht eine laufende Praxis übernimmt, sondern eine Praxis neu eröffnet oder eine vergleichbare Situation (z. B. bestimmtes, nicht übernommenes Patientengut des Vorgängers, längere Krankheit des Vorgängers, andere Behandlungsschwerpunkte, etc.) vorliegt und dadurch zunächst nur oder überwiegend neue Patienten hat bzw. einen bisher nicht abgedeckten - nachvollziehbaren - Nachholbedarf darstellt. Das führt zu erhöhtem Aufwand.
Die „Anlaufpraxis“ ist grundsätzlich als Praxisbesonderheit anzuerkennen.[221]
Dies kann nicht nur die erste Zeit der Tätigkeit eines Zahnarztes betreffen, sondern auch den Fall der Neugründung einer Praxis durch einen bereits langjährig tätigen Zahnarzt. Bei einer anlaufenden Praxis besteht wegen der überwiegend neuen Patienten ein erhöhter Behandlungsbedarf (z. B. im Bereich der Diagnostik). Wie die Prüfgremien der „Anlaufpraxis“ Rechnung tragen, fällt in den den Ausschüssen zustehenden Beurteilungsspielraum. In Ergänzung zur bisherigen Rechtsprechung ist es durchaus denkbar und angezeigt, diese Besonderheiten

---

[218] Das sind Abrechnungsscheine, die im Quartal nur mit einem geringen BEMA-Punktzahlvolumen belastet sind, z. B. weil der Versicherte lediglich zur Kontrolle erscheint und keine umfangreichen zahnärztlichen Maßnahmen erforderlich sind. Damit wird der statistische Gesamtfallwert (durchschnittliche Punkte pro Schein) der Abrechnungsscheine des Vertragszahnarztes reduziert.

[219] Nach zweifelhafter Auffassung des LSG Hessen, Urt. v. 13.7.2005 - L 6/7 KA 565/02 (Juris) soll eine Fallzahl von 34% keine Praxisbesonderheit darstellen (n. rkr., B 6 KA 39/05 R); LSG Baden-Württemberg, Urt. v. 13.9.2000, L 5 KA 2287/00 (Juris-Dokument: KSRE081630418); a. M.: LSG Berlin, Urt. v. 24. 9.1986 - L 7 Ka 8/84 = ArztR 1987, 140-141: statistische Methode unzulässig bei weniger als 50 Krankenscheinen; offen gelassen bei: LSG Nordrhein-Westfalen, Urt. v. 14.5.1997 - L 11 KA 174/96 (Juris).

[220] Clemens, in: Schulin, Handbuch des Sozialversicherungsrechts, § 35, Rn. 94, 138, m. w. N. in Fn. 202.

[221] BSG, Urt. v. 15.12.1987 - 6 RKa 19/87 = BSGE 63, 6.

mit einem (zeitlich) gestaffelten Bonus zu verknüpfen. Das heißt, dass dem Neugründer im ersten Abrechnungsquartal höhere Toleranzen zugestanden werden müssen, als für die folgenden Quartale. Denn im Laufe der Praxistätigkeit verlieren die mit einer Neugründung verbundenen Besonderheiten an Bedeutung. Wiederum anders ist die Situation desjenigen Vertragszahnarztes zu bewerten, der eine Altpraxis übernommen hat.

Eine „Anfängerpraxis" wird in der Rechtsprechung hingegen nicht als Praxisbesonderheit anerkannt. Das BSG geht daher - nach einigem Hin und Her[222] - grundsätzlich davon aus, dass Anfangsschwierigkeiten keine Praxisbesonderheit darstellen können, da auch der Praxisanfänger das Wirtschaftlichkeitsgebot zu beachten hat.[223] Schließlich ist zu beachten, dass jeder Vertragszahnarzt sogleich von Beginn seiner Tätigkeit an zur Einhaltung des Wirtschaftlichkeitsgebots verpflichtet ist und der Verstoß gegen das Wirtschaftlichkeitsgebot weder „verschuldet" sein, noch irgendeine sonstige besondere Vorwerfbarkeit festgestellt werden muss.[224] Eine subjektive Unerfahrenheit des Vertragszahnarztes, die darauf beruht, dass er noch nicht weiß, wie sich sein Behandlungsverhalten kostenmäßig zum Landesdurchschnitt verhält, kann nicht anerkannt werden.[225] Durch den Umstand der Neuzulassung ändert sich im Ergebnis nichts an dem - allein entscheidenden Umstand - der Erbringung unwirtschaftlicher Leistungen. Es stellt sich trotz dieser zustimmungswürdigen Rechtsprechung die Frage, ob einem Vertragszahnarzt, der sich in das System der vertragszahnärztlichen Zulassung begibt, die nahe liegende Unerfahrenheit in Abrechnungsfragen in einer Wirtschaftlichkeitsprüfung zu Gute kommen kann. In diesem Zusammenhang ist von so genannten Schonquartalen die Rede. Solche Anfangsschwierigkeiten können aber allein bei der Ermessensentscheidung über die Höhe des Kürzungsbetrages berücksichtigt werden.[226] Der ebenfalls zu beachtende Aspekt der zeitlichen Eingrenzung einer solchen Anfängerphase lässt sich nicht pauschal bestimmen. Er ist grundsätzlich auf einige Quartale beschränkt. Was darunter zu

---

[222] Urt. v. 26.4.1978 - 6 RKa 14/77 = BSGE 46, 145, 150 und v. 18.5.1983 - 6 RKa 18/80 = BSGE 55, 110, 114: Prüfgremium dürfen den Umstand der Neuzulassung nicht berücksichtigen, soweit ein Fall des offensichtlichen Missverhältnisses vorliegt; Urt. v. 11.6.1986 - 6 RKa 2/85 = SozR 2200 § 368n RVO, Nr. 44): Ausschluss nur bei offensichtlicher Unwirtschaftlichkeit; Urt. v. 2.6.1987 - 6 RKa 23/86 =ArztR 1989, 21-24: Es sei zu unterscheiden, ob der geprüfte Arzt mit dem Vorbringen, er sei in der streitigen Zeit Praxisanfänger gewesen, einen erhöhten Behandlungsbedarf oder lediglich seine Anfangsschwierigkeiten geltend machen wolle. Ersteres sei im Rahmen der Feststellung des Mehrbedarfs, letzteres bei der Ermessensentscheidung über die Höhe des Kürzungsbetrages zu prüfen.

[223] BSG, Urt. v. 10.5.1995 - 6 RKa 2/94 = MedR 1996, 136-138.

[224] BSG, Urt. v. 2.6.1987 - 6 RKa 23/86 = BSGE 78, 278, 283 = SozR 3-2500, § 106, Nr. 35, S. 198; BSG, Urt. v. 21.5.2003 - B 6 KA 32/02 R = SozR 4-2500, § 106, Nr. 1, Rn. 18.

[225] Bayerisches LSG, Urt. v. 4.2.1998 - L 12 KA 520/96 (Juris-Dokument: KSRE073391618).

[226] Vgl. BSG, Urt. v. 2.6.1987 - 6 RKa 23/86 = BSGE 62, 24, 31; BSG, Urt. v. 15.12.1987 - 6 RKa 19/87 = BSGE 63, 6, 8 f.

verstehen ist, kann nicht im Sinne einer absoluten Quartalsanzahl konkretisiert werden.[227]

Praxisbesonderheiten zeichnen sich im Wesentlichen durch individuelle Besonderheiten des Einzelfalls aus, so dass ein abschließender Katalog von Praxisbesonderheiten nicht festgelegt werden kann. Im Ergebnis können und müssen sowohl die bisherige Rechtsprechung zu den Besonderheiten als auch die in der Literatur diskutierten Fallgestaltungen weiterhin herangezogen werden.[228] Die darüber hinaus entwickelten Besonderheiten sind aber ebenfalls zu beachten und von den Prüfgremien durch die Gewährung von Abrechnungstoleranzen zu würdigen.

10. Kompensatorische Einsparungen

Eine weitere Möglichkeit des geprüften Vertragszahnarztes zur Rechtfertigung seiner Abrechnungswerte in einzelnen Leistungssparten ist die schlüssige Darlegung eines Ausgleichs des Mehraufwandes in der einen Leistungssparte durch einen darauf zurückzuführenden Minderaufwand in einer anderen Leistungssparte. Auch auf diesem Wege kann die Vermutung der Unwirtschaftlichkeit entkräftet werden. Das BSG hat dabei immer wieder betont, dass zwischen Mehraufwand und Kostenunterschreitung ein kausaler Zusammenhang bestehen muss.[229] Die Vertragszahnärzte, die sich auf kompensatorische Minderaufwendungen berufen, müssen diese und den kausalen Zusammenhang zu den nachgewiesenen Überschreitungen in anderen Leistungsbereichen darlegen.[230] Es muss konkret festgestellt werden, durch welche vermehrten Leistungen der Vertragszahnarzt in welcher Art von Behandlungsfällen aus welchem Grund welche Einsparungen erzielt hat.[231] Dies bedeutet nicht, dass der Vertragszahnarzt alle Einzelfälle anführen muss. Entscheidend ist die strukturelle Darlegung der methodischen Zusammenhänge und der medizinischen Gleichwertigkeit. Außerdem müssen die erbrachten Leistungen medizinisch gleichwertig sein. Der Mehraufwand darf insgesamt nicht höher als die Einsparungen sein.
Rechnet der Vertragszahnarzt z. B. überdurchschnittlich die BEMA-Ziffern 13 a bis 13 d (Füllungen, F 1 bis F 4) ab, während die Ziffern X 1 bis X 3 (Extraktionen) und 47a bzw. 48 (Entfernung eines Zahnes durch Osteotomie) unterdurch-

---

[227] BSG, Urt. v. 28.4.2004, B 6 KA 24/03 R = GesR 2004, 424-427; vgl. auch BSG, Urt. v. 21.5.2003 - B 6 KA 32/02 R = SozR 4-2500, § 106, Nr. 1.

[228] Weitere Beispiele bei: Engelhard, in: Hauck/Noftz, § 106, Rn. 362 ff.; Peikert, in: Schnapp/Wigge, Vertragsarztrecht, § 20, Rn. 44.

[229] BSG, Beschl. v. 11.10.2005 - B 6 KA 5/05 B (Juris); BSG, Urt. v. 5.11.1997 - 6 RKa 1/97 = SozR 3-2500, § 106, Nr. 42.

[230] BSG, Urt. v. 11.12.2002 - B 6 KA 1/02 R = SozR 3-2500 § 106, Nr. 57.

[231] BSG, Urt. v. 5.11.1997 - 6 RKa 1/97 = SozR 3-2500, § 106, Nr. 42; Beispiele aus dem ärztlichen Bereich: Peikert, in: Schnapp/Wigge, Vertragsarztrecht, § 20, Rn. 46.

schnittlich in Ansatz gebracht wurden, kann dies als kompensatorische Einsparung anerkannt werden.
Umgekehrt müssen die Prüfgremien, soweit sie in einzelnen Bereichen Mehraufwand anerkennen, den daraus resultierenden Mehraufwand ebenfalls ins Auge fassen. So bedingt eine erhöhte endodontische Tätigkeit (Ziffern 28, 32, 35) in der Regel auch eine erhöhte Abrechnung der Ziffern Rö2, Med. Eine überdurchschnittliche Füllungstätigkeit setzt sich konsequent in den Ziffern 12 und 25, 26 fort.
Es ist auch im Bereich der kompensatorischen Einsparungen nicht Aufgabe der Prüfungsorgane, einzelne Behandlungsausweise auf konkrete Kompensationsmöglichkeiten zu durchsuchen. Einsparungen sind nur zu berücksichtigen, wenn sie anhand der Abrechnungsstatistik eindeutig belegt werden oder aus anderen Gründen auf der Hand liegen.[232]

11. Rechtsfolgen

Die Prüfgremien haben anerkannte Praxisbesonderheiten und kompensatorische Einsparungen in der Regel durch die Gewährung von Toleranzen bei der Überschreitung der durchschnittlichen Abrechnungswerte zu berücksichtigen.
Die kostenerhöhenden Auswirkungen der Praxisbesonderheiten, die bekannt sind oder anhand von Behandlungsausweisen oder nachvollziehbaren und substantiierten Angaben des Vertragszahnarztes erkennbar sind, müssen zunächst bestimmt werden.[233] Bei dieser Quantifizierung können sich die Prüfungsausschüsse durchaus einer Schätzung bedienen. Dabei ist es ausreichend, aber auch erforderlich, die Grundlagen für die Schätzung und die aus ihnen gezogenen Schlussfolgerungen, insbesondere den zugestandenen Mehraufwand, in nachvollziehbarer Weise in der Begründung des Bescheides anzugeben.[234] Dabei sind die Gremien allerdings verpflichtet, detailliert darzulegen, ob und wie sich jede Praxisbesonderheit auf die einzelnen Abrechnungswerte auswirkt.
Erst dann kann auf der Grundlage der statistischen Abweichung eine nicht angreifbare Aussage über die Wirtschaftlichkeit oder Unwirtschaftlichkeit der Behandlungs- oder Verordnungsweise getroffen werden.[235] In der Regel ist daher der auf die festgestellte Praxisbesonderheit entfallende Kostenanteil vom Gesamtfallwert abzuziehen. In einem zweiten Schritt kann durch den Vergleich zwischen verbleibendem Fallwert des Vertragszahnarztes und dem Fallwert der Vergleichsgruppe[236] die jeweilige Überschreitung im Verhältnis zum Fachgruppendurchschnitt ermittelt werden.

---

[232] BSG, Urt. v. 28.10.1992 - 6 RKa 3/92 = SozR 3-2500, § 106, Nr. 15; siehe aber auch II., 4. zur Amtsermittlungspflicht.
[233] Engelhard, in: Hauck/Noftz, § 106, Rn. 383.
[234] BSG, Urt. v. 8.5.1989 - 6 RKa 4/94 = SozR 2200, § 368n, Nr. 36.
[235] LSG Baden-Württemberg, Urt. v. 14.4.1999 - L 5 KA 3606/98 (Juris-Dokument: KSRE078011218).
[236] Vgl. BSG, Urt. v. 18.6.1997 - 6 RKa 52/96 = SozR-2500, § 106, Nr. 41.

Als Folge der Überprüfung und Feststellung von Unwirtschaftlichkeiten ist das gänzliche Unterlassen einer Kürzung[237] ebenso denkbar wie eine Beratung oder eine Rückführung von (bereits ausgezahltem) Honorar. Bei ersterem ist aber zu beachten, dass auf eine Honorarkürzung nicht deshalb verzichtet bzw. eine Reduzierung vorgenommen werden darf, weil der Vertragszahnarzt in den streitigen Quartalen noch nicht auf das Ergebnis einer auf das Vorquartal bezogenen Wirtschaftlichkeitsprüfung hat reagieren können.[238] Denn dies würde einen Verschuldenstatbestand hervorrufen, der dem Gesetz nicht zu entnehmen ist. Bei der Festsetzung eines Regresses kommt die Kürzung des gesamten unwirtschaftlichen Mehraufwandes, nicht aber eine darüber hinausgehende, in Betracht.[239] Bei der Festlegung der Höhe der Honorarkürzungen als Reaktion auf die festgestellte Unwirtschaftlichkeit steht den Prüfgremien regelmäßig ein Beurteilungsspielraum zu.

Die diesbezügliche Rechtsprechung des BSG ist eher großzügig.[240] Dies gilt ebenfalls - wenn auch weniger ausgeprägt - für den Umfang der Begründungspflicht.[241] Das BSG differenziert zwischen Fallgestaltungen, in denen das offensichtliche Missverhältnis überschritten bzw. unterschritten wurde. Begnügen sich die Prüfgremien mit einer Kürzung, die sich noch im Bereich der offensichtlichen Unwirtschaftlichkeit hält, wird also der hierfür festgelegte Grenzwert auch nach Reduzierung nicht unterschritten, so braucht nach Meinung des BSG die Höhe der Kürzung regelmäßig nicht besonders begründet zu werden.[242] An-

---

[237] BSG, Urt. v. 8.6.1982 - 6 RKa 12/80 = BSGE 53, 284, 291 = SozR 5550, § 15, Nr. 1 S. 7; BSG, Urt. v. 15.12.1987 - 6 RKa 19/87 = BSGE 63, 6, 8 = SozR 2200, § 368n, Nr. 52, S. 179.

[238] BSG, Urt. v. 21.5.2003 - B 6 KA 32/02 R = SozR 4-2500, § 106, Nr. 1, Rn. 18.

[239] BSG, Urt. v. 3.6.1987 - 6 RKa 24/86 = SozR 2200, § 368n, Nr. 49, S. 168; BSG, Urt. v. 29.1.1997 - 6 RKa 5/96 = SozR 3-2500, § 106, Nr. 38, S. 212; Engelhard, Zur Zulässigkeit von Wirtschaftlichkeitsprüfungen im Bereich der Übergangszone. Zur Kürzung in der Übergangszone: BSG Urt. v. 6.9.2000 - B 6 KA 24/99 R = SozR 3-2500, § 106, Nr. 50 und Beschl. v. 20.10.2004 - B 6 KA 11/04 (Juris-Dokument: KSRE097861518). Keine Kürzung über den Umfang des festgestellten unwirtschaftlichen Mehraufwandes hinaus: Urt. v. 2.6.1987 - 6 RKa 23/86 = SozR 2200, § 368n, Nr. 48, S. 156, 163.

[240] Die Anforderungen an die Darlegungen und Berechnungen dürften - so das BSG - nicht überspannt werden, zumal sich gerade Maßnahmen der Wirtschaftlichkeitsprüfung regelmäßig an einen sachkundigen Personenkreis richten (BSG, Urt. v. 9.3.1994 - 6 RKa 18/92 = BSGE 74, 70, 75 = SozR 3-2500, § 106, Nr. 23, S. 128 f.); die Ausführungen müssten nur erkennen lassen, wie das Behandlungsverhalten des Zahnarztes bewertet wurde und auf welchen Erwägungen die getroffene Kürzungsmaßnahme beruht: BSG, Urt. v. 18.6.1997 - 6 RKa 52/96 = SozR 3-2500, § 106, Nr. 41, S. 225. Die Begründungspflicht verlange nicht, bereits an anderer Stelle bei gleicher Sachlage zutreffend gemachte Ausführungen explizit zu wiederholen, wenn aus den Darlegungen hinreichend deutlich wird, dass zuvor dargelegte Gründe für die zu treffende Entscheidung gleichermaßen maßgeblich sein sollen: Engelmann, in: Wulffen, SGB X, § 35, Rn. 5.

[241] BSG, Urt. v. 18.6.1997 - 6 RKa 52/96 = ArztR 1999, 45-48; insbesondere auch die Untergerichte legen häufig einen eher pragmatischen Maßstab an die Begründungspflicht an.

[242] Urt. v. 28.10.1992 - 6 RKa 3/92 = BSGE 71, 194, 201 = SozR 3-2500, § 106, Nr. 15, 93.

ders soll es sich verhalten, wenn das Honorar bis in die so genannte Übergangszone unterhalb der Grenze des offensichtlichen Missverhältnisses zum Vergleichsgruppendurchschnitt gekürzt werden soll.[243]

Die zur eingeschränkten Begründungspflicht der Prüfgremien geäußerten kritischen Stimmen aus der Literatur[244] sind uneingeschränkt zu unterstützen. Richtigerweise müssen die Grenzen der durch die Rechtsprechung beschriebenen Grundsätze enger gefasst werden, um überhaupt zu ermöglichen, die Entscheidungen der Gremien auf ihre sachliche Richtigkeit und auf ihre Plausibilität und Vertretbarkeit zu überprüfen. Denn das Korrelat zu den Beurteilungsspielräumen der Gremien und der nur eingeschränkten gerichtlichen Kontrolle in Bezug auf die beschriebenen Faktoren mit dem Ergebnis einer bestimmten Kürzungshöhe ist die Begründungspflicht. Zu den Anforderungen an die schriftliche Begründung gehören daher neben der eindeutigen Benennung der gewählten Prüfmethode auch Angaben zur Vergleichsgruppenbildung, die Angabe des Gesamtfallwerts, die einheitliche und eindeutige Angabe der Fallkosten und der Fallkostendifferenz bei den gekürzten Leistungspositionen sowie nähere Ausführungen zum Vorliegen von Praxisbesonderheiten, zu ihren Auswirkungen und zu den kompensatorischen Einsparungen. Soweit der Prüfungs- oder Beschwerdeausschuss dem Vertragzahnsarzt großzügige Toleranzen belassen, darf dies nicht bedeuten, dass infolgedessen der Begründungsaufwand reduziert wird.[245] Daher müssen auch Gründe, die dem Vertragszahnarzt bekannt sind bzw. die auf der Hand liegen, vom Beschwerdeausschuss noch einmal dargelegt werden.[246] Insbesondere ist es nicht denkbar, aber häufig von den erstinstanzlichen Sozialgerichten toleriert, eine undifferenzierte Begründung als ausreichend zu betrachten, wenn in mehreren ungefähr gleich liegenden Quartalen dem Vertragszahnarzt unterschiedliche Kürzungen oder in verschiedenen Quartalen trotz unterschiedlicher Überschreitungswerte gleiche Kürzungen ausgesprochen werden. Auch muss von den Gremien mehr gefordert werden, als Darlegungen des betroffenen Vertragszahnarztes als nicht nachvollziehbar zu bezeichnen und mit reinen Behauptungen in Frage zu stellen.

Mit Blick darauf, dass die Wirtschaftlichkeitsprüfung eine quartalsbezogene Betrachtung verlangt, können die Prüfgremien aber nicht grundsätzlich daran gehindert sein, von Honorarkürzungsbescheiden aus vorangegangenen Quartalen

---

[243] Urt. v. 3.6.1987 - 6 RKa 24/86 = SozR 2200, § 368n, Nr. 49.

[244] Schmitz, Wirtschaftlichkeitsprüfung - Amtsermittlung - Darlegungslast, NZS 1997, 398 ff., m. w. N.

[245] So zu Recht: LSG Nordrhein-Westfalen, Urt. v. 1.10.2003 - L 11 KA 213/01 = GesR 2004, 21-22.

[246] A. M.: LSG Niedersachsen, Urt. v. 13.12.2000 - L 3/5 KA 31/96 (Juris-Dokument: KSRE085241018); bestätigt: BSG, Beschl. v. 27.6.2001 - B 6 KA 83/00 B = SozSich 2003, 180.

bei Entscheidungen zu späteren Quartalen abzuweichen.[247] Gleichzeitig dürfen sie nicht verpflichtet sein, in späteren Quartalen grundsätzlich höhere Kürzungsbeträge als in vorangegangenen Quartalen auszusprechen.

Es wäre von großem praktischen Vorteil, wenn den Prüfgremien entsprechend der Regelung des § 106 Absatz 5d die gesetzliche Möglichkeit an die Hand gegeben würde, zumindest mit dem Vertragszahnarzt eine individuelle Vereinbarung, z. B. bezogen auf 4 Quartale, zu treffen, der dauerhafte Besonderheiten aufweist, die ihn zwar auffällig werden lassen, nach Überprüfung aber regelmäßig zu einer geringen oder zu gar keiner Kürzung führen. Eine solche „Vereinbarung für die Zukunft" unter Berücksichtigung feststehender Praxisbesonderheiten oder Einsparungen stünde zweifelsohne in einem im Sinne des Wirtschaftlichkeitsgebotes angemessenen Kosten-Nutzen-Verhältnis. Der Vertragszahnarzt kann sich an festen Größenordnungen orientieren und die Prüfgremien werden entlastet. In dieser Vereinbarung kann sich der Vertragszahnarzt - ähnlich einer Leistungsbegrenzungserklärung[248] - verpflichten, ab dem Quartal, das auf die Vereinbarung folgt, jeweils den sich aus einer Überschreitung der individuellen Vereinbarung ergebenden Mehraufwand zu erstatten. Nur für den Fall außergewöhnlicher Umstände kann die Vereinbarung in Frage gestellt werden. Diese neue Möglichkeit könnte die häufige praktische Lösung von quartalsbezogenen Vergleichsabschlüssen[249] erleichtern.

Gemäß § 54 Absatz 2 Satz 2 SGG können die beschriebenen Entscheidungen der Prüfgremien von den Gerichten der Sozialgerichtsbarkeit nur eingeschränkt überprüft werden. Die Gerichte kontrollieren allein, ob die Behörde die gesetzlichen Grenzen des Ermessens eingehalten und vom Ermessen in einer dem Zweck der Ermächtigung entsprechenden Weise Gebrauch gemacht hat. Ein Gericht darf sein Kürzungsermessen in keinem Fall an die Stelle desjenigen der Prüfgremien setzen.[250] Die Kontrolle beschränkt sich demnach darauf, ob das Verwaltungsverfahren ordnungsgemäß durchgeführt worden ist, ob der Entscheidung ein richtig und vollständig ermittelter Sachverhalt zugrunde liegt, ob die Verwaltung die durch die Auslegung des unbestimmten Rechtsbegriffs ermittelten Grenzen eingehalten und ob sie ihre Subsumtionserwägungen so ver-

---

[247] Insoweit zustimmungswürdig: BSG, Urt. v. 18.6.1997 - 6 RKa 95/96 = ArztR 1998, 147-148 = USK 97124.

[248] Vgl. dazu: Kamps, Der neue Teilnahmestatus der eingeschränkten Zulassung gemäß § 101 Absatz 1 Nr. 4 SGB V, MedR 1998, 103 ff..

[249] Dazu: Luckhaupt, Vergleichsabschluss mit Kollegialorganen, GesR 2004, 464 ff.

[250] BSG, Urt. v. 18.5.193 - 6 RKa 18/80 = BSGE 55, 110, 115 = SozR 2200, § 368n, Nr. 27, S. 85; zu § 54 SGG z. B. BSG, Urt. v. 29.1.1997 - 6 RKa 5/96 = SozR 3-2500, § 106, Nr. 38, S. 211.

deutlicht und begründet hat, dass im Rahmen des Möglichen die zutreffende Anwendung der Beurteilungsmaßstäbe erkennbar und nachvollziehbar ist.[251]

Im Rahmen der Wirtschaftlichkeitsprüfung sind auch formale Aspekte zu beachten. So sind die Bescheide der Beschwerdeausschüsse in Analogie zu § 317 Absatz 1 Satz 2 ZPO innerhalb von fünf Monaten nach Beschlussfassung zum Zwecke der Zustellung herauszugeben. Andernfalls sind sie nicht mit Gründen versehen.[252] Jeder Vertragszahnarzt muss nur bis zum Ablauf von vier Jahren nach Ergehen des Honorarbescheides mit einer Honorarkürzung in Folge einer Wirtschaftlichkeitsprüfung rechnen.[253] Sodann greift die Verjährung (§ 45 Absatz 1 SGB I analog). Mit der Anpassung des § 304 Absatz 1 Nr. 2 kann eine Wirtschaftlichkeitsprüfung auch praktisch nicht mehr in Frage kommen, da die Daten spätestens nach vier Jahren zu löschen sind. Zudem gilt das Verbot der reformatio in peius.[254] Soweit eine Krankenkasse den Bescheid des Beschwerdeausschusses anficht, kann der Vertragszahnarzt sich allerdings nicht auf das Verbot der reformatio in peius berufen.[255] Der Beschwerdeausschuss kann selbst die Begründung für Honorarkürzungen und Regresse anders als der Prüfungsausschuss ausgestalten. Für die Beachtung des Grundsatzes der reformatio in peius ist allein entscheidend, dass der festgesetzte Honorarkürzungsgesamtbetrag nicht erhöht wird. Innerhalb dieses Rahmens dürfen Honorarkürzungen bei einzelnen Gebührenziffern erhöht oder erstmals vorgenommen[256] sowie kompensierende Einsparungen mit geringeren Beträgen berücksichtigt oder verneint werden[257]. Gegenstand der gerichtlichen Überprüfung im Wirtschaftlichkeitsprüfungsverfahren ist nach § 95 SGG nur der Bescheid des Beschwerdeausschusses.

---

[251] BSG, Urt. v. 28.1.1998 - B 6 KA 69/96 = NJW 1998, 3444-3445 und Urt. v. 30.11.1994 - 6 RKa 16/93 = SozR 2500, § 106, Nr. 25.

[252] BSG, Urt. v. 28.4.1999 - B 6 KA 79/97 R = SozR 3-1300, § 35, Nr. 8.

[253] Vgl. BSG, Urt. v. 12.12.2001 - B 6 KA 3/01 R = BSGE 89, 90, 103 = SozR 3-2500, § 82, Nr. 3, S. 16; LSG Schleswig-Holstein, Urt. v. 28.6.2005 - L 4 KA 9/05 (Juris, n. rkr.: B 6 KA 40/05 R).

[254] Dazu: BSG, Urt. v. 2.12.1992 - 6 RKa 33/90 = BSGE 71, 274 ff. = SozR 3-1500, § 85, Nr. 1.

[255] Vgl. § 49 SGB X; dazu BSG, Urt. v. 21.5.2003 - B 6 KA 32/02 R = SozR 4-2500, § 106, Nr. 1, Rn. 21; BSG, Urt. v. 9.6.1999 - B 6 KA 76/97 R = SozR 3-5520, § 44, Nr. 1, S. 7.

[256] BSG, Urt. v. 8.6.1982 - 6 RKa 12/80 = BSGE 53, 284, 285 f. = SozR 5550, § 15, Nr. 1, S. 1 f.

[257] BSG, Urt. v. 8.5.1985 - 6 RKa 4/84 = SozR 2200 § 368n, Nr. 36, S. 120.

Kapitel 3 - Die Abrechnungsprüfung

I. Einbindung in das Vergütungssystem

Jeder Vertragszahnarzt erhält nach Ablauf des Quartals von der KZV als nur der Rechtsaufsicht unterliegenden Körperschaft im Sinne der §§ 77 Absatz 5 i. V. m. 72 Absatz 2 einen Honorarbescheid. Dieser ist ein Verwaltungsakt.[258] Die Rechtslage im Vertragszahnarztrecht entspricht dabei im Grundsatz der des Verwaltungsrechts. Die Verfahrensvorschriften des SGB X finden insoweit Anwendung, als sich aus den besonderen Teilen des SGB nichts Abweichendes ergibt (§ 37 SGB I). Zu diesen besonderen Teilen des SGB gehört auch das SGB V („Gesetzliche Krankenversicherung") und das dortige Vertragszahnarztrecht.[259] Voraussetzung für den Honorarbescheid ist die Abrechnungserklärung, mit der der Zahnarzt seinen Anspruch auf Verteilungsteilhabe[260] geltend macht.

1. Qualität der Abrechnungssammelerklärung

Anknüpfungspunkt jeder Abrechnungsprüfung ist die vom Vertragszahnarzt nach dem Ende des Abrechnungsquartals innerhalb einer im HVV bestimmten Frist bei der KZV einzureichende (elektronische) Abrechnungssammelerklärung.

Nach § 294 sind die Vertragszahnärzte verpflichtet, die für die Erfüllung der Aufgaben der Krankenkassen sowie der KZV notwendigen Angaben, die aus der Erbringung, der Verordnung sowie der Abgabe von Versicherungsleistungen entstehen, aufzuzeichnen und den Krankenkassen, der KZV oder den mit der Datenverarbeitung beauftragten Stellen im Wege der elektronischen Datenübermittlung oder maschinell verwertbarer Datenträger mitzuteilen. In den Abrechnungsunterlagen sind gemäß § 295 Absatz 1 Nr. 2 insbesondere die erbrachten vertragszahnärztlichen Leistungen einschließlich des Tages der Behandlung, bei zahnärztlicher Behandlung mit Zahnbezug und Befunden anzugeben. Der Bundesmantelvertrag enthält in § 17 BMV-Z diesbezüglich detaillierte Vorgaben, wie z. B. zu den zu verwendenden Vordrucken.

Für die Abrechnung zahnärztlicher Leistungen mittels EDV gelten dabei grundsätzlich die Bestimmungen, die auch für die manuell erstellte Abrechnung Anwendung finden. Der Vertragszahnarzt hat der KZV bei jeder EDV-Abrechnung zunächst zu bestätigen, dass eine genehmigte Programmversion angewandt wurde. Ein System ist für die vertragszahnärztliche Abrechnung nur geeignet, wenn feststeht und geprüft wurde, dass programmierte Abrechnungsregeln den jeweils gültigen Bestimmungen des BMV-Z bzw. EKV-Z entsprechen. Befund- und

---

[258] BSG, Urt. v. 26.1.1994 - 6 RKa 29/91 = BSGE 74, 44, 47.

[259] Abweichungen gegenüber dem allgemeinen Verwaltungsrecht gelten z. B. bei Honorarbescheiden „unter Vorbehalt" (vergleiche BSG, Urt. v. 31.10.2001 - B 6 KA 76/00 R = ArztR 2002, 164 f. und v. 12.12.2001 - B 6 KA 3/01 R = BSGE 89, 90-104; dazu ausführlich unter III., 1., a), bb)) oder der in § 44 ZulVO normierten Begründungspflicht (dazu: BSG, Urt. v. 9.6.1999 - B 6 KA 76/97 R = MedR 2000, 198-201).

[260] BSG, Urt. v. 3.3.1999 - B 6 KA 8/98 R = SozR 3-2500, § 85, Nr. 30.

leistungsorientierte Abrechnungsautomatismen dürfen keine Verwendung finden. Auf der Diskette sind die vom Vertragszahnarzt am einzelnen Patienten erbrachten Leistungen elektronisch und komplett erfasst.

Die bisherige anonymisierte fallbezogene Abrechnung ist mit dem GMG in eine versicherten- und sektorenbezogene Abrechnung geändert worden. Allein der Aufbau einer Datenbank, in der über jeden einzelnen Versicherten die Abrechnungs- und Leistungsdaten über alle Leistungssektoren zusammengeführt werden, ist nicht zulässig. Im Klartext heißt dies, dass Krankenkassen ihren Versicherten in einzelnen Sektoren die entsprechenden Diagnosen und zahnärztlichen Leistungen mit Zahnbezug und Befunden direkt zuordnen können (§ 295 Absatz 2, Satz 1 und 2). Dies geschieht auch über den neuen Diagnoseschlüssel ICD-10 GM 2004, dort z. B. das Kapitel XI (Krankheiten der Mundhöhle).[261] Bisher erfolgte die Abrechnung anonymisiert fallbezogen auf zwei getrennten Datenbändern.

Die Vorschriften des BMV-Z bzw. EKV-Z sehen hingegen nicht vor, dass sich die ebenfalls einzureichende Erklärung des Vertragszahnarztes zur Richtigkeit seiner Abrechnung auf jeden einzelnen Behandlungsschein beziehen muss. Insoweit wird nur eine Abrechnungssammelerklärung verlangt. Mit der Abgabe erklärt der Vertragszahnarzt nicht nur, dass die Leistungen an sich erbracht wurden und sachlich richtig sind. Die Erklärung umfasst auch die Versicherung der persönlichen Leistungserbringung (§ 4 Absatz 1 BMV-Z) bzw. der ordnungsgemäßen Delegation, z. B. im Sinne des § 1 Absatz 5 ZHG oder Vertretung im Sinne des §§ 32, 32a, 32b Zahnärzte-Zulassungsverordnung und der Beachtung des Vorliegens von Genehmigungen bei genehmigungspflichtigen Leistungen wie Zahnersatz, Parodontologie und Kieferorthopädie.
Die Abgabe der Erklärung der Richtigkeit und Vollständigkeit der Abrechnung ist eine Tatbestandsvoraussetzung für die Entstehung des Anspruchs des Vertragszahnarztes auf Vergütung. Das BSG betont in ständiger Rechtsprechung, dass die mit der Erklärung verbundene Garantiefunktion wegen der aufgrund des Sachleistungsprinzips auseinander fallenden Beziehungen bei der Leistungserbringung und der Vergütung und den damit zusammenhängenden Kontrolldefiziten unverzichtbar sei.[262] Die Garantiefunktion umfasst dabei die gesamte Abrechnung, eine Aufspaltung oder Unterteilung ist weder vorgesehen noch möglich. Das heißt im Ergebnis, dass nach dieser Konstruktion nur ein einziger festgestellter Fehler in der Abrechnung die Garantiefunktion an sich vollständig revidiert und damit eine wesentliche Tatbestandsvoraussetzung in Bezug auf die Vergütung - gegebenenfalls nachträglich - entfällt.
Die Garantiefunktion der Abrechnungssammelerklärung muss auch dazu führen, dass es dem Vertragszahnarzt nicht oder nur in strikten Ausnahmefällen möglich

[261] Einzelheiten unter: www.dimdi.de
[262] BSG, Urt. v. 17.9.1997 - 6 RKa 86/95 = MedR 1998, 338-340.

sein kann, noch nach Abgabe der Erklärung Fälle und Leistungen zur Abrechnung nachzureichen, welche bereits vor oder zum Zeitpunkt der Erklärung vorgelegen haben. Unter Berücksichtigung der Besonderheiten der Verteilung der Gesamtvergütung ist eine Ausschlussfrist, innerhalb derer Abrechnungsunterlagen einzureichen sind, erklärbar und notwendig. Die Besonderheiten des vertragszahnärztlichen Versorgungssystems rechtfertigen es auch, die Abrechnungsfristen kurz zu bemessen sowie Ausnahmen von der Einhaltung des Einsendetermins nur in sehr eng begrenztem Umfang zuzulassen.[263]

2. Fälligkeit des Zahlungsanspruches

Die abrechnenden Vertragszahnärzte haben innerhalb des Abrechnungsquartals zunächst einen aus dem HVV abzuleitenden Anspruch auf jeweils eine monatliche Abschlagszahlung.[264] Die Höhe knüpft in der Regel an vergangene Abrechnungswerte des Vertragszahnarztes an. Grundsätzlich wird eine bestimmte - häufig im HVV festgelegte - Grenze des letzten Quartalshonorars nicht überschritten. Sofern noch keine Quartalsabrechnung vorliegt, liegt es auf der Hand, die Höhe der Abschlagszahlungen grundsätzlich nach dem Durchschnittsfallwert der Fachgruppe (Zahnarzt, Oralchirurg, MKG, Kieferorthopäde), multipliziert mit der (zu erwartenden) Fallzahl des Vertragszahnarztes zu berechnen. Für Sonderfälle (Krankheit, Regresse, etc.) normieren - soweit vorhanden - die Abrechnungsverordnungen oder die HVV Härtefallvorschriften, welche eine Anpassung ermöglichen. Die Abschlagszahlung steht regelmäßig unter dem Vorbehalt, dass die Krankenkassen ihrerseits Abschlagszahlungen auf Grundlage der jeweiligen Gesamtverträge im Sinne des § 85 Absatz 1 an die KZV leisten. Die Restzahlung erfolgt sodann nach Abschluss des Abrechnungsquartals, Einreichung der Abrechnungssammelerklärung und Berechnung des Gesamtanspruchs anhand BEMA-Z und HVV. Nach Maßgabe des jeweiligen HVV werden die Forderungen des Vertragszahnarztes aus dem Quartalsbescheid mit Übersendung fällig. Alle Honorarbescheide werden vorläufig erstellt.[265]

---

[263] Die Abrechnungs-Sammelerklärung kann von einem Vertragszahnarzt daher nicht analog § 119 BGB angefochten werden. Vgl. BSG, Urt. v. 16.4.1986 - 6 RKa 34/84 = SozR 2200, § 368d, Nr. 5; LSG Baden-Württemberg, Urt. v. 16.7.2003 - L 5 KA 2935/01 = Der Kassenarzt 2004, Nr. 4, 57; zur beanstandungsfreien Frist der Einreichung von 6 Wochen nach Ende des Abrechnungsquartals; SG Magdeburg, Urt. v. 9.11.2005 - S 12 KA 28/05 (n. v.); zur materiellen Ausschlussfrist auch: BSG, Urt. v. 22.6.2005 - B 6 KA 19/04 R = SGb 2005, 448 f.

[264] Der grundsätzliche Anspruch des Vertragszahnarztes auf einen seiner Leistung entsprechenden Anteil an der Gesamtvergütung ergibt sich aus § 85 Absatz 4 i. V. m. den Vorgaben des HVV (z. B. § 2 des HVV der KZVB („Leistungsansprüche" des Vertragszahnarztes (VZA)), § 1 Absatz 4 des HVV der KZVLB („Honoraransprüche" des VZA), Nr. 1 des HVV der KZV-MV oder § 2 Absatz 1 des HVV der KZVWL („Vergütungsansprüche" des VZA)); dazu: Schnapp, Anmerkung, SGb 2005, S. 548 f., der allein Bezug auf § 85 Absatz 4 Satz 1, 1. Halbsatz nimmt; allgemein: BSG, Urt. v. 3.3.1999 - B 6 KA 8/98 R = SozR 3-2500, § 85, Nr. 30; siehe auch Kapitel 4, III., 4., a).

[265] Zu den damit zusammenhängenden Fragen siehe unter III., 1., a), bb).

II. Tatbestandsmerkmale

§ 106a normiert die Abrechnungsprüfung in der vertragsärztlichen, und damit über § 72 Absatz 1 Satz 2 auch der vertragszahnärztlichen, Versorgung vollständig neu und fasst die bisher auf unterschiedlichen Normhierarchien verankerten Regelungsmechanismen in einer zentralen Vorschrift zusammen. Als Folge der Prüfung können die Honorarforderungen der Vertragszahnärzte nur reduziert ausbezahlt oder nachträglich korrigiert werden.

Die Vorschrift genügt sowohl dem Gesetzesvorbehalt[266] als auch dem Bestimmtheitsgebot, welches Ausdruck objektiv-rechtlicher Strukturentscheidungen des Grundgesetzes ist und seine Verankerung im Rechtsstaatsprinzip, über die Brücke des Vorbehalts des Gesetzes und der Wesentlichkeitslehre aber auch im Demokratieprinzip, findet[267]. Denn sowohl die KZV (§ 106a Absatz 2) und die Krankenkasse (§ 106a Absatz 3) als Normadressaten als auch die Vertragszahnärzte können sich, gerade in Verbindung mit den untergesetzlichen Regelungen[268] des BMV-Z bzw. des EKV-Z, ein Bild von der Rechtslage machen sowie die ihnen daraus erwachsenden Folgen ermessen und ihr Verhalten daran orientieren. Insoweit besteht kein Anlass, verfassungsrechtliche Bedenken gegen die Ausgestaltung der Norm zu erheben.

1. Prüfung durch die KZV

§ 106a Absatz 2 Satz 1 bestimmt die Kompetenznorm über die Richtigstellung durch die KZV in nur einem Halbsatz. Die entsprechenden untergesetzlichen Vorgaben der Bundesmantelverträge - § 19 des Bundesmantelvertrages Zahnärzte (BMV-Z) bzw. § 12 Absatz 1 des Ersatzkassenvertrages-Zahnärzte (EKV-Z) - finden ihre Rechtsgrundlage in § 82 Absatz 1 und § 106a. Die Bestimmungen des BMV-Z und des EKV-Z sind für die KZV, die Krankenkassen und den Vertragszahnarzt verbindlich und enthalten allgemeine und besondere Vorgaben für die Gesamtverträge. Sie stellen jeweils einen Bundesmantelvertrag im Sinne des

---

266 Dazu allgemein: Schnapp, in: v. Münch/Künig, Art. 20, Rn. 53 ff.; Sommermann, in: Mangoldt, Art. 20, Rn. 273 ff.; BVerfG, Beschl. v. 8.8.1978 - 2 BvL 8/77 = BVerfGE 49, 89, 126. Zum Gesetzesvorbehalt im SGB V: Schnapp, Geltung und Auswirkung des Gesetzesvorbehalts im Vertragsarztrecht, MedR 1996, 418 ff.

267 Allg. Lepsius, Verfassungsrechtliche und dogmatische Probleme der sachlich-rechnerischen Richtigstellung, VSSR 1998, 105 m. w. N.; BVerfG, Beschl. v. 9.3.1988 - 1 BvL 49/86 = BVerfGE 78, 78, 205, 212; BVerfG, Beschl. v. 12.11.1958 = BVerfGE 8, 274, 302; BVerfG, Beschl. v. 12.1.1967 - 1 BvR 169/63 = E 21, 73, 78. Die Klarheits- und Bestimmtheitsgebote der Verfassung gehören mit ihrer Garantie von Rechtssicherheit zum Grundbestand der Rechtsstaatlichkeit als einem der elementaren Verfassungsprinzipien. Durch sie sind die staatlichen Instanzen gehalten, den Eingriff in die grundrechtlich geschützte Freiheitssphäre des betroffenen Zahnarztes als Träger des Grundrechtes der Berufsfreiheit nach Art. 12 GG (vgl. Isensee, Das Recht des Kassenarztes auf angemessene Vergütung, VSSR 1995, 321 ff.; Hufen, Inhalt und Einschränkbarkeit vertragsärztlicher Grundrechte, MedR 1996, 394 ff.) in der sprachlichen Fassung eines schriftförmig vertexteten Rechts vorhersehbar, durchschaubar und berechenbar zu gestalten.

268 Allgemein dazu: Clemens, Verfassungsrechtliche Anforderungen an untergesetzliche Rechtsnormen, MedR 1996, 432.

§ 82 Absatz 1 Satz 1 dar.[269] Dessen Bindungswirkung wiederum wird für die KZV selbst und die Vertragszahnärzte durch § 81 Absatz 3 Nr. 2 in Verbindung mit der Satzung der jeweiligen KZV sowie durch § 95 Absatz 3 Satz 2 bestimmt.
Über § 106a Absatz 2 Satz 1, 1. Halbsatz hinaus haben diese Vorschriften einen weitergehenden Regelungsinhalt. Denn während § 106a Absatz 2 Satz 1, 1. Halbsatz lediglich die Pflicht der KZV normiert, die Richtigkeit der Abrechnung festzustellen und damit eine tatbestandliche Ungenauigkeit enthält, bestimmt § 19 a) BMV-Z:
„Der Kassenzahnärztlichen Vereinigung obliegt es,

a) die vom Zahnarzt eingereichten Honorarforderungen rechnerisch und gebührenordnungsmäßig zu prüfen und ggf. zu berichtigen,
b) den Zahnarzt hinsichtlich der Wirtschaftlichkeit der Behandlungs- und Verordnungsweise zu beraten."

Der BMV-Z formuliert zwar nur eine „Obliegenheit" der KZV. Anders als beim zivilrechtlichen Verständnis dieses Begriffes (Bedeutung einer lediglich vorhandenen Mitwirkungspflicht ohne verbindlichen (schuld)rechtlichen Charakter) muss hier mit Blick auf § 106a Absatz 2 Satz 1 und § 81 Absatz 3 Satz 1 Nr. 1 eine Verpflichtung der KZV gegenüber den Krankenkassen, aber auch gegenüber allen Vertragszahnärzten zur Prüfung gesehen werden. § 12 Absatz 1 Satz 1 EKV-Z formuliert schon dementsprechend: „Die KZV überprüft die Abrechnungen der Vertragszahnärzte rechnerisch und gebührenordnungsmäßig und stellt sie richtig." Die Regelungen der Bundesmantelverträge halten sich im Rahmen des § 106a und füllen ihn aus, z. B. indem sie eine Rechtsfolge (Berichtigung) vorsehen. Sie sind im Verbund mit der bundesgesetzlichen Vorgabe also die Kompetenzvorschrift[270] für die KZV, die vom Zahnarzt quartalsweise eingereichten Honoraranforderungen rechnerisch und gebührenordnungsmäßig zu prüfen und in der Folge bei Unregelmäßigkeiten zu berichtigen.

Der KZV wird auferlegt, die Rechtmäßigkeit und Plausibilität der vertragszahnärztlichen Abrechnung zu prüfen. Das Gesetz konkretisiert in diesem Rahmen für einen speziellen Bereich seine Anforderungen. Denn die von der KZV ebenfalls durchzuführende Plausibilitätsprüfung soll feststellen, ob unter Heranziehung diverser Erkenntnisquellen Zweifel an der Plausibilität der von dem Ver-

---

[269] SG Hamburg, Urt. v. 11.7.2001 - 3 KA 306/97 (Juris-Dokument: KSRE088211718).

[270] Die KZV ist als Körperschaft des öffentlichen Rechts gemäß Artikel 20 Absatz 3 GG an Recht und Gesetz gebunden und damit zur Umsetzung verpflichtet. Der Staat muss, soweit er Spielraum für Selbstverwaltung lässt, die Einhaltung der Gesetze gewährleisten. Dies geschieht hier durch die Rechtsaufsicht (dazu ausführlich: Schnapp, in: ders./Wigge, Vertragsarztrecht, § 24) im Sinne des § 78 Absatz 3 Satz 1, welche sich auf Gesetze und sonstiges Recht (z. B. Satzungen, Richtlinien, etc.) bezieht. Im Übrigen ist es ganz herrschende Meinung, dass selbst eine reine Zuständigkeitsbestimmung implizit nicht nur die Ermächtigung, sondern auch eine Verpflichtung der angesprochenen Stellen bewirkt (statt vieler: Mauerer, Allgemeines Verwaltungsrecht, § 10, Rn. 5 und Schnapp, Verwaltungsverfahren, SGb 1985, S. 94).

tragszahnarzt zur Abrechnung eingereichten Leistungen bestehen. Gegenstand der zahnarztbezogenen Plausibilitätsprüfung ist dabei „insbesondere" der Umfang der je Tag abgerechneten Leistungen im Hinblick auf den damit verbundenen Zeitaufwand des Vertragszahnarztes (§ 106a Absatz 2 Satz 2). Bei der Prüfung ist ein Zeitrahmen für das pro Tag höchstens abrechenbare Leistungsvolumen zu Grunde zu legen. Zudem können Zeitrahmen für die in längeren Zeitperioden höchstens abrechenbaren Leistungsvolumina zu Grunde gelegt werden. Im Rahmen der Prüfung ist von der KZV daher der Umfang der je Tag abgerechneten Leistungen im Hinblick auf den damit verbundenen Zeitaufwand des Vertragszahnarztes in ein Verhältnis zu setzen. Ausgangspunkt sind auf der einen Seite etwaige Vorgaben des Zeitrahmens pro Tag sowie der Zeitwerte pro Ziffer und auf der anderen Seite die durch den Vertragszahnarzt eingereichten Abrechnungsziffern.
Mit der Neufassung ist die bis zum GMG vorhandene Ermächtigungsgrundlage zur Plausibilitätsprüfung in § 83 Absatz 2 entfallen. Damit hat sich auch die Auseinandersetzung in der Literatur zur Frage der Verfassungsmäßigkeit des § 83 Absatz 2 in der Fassung des GKV-Gesundheitsreformgesetzes[271] in Verbindung mit den Bundesmantelverträgen erledigt.[272]

a) Richtigstellung: Absatz 2 Satz 1, 1. Halbsatz

Die Feststellung der sachlichen und rechnerischen Richtigkeit der Abrechnung ist Aufgabe der KZV. Diese muss im Rahmen der erwähnten Ermächtigungsgrundlage die Abrechnungen der Vertragszahnärzte überprüfen. Sowohl der durch die KZV anzulegende Maßstab als auch die Rechtfolge bedürfen mit Blick auf die Neuregelung des § 106a und der notwendigen Abgrenzung zu § 106 einer genauen Überprüfung.

Der Inhalt der sachlich-rechnerischen Berichtigung wird dahingehend bestimmt, dass die Abrechnung des Vertragszahnarztes auf Übereinstimmung mit den Vorschriften des Vertragszahnarztrechtes - mit Ausnahme des Wirtschaftlichkeits-

---

[271] BGBl I, S. 2626.

[272] § 83 Absatz 2 a. F. verpflichtete die jeweilige KZV und die Landesverbände der Krankenkassen zur Schaffung von Regelungen in den Gesamtverträgen zur Plausibilität. Die bisherige Umsetzung in den Bundesmantelverträgen - allein im Bereich der Vertragsärzte - wurde zu Recht und trotz § 82 Absatz 1 Satz 2, der den Inhalt der Bundesmantelverträge automatisch zum Inhalt der Gesamtverträge macht, mit Vorbehalten betrachtet. Nicht nur formaljuristische Aspekte wurden kritisch gewürdigt. Die Möglichkeit der materiellen Verfassungswidrigkeit wegen Verstoßes gegen den Gesetzesvorbehalt und das Bestimmtheitsgebot wurde insbesondere damit begründet, dass eine gesetzliche Ermächtigungsgrundlage und eine gesamtvertragliche Rechtsgrundlage miteinander konkurrieren und gleichzeitig aufeinander verweisen. Im Ergebnis fehlte es aufgrund der nicht normierten gesetzgeberischen Leitentscheidung an einer verfassungsrechtlich einwandfreien Ermächtigungsgrundlage. Dazu: Lepsius, Verfassungsrechtliche und dogmatische Probleme der sachlich-rechnerischen Richtigstellung, VSSR 1998, S. 95 ff.; allgemein: Schnapp, Kompetenzkonflikte durch Normerlass im Kassenarztrecht, NZS 1997, 152 ff.

gebotes - zu überprüfen ist.[273] Es gehe - so das Bundessozialgericht - um die Frage, ob die abgerechneten Leistungen ordnungsgemäß - also ohne Verstoß gegen gesetzliche oder vertragliche Bestimmungen - erbracht worden seien. Das bedeutet, dass die Einhaltung der geltenden Abrechnungsbestimmungen, insbesondere des Bewertungsmaßstabes BEMA-Z, aber auch sonstiger gesetzlicher oder vertraglicher Bestimmungen[274], zu überwachen ist.

aa) „Sachliche Richtigkeit"

Der Begriff der sachlichen Richtigkeit ist weit zu fassen. Es wurde bereits ausgeführt[275], dass das System der Gesetzlichen Krankenversicherung aufgrund der fehlenden direkten Abrechnungsbeziehung zwischen Vertragszahnarzt und Patient ein umfassendes System von Vorgaben schaffen muss. Daher muss sich die sachliche Richtigkeit der Rechnungslegung an allen sachlich einschlägigen Vorgaben messen lassen.

(1) Der Bewertungsmaßstab

Zu diesen Vorgaben gehört insbesondere der Abrechnungsmaßstab der Vertragszahnärzte in der Gesetzlichen Krankenversicherung, der BEMA-Z.
Der durch den Bewertungsausschuss erstellte Bewertungsmaßstab ist gemäß § 87 Absatz 1 Satz und Absatz 5 Satz 2 in Verbindung mit § 26 Absatz 3 BMV-Z und § 10 EKV-Z Bestandteil des Bundesmantelvertrages. Er bestimmt den Inhalt der abrechnungsfähigen Leistungen und ihr wertmäßiges, in Punkten ausgedrücktes Verhältnis zueinander (§ 87 Absatz 2 Satz 2 und Absatz 2d). Durch die Punktfestlegung für eine näher bezeichnete Leistung erfolgt die relative Gewichtung im Sinne einer betriebswirtschaftlichen Bewertung. Diese setzt sich zusammen aus der originären zahnärztlichen Leistung in Verbindung mit einem kalkulatorischen Zahnarztlohn und dem mit der Leistungserbringung zusammenhängenden technischen Anteil. Der Inhalt der Leistungsansprüche der Versicherten und der Umfang der vertragszahnärztlichen Versorgung ergibt sich auf der Grundlage des SGB V und der Richtlinien des Gemeinsamen Bundesausschusses in Verbindung mit dem BEMA-Z. Erst im Rahmen der Gesamtverträge und des HVV erfolgt sodann, quasi auf einer zweiten Stufe, die Verknüpfung der abstrakten Punktmengen mit Punktwerten in Cent oder Euro.
Dem BEMA-Z werden seit geraumer Zeit Steuerungsfunktionen nachgesagt. Der Bewertungsmaßstab soll insbesondere im Zusammenspiel mit dem Sicherstellungsauftrag auf der einen und dem Grundsatz der angemessenen Vergütung auf der anderen Seite die Balance des komplexen Vergütungssystems der Vertragszahnärzte halten. Detaillierte Vorgaben sieht das SGB V allein im § 87 Ab-

---

[273] BSG, Urt. v. 1.7.1998 - B 6 KA 48/97 R = SozR 3-2500, § 75, Nr. 10.
[274] LSG Baden-Württemberg, Urt. v. 4.12.2002 - L 5 KA 1991/00 (Juris-Dokument Nr.: KSRE091051118); Einzelheiten unter (2).
[275] Siehe Kapitel 1, II., 2., c).

satz 1a zur Thematik Zahnersatz vor. Im Übrigen ist das Gesetz im vertragszahnärztlichen Bereich bei weitem nicht so detailliert wie im vertragsärztlichen Vergütungssystem. Denn das vertragsärztliche Pendant zum BEMA-Z, der EBM 2000plus[276], sieht in Verbindung mit den §§ 85a - d[277] mit den Regelleistungsvolumina weitaus umfassendere Maßgaben vor als der § 85 Absatz 4, der den Kassenzahnärztlichen Vereinigungen Vorgaben macht.[278]

Unabhängig von den allgemeinen Steuerungsmechanismen ist der Ausgangspunkt für die konkrete Auslegung und Bewertung des BEMA-Z der Wortlaut der Vorschrift.[279] Nach ständiger Rechtsprechung des BSG ist eine Interpretation von Vorschriften der Gebührenordnungen nur in engen Grenzen zulässig.[280] Eine ausdehnende oder analoge Anwendung ist damit im Grundsatz ausgeschlossen. Die Auslegung des Wortlauts wird lediglich in Zweifelsfällen flankiert durch das Verständnis des zahnmedizinischen Ablaufs der beschriebenen Behandlung. Die Zurückhaltung bei der Auslegung des BEMA-Z bzw. der Ver-

---

[276] Schauenburg, EBM 2000plus - die neue vertragsärztliche Gebührenordnung, BKK 2004, 241 f; www.ebm2000plus.de

[277] Die §§ 85 a - d normieren den Wegfall des Systems der budgetierten Gesamtvergütung auf Basis der Kopfpauschalen und der Honorarverteilungsverträge sowie die vollständige Ablösung durch morbiditätsorientierte sowie arztgruppenbezogene und arztbezogene Regelleistungsvolumina; dies alles hat unter zwingender Beachtung des Gebotes der Beitragssatzstabilität, § 71, zu geschehen. Nach der gesetzlichen Definition der Regelleistungsvolumina handelt es sich hierbei um arztgruppenspezifische Grenzwerte (Obergrenzen für die Leistungsmenge), bis zu denen die von einer Arztpraxis erbrachten Leistungen mit festen Punktwerten zu vergüten sind. Wird die Obergrenze überschritten, wird die überschießende Menge nur mit einem abgestaffelten Punktwert vergütet. Den sehr weit reichenden Eingriff der gesetzlichen Vorgaben in die bisherigen Gestaltungsmöglichkeiten der KV und der Krankenkassen zeigt insbesondere § 85b. Im Gegensatz zu den zahnärztlichen Verteilungsmechanismen werden hier im EBM selbst verbindliche Festlegungen getroffen. Neben den Vorgaben, die für die jeweilige Arztgruppe ermittelt wurden, spielen für die Einzelfallzuteilung noch weitere Kriterien eine Rolle, insbesondere die Anzahl der Vertragsärzte der jeweiligen Arztgruppe und die Zahl und Morbiditätsstruktur der in den vergangenen vier Quartalen behandelten Patienten. Bei diesem Volumen handelt es sich um die in einem bestimmten Zeitraum abrechenbare Leistungsmenge, die mit dem Regelpunktwert vergütet wird. Da der Regelpunktwert im Rahmen der Bestimmung der arztgruppenbezogenen Regelleistungsvolumina vereinbart wird, steht er künftig nicht mehr erst nach Ablauf einer Abrechnungsperiode, sondern im Vorhinein fest. Dies entspricht dem Vorgehen der meisten Kassenzahnärztlichen Vereinigungen im jeweiligen HVV. Die Zuweisung dieser Punktmengen an die einzelnen Vertragsärzte und die ermächtigten Ärzte sowie die Abrechnung erfolgen durch die KV, so dass diese durchaus eine Schlüsselrolle bei der Durchführung der Vergütung behält. Die Bestimmung der Punktmengen geschieht jedoch nicht autonom durch die KV, sondern auf der Grundlage einer einheitlich und gemeinsam zu treffenden Vereinbarung der Gesamtvertragsparteien, welche die oben genannten Zuweisungskriterien zu berücksichtigen hat. Der Bewertungsausschuss, § 87, hat in diesem Zusammenhang vorzugeben, nach welchen Kriterien im Rahmen der arztgruppenbezogenen Regelleistungsvolumina die vergütungsrelevanten Parameter bestimmt werden.

[278] Siehe dazu Kapitel 5.

[279] BSG, Beschl. v. 13.12.2000 - B 6 KA 30/00 B (Juris-Dokument: KSRE082421018).

[280] BSG, Urt. v. 13.5.1998 - B 6 KA 34/97 R = SozR 3-5555, § 10, Nr. 1.

tragsgebührenordnungen beruht auf ihrem, dem Ausgleich der unterschiedlichen Interessen zwischen Zahnärzten einerseits und den Krankenkassen andererseits dienenden, vertraglichen Charakter.[281] Die Festlegungen des BEMA-Z werden durch die von den Vertragspartnern vereinbarten Abrechnungsbestimmungen ergänzt.[282] Daher kann auch eine systematische Interpretation der Gebührenordnungen lediglich im Sinne einer Gesamtschau der in innerem Zusammenhang stehenden vergleichbaren oder ähnlichen Gebührenregelungen erfolgen, um mit ihrer Hilfe Klarheit zu schaffen.[283]
Den Gerichten wird damit bis auf einige Grenzfälle lediglich die Überprüfung der Rechtsanwendung zugestanden. Dies gilt auch in Bezug auf die Frage der Angemessenheit von Punktzahlbewertungen des BEMA-Z oder allgemein von Vergütungen. Die Feststellung einer Unangemessenheit ist nur dann möglich, wenn die Funktionsfähigkeit der gesamten Versorgung mangels ausreichenden Anreizes, vertragszahnärztlich tätig zu werden, gefährdet wäre.[284]

Da § 85 Absatz 3 Satz 1 die Vertragsparteien der Gesamtverträge weiterhin verpflichtet, die Gesamtvergütungen zu vereinbaren und § 87 Absatz 1 Satz 1 und Absatz 1a (Vorgaben zum Zahnersatz) sowie Absatz 2 Satz 1 und Absatz 2d ebenfalls dem Bewertungsausschuss vorrangig die Funktion zuweisen, den Inhalt der abrechenbaren Leistungen und ihre Punktzahlen zu bestimmen, kann die geschilderte Rechtsprechung des BSG auch nach Inkrafttreten des § 106a Geltung beanspruchen. Denn an der Ausgangslage und der Notwendigkeit zum Interessenausgleich hat sich auch mit dem GMG nichts geändert. Die Gerichte können daher weiterhin nur sehr bedingt inhaltliche Überprüfungen vornehmen. Der Eintritt des Ausnahmefalls einer in der Gesamtschau nicht mehr garantierten zahnärztlichen Versorgung scheint vor dem Hintergrund, dass die Vergütung ohnehin nicht für jede Leistung gewinnbringend sein muss, äußerst unwahrscheinlich.

Der Vertragszahnarzt ist mithin an die normierten Vorgaben durchgehend gebunden und muss sie befolgen.

Dies gilt nicht nur für den Fall, dass veraltete oder gar medizinisch kontraindizierte Regelungen des BEMA vorliegen[285], sondern auch für neue Behandlungsmethoden, die zwar medizinisch vertretbar angewendet werden können, aber noch nicht im BEMA-Z bzw. in den Richtlinien zu finden sind. Denn eine

---

[281] BSG, Urt. v. 19.8.1992 - 6 RKa 18/91 = SozR 3-2500, § 87, Nr. 5, S. 22 f.
[282] BSG, Urt. v. 15.11.1995 - 6 RKa 57/94 = SozR 3-5535, Nr. 119, Nr. 1, S. 3 f.
[283] BSG, Urt. v. 1.2.1995 - 6 RKa 10/94 = SozR 3-5533, Nr. 115, Nr. 1, S. 3; BSG, Urt. v. 1.8.1991 - 6 RKa 15/90 = BSGE 69, 166, 168 = SozR 3-2500, § 87, Nr. 2, S. 6.
[284] Vgl. BSG, Urt. v. 12.10.1994 - 6 RKa 5/94 = BSGE 75, 187, 189 ff. = SozR 3-2500, § 72, Nr. 5 S. 6 ff.; BSG, Urt. v. 8.5.1996 - 6 RKa 49/95 = BSGE 78, 191, 199 = SozR 3-2200, § 368i, Nr. 1, S. 10.
[285] Beispiele bei Oehler, BEMA-Z und Wirtschaftlichkeitsprüfung, S. 18.

Therapie und die damit verbundene Abrechnung entsprechen dem Stand der medizinischen Erkenntnisse im Sinne des § 2 Absatz 1 Satz 3 erst dann, wenn ihre Zweckmäßigkeit Eingang in die Richtlinien des BEMA-Z gefunden hat.[286] Selbst wenn die Selbstverwaltungsgremien unzureichend auf neue zahnmedizinische wissenschaftliche Erkenntnisse reagieren können oder wollen, können die Gerichte nicht in jedem Einzelfall Überprüfungen vornehmen.

Besteht damit regelmäßig eine Bindung an den Wortlaut, ist zum einen denkbar, dass der Vertragszahnarzt mit der erbrachten Leistung nicht den vorgeschriebenen Inhalt der zugrunde liegenden Abrechnungsziffer erfüllt.
So ist z. B. die BEMA-Ziffer 03 („Zuschlag für Leistungen außerhalb der Sprechstunde, bei Nacht oder an Sonn- und Feiertagen“) immer nur dann berechnungsfähig, wenn der Zahnarzt außerhalb seiner Sprechzeit von einem nicht bestellten Patienten in einem dringenden Fall in Anspruch genommen wird. Weiterhin wird festgelegt, dass der Zuschlag nur dann erteilt werden kann, sofern die zahnärztliche Leistung nicht während einer Zeit ausgeführt wird, „in der üblicherweise die zahnärztliche Sprechstunde abgehalten oder die Bestellpraxis ausgeübt“ wird. Zudem ist eine Abrechnung nicht möglich, wenn der Kranke bereits vor Ablauf der Sprechstunde in den Praxisräumen des Zahnarztes anwesend war. Problematisch werden diese Vorgaben insbesondere bei einem gemäß § 31 Absatz 1a der Zulassungsverordnung für Zahnärzte ermächtigen Notdienst. Hier ist die Frage zu beantworten, ob diesem der Zuschlag zugestanden werden kann, wenn dessen übliche Öffnungszeiten nach 20 Uhr liegen.[287] Unklar war lange Zeit auch, ob die Leistung der Abrechnungsziffer 54b insgesamt pro behandeltem Zahn nur einmal berechnungsfähig ist, auch soweit mehrere Wurzelspitzen reseziert werden.[288] Ein Vertragszahnarzt, der wesentliche Teile der Parodontosebehandlung mittels Lasereinsatz durchführt, hat keinen Anspruch auf Vergütung seiner Behandlung nach der Ziffer P 200 („Systematische Behandlung von Parodontopathien (Supra- und subgingivales Debridement), geschlossenes Vorgehen je behandeltem einwurzeligen Zahn“) BEMA-Z.[289] Auch bloße Teilleistungen einer systematischen Parodontosebehandlung dürfen nicht nach Position P 200 BEMA-Z abgerechnet werden.[290] Unmissverständlich sind die

---

[286] Mit engen Ausnahmen; BVerfG, Beschl. v. 6.12.2005 - 1 BvR 347/98 = ZFSH/SGB 2006, 20 f.; ausführlich unter (2) (aa).
[287] Dies wird verneint vom SG Berlin, Urt. v. 25.1.2006 - S 79 KA 185/02 KZA (n. v., n.rkr.).
[288] BSG, Urt. v. 13.5.1998 - B 6 KA 34/97 R = SozR 3-5555 § 10 Nr. 1; danach ist es aufgrund der vorrangigen Funktionszuweisung an den Bewertungsausschuss allein dessen Aufgabe, den Inhalt der abrechenbaren Leistungen und deren Bewertungspunktzahlen zu bestimmen. Eine Doppelabrechnung hat das BSG unter Verweis auf den Wortlaut nicht für zulässig angesehen. Ebenso: BSG, Beschl. v. 15.5.2002 - B 6 KA 82/01 B (Juris); zum Vertrauensschutz in diesem Zusammenhang: Bayerisches LSG, Urt. v. 29.9.2004 - L 3 KA 506/03 (Juris), bestätigt durch BSG, Urt. v. 8.2.2006 - B 6 KA12/05 R (www.bundessozialgericht.de).
[289] LSG Baden-Württemberg, Urt. v. 1.9.2004 - L 5 KA 1523/03 (Juris-Dokument: KSRE098751718).
[290] BSG, Beschl. v. 27.4.2005 - B 6 KA 79/04 B (Juris-Dokument: KSRE100030618).

Vorgaben der Ziffer 04 (Erhebung des PSI-Codes): „Eine Leistung darf nur einmal in zwei Jahren abgerechnet werden".

Nicht nur die Auslegung einer Abrechnungsziffer kann zu Problemen führen, sondern auch die fehlerhaft kombinierte Anwendung von Ziffern. Die Leistungen Ä 169 und Ä 172 können berichtigt werden, wenn diese neben anderen chirurgischen Leistungen für das gleiche Gebiet erbracht wurden.[291] Die Leistungsziffer 01 im BEMA-Z wird als „eingehende Untersuchung zur Feststellung von Zahn-, Mund- und Kieferkrankheiten einschließlich Beratung" umschrieben. Schon der Wortlaut besagt damit, dass die Ziffer Ä 1 „Beratung" nicht zusätzlich abgerechnet werden darf. Ebenso schließen sich die Ziffern 01k („kieferorthopädische Untersuchung") und 01 denknotwendig aus. Leistungen im BEMA-Z sind als selbstständige Leistungen letztlich dann nicht abrechnungsfähig, wenn sie schon Bestandteil einer anderen Leistung sind. Die Abrechnung der Gebührenziffern K 2 und K 3 ist im zeitlichen Zusammenhang ebenfalls ausgeschlossen.[292]
Leistungen, die nicht im BEMA enthalten sind, können - soweit gesetzlich die Möglichkeit dazu eingeräumt wird[293] - allein nach der geltenden GOZ, gegebenenfalls in Verbindung mit der GOÄ[294], abgerechnet werden.

(2) Sonstige gesetzliche und vertragliche Bestimmungen

Während die Wortlautauslegung meist in Details rechtliche Probleme aufwirft, ist dies bei der Frage nach den konkreten weiteren Prüfmaßstäben und -gegenständen der Richtigstellung anders.

---

[291] Hessisches LSG, Urt. v. 13.7.2005 - L6/7 KA 565/02 (Juris, n. rkr., B 6 KA 39/05).

[292] LSG Nordrhein-Westfalen, Urt. v. 26.1.2005 - L 11 KA 172/03 (n. v.).

[293] Im Falle der Abdingung ist nach den gesetzlichen Vorschriften vor Beginn der Behandlung eine schriftliche Vereinbarung zwischen Zahnarzt und Patient zu treffen, welche die vollständige Loslösung vom Sachleistungsprinzip (Kostentragungspflicht der Kassen) zum Inhalt hat. § 4 des Bundesmantelvertrags für Zahnärzte (BMV-Z) bzw. § 8 des Ersatzkassenvertrags für Zahnärzte (EKV-Z) verlangen, dass der Patient klar erkennbar verlangt, auf eigene Kosten behandelt zu werden. Bei der Kombination von Kassen- mit Privatleistungen führt der Beschluss des BSG vom 14.3.2001 (B 6 KA 76/00 B = Berliner Ärzteblatt 2001, 230 f.) in den gesetzlich nicht gesondert geregelten Fällen, z. B. der Mehrkostenvereinbarung in der Kieferorthopädie, zu erheblichen Einschränkungen und Unsicherheiten. Denn häufig ist unklar, wann eine GKV-Leistung und wann eine Wahlleistung vorliegt. Die Wahlleistung unterliegt in jedem Fall der freien und privaten Vereinbarung zwischen Patient und Arzt, die GKV-Leistung darf der Vertragszahnarzt hingegen nicht in die Vereinbarung aufnehmen. Das systematische Verlangen einer „Zuzahlung" als Gegenleistung für die Erbringung einer ärztlichen Leistung - d. h. zusätzlich zu oder an Stelle einer von der KZV entgegengenommenen vertragszahnärztlichen Honorierung - begründet nach der benannten Rechtsprechung einen Pflichtverstoß des Vertragszahnarztes und kann im Wege des Disziplinarrechts sanktioniert werden.

[294] § 6 Absatz 1 GOZ.

Gerade die Neufassung der §§ 106 und 106a erfordert eine klare Abgrenzung zwischen den Kompetenzen der Abrechnungsprüfung und der Wirtschaftlichkeitsprüfung. Die Systematik des § 106a sieht zwar ein Mit- und Nebeneinander von KZV und der Krankenkassen vor. Neben der allgemeinen Aufgabenzuweisung durch Absatz 1 wird den Beteiligten nicht nur eine eigene Prüfungskompetenz zugewiesen (Absatz 2 bzw. Absatz 3), sondern auch eine gegenseitige Unterrichtungspflicht (Absatz 2 Satz 7 bzw. Absatz 3 Satz 2) sowie die Möglichkeit der Beantragung von anlassbezogenen Prüfungen nach Absatz 4 normiert. Daher können die Krankenkassen Richtigstellungen nach Absatz 2 und Wirtschaftlichkeitsprüfungen nach § 106 beantragen, während der KZV umgekehrt die Antragsbefugnis in Bezug auf eine Überprüfung durch die Kassen im Sinne des Absatzes 3 sowie zur Einleitung von Wirtschaftlichkeitsprüfungen zugestanden wird. Dennoch differenziert das Gesetz weiterhin sorgfältig zwischen Abrechnungs- und Wirtschaftlichkeitsprüfung.[295]
Praktisch steht außer Diskussion, dass es großen Schwierigkeiten begegnen kann, eine auffällige Änderung des Abrechnungsverhaltens eines Vertragszahnarztes dem Bereich der sachlich-rechnerischen Berichtigung oder der Wirtschaftlichkeitsprüfung zuzuordnen. Eine auffällige Änderung der Abrechnungsvariationen und -häufigkeiten, die nicht durch Änderungen in der Praxis- und Patientenstruktur erklärbar ist, kann durchaus verschiedene Ursachen haben. Denkbar ist sowohl, dass der Vertragszahnarzt Leistungen abrechnet, die er nur unvollständig oder gar nicht erbracht hat, als auch, dass eine eventuell unwirtschaftliche Mengenausweitung vorliegt.

(aa) Richtlinien

Die sonstigen gesetzlichen oder vertraglichen Bestimmungen werden insbesondere durch die Vorgaben der Richtlinien bestimmt, welche auf untergesetzlicher Ebene in verschiedenen Bereichen Festlegungen treffen.[296] Die Richtlinien des SGB V konkretisieren den gesetzlichen Rahmen und bilden damit ein zentrales Steuerungsinstrument des Gesetzes. Richtlinien können einseitig festgelegt (z. B. durch den Gemeinsamen Bundesausschuss) oder vereinbart (z. B. auf Grundlage des § 106 Absatz 2b Satz 1) werden. Die verfassungsrechtliche Legitimation von Richtlinien ist in der juristischen Literatur seit geraumer Zeit umstritten, da jede Richtlinie direkt in die Berufsausübungsfreiheit des Vertragszahnarztes ein-

---

[295] Nicht nur in den §§ 106 und 106a findet sich die klare Trennung, auch die §§ 295 (z. B. Absatz 1a) und 296 sowie 297 sehen unterschiedliche Regelungen vor; a. M. wohl Beeretz, Abrechnungsprüfung in der vertragsärztlichen Versorgung, ZMGR 2004, S. 103 ff., der davon spricht, dass „die bislang eher nebeneinander existierenden Verfahren der sachlich-rechnerischen Berichtigung, der Plausibilitätsprüfung und der Wirtschaftlichkeitsprüfung als ineinander verschränkte Systeme“ verbunden wurden.

[296] Allg.: Axer, Normsetzung der Exekutive in der Sozialversicherung, Tübingen, 119 ff., 153 ff.; Hänlein, Rechtsquellen im Sozialversicherungsrecht, S. 454 ff.; Hällßig, Normsetzung durch Richtlinien, S. 1 ff.; Taupitz; Richtlinien in der Transplantationsmedizin, NJW 2003, 1145; zur Einordnung der rechtlichen Handlungsformen im Medizinrecht: Quaas/Zuck, Medizinrecht, § 8; zusammenfassend: Rompf, Normsetzungsbefugnis, VSSR 2004, S. 281 ff.

greift.[297] [298] Die Rechtsprechung hält die verfassungsrechtliche Legitimationskette für ausreichend, insbesondere unter Hinweis auf die Notwendigkeit der Identität zwischen Leistungsrecht und Leistungserbringungsrecht.[299]

---

[297] Tempel-Kromminga, Die Problematik der Richtlinien der Bundesausschüsse der Ärzte und Krankenkassen, S. 1 ff.; Schimmelpfeng-Schütte, Richtliniengebung durch den Bundesausschuss der Ärzte und Krankenkassen und demokratische Legitimation, NZS 1999, 530 ff. m. w. N.; Schwerdtfeger, Die Leistungsansprüche der Versicherten, NZS 1998, 49 ff. und S. 97 ff.; Engelmann, Untergesetzliche Normsetzung, NZS 2000, 1 ff., 76 ff.; Kritisch: Neumann, Der Anspruch auf Krankenbehandlung - ein Rahmenrecht?, SGb 1998, 609 ff.; Wimmer, Rechtsstaatliche Defizite im vertragsärztlichen Berufsrecht, NJW 1995, 1577 ff.; Ossenbühl, Richtlinien, NZS 1997, 497 ff.; Butzer/Kaltenborn, Die demokratische Legitimation des Bundesausschusses der Ärzte und Krankenkassen, MedR 2001, 333 ff.; Schnapp, FS 50 Jahre, S. 497 ff.; Hess, in: Kasseler Kommentar, § 92, Rn. 27 ff.; Wolff, Legitimationsveränderungen, NZS 2006, S. 282 f.; LSG Niedersachsen, Urt. v. 23.2.2000 - L 4 KR 130/98 = NZS 2001, 32 ff. und Urt. v. 16.7.2003 - L 4 KR 162/01 = NZS 2004, 110; BSG, Urt. v. 21.2.2006 - B 1 KR 29/04 R; das BVerfG (Beschl. v. 6.12.2005 - 1 BvR 347/98 = NZS 2006, 84-88) hat zu der Frage, ob das nach § 135 vorgesehene Verfahren der Entscheidung des Gemeinsamen Bundesausschusses zu neuen Untersuchungs- und Behandlungsmethoden verfassungsrechtlichen Anforderungen genügt, keine Stellung bezogen.
M. E. ergibt sich aus § 2 Absatz 1 Satz 1 sowie den §§ 27, 28, 12, 70 Absatz 1, 72 Absatz 2, auch nicht i. V. m. dem (nur als Abwehrrecht ausgestalteten) Art. 2 Absatz 2 Satz 1 GG, kein unbeschränkter „Vollversorgungsanspruch" des Versicherten gegen die Krankenkassen. Die Richtlinien konkretisieren damit lediglich den Anspruch des Versicherten und beschränken ihn nicht. Die sozialrechtlichen Normstrukturen sind flexibel, ohne eine hinreichende verfassungsrechtliche Legitimation vermissen zu lassen. Die vom Gemeinsamen Bundesausschuss vereinbarte Arbeitsweise (Geschäftsführung, Vorbereitung der Beschlüsse, Mitberatungsrechte, etc.) in Verbindung mit den methodischen Anforderungen an die wissenschaftlichen Bewertungen, die Sachverständigen und die Anhörungsverfahren, etc. (siehe Verfahrensordnung v. 20.9.2005 (BAnz Nr. 242, S. 16 998 v. 25.12.2005) und v. 18.4.2006 (BAnz Nr. 124, S. 4876 v. 6.7.2006) garantiert letztlich eine transparente Entscheidung, die auch und insbesondere den allgemein anerkannten Stand der medizinischen Erkenntnisse berücksichtigt.

[298] Ob die Richtlinien auch für die Versicherten verbindlich sind, ist umstritten. Das BSG (BSGE 78, 70 (76) = SozR 3-2500, § 92, Nr. 6, S. 29 ff.) bejaht die Verbindlichkeit, während Teile des Schrifttums anderer Auffassung sind. Schimmelpfeng-Schütte, in: Schnapp/Wigge, Vertragsarztrecht, § 7, Rn. 50 ff., m. w. N. meint, dass die Richtlinien gegenüber dem Versicherten nur als Empfehlungen zu qualifizieren sind. Schnapp, FS 50 Jahre, S 506 ff., führt im Zusammenhang mit Frage der Notwendigkeit der demokratischen Legitimation des Bundesausschusses aus, dass eine solche von Seiten der Versicherten deswegen nicht erforderlich sei, weil die Rechtsstellung der Versicherten durch die Richtlinien nicht zu deren Nachteil verändert werde. Das Gesetz stehe den Versicherten nur ein Rahmenrecht zu, welches durch die Richtlinien und die ärztliche Entscheidung konkretisiert werde.
Die Verbindlichkeit gegenüber dem Versicherten wurde mit dem GMG in § 91 Absatz 9 zwar explizit festgeschrieben. Dies berührt den grundsätzlichen Streit um die Richtlinienkompetenz des Gemeinsamen Bundesausschusses nicht.

[299] BSG, Urt. v. 16.9.1997 - 1 Rk 32/95 = BSGE 81, 73 ff.; BVerfG, Urt. v. 17.12.2002 - 1 BvL 28/95 = BVerfGE 106, 275 ff den Streitstand fasst Axer, in: Schnapp/Wigge, Vertragsarztrecht, § 10, Rn. 37 ff., m. w. N., zusammen. Zuck, in: Quaas/Zuck, § 8, Rn.53, m. w. N., führt zu Recht aus, dass alle Argumente zum Für und Wider einer (fehlenden) Kompetenz der Richtliniengeber (unzulässige Selbstverwaltung, fehlende demokratische Legitimation, Verstoß gegen die Wesentlichkeitstheorie) ausgetauscht seien.

Das SGB V sieht verschiedene Arten von Richtlinien vor[300], deren Verbindlichkeit entweder mit dem Erlass selbst oder durch Integration in einen Normvertrag entstehen kann[301]. Vorliegend sind die Richtlinien des Gemeinsamen Bundesausschusses[302] nach § 92 von Interesse. Die von diesem Gremium beschlossenen Richtlinien haben den Charakter untergesetzlicher Normen[303], d.h. sie gelten nach § 91 Absatz 9 für die Krankenkassen, deren Versicherte und die behandelnden Vertragszahnärzte sowie andere Leistungserbringer. Die Richtlinien werden für den vertragszahnärztlichen Bereich in der Besetzung des § 91 Absatz 6 gefasst und unterteilen sich gemäß § 92 Absatz 1 Satz 2 Nr. 2 in zahnmedizinische Regelungen über die vertragszahnärztliche Versorgung, die Individualprophylaxe, die zahnärztliche Früherkennung, Zahnersatz und die kieferorthopädische Behandlung und bestimmen zum Teil den Abrechnungszugang und zum Teil die Abrechnungsinhalte.

Der Gemeinsame Bundesausschuss entwickelt in Richtlinien nach § 92 Kriterien zur Qualitätsbeurteilung in der vertragszahnärztlichen Versorgung sowie Auswahl, Umfang und Verfahren der Prüfung der Qualität der in der vertragszahnärztlichen Versorgung erbrachten Leistungen im Einzelfall durch Stichproben (§ 136 Absatz 2 Satz 1 und 2 in Verbindung mit Satz 3). Damit wurde die diesbezügliche Kompetenz der KZV entzogen und in die Hände des Bundesausschusses gelegt. Die Vorgaben sind gemäß § 92 Absatz 8 unmittelbarer Bestandteil der Bundesmantelverträge und damit für die Vertragszahnärzte verbindliches Recht. Eine weitere Absicherung erfolgt über § 81 Absatz 3 Nr. 2, der bestimmt, dass die Satzungen der KZV Bestimmungen enthalten müssen, nach denen die Richtlinien für die KZV und ihre Mitglieder verbindlich sind. Diese Verbind-

---

[300] Z. B. Richtlinien zur Krankenversicherungsnummer nach § 290 Absatz 2 oder Richtlinien zur Abrechnungs- und Wirtschaftlichkeitsprüfung nach § 106 Absatz 2b, § 106a Absatz 5, Bedarfsplanungsrichtlinien nach § 102 = Bedarfsplanungs-Richtlinien-Zahnärzte vom 21.9.1999, Bundesanzeiger Nr. 232, S. 19721, zuletzt geändert am 14.10.2005.

[301] Quaas/Zuck, Medizinrecht, § 8, Rn. 35.

[302] Der Gemeinsame Bundesausschuss ist ein Gremium der gemeinsamen Selbstverwaltung von Zahnärzten und Krankenkassen. Es ist die Aufgabe der Selbstverwaltung, den Rahmen des SGB V organisatorisch eigenständig auszufüllen und für die alltagspraktische Umsetzung der gesetzlichen Vorgaben zu sorgen. Dabei steht dem Gemeinsamen Bundesausschuss ein weiter Beurteilungs- und Gestaltungsspielraum zu, der nur in Einzelfällen eingeschränkt ist. Die zunächst keine Ausnahme zulassenden Entscheidungen BSGE 81, 73, 85; BSGE 81, 54 ff. und 73, 271 ff. wurden auf die Verfassungsbeschwerde mit Beschl. v. 6.12.2005 - 1 BvR 347/98 = NZS 2006, 84-88 aufgehoben und zurückverwiesen. Im Rahmen des GMG greift das Gesetz verstärkt auch auf die Möglichkeit der Ersatzvornahme durch das BMGS zurück, z. B.: § 56 Absatz 5, § 87 Absatz 6, § 106 Absatz 2b, § 106a Absatz 6, § 137c Absatz 2, § 190 Absatz 2, § 303e Absatz 1 oder 303f Absatz 2.

[303] Allgemein: Schnapp, Geltung und Auswirkungen des Gesetzesvorbehalts im Vertragsarztrecht, MedR 1996, 418 ff.; BSG, Urt. v. 20.10.1972 - 3 Rk 93/71 = BSGE 35, 11 ff.; BSG, Urt. v. 3.7.1974 - 6 RKa 22/3 = 38, 35 ff.; BSG, Urt. v. 22.7.1981 - 3 RK 50/79 = 52, 71 ff.; BSG, Urt. v. 30.9.1999 - B 8 KB 9/98 KR R = BSGE 85, 36 ff.

lichkeit wurde durch das GMG als gesetzliche Anordnung nochmals explizit in § 91 Absatz 9 festgeschrieben.

Richtlinien dienen gemäß § 92 Absatz 1 Satz 1, 1. Halbsatz der Sicherung der vertragzahnärztlichen Versorgung und sind grundsätzlich auf die Sicherung einer ausreichenden, zweckmäßigen und wirtschaftlichen (siehe §§ 2, 12 Absatz 1, 70 und 72 Absatz 2) Behandlung der Versicherten ausgelegt.[304] Die Beachtung der auf Grundlage des § 92 erlassenen Richtlinien erfolgt nach der durch das Gesetz vorgegebenen Zielsetzung der Richtlinien folglich regelmäßig im Rahmen der Wirtschaftlichkeitsprüfung. Ein Richtlinienverstoß kann daher von den Prüfgremien festgestellt und mit Honorarkürzungen belegt werden.
Damit haben die Richtlinien des § 92 im Rahmen der sachlich-rechnerischen Berichtigung zunächst keine Bedeutung. Denn die Abrechenbarkeit der (auch) in den Richtlinien beschriebenen Maßnahmen ist in den Bundesmantelverträgen geregelt. Insbesondere im Zuge der Neustrukturierungen der Abrechnungsrichtlinien im Jahre 2004 wurde sichergestellt, dass der Inhalt der Richtlinien, insbesondere die Grenzen einer Leistungspflicht, mit dem Inhalt des Bewertungsmaßstabes übereinstimmen. Das heißt, dass die bisherigen Schwierigkeiten einer klaren Abgrenzung beseitigt werden sollten. In den Allgemeinen Bestimmungen wird entsprechend ausgeführt, dass sich der Inhalt des Leistungsanspruches der Versicherten und des Umfangs der vertragszahnärztlichen Versorgung auf der Grundlage der gesetzlichen Bestimmungen des SGB V aus den Richtlinien des Gemeinsamen Bundesausschusses in Verbindung mit dem Einheitlichen Bewertungsmaßstab für Zahnärzte ergeben.

In bestimmten Ausnahmefällen kann die Beachtung und Einhaltung der Richtlinien aber auch einen weitergehenden Zweck haben. So sind z. B. die Zahnersatz-Richtlinien nicht nur im Hinblick auf das Wirtschaftlichkeitsgebot von Bedeutung, sondern vor allem auch im Hinblick auf die Qualitätssicherung der vertragszahnärztlichen Versorgung.[305] Den Richtlinien kann daher zum Teil eine Doppelfunktion in dem Sinne zugesprochen werden, dass sie sowohl Qualitäts-

---

[304] Hess, in: Kasseler Kommentar, § 92, Rn. 2.

[305] BSG, Urt. v. 5.2.2003 - B 6 KA 15/02 R = MedR 2003, 591-594; vgl. auch BSG, Urt. v. 20.3.1996 - 6 RKa 85/95 = BSG SozR 3-5533, Nr. 3512, Nr. 1 und BSG, Urt. v. 25.9.2000 - B 1 KR 24/99 R = SozR 3-2500, § 13, Nr. 23. So sehen die ZE-Richtlinien (v. 8.12.2004; Bundesanzeiger. Nr. 54 vom 18.3.2005) ebenso wie die KFO-Richtlinien (Nr. 5) die Erstellung eines Heil- und Kostenplans (Nr. 10), zum Teil in Verbindung mit der Pflicht zur Begutachtung (§ 3 Absatz 1a der Anlage 12 zum BMV-Z) vor, ohne die eine Abrechnung nicht erfolgen kann. Zu beachten ist ferner, dass die Anfertigung und Eingliederung von Zahnersatz einen einheitlichen Behandlungsvorgang bildet, der sich nicht in mehrere selbständige, für sich genommen medizinisch sinnvolle und deshalb gesondert vergütungsfähige Behandlungsschritte und Einzelmaßnahmen aufspalten lässt. Bei einer solchen Behandlung liegt eine abgeschlossene und damit abrechnungsfähige Leistung erst vor, wenn die Gesamtmaßnahme beendet ist; vgl. BSG, Urt. v. 1.8.1991 - 6 RKa 9/89 = BSGE 69, 158 = SozR 3-1300, § 113, Nr. 1 und BSG, Urt. v. 18.12.1996 - 6 RKa 66/95 = BSGE 80, 1 = SozR 3-5545, § 19, Nr. 2.

ansprüche als auch Abrechnungsvoraussetzungen festlegen. Solche Vorgaben können also in zwei Richtungen verbindlich sein: Zum einen legen sie grundsätzlich abschließend den Leistungskatalog fest, zum anderen umfasst diese Verbindlichkeit auch die abschließende Beurteilung der Abrechnungsmöglichkeit. Die denkbare unmittelbare Verbindung zwischen Richtlinie und Abrechnung beweist § 71 Absatz 3, der im Rahmen der Gesamtvergütung Zuschläge zulässt, wenn Mehrausgaben auf Grund von Beschlüssen des Gemeinsamen Bundesausschusses nach § 135 entstehen.

Insoweit lässt sich festhalten, dass die Richtlinien für den Fall Bedeutung auch in der Richtigstellung erlangen, in dem sie sich mit den Vorgängen beschäftigen, welche in ihrer Zusammensetzung das Produkt Abrechnung ergeben. Dieses Regel-Ausnahme-Verhältnis bestätigt das Gesetz in § 106a Absatz 3 in Verbindung mit Absatz 4 selbst, indem es auf der einen Seite in Absatz 3 Satz 1 Nr. 1 den Prüfgegenstand dahingehend festlegt, dass zu prüfen sei, ob die gesetzlichen Bedingungen oder Richtlinien des Bundesausschusses, die an die Inanspruchnahme, Erbringung und Abrechnung von speziellen Leistungen geknüpft sind, eingehalten wurden und auf der anderen Seite in diesen Fällen über Absatz 4 bestimmt, dass Unrichtigkeiten im Sinne des Absatz 3 Satz 1 Nr. 1 und 4 ausschließlich zur sachlich-rechnerischen Berichtigung führen.

Eine Automatik in dem Sinne, dass jeder Richtlinienverstoß gleichzeitig einen Verstoß gegen Inhalte des Bewertungsmaßstabes mit sich bringt, ist nicht zu erkennen. Auch umgekehrt ist nicht davon auszugehen, dass die Nichtbeachtung des Bewertungsmaßstabes ebenfalls zu einem Verstoß gegen Richtlinien führt. Das Zusammenspiel zwischen BEMA-Z und Richtlinien ist also einzelfallabhängig zu beurteilen. Die im vertragsärztlichen Bereich in diesem Zusammenhang weit reichende und umfassende Diskussion zur fachfremden oder nicht fachfremden Leistung ist im Vertragszahnarztrecht nicht ausgeprägt.[306]

[306] Die Zielsetzung der Berichtigung fachfremder Leistungen hat zunächst einen formalen Ansatz und knüpft an die formale Einstufung des Leistungserbringers an. Die Begrenzung der Leistungserbringung auf das Fachgebiet zielt auf die Absicherung gebietsärztlicher Spezialisierung. Sie soll der Bevölkerung wie den in der gebietsärztlichen Arbeitsteilung zusammenarbeitenden Ärzten die Gewähr dafür bieten, dass Gebietsärzte sich auf die Spezialgebiete beschränken, deren Bezeichnung sie führen, und keine Leistungen an sich ziehen, für die andere Gebietsärzte besser qualifiziert sind: BVerfG, Beschl. v. 29.10.2002 - 1 BvR 525/99 = MedR 2003, 36. Solche Einschränkungen können nur dann abgewehrt werden, wenn sie nicht auf einer sachgerechten Abgrenzung beruhen und/oder dem einzelnen Zahnarzt keine ausreichende wirtschaftliche Lebensgrundlage belassen wird: BVerfG, Beschl. v. 9.5.1972 - 1 BvR 518/62 = BVerfGE 33, 125, 167; BSG, Urt. v. 27.10.1987 - 6 RKa 34/86 = BSGE 62, 224, 228 f. = SozR 2200, § 368a, Nr. 19, S. 67 f.; BSG, Urt. v. 13.3.1991 - 6 RKa 20/89 = BSGE 68, 190, 192 f. = SozR 3-2500, § 95, Nr. 1, S. 3 f. Da allein zwischen den Fachgruppen Kieferorthopädie, Mund-, Kiefer- und Gesichtschirurg und Zahnarzt Abrechnungsgrenzen bestehen, sind rechtliche Abgrenzungsschwierigkeiten im Vertragszahnarztrecht nicht vorhanden.

Besonders zu erwähnen ist die Abgrenzungsfunktion der Richtlinien in Bezug auf Leistungen, welche nicht dem Katalog der Gesetzlichen Krankenversicherung zuzuordnen sind. Sie sind hier ausschlaggebend für die Anwendung des § 135[307], mithin entscheiden sie über die Zuordnung oder Nichtzuordnung zur vertragszahnärztlichen Versorgung[308].

Der Anspruch der Versicherten auf Leistungen, deren Qualität und Wirksamkeit dem allgemein anerkannten Stand der medizinischen Erkenntnisse entsprechen müssen, erfordert es, neue Untersuchungs- und Behandlungsmethoden entsprechend zu berücksichtigen. Das geltende Bewertungsverfahren verlangt daher die Prüfung der wissenschaftlichen Evidenz des diagnostischen und therapeutischen Nutzens sowie der medizinischen Notwendigkeit und Wirtschaftlichkeit der neuen Methoden auch im Vergleich mit bereits zu Lasten der Gesetzlichen Krankenversicherung erbrachten Leistungen.[309] Damit solche Leistungen erbracht und abgerechnet werden können, bedarf es ihrer positiven Anerkennung. Das heißt im Grundsatz, dass unabhängig vom Einzelfall anerkannte Leistungen immer erbracht und abgerechnet werden dürfen, während nicht anerkannte Leistungen nicht abrechnungsfähig sind. Das Gesetz kennt nur die Ausnahme des § 13 Absatz 3, den die Rechtsprechung sehr restriktiv auslegt.[310]

Ist eine Leistung aber trotz Anerkennung durch Aufnahme in den Leistungskatalog völlig ungeeignet, kann der Vertragszahnarzt keinen Anspruch auf Vergütung geltend machen. Entgegen der Auffassung des BSG[311] liegt hier kein Fall einer nicht abrechenbaren, sondern einer unwirtschaftlichen Leistung vor. Das BSG verweist zur Abgrenzung der Festlegung zwischen Richtigstellung und Unwirtschaftlichkeit auf eine Evidenzschwelle und führt aus, dass aus kompetenzrechtlichen Gründen nur in den Fällen die Untersuchung der Wirtschaftlichkeit der Behandlungsweise durch die Prüfgremien in Betracht komme, in denen bei vertragsarztrechtlich an sich zulässigen Leistungen diese Evidenzschwelle

---

307 Die alten Richtlinien zu neuen Untersuchungs- und Behandlungsmethoden (NUB) vom 10.12.1999, Bundesanzeiger Nr. 41, S.3045; BUB-Richtlinien Ärzte vom 1.12.2003, Bundesanzeiger Nr. 57, S. 5678, zuletzt geändert am 18.1.2005, Bundesanzeiger Nr. 90, S. 7485 wurden mit Beschl. des Bundesausschusses v. 21.12.2005 für den vertragszahnärztlichen Bereich aufgehoben = Bundesanzeiger Nr. 44 (S. 1408) v. 3.3.2006.

308 Hess, in: Kasseler Kommentar, § 92, Rn. 2.

309 Weitergehende Informationen: www.dimdi.de; www.ecahi.org.

310 BSG, Urt. v. 14.2.2001 - B 1 KR 28/00 B (Juris-Dokument: KSRE083141518; BSG, Urt. v. 8.2.2000 - B 1 KR 18/99 B = SozR 3-2500, § 135, Nr. 12; Urt. v. 28.3.2000 - B 1 KR 11/98 R = BSGE 86, 54-66; Wiesmann, Rechtsprechungsgrundsätze zu unkonventionellen Heilmethoden, SozVers 1999, 121 ff.; Behnsen, Die Definitionsmacht des Bundesausschusses der Ärzte und Krankenkassen, KrV 1999, 264 ff.; BSG, Urt. v. 19.2.2003 - B 1 KR 18/01 R = ZfS 2003, 109-110; BSG, Urt. v. 19.2.2002 - B 1 KR 16/00 R = SGb 2002, 322.

311 Das BSG setzt regelmäßig die Ungeeignetheit mit der Abrechnungsungeeignetheit gleich; z. B.: Urt. v. 5.2.2003 - B 6 KA 15/02 R - = Breith 2003, 704-710.

nicht überschritten sei.[312] Wann diese Evidenzschwelle zur vollständig ungeeigneten medizinischen Leistung erreicht sei, entziehe sich dabei einer allgemeinen Festlegung. Eine vollständige Ungeeignetheit setze in tatsächlicher Hinsicht voraus, dass diese Leistung nach dem Stand der medizinischen Wissenschaft in keinem für das betreffende Fachgebiet denkbaren Behandlungszusammenhang eingesetzt werden kann; jeglicher Nutzen muss mit allen denkbaren diagnostischen und therapeutischen Indikationen mit dem Maß an Überzeugungsgewissheit ausgeschlossen erscheine.[313] Erst bei Überschreiten der Evidenzschwelle komme eine Richtigstellung in Betracht.
Im Zuge einer klaren Trennung zwischen Richtigstellung und Wirtschaftlichkeit darf aber der Grundsatz, dass Katalogleistungen im Zweifel keinem mittelbaren Abrechnungsausschluss unterliegen und daher nur unwirtschaftlich sein können, nicht durchbrochen werden. Allein bei Leistungen, die in den Richtlinien nicht vorgesehen sind, ist, - unabhängig von ihrer Geeignetheit - eine Richtigstellung und keine Wirtschaftlichkeitsprüfung durchzuführen.
Die verfassungsrechtliche Prüfung und Begründung der Nichtvergütung gestaltet sich allerdings unabhängig von der Zuordnung in den Komplex der Wirtschaftlichkeitsprüfung oder der Richtigstellung: Die Berufsfreiheit und die von ihr umfasste zahnärztliche Therapiefreiheit können nämlich nur bei medizinisch vertretbaren Diagnose- oder Therapieentscheidungen betroffen sein.[314] Abrechnungsausschlüsse oder -absetzungen auf Grund nutzloser Leistungen berühren die Berufsfreiheit der jeweiligen Zahnärzte nach Artikel 12 Absatz 1 GG nicht.[315] Inhaltlich gilt dies selbst dann, wenn bestehende wissenschaftliche Auffassungen weitergehende Abrechnungsmöglichkeiten denkbar erscheinen lassen.[316] Letztlich steht der KZBV und den Bundesverbänden der Krankenkassen hier in beiden Richtungen ein inhaltliches Monopol zu. Im gesetzlichen Ausnahmefall, der Vergütung einer nicht im Katalog oder den Richtlinien befindlichen Leistung, greifen die speziellen Vorgaben der §§ 13 und 135.[317]

Im Ergebnis ist mit Blick auf die Funktion der Richtlinien ein in sich geschlossenes System zu erkennen, welches zwar zur Frage der inhaltlichen Abrechenbarkeit in Ausnahmefällen - in beide Richtungen - durchlässig ist, aber sowohl

---

[312] BSG, Urt. v. 20.3.1996 - 6 RKa 85/95 = SozR 3-5533, Nr. 3512, Nr. 1, S. 3 f.
[313] BSG, Urt. v. 5.2.2003 - B 6 KA 15/02 R = Breith 2003, 704-710.
[314] Bayerisches LSG, Urt. v. 28.11.2001 - L 12 KA 509/99 (Juris-Dokument: KSRE088440318); zur Reichweite der Therapiefreiheit des Vertragsarztes: BSG, Urt. v. 20.3.1996 - 6 RKa 85/95 = SozR 3-5533, Nr. 3512, Nr. 1, S. 3; BSG, Urt. v. 25.9.2000 - B 1 KR 24/99 R = SozR 3-2500, § 13, Nr. 23, S. 112 m. w. N.
[315] Vgl. BSG, Urt. v. 20.3.1996 - 6 RKa 85/95 = BSG SozR 3-5533, Nr. 3512, Nr. 1 und BSG, Urt. v. 25.9.2000 - B 1 KR 24/99 R = SozR 3-2500, § 13, Nr. 23.
[316] LSG Baden-Württemberg, Urt. v. 26.4.1995 - L 5 Ka 208/94 = MedR 1995, 422-423.
[317] Insoweit ist es unabhängig von der abstrakten Definition möglich, im Einzelfall eine sinnlose Leistung nicht zu vergüten, ebenso wie im Ausnahmefall eine nicht im Katalog befindliche Leistung zu vergüten; für den letzteren Fall obliegt dem Arzt die Beweislast: BSG, Urt. v. 27.4.2005 - B 6 KA 39/04 R = MedR 2005, 728-732.

die Zuständigkeit als auch die Wahl der gesetzlichen Grundlage zur Überprüfung abschließend festlegt.

(bb) Persönliche Leistungserbringung

In den Abrechnungsvorschriften - z. B. in § 4 Absatz 1 BMV-Z bzw. § 8 Absatz 1 EKV-Z oder § 32 der Zulassungsverordnung für Zahnärzte - ist geregelt, dass der Vertragszahnarzt grundsätzlich nur selbst die Leistung erbringen darf. Einem Vertragszahnarzt steht für die unter Verstoß gegen das Gebot der persönlichen Leistungserbringung erbrachten Leistungen keine Vergütung zu.[318] Das Gebot der persönlichen Leistungserbringung muss explizit vom Gesetzes- und Verordnungsgeber durchbrochen worden sein. Die diesbezüglichen gesetzlichen Ausnahmereglungen lassen sich unterscheiden in nichtgenehmigungs- (z. B. § 1 Absatz 5 ZHG) und genehmigungsbedürftige Tatbestände. So bedarf z. B. die Beschäftigung eines Assistenten gemäß § 32 Absatz 2 der Zulassungsverordnung für Zahnärzte zuvor der Genehmigung der KZV. Hintergrund der Genehmigungspflicht ist einerseits die im Sinne der Bedarfsplanung und des Grundsatzes der persönlichen Leistungserbringung des Vertragszahnarztes notwendige Kontrolle des Leistungsumfangs der Praxis und andererseits die im Sinne des Sicherstellungsauftrages notwendige Aufrechterhaltung einer ordnungsgemäßen vertragszahnärztlichen Versorgung. Gemäß § 32 Absatz 3 darf die Beschäftigung nicht zur Vergrößerung der Kassenpraxis oder der Aufrechterhaltung eines übergroßen Praxisumfangs dienen. Mit Blick auf den Wortlaut („vorherige Genehmigung“[319]) und geschilderten Sinn und Zweck der - verfassungsgemäßen[320] - Vorschrift ist eine nachträgliche und rückwirkende Genehmigung nicht möglich.[321] Diese Auslegung wird durch die Gesetzesbegründung[322] bestätigt, nach der die Anstellung „abhängig von der Genehmigung des Zulassungsausschusses“ sein soll. Dies gilt nicht zuletzt deswegen, weil bei Vorliegen aller Voraussetzungen zur Genehmigung ein Rechtsanspruch auf Erteilung gegen die KZV besteht.[323]

Liegt keine Genehmigung oder eine unzulässige Delegation vor, sind die Leistungen demnach - wegen Verstoßes gegen das Gebot zur persönlichen Leistungserbringung - als nicht erbracht anzusehen und unabhängig von Güte und Qualität richtig zu stellen. Mithin können Honorarkürzungen ausgesprochen werden. Für vertragswidrig nicht persönlich erbrachte Leistungen eines Vertragszahnarztes kommt für die Krankenkasse kein öffentlich-rechtlicher Erstattungsanspruch, sondern nur ein durch die KZV im Wege einer sachlich-

---

[318] BSG, Urt. v. 8.9.2004 - B 6 KA 25/04 B (Juris-Dokument: KSRE097321718); BSG, Urt. v. 18.12.1996 - 6 RKa 66/95 = BSGE 80, 1 = SozR 3-5545, § 19, Nr. 2.

[319] Das Vertragszahnarztrecht weicht hier vom zivilrechtlichen Begriff der Einwilligung (nach der Legaldefinition in § 183 BGB) ab.

[320] BSG, Urt. v. 29.10.1963 - 6 RKa 7/61 = BSGE 20, 52.

[321] So auch: BSG, Urt. v. 20.9.1995 - 6 RKa 37/94 = Breith 1996, 543-548.

[322] GSG v. 21.12.1992, BGBl I S. 2266 und Bundestags-Drucksache 12/3608, S. 130.

[323] BSG, Urt. v. 29.10.1963 - 6 RKa 7/61 = BSGE 20, 52.

rechnerischen Berichtigung aufrechenbarer Schadenersatzanspruch in Betracht.[324]

(cc) Überweisungsauftrag

Nach § 10 des BMV-Z kann der Vertragszahnarzt, wenn erforderlich, den Kranken zur Durchführung bestimmter zahnärztlicher Leistungen an einen Kollegen überweisen; die Überweisung zur Weiterbehandlung an einen anderen Vertragszahnarzt ist allerdings nur in Ausnahmefällen zulässig. Dabei kommen insbesondere Überweisungen an den Kieferorthopäden, den Mund-, Kiefer- und Gesichtschirurgen oder den Oralchirurgen in Betracht. Der Ersatzkassenvertrag enthält keine explizite Rechtsgrundlage für die Überweisung.

Die Überweisung an einen Zahnarzt erfolgt schriftlich; sie hat die Versicherten- und die Krankenkassendaten sowie die Erklärung, welche Behandlung durchgeführt werden soll, zu enthalten. Der Inhalt der Überweisung ist frei gestaltbar. Einen Überweisungsschein gibt es nicht (mehr). Häufig wird in der Praxis der Rezeptvordruck verwendet. Der Versicherte legt die Überweisung dem Zahnarzt vor, der die Behandlung durchführen soll. Da der Erstbehandler den Anspruchsberechtigungsvordruck des Patienten mit der Abrechnung an die KZV übersendet, liegt dem Überweisungsnehmer bei der Weiterbehandlung ein solcher nicht vor. Der die Überweisung annehmende Zahnarzt hat anhand des Personalausweises die Identität des Patienten zu überprüfen. Die erbrachten Leistungen rechnet er wie üblich über Erfassungsschein oder Diskette ab.

Eine durch die Überweisung eingeschränkte Abrechnungsmöglichkeit ist nicht gegeben. Diesbezüglich fehlen gesetzliche oder vertragliche Regelungen. Insoweit bestätigt sich die nahe liegende Annahme einer Beschränkung der Abrechnungsmöglichkeit aufgrund eines Überweisungsauftrages nicht.

(dd) Genehmigung

Der BMV-Z bzw. der EKV-Z bestimmt im Regelfall die vorherige Genehmigung[325] zur Abrechnungsvoraussetzung.[326] Nur selten sind die Vorgaben als Soll-Vorschriften gefasst.[327] Insoweit ist regelmäßig von einer vorherigen Genehmigungspflicht auszugehen, die nur bei vertraglicher Vorgabe und Vorliegen eines Ausnahmetatbestandes (in der Regel Schmerzen des Patienten) vorläufig

---

[324] LSG Rheinland-Pfalz, Urt. v. 22.6.1995 - L 5 Ka 16/94 (n. v.).

[325] Das Vertragszahnarztrecht verwendet in diesem Zusammenhang einen anderen Terminus als das Zivilrecht. Die Genehmigung meint Zustimmung im Sinne einer Erlaubnis, ohne dass zwischen vorheriger und nachträglicher Zustimmung terminologisch unterschieden wird. Im BGB wird nur die nachträgliche Zustimmung als Genehmigung (nach der Legaldefinition in § 184 Abs. 1 BGB) bezeichnet, während die vorherige Zustimmung als Einwilligung bezeichnet wird (§ 183 BGB).

[326] Z. B. die Genehmigung zur Abrechnung mittels EDV, § 17 Absatz 4 in Verbindung mit Anlage 2 BMV-Z bzw. Anlage 2 Nr. 4 des EKV-Z oder die Genehmigung des Heil- und Kostenplan bei Zahnersatz, Anlage 3 zum BMV-Z bzw. § 14 Absatz 5 EKV-Z.

[327] Z. B. § 14 Absatz 3, Nr. 4, Absatz 4 Nr. 1 EKV-Z oder der jeweilige § 2 der Anlagen 6, 7 und 9 des BMV-Z.

umgangen werden kann. Es bedarf in diesen Konstellationen einer nachträglichen Genehmigung. Wird keine Genehmigung erteilt und die Leistung dennoch erbracht, ist eine Richtigstellung vorzunehmen.

(ee) Sonstiges

Die Abrechnungsvorschriften und damit auch der Anwendungsbereich der Richtlinien sind einer laufenden Veränderung unterworfen. In diesem Zusammenhang ist z. B. die durch das GMG in § 95d eingeführte Pflicht zur fachlichen Fortbildung zu erwähnen. Nach § 95d ist der Vertragszahnarzt verpflichtet, sich in dem Umfang fachlich fortzubilden, wie es zur Erhaltung und Fortentwicklung der zu seiner Berufsausübung in der vertragszahnärztlichen Versorgung erforderlichen Fachkenntnisse notwendig ist. Der Vertragszahnarzt hat dabei alle fünf Jahre gegenüber der KZV den Nachweis zu erbringen, dass er seiner Fortbildungspflicht nachgekommen ist. Erbringt der Vertragszahnarzt den Fortbildungsnachweis nicht oder nicht vollständig, ist die KZV verpflichtet, das an diesen zu zahlende Honorar für die ersten vier Quartale, die auf den Fünfjahreszeitraum folgen, um 10 % zu kürzen, ab dem darauf folgenden Quartal gar um 25%. Eine solche Kürzung ist im Rahmen der Richtigstellung vorzunehmen. Damit soll die Absicherung erfolgen, dass der Vertragszahnarzt das Fachwissen, das er zu Beginn seiner Berufstätigkeit mitbringt, im Laufe seiner vertragszahnärztlichen Tätigkeit aktualisiert, indem er seine fachlichen Kenntnisse an die Fortschritte der Zahnmedizin anpasst. Hier normiert das Gesetz also, unter Nutzung von Steuerungseffekten, eine explizite Verknüpfung von Qualität und (fehlender) Vergütung.

Eine Richtigstellung erfolgt auch bei einem Verstoß gegen die Vorgaben der Bedarfsplanungs-Richtlinien-Zahnärzte im Bereich des Job-Sharing (G. Nr. 4) auf Grundlage des § 101 Satz 1 Nr. 5 in Verbindung mit § 32b Zahnärzte-Zulassungsverordnung. Das Job-Sharing löst die Pflicht zur Abgabe einer Leistungsbegrenzungserklärung vor dem Zulassungsausschuss aus. Überschreitet der Vertragszahnarzt die dadurch festgelegte Punktmenge, muss es zu einer sachlich-rechnerischen Richtigstellung durch die KZV kommen.

(3) Ergebnis

Die Prüfgegenstände der Richtigstellung sind eingrenzbar, wenn auch einem steten Wandel unterworfen. Während „systemfremde" und ungenehmigte Leistungen schon nicht hätten abgerechnet werden dürfen und damit in den Anwendungsbereich der Richtigstellung aufgrund der Nichteinhaltung des BEMA-Z bzw. der Richtlinien fallen, sind grundsätzlich abrechenbare Leistungen allein im Rahmen der Wirtschaftlichkeitsprüfung überprüfbar. Unter die auszulegende Formulierung „sonstige gesetzliche Bestimmungen" können nach alledem lediglich Vorschriften subsumiert werden, die sich unmittelbar mit der in der Ermächtigungsgrundlage in Bezug genommenen Abrechnung des Vertragszahnarztes verknüpfen lassen. Dies lässt sich insbesondere mit dem Wort der gefor-

derten „sachlichen" Richtigkeit der Abrechnung begründen. Eine einschränkungslose Ausdehnung auf alle auch nur mittelbar mit der Abrechnung und deren Auswirkungen zusammenhängenden Vorschriften ist nicht gestattet. Obwohl es kaum möglich sein wird, einen fließenden Übergang zwischen den Themenbereichen Abrechnung und Wirtschaftlichkeit zu verhindern, muss in jedem Fall der Ausgangspunkt der Kürzungsmaßnahme im Auge behalten werden.
Im Ergebnis dürfen allein solche Vorschriften in den Anwendungsbereich der sachlich-rechnerischen Richtigstellung fallen, welche sich mit den Vorgängen beschäftigen, die in ihrer Zusammensetzung das Produkt Abrechnung ergeben. Insoweit kommt eine Anwendung nur in Betracht, wenn die Vorschrift eine Abrechnungsvoraussetzung beinhaltet.

bb) „Rechnerische Richtigkeit"

Neben der inhaltlichen Richtigkeit umfasst der Begriff der Richtigstellung auch eine mathematische Option. Die reine Be- und Umrechnung der durch den Vertragszahnarzt eingereichten Abrechnungsunterlagen vor Auszahlung von Honorar wird durch die entsprechende Abteilung der KZV vorgenommen. Die rechnerische Prüfung wird in der bisherigen Praxis weitestgehend durch maschinelle Prüfungsroutinen unterstützt.[328]
Die Rechtsprechung erweitert den Anwendungsbereich der rechnerischen Richtigstellung auf die Abänderung von Honorarbescheiden, welche aufgrund nachträglicher Umstände (z. B. eine abgesenkte Gesamtvergütung), also auch nach Auszahlung des Honorars, rechtswidrig und damit rechnerisch falsch werden.[329] In diesem Zusammenhang geht es also um Umstände, welche nicht der einzelne abrechnende Vertragszahnarzt unmittelbar zu verantworten hat und die mit der Abrechnungssammelerklärung in keinem Zusammenhang stehen.
Das BSG hat klargestellt[330], dass auch in diesen Fällen vorrangig eine sachlich-rechnerische Berichtigung erfolgen muss. Daher scheidet ein Widerrufsvorbehalt im Sinne des § 32 Absatz 2 Nr. 3 SGB X als Rechtsgrundlage für eine Rückforderung ebenso aus wie die Anwendung des § 32 Absatz 1 Alternative 1 SGB X, wonach ein Verwaltungsakt mit einer Nebenbestimmung versehen werden darf, wenn dies durch Rechtsvorschrift zugelassen ist.[331] Auch die Vorschrift des § 45 SGB X ist regelmäßig auf die in diesen Fällen notwendige Kor-

[328] Zu den praktischen Hintergründen: Steinhilper, in: Schnapp/Wigge, Vertragsarztrecht, § 17, Rn. 6 ff.
[329] Dazu: Sodan, Rückwirkende Korrekturen vertrags(zahn)ärztlicher Gesamtvergütungsverträge und Honorarbescheide als Rechtsproblem, NZS 2003, 62.
[330] BSG, Urt. v. 31.10.2001 - B 6 KA 16/00 R = SGb 2002, 45 ff.
[331] Vgl. BSG, Urt. v. 31.10.2001 - B 6 KA 76/00 R und B 6 KA 16/00 R, a. a. O. Eine gesetzliche Regelung, wonach unter bestimmten Voraussetzungen vorläufige Entscheidungen auch möglich sind, wenn die Rechtmäßigkeit einer Norm in Frage steht, wie dies § 328 SGB III oder § 165 der Abgabenordnung vorsehen, existiert für den Bereich der Honorarverteilung ebenfalls nicht. Gleiches gilt für das Rechtsinstitut eines allgemeinen Rücknahmevorbehaltes.

rektur von Honorarbescheiden nicht anzuwenden.[332] Begründet wird dies mit dem Wesen der vorrangigen Sondervorschriften des BMV-Z und des EKV-Z (und nunmehr auch des § 106a), die zum Ausdruck bringen, dass die an die Vertragszahnärzte geleisteten Zahlungen zunächst nur vorläufigen Charakter haben und unrichtige Honorarbescheide innerhalb der für die Einleitung und Durchführung von Prüfverfahren vorgesehenen Fristen korrigiert werden können. Der Vertragszahnarzt muss daher bis zum Ablauf dieser Fristen mit der Möglichkeit einer nachträglichen Überprüfung und Richtigstellung rechnen und kann dabei auf den Bestand des vorläufig erteilten Honorarbescheides nicht vertrauen. Ein Vorbehalt begründet hingegen nicht die Vorläufigkeit einer Regelung, sondern verhindert allein das Entstehen eines dahingehenden Vertrauenstatbestandes, dass der vorläufige Bescheid ein endgültiger sei. Eine objektive Unrichtigkeit im Sinne der Rechtsgrundlagen der Richtigstellung liegt demnach auch dann vor, wenn ein Fehler des Honorarbescheides der Sphäre der KZV zuzurechnen ist. Die subjektive Komponente des „Verschuldens" dieser Unrichtigkeit hat auf dieser Stufe der rechtlichen Betrachtung keinerlei Auswirkung.

Unklar ist, ob die Aufhebung bzw. Abänderung des Erstbescheides überhaupt einer gesonderten Rechtsgrundlage bedarf. Einer solchen bedürfte es dann nicht, wenn jeder erste Honorarbescheid als vorläufiger Verwaltungsakt einzustufen wäre.[333]

---

[332] Vgl. BSG, Urt. v. 31.10.2001 - B 6 KA 16/00 R = BSGE 89, 62 = SozR 3-2500, § 85, Nr. 42; diese Betrachtung gilt nur dann, wenn sich die generellen Grundlagen der Honorarverteilung nachträglich als fehlerhaft herausgestellt haben. Liegt hingegen eine individuelle fehlerhafte Rechtsanwendung vor (z. B. Fallgestaltungen von BSG, Urt. v. 30.6.2004 - B 6 KA 34/03 R = MedR 2005, 52-56 und BSG, Urt. v. 8.2.2006 - B 6 KA 27/05 R (Juris)) vor, müssen die Vertrauensschutzgesichtspunkte des § 45 Absatz 2 i. V. m. Absatz 4 SGB X entsprechend herangezogen werden. Grundsätzlich trägt damit die KZV das Risiko einer fehlerhaften Rechtsanwendung, soweit der Zahnarzt nicht bösgläubig ist.
Unabhängig von der Fallkonstellation sind allgemeine Vertrauensschutzgesichtspunkte zu berücksichtigen. Eine Berichtigung ist ausgeschlossen, wenn seit Erlass des ersten Bescheides vier Jahre vergangen sind (BSGE 89, 90, 103) oder die KZV nach einer Berichtigung den Standpunkt des Zahnarztes in einer Abhilfeentscheidung und nach erkennbarer Prüfung vorbehaltlos geteilt hat (Verbot der „Kettenberichtigung"; BSGE 93, 69 und 28.9.2005 - B 6 KA 14/04 R = GesR, 163 - 165), sondern auch, wenn die KZV es trotz Kenntnis unterlassen hat, auf Unklarheiten hinzuweisen und dadurch ein schützenswertes Vertrauen des Zahnarztes entstanden ist (BSG, Urt. v. 26.6.2005 - B 6 KA 26/01 R (Juris). Die Notwendigkeit eines Vertrauensschutzes ist auch dann anzunehmen, wenn die Fehlerhaftigkeit aus Unständen herrührt, die außerhalb des eigentlichen Bereichs einer rechnerisch korrekten Honorarabrechnung und -verteilung liegen und deshalb Funktionsbedingungen des Systems der vertragszahnärztlichen Honorierung nicht tangiert sind oder die KZV die Erbringung bestimmter Leistungen in Kenntnis aller Umstände längere Zeit geduldet hat, diese später jedoch als fachfremd beurteilt und von einer Vergütung ausschließt; dazu: BSG, Urt. v. 8.2.2006 - B 6 KA 12/05 R (Juris).

[333] Diese Auffassung vertritt Schnapp, Anmerkung, SGb 2005, S. 550; das BSG, Urt. v. 31.10.2001 - B 6 KA 16/00 R = NZS 2002, 552 - 558, ist - zumindest bezogen auf die Fallgestaltung fehlender Klarheit hinsichtlich der Rechtmäßigkeit der Rechtsgrundlagen eines

Dies liegt auf den ersten Blick auf der Hand: Denkbare Rückforderungen kann die KZV weder bei individuellen (z. B. Wirtschaftlichkeitsprüfung des Zahnarztes) noch bei allgemeinen Unsicherheiten (z. B. keine Einigung über die Gesamtvergütung) prognostizieren. Eine abschließende Klärung der Sachlage in Bezug auf die Honorierung ist zum Zeitpunkt des Erlasses nicht denkbar. Gleichzeitig besteht das Interesse der Vertragszahnärzte, möglichst zeitnah ihre Vergütung zu erhalten. Also muss dem Umstand Rechnung getragen werden, dass die quartalsweise Honorarfeststellung und Honorarauszahlung durch die KZV - im Interesse der zeitnahen Vergütung der vertragszahnärztlichen Leistungen und damit zunächst ohne abschließende Klärung der Anspruchsberechtigung - allein auf Grund der Angaben des abrechnenden Zahnarztes erfolgt und eine spätere Überprüfung auf sachlich-rechnerische Richtigkeit der Abrechnung und Wirtschaftlichkeit der Leistungserbringung vorbehalten bleibt.[334] Dies ist die klassische Ausgangslage für den Erlass eines vorläufigen Verwaltungsaktes. Das endgültige Behaltendürfen hängt in diesem Fall von dem abschließenden Bescheid ab, der den ersten Verwaltungsakt ersetzt. Die zunächst getroffene Regelung verliert ex-tunc ihre rechtliche Wirksamkeit.

Dennoch vermag dieser Ansatz nicht zu überzeugen. Das Gesetz sieht, im Gegensatz zu anderen identischen Fallkonstellationen (z. B. § 165 AO) keine direkt entsprechende Regelung vor und folgt damit explizit nicht diesem denkbaren Weg. Für die Legitimation der benötigten Vorläufigkeit der Bescheide wäre es aber auch ausreichend, sich auf die besonderen Vorschriften des § 106a i. V. m. den untergesetzlichen Vorgaben zu berufen. Diese sind aber keineswegs im Sinne der Anwendung des „klassischen" vorläufigen Verwaltungsaktes formuliert. Die passende Handlungsform darf nicht darüber hinwegtäuschen, dass die Ermächtigungsgrundlage ihre Anwendung nicht hergibt. Anders formuliert: Existieren konkrete Vorgaben, welche die Unsicherheiten bei der Honorierung erfassen, bedarf es der Anwendung der besonderen Handlungsform des vorläufigen Verwaltungsaktes nicht. Zudem darf es nicht zu einer absoluten Umgehung der Rücknahme- und Widerrufsvorschriften (§ 44 ff. SGB X) kommen. Fallkonstellationen, in denen diese heranzuziehen sind, sind selbst vom BSG gesehen worden.[335] Dass der Hinweis auf die Vorläufigkeit der Bescheide diesen Schutz ersetzen kann, ist nicht anzunehmen.

Honorarbescheides (dort: Rechtmäßigkeit des EBM) - der Auffassung, dass nur „deutliche Bezüge" zum Rechtsinstitut des vorläufigen Verwaltungsaktes vorliegen sollen.

[334] LSG Schleswig-Holstein, Urt. v. 28.6.2005 - L 4 KA 9/05 (Juris).

[335] Liegt eine individuelle fehlerhafte Rechtsanwendung vor (BSG, Urt. v. 30.6.2004 - B 6 KA 34/03 R = MedR 2005, 52-56 und BSG, Urt. v. 8.2.2006 - B 6 KA 27/05 R (Juris)) vor, müssen die Vertrauensschutzgesichtspunkte des § 45 Absatz 2 i. V. m. Absatz 4 SGB X entsprechend herangezogen werden.

Den § 44 SGB X wendet das BSG zu Recht für die Beurteilung des Falles an, in dem die (beklagte) KV sich weigerte, bestandskräftige Bescheide von Leistungserbringern (hier: Psychotherapeuten) aufzuheben, die von einem nachträglich festgelegten höheren Punktwert (hier: 10

Letztlich dürfen beide Auffassungen regelmäßig zu gleichen Ergebnissen kommen, dogmatisch spricht aber mehr für die vom BSG geäußerte Auffassung. Der abschließende Honorarbescheid weist in jedem Fall drei Regelungsgehalte auf, nämlich die Ersetzung des ersten Honorarbescheids, die Festsetzung des endgültigen Honorars und eine Rückforderung/Auszahlung der Differenz.

Ist eine Unrichtigkeit rechnerisch festzustellen, genießt die sachlich-rechnerische Richtigstellung auch Anwendungsvorrang gegenüber Regelungen des HVV einer KZV, wenn diese für diesen Sachverhalt entsprechenden Mechanismen zur Rückabwicklung vorsehen.[336] Dies lässt sich insbesondere damit begründen, dass das Gesetz durch die §§ 81 Absatz 3, 82, 106a sowie den BMV-Z verbindliche Vorgaben bei Unrichtigkeit macht. Aufgrund dieser Rahmenbedingungen ist für einen Ermessensspielraum - weder in Bezug auf das „Ob" noch auf das „Wie" einer Rückforderung - kein Raum. Die Grundsätze der sachlich-rechnerischen Richtigstellung ermächtigen die KZV erst recht nicht, die rechtliche Grundlage für die Honorarverteilung zu ersetzen und diese auf einer anderen Grundlage vorzunehmen.[337] Dies käme im Ergebnis einem nachträglichen Austausch in der ersten Stufe, der Verteilung der Honorare, gleich. Die aufgrund einer rückwirkend festgestellten Unrichtigkeit notwendige Rückerstattung muss sich daher an dem Mechanismus orientieren, der bei der Verteilung verwendet wurde. In der Sache bietet in diesen Fallkonstellationen auch allein die sachlich-rechnerische Richtigstellung eine gerechte Neu- bzw. Umverteilung der (reduzierten) Gesamtvergütung. Es muss grundsätzlich so sein, dass jeder Vertragszahnarzt exakt den rechnerischen Betrag zu erstatten hat, den er zunächst auf Basis des HVV zuviel bekommen hat. Dies ergibt sich unmittelbar § 50 Absatz 1 Satz 1 SGB X.[338]

cc) Ergebnis

Der Regelungsgehalt der sachlich-rechnerischen Berichtigung ist umfassend und geht über den reinen Wortlaut der Rechtsgrundlagen hinaus. Nicht nur die rein

---

Pf.) profitieren wollten, aber keinen Widerspruch gegen den Honorarbescheid einlegten; dazu: BSG, Urt. v. 22.6.2005 - B 6 KA 21/04 R = NZS 2006, S. 332-336.

[336] A. M.: BSG, Urt. v. 14.12.2005 - B 6 KA 20/05 R (www.bundessozialgericht.de; Entscheidungstexte), unter Hinweis darauf, dass die im Rahmen der Rückforderung angewandte Umsatz- und Richtgrößenregelung im HVM bereits in der Fassung, die zur Zeit der ursprünglichen Honorarverteilung galt, im Sinne einer Reservefunktion vorhanden war und es daher nicht zu nachträglichen Änderungen gekommen sei; LSG Niedersachsen-Bremen, Urt. v. 25.6.2003 - L 3 KA 349/02 (Juris).

[337] Ähnlich: LSG Rheinland-Pfalz, Urt. v. 21.3.2002 - L 5 KA 26/01 (Juris-Dokument: KSRE088410318).

[338] A. M.: Sodan, Rückwirkende Korrekturen vertrags(zahn)ärztlicher Gesamtvergütungsverträge und Honorarbescheide als Rechtsproblem, NZS 2003, 63, der die kraft Gewohnheitsrechts geltende Rechtsfigur des allgemeinen öffentlich-rechtlichen Erstattungsanspruchs heranzieht.

rechnerische und die „gebührenordnungsmäßige“ Auslegung des BEMA-Z, sondern auch die Voraussetzungen zur Abrechnung nach der Gebührenordnung sind zu überprüfen. Zu diesen Voraussetzungen zählen alle die vertragszahnärztliche Abrechnung betreffenden vertraglichen und gesetzlichen Bestimmungen.

b) Plausibilität: Absatz 2 Satz 1, 2. Halbsatz und Satz 2-4

Lange Zeit war die Eingliederung der Plausibilitätsprüfung in das Kontrollsystem der Gesetzlichen Krankenversicherung umstritten.[339] Schon mit dem GRG[340] wurde durch § 83 Absatz 2 die Plausibilitätsprüfung in das SGB V integriert. § 83 wurde um einen Absatz ergänzt. Danach waren in den Gesamtverträgen Verfahren zu vereinbaren, die die Prüfung der Abrechnungen auf Rechtmäßigkeit durch Plausibilitätsproben der KZV, insbesondere auf der Grundlage von Stichproben, ermöglichen (§ 83 Absatz 2 Satz 1 in der Fassung des GRG). Dabei waren Anzahl und Häufigkeit der Prüfungen festzulegen. Ziel der gesetzlichen Regelung war die Verhinderung von Abrechnungsmanipulationen.[341] Schon im Gesetzesentwurf zum GKV-Gesundheitsreformgesetz waren Planungen vorgesehen, die Plausibilitätsprüfung in § 106a, also in einer eigenen Vorschrift, zu normieren. Absatz 1 Satz 2 des Entwurfes lautete: „Insbesondere sind Verfahren zu vereinbaren, die eine regelmäßige Überprüfung des Umfangs der pro Tag abgerechneten Leistungen unter Plausibilitätspunkten auf der Grundlage von Annahmen hinsichtlich des Zeitbedarfs für die abgerechneten Leistungen vorsehen“. Die Ergebnisse dieser Prüfungen sollten den Prüfungsausschüssen zur Verfügung gestellt werden.[342] Letztlich scheiterte das Vorhaben im Vermittlungsausschuss. Es kam zur Erweiterung des § 83 Absatz 2[343], der um einen dritten Satz ergänzt wurde.

Von Bedeutung ist insbesondere die Begründung des Gesetzgebers zur Plausibilitätsprüfung. Er führt aus, dass die letztlich umgesetzte Regelung mit Blick auf die Rechtsprechung des BSG zur Frage der „Tagesprofile“ und der Zulassung solcher Mechanismen als Beweisverfahren für Abrechnungsmanipulationen ausreiche.[344]

Mit dem GMG folgte eine Kehrtwende: § 83 Absatz 2 wurde aufgehoben, § 106a in das SGB V eingefügt. Der Ausgangspunkt für den Gesetzgeber zur erneuten Änderung der Vorschriften zur Plausibilitätsprüfung war - dies zeigt ebenfalls die Gesetzesbegründung - der mit dem GMG und der vorgesehenen Neuregelung des vertragsärztlichen Vergütungssystems verbundene Übergang von einem System der Pauschalvergütung zu einem System der Vergütung nach

---

339 Beeretz, Abrechnungsprüfung in der vertragsärztlichen Versorgung, ZMGR 2004, 103-109 m. w. N.; Broglie, Jetzt machen die KVen ernst mit Plausibilitätsprüfungen, ArztuR 2001, 158-162.

340 Vom 20.12.1988, BGBl. I S. 2477.

341 Vom 22.12.1999, BR-Drucks. 200/88, S. 193.

342 Bundestags-Drucksache 14/1245, S. 17.

343 BGBl. I, S. 2626 (Artikel 1 Nr. 34).

344 Bundestags-Drucksache 14/1245, S. 81.

Regelleistungsvolumina in den §§ 85a bis 85d. Diese Reglungen gelten gemäß § 85a Absatz 1, 1. Halbsatz allerdings explizit nicht für den Vertragszahnarzt. Dennoch sind die Vertragszahnärzte auch in das System der Plausibilitätsprüfung einbezogen, was neben der gesetzlichen Anordnung über § 72 Absatz 1 Satz 2 i. V. m. § 106 a ohne weiteres damit begründet werden kann, dass die KZBV und die Bundesverbände der Krankenkassen der gesetzlichen Anordnung des § 83 von Beginn an nicht nachgekommen sind und eine Umsetzung nicht zustande gekommen ist.

Mit der Änderung des § 106a hat der Gesetzgeber eine deutliche Sprache gesprochen. Denn nunmehr sind die Plausibilitätsprüfungen gesetzlich integraler Bestandteil der sachlich-rechnerischen Prüfungen. Zur Feststellung der sachlichen und rechnerischen Richtigkeit der Abrechnungen der Vertragszahnärzte gehört nach § 106a Absatz 2 Satz 1, 2. Halbsatz auch und insbesondere die zahnarztbezogene Prüfung der Abrechnungen auf Plausibilität sowie die Prüfung der abgerechneten Sachkosten. Im Rahmen der zahnarztbezogenen Plausibilitätsprüfung ist wiederum der Umfang der je Tag abgerechneten Leistungen im Hinblick auf den damit verbundenen Zeitaufwand des Vertragszahnarztes einer Prüfung zuzuführen. Für diese Prüfung ist in den gemäß § 106a Absatz 6 von der KZBV und die Spitzenverbänden der Krankenkassen zu vereinbarenden Richtlinien[345] ein Zeitrahmen[346] anzuwenden, der vorgibt, welches Leistungsvolumen je Tag maximal abgerechnet werden kann. Die Richtlinien zur Plausibilitätsprüfung sollen den Inhalt und die Durchführung der Prüfungen konkretisieren. In den Richtlinien sind ebenfalls Maßnahmen für den Fall von Verstößen gegen Abrechnungsbestimmungen, einer Überschreitung der Zeitrahmen sowie des Nichtbestehens einer Leistungspflicht der Krankenkassen, soweit dies dem Leistungserbringer bekannt sein musste, vorzusehen. Im ärztlichen Bereich finden sich in § 46 BMV-Ä und § 42 EKV-Ä bereits Regelungen.[347] Die Zeitprofile[348] sind nach den grundlegenden Entscheidungen des BSG aus dem vertrags-

[345] Diese liegen zwar im Arbeitsentwurf vor, eine Einigung zwischen KZBV und Krankenkassen ist aber nicht absehbar.

[346] Muschallik, in: Schnapp/Wigge, Vertragsarztrecht, § 22, Rn.76 ist der Auffassung, dass ein Zeitaufwand auf den vertragszahnärztlichen Bereich nicht übertragbar sei, da die Leistungen in einer Vielzahl von Fällen regelmäßig nicht in Gänze an dem Tag erbracht werden, zu dem sie in der Abrechnung erscheinen. Zudem sei eine konkrete Zuordnung nicht möglich.

[347] Ausführlich: Steinhilper, Die Plausibilitätsprüfung nach neuem Recht, MedR 2004, 597 ff.

[348] Bei höherer Gesamtstundenzahl als 780 Stunden im Quartal oder von mehr als 12 Stunden an mindestens drei Tagen geht die KV von begründeten Zweifeln an der Rechtmäßigkeit der Abrechnung aus. Von den Prüfungen sind die nach Abschnitt 7.3. des EBM abzurechnenden Materialien ebenfalls erfasst. In Praxisgemeinschaften ist zusätzliches Aufgreifkriterium die Überschreitung des Grenzwertes von 20% Patientenidentität bei versorgungsbereichidentischen Praxen und 30% bei versorgungsbereich-übergreifenden Praxen.

ärztlichen Bereich[349] grundsätzlich geeignete Mittel zur Feststellung von Implausibilitäten und Falschabrechnungen. Dies korrespondiert mit der Verpflichtung der KZV und der Vertragszahnärzte, das Leistungsgeschehen tageweise in der Abrechnung zu dokumentieren (§ 295 Absatz 1 Nr. 2). Zu vermuten ist allerdings, dass die im vertragsärztlichen Bereich diskutierten Unklarheiten[350] auch im Rahmen der anstehenden Festlegung bei den Vertragszahnärzten auftreten werden.
Das BSG hat Kriterien für die Zeitansätze festgelegt. Die für die einzelnen zahnärztlichen Leistungen zugrunde liegenden Durchschnittszeiten müssen so bemessen sein, dass auch ein erfahrener, geübter und zügig arbeitender Zahnarzt die Leistungen im Durchschnitt in kürzerer Zeit schlechterdings nicht ordnungsgemäß und vollständig erbringen kann.[351] Denkbar ist zudem, dass im Einzelfall eine Leistung von einem Zahnarzt noch schneller erbracht werden kann. Aber auch hier kommt es auf die Durchschnittszeit im Sinne einer zügigen Bearbeitung an. Ein optimales Zeitprofil ist daher anhand der Vorgaben einer ordnungsgemäßen und vollständigen Leistungserbringung durch entsprechend zügig arbeitende Zahnärzte zu bestimmen. Dieser Zeitaufwand ist im üblichen Umfang gerichtlich überprüfbar. Die Sozialgerichte haben gemäß §§ 103 und 106 SGG das Vorliegen medizinischen Erfahrungswissens mit einem „an die Gewissheit nahe kommenden Grad der Wahrscheinlichkeit“[352] nachzuvollziehen.

2. Prüfung durch die Krankenkassen[353]

Nach § 106a Absatz 3 prüfen die Krankenkassen die Abrechnungen der Vertragszahnärzte insbesondere hinsichtlich des Bestehens und des Umfangs ihrer Leistungspflicht, in Bezug auf die angegebenen Befunde sowie der Plausibilität der Zahl der vom Versicherten in Anspruch genommenen Vertragszahnärzte und der vom Versicherten an den Vertragszahnarzt zu entrichtenden Zuzahlung nach § 28 Absatz 4 sowie der Beachtung des damit verbundenen Verfahrens nach § 43b Absatz 2.

Im Rahmen der Nr. 1 hat die Krankenkasse dabei zu beleuchten, ob der Versicherte, für den Leistungen zu Lasten der Krankenkasse abgerechnet werden, auf diese Leistung dem Grunde und dem Umfang nach einen Anspruch hatte. Nach

---

349 Urt. v. 24.11.1993 - 6 RKa 70/91 = NJW 1995, 1636-1639; Urt. v. 8.3.2000 - B 6 KA 16/99 R = NZS 2001, 213-219; zum neuen EBM 2000plus: Pollandt, Plausibilitätsprüfung nach Zeitprofilen, ArztR 2005, 99-101.

350 Z. B. Parallelabrechnungen von Leistungen. Streitig ist hier, ob diese im Zeitaufwand enthalten sind oder nicht, so z. B. für Untersuchungsleistungen und Gesprächsleistungen; dazu: LSG Nordrhein-Westfalen, Beschl. v. 26.5.2000 - L 11 B 25/00 KA (n. v.). Diese Unklarheit gilt auch für den Fall der Parallelität von technischen Leistungen und persönlich zu erbringenden Leistungen. Auch bei nicht mindestzeitfixierten Leistungen bestehen Unsicherheiten.

351 Urt. v. 24.11.1993 - 6 RKa 70/91 = NJW 1995, 1636-1639.

352 BSG, Urt. v. 16.2.1971 - 1 RA 113/70 = BSGE 32, 203 ff.

353 Zum alten Rechtszustand: Meydam, Abrechnungs-Prüfungsbefugnis der gesetzlichen Krankenkassen und Datenschutz , NZS 1998, 115 ff.

der Gesetzesbegründung ist z. B. zu untersuchen, ob Leistungen für bereits Verstorbene oder für Versicherte abgerechnet werden, für die kein Versicherungsverhältnis mehr besteht oder ob Leistungen im Rahmen einer Unfallbehandlung abgerechnet wurden, die einem Erstattungsverfahren zu Lasten eines Dritten zuzuführen sind. Ferner sei zu prüfen, ob die gesetzlichen Bedingungen oder Richtlinien des Bundesausschusses, die an die Inanspruchnahme, Erbringung und Abrechnung von speziellen Leistungen geknüpft sind, eingehalten werden. Im Rahmen der zahnärztlichen Behandlung sei zu untersuchen, ob für einen Versicherten Doppel- und Mehrfachleistungen abgerechnet werden, die im Rahmen der gesetzlichen Gewährleistung nach § 136b Absatz 2 Satz 3[354] kostenlos zu erbringen sind.

Die in Absatz 3 Nr. 2 vorgesehene Diagnose- oder Befundplausibilität, unter erstmaliger Herstellung einer versichertenbezogenen Verbindung zwischen Befund und Abrechnung, soll als Instrument zur Verhinderung der Mengenausweitung dienen. Bisher war den Krankenkassen eine solche Prüfung nicht möglich. Allein die Prüfgremien waren im Wege der Einzelfallprüfung in der Lage, diese Arbeiten - allerdings verbunden mit entsprechendem Aufwand - zu leisten. Zum einen war die Zusammenführung der Daten nicht vorgesehen, zum anderen fehlte die entsprechende Rechtsgrundlage für diese Art von Prüfung. Nun können z. B. Frequenzsprünge in der Abrechnung überprüft werden. Das unverhältnismäßige Ansteigen bestimmter Abrechnungsziffern betrifft inhaltlich letztlich Fragen der Wirtschaftlichkeit. Hier liegt die Nähe zum Vertikalvergleich[355] auf der Hand. In diesem Rahmen wird ein Vergleich des Abrechnungsverhaltens des Vertragszahnarztes mit seinem vorangegangenen Abrechnungsverhalten vorgenommen.

Die Prüfform des Absatzes 3 Nr. 3 soll die unkoordinierte Mehrfachinanspruchnahme von Vertragszahnärzten aufdecken. Damit kann z. B. das Abrechnungsverhalten der Partner von Praxisgemeinschaften im Sinne des § 33 Absatz 1 der Zulassungsverordnung für Zahnärzte in Bezug auf die in § 76 Absatz 3 Satz in Verbindung mit § 8 BMV-Z und § 11 EKV-Z normierte Rechtspflicht der Versicherten, Arztwechsel nur aus wichtigem Grunde durchzuführen, überprüft werden.[356] Liegen zwei selbstständige Praxen vor, ist die Vertretung im Sinne

---

[354] Danach übernimmt der Zahnarzt für Füllungen und die Versorgung mit Zahnersatz eine zweijährige Gewähr. Identische und Teilwiederholungen von Füllungen sowie die Erneuerung und Wiederherstellung von Zahnersatz einschließlich Zahnkronen sind in diesem Zeitraum vom Zahnarzt kostenfrei vorzunehmen.

[355] Dazu: Eul, Zur Wirtschaftlichkeitsprüfung anhand des Vergleichs mit eigenen Abrechnungswerten, SGb 1995, 405; BSG, Urt. v. 9.6.1999 - B 6 KA 21/98 R = MedR 2000, 99-101.

[356] Beispiele aus der Rechtsprechung: LSG Rheinland-Pfalz, Beschl. v. 30.5.2005 - L 5 ER 17/05 KA = MedR 2005, 614-616; LSG Baden-Württemberg, Urt. v. 12.5.1999 = ArztR 2000, 129-133; ausführlich auch: Wehebrink, Die Praxisgemeinschaft als „faktische Gemeinschaftspraxis", NZS 2005, 400 ff. Das BSG, Urt. v. 22.3.2006 - B 6 KA 76/04, ist der Auffassung, dass zwei Vertragsärzten, die nach außen eine Praxisgemeinschaft führen, die Patienten

des § 32 Absatz 1 Satz 1 der Zulassungsverordnung für Zahnärzte nur der Ausnahmefall vom Grundsatz der persönlichen Leistungserbringung. Denn nach § 10 BMV-Z kann der Zahnarzt den Kranken nur in erforderlichen Fällen zur Durchführung bestimmter Leistungen oder zur Weiterbehandlung an einen anderen Zahnarzt oder eine sonstige berechtigte Stelle überweisen. In diesem Zusammenhang sind zwei Aspekte von Bedeutung. Zum einen können wegen der fehlenden Abrechnungseinschränkungen[357] identische BEMA-Positionen abgerechnet werden. Dies betrifft insbesondere die Beratungs- und Untersuchungsleistungen (wie die Ä1, 01, Rö2, ViPr, etc.), deren Abrechnung nebeneinander in einer Gemeinschaftspraxis ausgeschlossen ist. Zum anderen ist die Frage zu beantworten, ob im Rahmen der HVV mit Blick auf die nahe liegende Umgehung von Budgetgrenzen eine rechnerische Behandlung als Gemeinschaftspraxis vorzunehmen ist. Diese bringt in der Regel eine wesentlich ungünstigere Vergütung mit sich. Zudem werden durch eine solche Vorgehensweise die Vorgaben zur Praxisgebühr umgangen. Nach § 29 Absatz 4 müssen Versicherte je Kalendervierteljahr für jede erste Inanspruchnahme eines an der vertragszahnärztlichen Versorgung teilnehmenden Arztes, die nicht auf Überweisung erfolgt, nach § 61 Satz 2 eine Zuzahlung in Höhe von zehn Euro leisten.[358]

Mit dieser Problematik ist auch der Absatz 3 Nr. 4 befasst, der die Überwachung der ordnungsgemäßen Abwicklung der Zuzahlungen der Patienten vorschreibt. Die Krankenkasse soll insbesondere prüfen, ob die Zahlung des Patienten durch die KZV in entsprechender Höhe mit der von der Krankenkasse an die KZV zu entrichtenden Vergütung verrechnet worden ist. Die Prüfung ist Teil der ordnungsgemäßen Abwicklung der Leistungsabrechnung für zahnärztliche Behandlung im Rahmen des von der Krankenkasse zu tragenden Ausgabenanteils.

III. Rechtsfolge Abrechnungsprüfung

1. Untersuchungsgegenstand

Stellen die KZV oder die Krankenkassen Auffälligkeiten im Sinne des Vorgenannten fest, ist die Frage zu beantworten, welche Konsequenzen dies nach sich zieht. Spätestens bei berechtigten Zweifeln, z. B. an der richtigen Anwendung der Gebührenordnung oder einer unwirtschaftlichen Behandlungsweise, müssen die Gremien den Auffälligkeiten nachgehen und Maßnahmen veranlassen.

---

aber wie Mitglieder einer Gemeinschaftspraxis behandeln, nicht mehr Honorar zusteht, als wenn sie in einer Gemeinschaftspraxis tätig geworden wären.

[357] Siehe dazu: Kapitel 3, III., a), aa), (2), (cc).

[358] Für zahnärztliche Untersuchungen gilt allerdings, dass der Vertragszahnarzt bei zwei Kontrollen im Jahr auch Vorbeugemaßnahmen wie das Entfernen von Zahnstein durchführen kann, ohne dass für den Patienten die zehn Euro Praxisgebühr fällig werden. Soweit der Rahmen einer Kontrolluntersuchung überschritten wird, fällt die Praxisgebühr jedoch an: Beschl. des Bundesschiedsamtes vom 8.1.2004 (n. v.).

Die Unterscheidung der einzuleitenden Maßnahmen ist von gewichtiger Bedeutung: Nicht nur unterschiedliche Zuständigkeiten sind zu berücksichtigen. Auch die Anforderungen an das Verfahren und den betroffenen Vertragszahnarzt sind sehr verschieden. Letztlich kann auch der Zahlungsfluss als Konsequenz einer Prüfung unterschiedlich sein.
Zu klären ist zunächst, welche Möglichkeiten den Beteiligten eröffnet werden.

2. Plausibilität als eigenständige Prüfung

Denkbar wäre, die Plausibilitätsprüfung als ein in sich geschlossenes Prüfsystem aufzufassen, das ein eigenständiges Verfahren beinhaltet, welches von den Gremien beantragt werden könnte.
Die mit Blick auf § 83 Absatz 2 vielfach vertretene Auffassung[359], Plausibilitätsprüfungen stellten neben den Prüfungen der sachlich-rechnerischen Berichtigung und der Wirtschaftlichkeit ein selbstständiges drittes Prüfverfahren mit der Folge dar, dass festgestellte Implausibilitäten eine Kürzung des Honorars rechtfertigen würden, wurde von der Rechtsprechung nicht geteilt. Das BSG[360] hat für den ärztlichen Bereich betont, dass gesamtvertragliche Regelungen nicht ausreichen, um nach Plausibilitätsprüfungen unmittelbar Kürzungen auszusprechen. Vielmehr diene die Plausibilitätsprüfung als vorbereitende Prüfung der Rechtmäßigkeit von Abrechnungen. Aufdeckte Auffälligkeiten könnten zwar zu sachlich-rechnerischer Berichtigung oder zur Wirtschaftlichkeitsprüfung mit den entsprechenden Folgen führen. Die Verwendung von Tagesprofilen habe aber allein vorbereitende Funktion. Die Beweispflicht für eine fehlerhafte Abrechnung bleibe bei der Kassenärztlichen Vereinigung bzw. bei den Prüfgremien, eine Beweislastumkehr trete nicht ein. Allein bei einer durch Indizienbeweis festgestellten vorsätzlichen oder grob fahrlässigen Abrechnung müsse der Arzt den Nachweis korrekter Abrechnung erbringen. Damit setzte das BSG seine diesbezügliche ältere Rechtsprechung[361] konsequent fort.
Diese Erkenntnisse decken sich mit dem Gesetzgebungsverfahren im Rahmen des GKV-Gesundheitsreformgesetzes 2000. In der Gesetzesbegründung[362] erfolgte die Klarstellung, dass die Ergebnisse von Plausibilitätsprüfungen lediglich zu Aufgriffkriterien führen. Diese sind nur Ausgangspunkt der weiteren Bearbeitung.
Es kann zudem nicht Sinn und Zweck der gesetzlichen Vorgaben sein, es den Gremien in die Hand zu geben, den im Rahmen der Richtigstellung erforderlichen Einzelnachweis einer fehlerhaften Abrechnung durch die Durchführung

---

[359] So insbesondere die Partner der Bundesmantelverträge im ärztlichen Bereich: Siehe Deutsches Ärzteblatt 1996 A 2815 f., dort Ziffer 2.3.
[360] BSG, Urt. v. 8.3.2000 - B 6 KA 16/99 R = SozR 3-2500, § 83, Nr. 1 = BSGE 86, 30-45.
[361] BSG, Urt. v. 24.11.1993 - 6 RKa 70/91 = NJW 1995, 1637 ff.; BSG Urt. v. 26.1.1994 - 6 RKa 29/91 = SozR 3-1300, § 45, Nr. 21.
[362] Bundestags-Drucksache 14/1245, S. 17.

einer Plausibilitätsprüfung zu umgehen, indem lediglich eine statistisch gestützte, pauschale Vermutung herangezogen wird.[363]
Auch mit Blick auf § 106a in der Fassung des GMG kann dieses Ergebnis als zutreffend bezeichnet werden. Das Gesetz unterscheidet schon im Wortlaut zwischen der Plausibilität und der Rechtmäßigkeit der Abrechnungen und zeigt, dass die Prüfung auf Plausibilität in der sachlich-rechnerischen Berichtigung aufgeht und damit kein eigenständiges Verfahren sein kann. Die Plausibilitätsprüfung dient mithin nicht dazu, die bisherigen Grenzen zwischen den Prüfungen zu beseitigen. Das Gesetz spricht von Plausibilitätskontrollen, die unterstützen sollen, die Abrechnungen auf ihre Rechtmäßigkeit hin zu überprüfen. Es bestimmt in Absatz 4 Satz 3 selbst, dass Folge der fehlenden Plausibilität auch ein Antrag auf Wirtschaftlichkeitsprüfung sein kann. Der erste Schritt besteht also darin, durch die Plausibilitätsprüfung aufzuzeigen, dass eine Abrechnung rechtswidrig sein kann.
Die Plausibilitätsprüfung ist und bleibt in der Veranlagung damit eine Auffälligkeitsprüfung. Ist die Abrechnung nicht nachvollziehbar und damit unschlüssig, ist sie auffällig. Als Ergebnis der Plausibilitätsprüfung bleibt daher lediglich, dass die Abrechnung entweder nachvollziehbar oder im Sinne einer möglichen fehlerhaften Abrechnung auffällig ist.
Der Begriff Implausibilität selbst lässt weiterhin keinen Rückschluss auf die Rechtswidrigkeit der Abrechnung zu. Erst wenn mittels einer Folgeprüfung nachgewiesen werden kann, dass eine Abrechnung rechtswidrig ist, d. h. wenn nachgewiesen ist, dass eine Abrechnung Leistungen beinhaltet, die nach den geltenden Abrechnungsregelungen nicht berechnungsfähig oder nicht bzw. nicht vollständig oder - sofern sie das Tätigwerden des Vertragszahnarztes voraussetzen - nicht selbst erbracht worden sind bzw. nicht erbracht worden sein können, berechtigt dies die KZV oder die Prüfgremien zu einer Honorarberichtigung.
Dieser Schluss wird abschließend gestützt durch die Gesetzesbegründung, nach der insbesondere die Überprüfung der vertragszahnärztlichen Leistungen und die angestrebte Vermeidung einer übermäßigen Mengenausweitung der abgerechneten Leistungen sachgerechter im Rahmen anderer Prüfungsinstrumente erreicht werden könne. Die Plausibilitätsprüfungen sind daher Bestandteil der Prüfungen der zahnärztlichen Abrechnungen auf sachliche Richtigkeit.

Im Ergebnis ist festzuhalten, dass die Plausibilitätsprüfungen im Sinne des § 106a Absatz 2 kein eigenständiges, zwischen sachlich-rechnerischer Berichtigung und Wirtschaftlichkeitsprüfung angesiedeltes Prüfverfahren darstellen. Sie erweitern lediglich die Handlungsmöglichkeiten der KZV und der Krankenkassen und geben ihnen auf einer ersten Stufe Prüfmaßstäbe an die Hand, die in einem zweiten Schritt zu weitergehenden Überprüfungen führen können. Die Plausibilitätsprüfung ist damit allein ein Verfahrensschritt vor einer dann in Betracht kommenden weiteren Maßnahme der sachlich-rechnerischen Richtigstel-

[363] SG Hamburg, Urt. v. 6.1.1999 - 3 KA 329/97 (Juris-Dokument: KSRE075520318).

lung oder der Wirtschaftlichkeitsprüfung. Die zwingende Folge dessen ist, dass allein die für diese Mechanismen geltenden Maßstäbe Anwendung finden können.

3. Richtigstellung

a) Allgemeines

Stellt die KZV im Einzelfall Verstöße gegen Vorschriften des Vertragszahnarztrechts fest, muss eine Richtigstellung erfolgen. Die Rechtsgrundlage des § 106a ist nicht als Ermessenvorschrift gefasst, sondern im Sinne einer gebundenen Entscheidung.[364] Eine KZV ist daher im Wege der sachlich-rechnerischen Richtigstellung zur Streichung der vom Vertragszahnarzt in Ansatz gebrachten Leistungen berechtigt und verpflichtet, wenn deren Voraussetzungen erweislich nicht vorliegen oder ihr Vorliegen sich im Einzelfall nicht nachweisen lässt. Diese Berechtigung besteht unabhängig davon, ob die Nichterfüllung der Leistungslegende nur in Einzelfällen oder in vielen Fällen im Streit ist.[365] Im Bescheid muss die Anzahl der verfügten Streichungen einer Gebührennummer nebst einer einzelfallbezogenen Begründung angegeben sein.[366] Pauschale Einwendungen des Vertragszahnarztes, z. B. dahingehend, dass eine Leistung aus Gründen zahnärztlicher Sorgfaltspflicht erforderlich sei, können weder ein Abweichen von den Richtlinien rechtfertigen noch einen Vergütungsanspruch begründen.

Dennoch hat es der Vertragszahnarzt durchaus in der Hand, die Gremien von der Richtigkeit seiner Abrechnung zu überzeugen und eine entsprechende Darlegung vorzunehmen. Dies kann der betroffene Vertragszahnarzt regelmäßig nur anhand seiner Aufzeichnungen und Behandlungsunterlagen. Nach § 5 Absatz 1 des BMV-Z bzw. § 4 Absatz 2 des EKV-Z ist der Vertragszahnarzt verpflichtet, über jeden behandelten Kranken Aufzeichnungen zu tätigen. Die Aufzeichnungen brauchen nicht allgemein verständlich zu sein. Da sie primär als Gedächtnisstütze für den Vertragszahnarzt selbst oder aber auch zur Darstellung gegenüber den Prüfgremien gedacht sind, kann es auch ausreichend sein, wenn sie aus Stichworten, Abkürzungen oder Symbolen besteht. Entscheidend ist, dass die Eintragungen den beteiligten Gremien, also Fachleuten, verständlich sind. Die Dokumentation hat umso ausführlicher zu sein je atypischer und schwieriger die entsprechende Situation ist. Insbesondere ist zu dokumentieren, wenn von einem üblichen Vorgehen abgewichen wird. Unzureichend ist es, in den Krankenunterlagen lediglich die Abrechnungsziffern zu notieren. Aus den Abrechnungspositionen lässt sich z. B. nicht sicher der individuelle Befund herleiten. Zudem set-

---

[364] Ähnlich: LSG Nordrhein-Westfalen, Urt. v. 29.10.1997 - L 11 Ka 94/97 zum BMV-Z (Juris-Dokument: KSRE069761618) und Sächsisches LSG, Urt. v. 15.6.2005 - L 1 KA 24/03 (Juris).

[365] BSG, Urt. v. 6.9.2000 - B 6 KA 17/00 B (Juris-Dokument: KSRE081350818).

[366] LSG Baden-Württemberg, Urt. v. 28.4.1993 - L 5 Ka 1983/92 = MedR 1993, 362-364.

zen bestimmte Abrechnungsziffern einen schriftlichen Befund, z. B. die Auswertung von Röntgenbildern, voraus. Auch bezüglich der konkret durchgeführten Maßnahmen lassen die Gebührenpositionen häufig mehrere Alternativen zu. Schwierigkeiten ergeben sich regelmäßig nur in den Fällen, in denen es zu umfangreichen Streichungen und Absetzungen kommt.

b) Kürzungsumfang und Beweislastverteilung

aa) Richtigstellung

Ist die Fehlerhaftigkeit der Abrechnung festgestellt und ein entsprechender Nachweis erbracht, gibt das Gesetz in Bezug auf die festzulegende Höhe des Honorarrückforderungsbetrages keine Hilfestellung. Auch die untergesetzlichen Vorgaben treffen keine Regelung.

Die eigentlichen, auch rechtlichen, Probleme entstehen nicht bei der Absetzung einzelner Ziffern, sondern bei der Schätzung von Rückforderungen bzw. der aufzurechnenden Einbehalte. Die KZV muss keineswegs in allen Fällen, in denen auf der ersten Stufe Anhaltspunkte für eine falsche Abrechnung vorliegen, den Nachweis der Unrichtigkeit erbringen. Ihr steht hier ein weites Schätzungsermessen zu. Begründet wird dies mit der Garantiefunktion der Abrechnungssammelerklärung.[367] Diese entfällt, wenn Leistungen nicht korrekt erbracht oder abgerechnet werden. Damit ist der auf der Abrechnungssammelerklärung beruhende Honorarbescheid insgesamt rechtswidrig und erfordert die Berichtigung des Honorars. Letztlich ist es für die Bejahung des Tatbestandsmerkmals „unrichtig" systematisch ausreichend, dass die KZV dem Vertragszahnarzt eine einzige unrichtige Leistung im Quartal nachweist.

In diesem Zusammenhang ist im Sinne einer Risikoverteilung auch auf die Art des Verschuldens abzustellen. Nicht erst in der Betrachtung der Rechtsfolge stellt sich die Frage, wie die Unrichtigkeiten zustande gekommen sind. Ausgangspunkt für die festzulegende Risikoverteilung ist die Feststellung, ob der Vertragszahnarzt die Abrechnung vorsätzlich bzw. grob fahrlässig oder „nur" fahrlässig fehlerhaft erstellt hat. Das BSG beruft sich in diesem Zusammenhang ausdrücklich auf die Wertung des § 45 Absatz 2 Satz 3 Nr. 2 SGB X.[368] Während bei nur fahrlässigen Unrichtigkeiten, z. B. aus schlichtem Versehen, die Garantiefunktion nicht in Frage gestellt werden darf und damit nur eine Richtigstellung der „entdeckten" Fehler möglich ist, ist bei einer grob fahrlässigen oder gar vorsätzlich falschen Angabe von einer vollständig fehlerhaften Abrechnungssammelerklärung auszugehen. In letzterem Fall ist die KZV in der Lage, das Honorar nach Wahl festzusetzen bzw. bei nachträglicher Feststellung den

---

[367] BSG, Urt. v. 17.9.1997 - 6 RKa 86/95 = MedR 1998, 338, LSG Baden-Württemberg, Urt. v. 19.1.2000 - L 5 KA 745/99 (Juris); danach existiert keine generelle Pflicht eines Vertragszahnarztes zur Abgabe einer einzelfallbezogenen Begründung für jede abgerechnete Leistung; siehe auch: BSG, Urt. v. 1.7.1998 - B 6 KA 48/97 R = SozR 3-2500, § 75 Nr. 10, S. 43 ff.

[368] BSG, Urt. v. 17.9.1997 - 6 RKa 86/95 = MedR 1998, 338-340.

unrichtigen Quartalsbescheid aufzuheben und das Honorar des Vertragszahnarztes neu festzusetzen. Als Anhaltspunkt für die Höhe der Schätzung durch die KZV wurde vom BSG für die Fälle der grob fahrlässigen unrichtigen Angaben z. B. die Rückstufung des Honorars auf die Höhe des Fachgruppendurchschnitts akzeptiert.[369]

Einschränkend kann aus allgemeinen Grundsätzen letztlich festgehalten werden, dass die Höhe der Kürzung in angemessenem Verhältnis zu der vorsätzlichen oder fahrlässigen Falschabrechnung stehen muss. Insoweit ist die sehr weit reichende Auffassung des BSG, die der KZV einen umfassenden rechtlichen Spielraum zugesteht, nicht zu teilen. Spätestens auf der zweiten Stufe der Festlegung der Kürzung muss die KZV weitere, nachvollziehbare Begründungen beibringen. Die Kürzungsmöglichkeit im Rahmen der Richtigstellung ist keine Strafe, sondern auf die Richtigkeit der konkreten Abrechnung eines Vertragszahnarztes abgestellt. Es ist also erforderlich, pauschale Kürzung zu verhindern und nachvollziehbare Vergleichmaßstäbe sowie ein angemessenes Verhältnis zwischen Unrichtigkeit und Kürzung zu erreichen. Die KZV ist also gehalten, einzelfallbezogen zu ermitteln, wie sich die Abrechnung ohne die erkannten Unrichtigkeiten dargestellt haben könnte. Dies kann insbesondere durch einen Vergleich mit den bisherigen Abrechnungen des geprüften Vertragszahnarztes selbst oder mit den Abrechnungen vergleichbarer Praxen geschehen. In beiden Fällen muss vorausgesetzt werden können, dass die (früheren) Abrechnungen korrekt waren.

bb) Plausibilität

Die beschriebene Beweislastverteilung ist auch auf die Konstellation der Rechtsfolgenfindung im Rahmen einer Plausibilitätsprüfung zu übertragen.

Das BSG hat den Körperschaften die Befugnis abgesprochen, schon nach bloßer Durchsicht der Honorarabrechnung auf ihre Plausibilität Honoraranforderungen pauschal um einen bestimmten Prozentsatz kürzen.[370] Hingegen ist es durchaus möglich, aber auch notwendig, anhand von Einzelfällen zu prüfen, worauf ein als implausibel bewerteter Anstieg der Ansatzhäufigkeit einer bestimmten Abrechnungsposition beruht. Im Sinne des Indizienbeweises muss demnach feststehen, dass eine rechtsfehlerhafte Abrechnung vorliegt.[371] Der Indizienbeweis kann insbesondere durch die - von der KZBV und den Bundesverbänden der Krankenkassen noch zu vereinbarenden - Tagesprofile geführt werden. Diese

---

[369] BSG, Urt. v. 17.9.1997 - 6 RKa 86/95 = MedR 1998, 338-340.

[370] BSG, Urt. v. 8.3.2000 - B 6 KA 16/99 R = NZS 2001, 213-219.

[371] BSG, Urt. v. 24.11.1993 - 6 RKa 70/91 = SozR 3-2500, § 95, Nr. 4; LSG Rheinland-Pfalz, Urt. v. 25.1.2000, L 5 Ka 2/99 = ArztR 2001, 166; das Bundessozialgericht hat eine sachlich-rechnerische Richtigstellung anerkannt, nachdem ein Anstieg der Ansatzhäufigkeit einer bestimmten EBM-Ä-Position Feststellungen zur Einschätzung der fehlenden Erfüllung von Leistungslegenden geführt hatte: Urt. v. 6.9.2000 - B 6 KA 17/00 B (Juris-Dokument: KSRE081350818).

Tagesprofile gelten als sichere Tatsachenfeststellung. Die Vermutung der Unrichtigkeit führt zu einer Umkehr der Beweislast zu Lasten des betroffenen Vertragszahnarztes. In diesen Fällen muss der Vertragszahnarzt nachweisen, dass die Abrechnung korrekt ist und sachliche Richtigkeit beanspruchen kann. Damit wird in der Folge ein Zustand erreicht, der dem einer vorsätzlichen oder grob fahrlässigen Abrechnung entspricht. Ist der Nachweis einer unrichtigen Abrechnung geführt, kann mit einer Korrektur der Abrechnung reagiert werden. Das bedeutet letztlich, dass zu einem auffälligen, implausiblen Abrechnungsverhalten besondere Umstände hinzukommen müssen, die eine nicht ordnungsgemäße Abrechnung nahe legen. Zwingend erforderlich ist allerdings, dass die Maßstäbe der Implausibilität nachvollziehbar dargelegt worden sind.

c) Ergebnis

Kommt es zu sachlich-rechnerischen Berichtigungen der Abrechnung und somit zu einer Minderung der Honorars, ist dies dem Vertragszahnarzt unter Bekanntgabe von Gründen mitzuteilen. Soweit der Vertragszahnarzt Honorar für nicht abrechnungsfähige Leistungen fordert, steht ihm insoweit nicht nur eine lediglich gekürzte, sondern überhaupt keine Vergütung zu. Entsprechende Bescheide der KZV sind gemäß § 85 Absatz 4 Satz 9 sofort vollziehbar.[372] Die KZV ist in diesem Zusammenhang - in der Regel auf Grundlage des HVV - berechtigt, fällige Zahlungen zurückzuhalten[373], wenn Erstattungspflichten wegen Überzahlung bzw. Schadensersatzansprüche bestehen bzw. glaubhaft sind. Dieses vorläufige Mittel des Einbehaltes ersetzt allerdings weder die bestandskräftige oder vollziehbare Rückforderung noch den Nachweis.

4. Verknüpfung der Prüfungsalternativen, Konkurrenzen

a) Verknüpfung

Sowohl die Kassenzahnärztlichen Vereinigungen (Absatz 2 Satz 7) als auch die Krankenkassen (Absatz 3 Satz 2) haben die jeweils andere Partei unverzüglich über die Durchführung der Prüfungen und deren Ergebnisse zu unterrichten. Damit schließt sich der in Absatz 1 begonnene Kreis der gemeinsamen Aufgabe der Abrechnungsüberprüfung. Denn die Krankenkassen oder ihre Verbände können, sofern dazu Veranlassung besteht, gezielte Prüfungen durch die KZV

---

[372] § 85 Absatz 4 Satz 9 i. d. F. d. 6. SGGÄndG; dazu: LSG Rheinland-Pfalz, Beschl. v. 30.5.2005 - L 5 ER 17/05 KA = MedR 2005, 614-616; SG Karlsruhe, Urt. v. 18.2.2003 - S 1 KA 4323/02 ER (Juris-Dokument: KSRE091190518).

[373] Gewährt ein HVV Ansprüche (z.B. Abschlagszahlungen) kann er diese nur dann wieder einschränken (z. B. Sicherungseinbehalte durch Reduzierung der Abschlagszahlungen), wenn die entsprechenden Regelungen nicht gegen höherrangiges Recht verstoßen. Dies ist der Fall, wenn trotz eines Widerspruchs gegen einen Bescheid des Prüfungsausschusses (der Widerspruch hat aufschiebende Wirkung gemäß § 106 Absatz 5 Satz 4) solche Sicherungseinbehalte vorgenommen werden; dazu: LSG Nordrhein-Westfalen, Beschl. v. 25.5.2006 - L 11 B 20/06 KA ER (n. v.).

oder die Prüfgremien beantragen. Das gleiche Recht steht der KZV zu, Absatz 4 Sätze 1 und 2. Die KZV kann das Richtigstellungsverfahren daher von Amts wegen oder auf Antrag einer Krankenkasse durchführen.[374] Sie soll innerhalb von drei Monaten, spätestens innerhalb eines halben Jahres nach Geltendmachung die Berichtigungsanträge der Krankenkassen bearbeiten. Beiden Partnern steht es zudem offen, bei festgestellter Unplausibilität eine Wirtschaftlichkeitsprüfung nach § 106 zu beantragen. Zu beachten ist, dass den Krankenkassen diese Möglichkeit nur in den Fällen des Absatz 2 bzw. des Absatz 3 Satz 1 Nr. 2 und 3 eröffnet wird. Hingegen können Unrichtigkeiten im Sinne des Absatz 3 Satz 1 Nr. 1 und 4 ausschließlich zur sachlich-rechnerische Berichtigung führen. Das Gesetz schafft also ein System der Gegenseitigkeit. Beide Partner haben auf der einen Seite Prüfrechte und -pflichten, die auf der anderen Seite mit Informationsrechten und -pflichten sowie der Möglichkeit der Antragstellung zur Durchführung der „fremden" Prüfung verknüpft werden. Nur eine eigene Kürzungskompetenz ist den Krankenkassen nicht zugestanden worden.

b) Konkurrenzen und Abgrenzung zur Wirtschaftlichkeitsprüfung

Trotz bzw. wegen der engen Verknüpfung stellt sich die Frage der justiziablen Abgrenzung der beiden Prüfformen.

Für die Frage der Zuständigkeit kommt es nach den bisherigen Feststellungen entscheidend darauf an, ob sich die implausible oder sonstig auffällige Abrechnung des Vertragszahnarztes als sachlich falsch oder als unwirtschaftlich darstellt. Die mit der Abgrenzung zwischen den Anwendungsbereichen der sachlich-rechnerischen Berichtigung und der Wirtschaftlichkeitsprüfung verbundenen Schwierigkeiten sind darin begründet, dass die Grenze zwischen der Unrichtigkeit der Abrechnung einzelner Leistungen und der Unwirtschaftlichkeit der Abrechnung von Leistungen fließend ist. Trotz des Umstandes, dass die vertragszahnärztlichen Aufgaben im Zweifel von KZV und den Krankenkassen gemeinsam zu erfüllen sind[375], ist sowohl mit Blick auf die Zuständigkeiten als auch die unterschiedlichen Anforderungen an die Verfahren sowie das Mit- und Nebeneinander der Prüfmechanismen eine möglichst klare Unterscheidung von großer Bedeutung und zwar bereits aus formalen Gründen.

Richtigstellungen dürfen weder in den Zuständigkeitsbereich der Prüfgremien nach § 106 eingreifen noch umgekehrt. Dies hängt auch an der unterschiedlichen Zielrichtung der Verfahren. Während die Wirtschaftlichkeitsprüfung trotz einzelfallbezogener Anknüpfung global die Qualität und Finanzierbarkeit der Leistungserbringung im Auge hat, stellt die Richtigstellung auf die Rechtmäßigkeit einer konkreten Abrechnungssammelerklärung ab. Nach der gesetzlichen Grundkonstruktion sind für die Prüfung der Honoraranforderung wegen Unwirt-

---

[374] So schon: BSG, Urt. v. 12.12.2001 - B 6 KA 3/01 R = BSGE 89, 90, 93 f. = SozR 3-2500, § 82, Nr. 3, S. 6.

[375] BSG, Urt. v. 31.7.1991 - 6 RKa 20/90 = BSGE 69, 154, 157, 158.

schaftlichkeit und die Festsetzung von Honorarkürzungen ausnahmslos die Gremien der Wirtschaftlichkeitsprüfung zuständig. Hingegen ist es ausschließlich Aufgabe der KZV, eine Richtigstellung vorzunehmen. Würde der bloße Anfangsverdacht einer fehlerhaften Abrechnung ausreichen, um der KZV bzw. den Krankenkassen das Recht in die Hand zu geben, die sachliche Zuständigkeit zu bestimmen, hätte es diese in der Hand, den Umfang der den Prüfgremien verbleibenden Kompetenzen beliebig zu beeinflussen. Auch deswegen bedarf es einer möglichst genauen Abgrenzung und der Festlegung, anhand welcher Kriterien sonstige gesetzliche oder vertragliche Vorgaben in die eine oder andere Prüfung einzuordnen sind. Stellen die Prüfgremien bei der Durchführung der Wirtschaftlichkeitsprüfung fest, dass sachlich-rechnerische Berichtigungen vorzunehmen sind, müssen sie gegebenenfalls das Verfahren aussetzen und die Abrechnung der KZV zur Prüfung und zur Richtigstellung zuleiten. Umgekehrt muss auch die KZV ein Verfahren den Prüfgremien zugänglich machen, wenn Fragen der Wirtschaftlichkeit betroffen sind.

Die Unterscheidung hat auch materiellrechtlich Bedeutung. Dies gilt insbesondere deswegen, weil nach den bisherigen Untersuchungen den Vertragszahnärzten im Rahmen der Wirtschaftlichkeitsprüfung bessere Möglichkeiten zur Verteidigung zustehen als im Rahmen der Richtigstellung. Dies gilt zumindest bei grob fahrlässig fehlerhafter Abrechnung und insbesondere der denkbaren Beweislastumkehr durch die Plausibilitätsprüfung. Während bei der Wirtschaftlichkeitsprüfung, hier ist die grundsätzliche Abrechnungsfähigkeit der Leistungen gar nicht Gegenstand des Verfahrens, Praxisbesonderheiten und kompensatorische Einsparungen, also inhaltliche Aspekte, zu berücksichtigen sind und zudem eine Beweislastumkehr regelmäßig erst bei einem erheblichen Abweichen vom Fachgruppendurchschnitt eintritt, ist dies bei der eher formale Gesichtspunkte betrachtenden Abrechnungsprüfung anders. Diese stellt schon dem Grunde nach das Ansetzen des Honorars (oder Teile dessen) durch den Vertragszahnarzt in Frage. Der betroffene Vertragszahnarzt läuft also Gefahr, sich großen Kürzungssummen ausgesetzt zu sehen und gleichzeitig in Beweisnöten zu stecken, da er gehalten ist, den gegen ihn erhobenen grundlegenden Vorwurf zu entkräften. Wirksame Ansätze dafür stehen ihm nur in seltenen Fällen zur Verfügung. Diese Verschlechterung der Position verschärft sich mit Blick darauf, dass der Widerspruch gegen Bescheid des Prüfungsausschusses gemäß § 106 Absatz 5 Satz 4 aufschiebende Wirkung hat, während dies bei der Richtigstellung nicht der Fall ist (§ 85 Absatz 4 Satz 9). Letztlich kommt es gerade dort zu einer Verschlechterung der Rechtsposition der geprüften Vertragszahnärzte. Die unterschiedliche Folge der Einstufung einer Auffälligkeit als unwirtschaftlich oder unrichtig zwingt zu einer genauen Betrachtung jedes Einzelfalls.

Zu guter Letzt ist die Frage, wem ein möglicher Regressbetrag zufließt, von großer praktischer Relevanz. Die Motivation der Empfänger des Geldes dürfte durchaus ausgeprägter sein als die eines nur formal Beteiligten, der nicht vom

Ergebnis profitiert. Im Gegensatz zum Vertragsarztrecht[376] fehlen klare Vorgaben. Letztlich ist die Beantwortung im Einzelfall von den gesamtvertraglichen Vereinbarungen abhängig. In der Regel verbleibt eine Kürzungssumme aus der Richtigstellung im „Abrechnungstopf" der KZV, während Beträge aus den Wirtschaftlichkeitsprüfungen den Krankenkassen zufließen.

Die Rechtsprechung legt die Kriterien für die Abgrenzung der Rechtsinstitute der sachlich-rechnerischen Berichtigung einerseits sowie die Prüfung der Wirtschaftlichkeit der Behandlungs- und Verordnungsweise durch die Gremien der Wirtschaftlichkeitsprüfung andererseits nur pauschal fest. Während bei der Wirtschaftlichkeitsprüfung allein an die Menge zahnärztlicher oder zahnärztlich veranlasster Leistungen angeknüpft werde, die in grundsätzlicher Übereinstimmung mit den gesetzlichen und/oder vertraglichen Bestimmungen erbracht worden sei, beziehe sich die Prüfung der Abrechnung seitens der KZV auf Rechenfehler und die Einhaltung der tatbestandlich umschriebenen Voraussetzungen einer Position der Gebührenordnung und der sie flankierenden Regelungen.[377] Gegenstand der Abrechnungsprüfung sei die Prüfung der Abrechnung des Vertragszahnarztes auf ihre Übereinstimmung mit den gesetzlichen und vertraglichen Vorschriften des Vertragszahnarztrechts, mit Ausnahme des Wirtschaftlichkeitsgebotes.[378] Dies bedinge bei der Wirtschaftlichkeitsprüfung eine Zurückführung der überhöht in Rechnung gestellten Leistungen, während für nicht in Einklang mit den Vergütungsnormen erbrachte Leistungen - unabhängig von ihrer Menge - kein Vergütungsanspruch bestehe.[379]
Darüber hinaus dient die Richtigstellung, als Teil der Abrechnungsprüfung, der (nachträglichen) Rückführung von überzahlten Punktwerten sowie - über die Plausibilitätsprüfung - als Instrument der (nachträglichen) Aufdeckung und Rückführung von zu Unrecht abgerechneten Punktmengen. Die erweiterte Anwendung weist ihr aber noch eine zweite Funktion zu, nämlich die eines Auffangtatbestandes. Aufgrund der klar definierten Vorgaben geht diese grundsätzlich jeder weiteren Prüfung voraus.[380]

---

376 § 53 des BMV-Ä (www.kbv.de; DARIS-Nr.: 1003726371) regelt, dass die Kassenärztliche Vereinigung den Krankenkassen aus der Gesamtvergütung für Erstattungsansprüche wegen Überzahlung als Folge unberechtigter oder unwirtschaftlicher Honorarforderungen der Vertragsärzte haftet, wenn und soweit dadurch die Gesamtvergütung erhöht wird. Erhöht sich die Gesamtvergütung nicht, fallen aus Feststellungen über unberechtigte oder unwirtschaftliche Honorarforderungen entstandene Kürzungs- oder Erstattungsbeträge in die Honorarverteilung. Ähnliche Regelungen sieht § 49 EKV-Ä vor.

377 Siehe dazu ausführlich III., 1.; BSG, Urt. v. 1.7.1998 - B 6 KA 48/97 R = SozR 3-2500, § 75, Nr. 10, S. 43, m. w. N.

378 Hess, in: Kasseler Kommentar, § 75, Rn. 15; vgl. auch BSG, Urt. v. 22.3.1984 - 6 RKa 24/82 = SozR 5557, Nr. 5451, Nr. 1; Clemens, in: Schulin, Handbuch des Sozialversicherungsrechts, § 34, Rn. 2.

379 Clemens, in: Schulin, a. a. O., § 33, Rn. 9.

380 Die Wirtschaftlichkeitsprüfung setzt jedenfalls im Grundsatz später an, da sie im Prinzip davon ausgeht, dass die Leistungen, um die es geht, berechnungsfähig sind. Denn allein er-

Ist eine Differenzierung nicht eindeutig möglich, muss die mit der Angelegenheit befasste Stelle zunächst abwägen, ob eine Unrichtigkeit wahrscheinlicher ist als die Unwirtschaftlichkeit der Abrechnung. Im Zweifel sollte eine Befassung der Prüfgremien den Vorzug erhalten. Denn in den Prüfgremien als selbstständigen Organen kommt der Grundgedanke der Gemeinsamkeit am ehesten zum Ausdruck. Insoweit entspricht diese Zweifelsregel dem Grundgedanken des § 106a Absatz 1. Für diese Festlegung spricht auch, dass das Gesetz - dies ergibt sich aus dem Umkehrschluss aus § 106a Absatz 4 Satz 3 - lediglich in den Sonderfällen des § 106a Absatz 3 Satz 1 Nr. 1 und Nr. 4 keine Wirtschaftlichkeitsprüfung ins Auge fasst.

Zudem ist den Prüfgremien auch ohne Zuständigkeitswechsel eine Richtigstellung in kleinem Rahmen erlaubt. Nach der Rechtsprechung besteht lediglich ein Recht der Prüfgremien im Rahmen der Wirtschaftlichkeitsprüfung, sachlich-rechnerische Berichtigungen im unbeträchtlichen Umfang durchzuführen.[381] Diese so genannte Randzuständigkeit setzt voraus, dass die Abrechnungsfragen tatsächlich nur geringe Teile der Abrechnung umfassen. Sachlich-rechnerische Richtigstellungen, die betragsmäßig mehr als ein Drittel der Gesamtkürzung ausmachen, sind nicht mehr von der Randzuständigkeit gedeckt.[382] Eine Randzuständigkeit der KZV, im Rahmen sachlich-rechnerischer Richtigstellung auch die Abrechnung unwirtschaftlicher Behandlungen zu berichtigen, besteht hingegen nicht. Abweichende Vereinbarungen bzw. Handhabungen sind nicht zulässig.[383] Eine von einer KZV vorgenommene Umwandlung von Ziffern des BEMA stellt damit, zumindest soweit sie mit fehlender Notwendigkeit der Leistungserbringung begründet wird, eine Kürzung im Rahmen der Wirtschaftlichkeitsprüfung dar, zu der die KZV nicht befugt ist.[384]

Kann eine Unterscheidung daher (noch) nicht getroffen werden, muss einer Überprüfung im Wege der Wirtschaftlichkeitsprüfung der Vorrang gegeben werden. Die Beteiligten müssen im Zweifel davon ausgehen, dass der Vertragszahnarzt die abgerechneten Leistungen tatsächlich erbracht hat und diese auch abrechnungsfähig sind.

---

brachte und abrechnungsfähige Leistungen können wirtschaftlich sein. Dazu: BSG, Urt. v. 15.4.1986 - 6 RKa 27/84 = BSGE 60, 69.

[381] Dazu: BSG, Urt. v. 27.4.2005 - B 6 KA 39/04 R = MedR 2005, 728-732; SG Dresden, Urt. v. 4.9.2002 - S 11 KA 187/01(Juris-Dokument: KSRE091540518).

[382] LSG Baden-Württemberg, Urt. v. 20. April 1994 - L 5 Ka 2126/92 = ArztR 1995, 247-249.

[383] BSG, Urt. v. 1.7.1998 - B 6 KA 48/97 R = Breith 1999, 659-664; SG Hamburg, Urt. v. 5.11.1997 - 3 KA 23/97 = MedR 1998, 187, 190 f.

[384] Schleswig-Holsteinisches LSG, Urt. v. 18.2.1997 - L 6 KA 35/96 (Juris-Dokument: KSRE066610318).

5. Grenzen der Abrechnungsprüfung

Die Berichtigung der Honorarabrechnung eines Vertragszahnarztes kann grundsätzlich auch dann noch erfolgen, wenn aufgrund der eingereichten Honorarabrechnung bereits eine Auszahlung an den Vertragszahnarzt erfolgt ist.

Es handelt es sich bei den die sachlich-rechnerische Richtigstellung betreffenden Vorschriften um im Sinne von § 37 SGB I die Vorschrift des § 45 SGB X verdrängende Sondervorschriften des Vertragszahnarztrechts.[385] Hieraus ergibt sich eine Interessenbewertung, die der Anwendung des § 45 SGB X entgegensteht; denn die dort zu Gunsten der Rechtssicherheit und des Vertrauensschutzes vorgesehene Beschränkung der Rücknahmebefugnis rechtfertigt sich gerade daraus, dass dem Erlass eines begünstigenden Verwaltungsaktes im Regelfall eine umfassende Prüfung der Sach- und Rechtslage in einem förmlichen Verwaltungsverfahren vorausgegangen ist.[386] Dies ist bei vertragszahnärztlichen Honorarbescheiden nur beschränkt der Fall.

Um den verbleibenden Vertrauensschutz wirksam zu durchbrechen, muss der Vertragszahnarzt im Quartalsbescheid auf mögliche Änderungen und Rückforderungen hingewiesen werden. Der Umfang dieser Hinweise wird nicht einheitlich bestimmt. Einigkeit besteht nur dahingehend, dass ein allgemeiner Vorbehalt untauglich ist, da er dem Honorarbescheid jeden Regelungscharakter nehmen und die Sicherungsmechanismen der § 44 ff. SGB X unterlaufen würde. Vorbehalte können also nicht zu dem Zweck erlassen werden, Honorarbescheide ohne weitere Voraussetzungen aufheben zu können. Ein Vertrauensschutz ist aber zumindest in den Fällen beseitigt, in denen den Quartalsbescheiden ausführliche Anlagen mit einer alternativen Honoraraufstellungen beigefügt werden und welche mit einem ausdrücklichen Vorbehalt versehen sind, in denen auf die noch vorhandenen Unklarheiten, z. B. ausstehende gesamtvertragliche Vergütungsregelungen, hingewiesen wird.[387] Teile der Rechtsprechung[388] sind großzü-

---

[385] Siehe schon unter Kapitel 3, II., 1., a), aa), (2), (bb); BSG, Urt. v. 17.9.1997 - 6 RKa 86/95 = SozR 3-5550, § 35, Nr. 1; zusammenfassend: BSG, Urt. v. 14.12.2005 - B 6 KA 17/05 R = Breith 2006, 715-726.

[386] Bayerisches LSG, Urt. v. 26.7.2000 - L 12 KA 87/98 (Juris-Dokument: KSRE082300318); BSG, Urt. v. 26.1.1994 - 6 RKa 29/91 = SozR 3-1300, § 45, Nr. 21; BSG SozR 3-1300, § 45, Nr. 22.

[387] BSG, Urt. v. 31.10.2001 - B 6 KA 15/00 R = SozR 3-2500, § 85 Nr. 42 und Urt. v. 12.12.2001 - B 6 KA 3/01 R = SGb 2003, 165-172 und Urt. v. 30.6.2004 - B 6 KA 34/03 = MedR 2005, 52-56; unter Hinweis auf das letztgenannte Urteil bejaht SG Düsseldorf, Bescheid v. 15.12.2005 - S 2 KA 168/05 (n. v.) den Vertrauensschutz wegen fehlender Hinweise auf eine mögliche Honorarberichtigung im Rahmen einer nachträglichen Anwendung der pro rata temporis zu bestimmenden degressionsfreien Punktmenge.

[388] LSG Niedersachsen-Bremen, Urt. v. 25.6.2003 - L 3 KA 349/02 (Juris) unter Verweis auf BSG, Urt. v. 26.6.2002 - B 6 KA 26/01 R (Juris); insbesondere für den Fall, dass die KZV selbst keine weiteren Informationen besitzt und daher eine individualisierbare Alternativberechnung gar nicht möglich ist, wird ein Hinweis auf die Höhe einer zu erwartenden Kürzung auch nicht verlangt werden können; das LSG Nordrhein-Westfalen, Urt. v. 10.5.2006 - L 11 KA 53/04 (n. rkr.), hält im Rahmen einer Rückforderung wegen Überschreitung von Degressionspunktmengen eine Bezugnahme auf den HVM im Honorarbescheid für ausreichend, um

giger und erlauben eine spätere Korrektur der Honorarfestsetzung auch, wenn im Honorarbescheid keine näheren Aussagen zum ungefähren Umfang der zu erwartenden Honorarkürzung getroffen worden sind.
Bei Betrachtung der verschiedenen Fallgestaltungen sind auch Umstände zu berücksichtigen, die ein qualifiziertes Vertrauen hervorgerufen haben könnten. Dabei darf keineswegs außer Betracht bleiben, mit welcher Konstellation die Körperschaft umzugehen hat. Handelt es sich z. B. um eine systemfremde, von der KZV selbst herbeigeführte Konstellation - wie zum Beispiel die bewusste Überzahlung der Vertragszahnärzte trotz unklarer Gesamtvergütung - muss ein Vertrauensschutz zuerkannt werden.

Eine nachträgliche Abrechnungsprüfung ist trotz aller Vorbehalte aus Gründen des Vertrauensschutzes zeitlich nicht unbegrenzt zulässig. Die insoweit bestehende Regelungslücke kann durch die Heranziehung der vom BSG für Verfahren der Wirtschaftlichkeitsprüfung entwickelten Grundsätze geschlossen werden. Danach erfordert das aus Artikel 20 Absatz 3 GG abzuleitende rechtsstaatliche Gebot der Rechtssicherheit eine zeitliche Begrenzung des Verfahrens[389], welche in Anlehnung an die sozialrechtlichen Verjährungsfristen als Ausschlussfrist mit vier Jahren zu bemessen ist.[390]

Der Vertragszahnarzt kann sich für den Fall einer Kürzung nicht auf den Umstand berufen, die Abrechnungsweise sei jahrelang nicht beanstandet worden. Eine solche Argumentation käme einer Verwirkung nahe. An die Annahme einer Verwirkung sind ausweislich der Rechtsprechung[391] hohe Anforderungen zu stellen, da diese ein dem Betroffenen gesetzlich zustehendes Recht ausschließt. Eine Verwirkung wird nur anerkannt, wenn der Betroffene, hier die KZV, auf andere Weise von der Unrichtigkeit der Abrechnung Kenntnis erlangt oder sicher hätte Kenntnis haben müssen. Ein Vertrauensschutz in diesem Sinne, der eine die rückwirkende sachlich-rechnerische Richtigstellung verbieten würde, kommt daher allein für einen (theoretischen) Fall in Frage: Zum einen muss die KZV positive Kenntnis erlangt haben, dass der betroffene Vertragszahnarzt be-

---

dem Vertragszahnarzt deutlich zu machen, dass es wegen (späteren) Überschreitens der Punktmengengrenzen zu einer Minderung des Honorars kommen kann. Die Forderung, bereits der Honorarbescheid müsse einen Hinweis auf eine evtl. Honorarkürzung wegen der Degressionsregelung enthalten, sei angesichts des ausdrücklichen Hinweises auf den HVM bloße Förmelei, zumal dem Vertragszahnarzt die Bestimmung des HVM bekannt sein müsse. Erst recht sei kein Hinweis erforderlich, unter welchen Voraussetzungen eine Rückforderung in Betracht komme, denn es liege für alle Beteiligten auf der Hand, dass (nur) bei Vorliegen der gesetzlichen Voraussetzungen die Rückforderung erfolgen werde.

[389] Bayerisches LSG, Urt. v. 27.10.1999 - L 12 KA 78/98 = ArztR 2000, 288 f.

[390] LSG Schleswig-Holstein, Urt. v. 28.6.2005 L 4 KA 9/05 (Juris, n. rkr., B 6 KA 40/05 R); BSG, Urt. v. 14.5.1997 - 6 RKa 63/95 = SozR 3-2500, § 106, Nr. 39; Bayerisches LSG, Urt. v. 27.10.1999 - L 12 KA 78/98 = = ArztR 2000, 288 f..

[391] BSG, Urt. v. 17.11.1999 - B 6 KA 10 /99 R = SozR 3-2500, § 71, Nr. 1; Jung, Verjährung, Ausschluss und Verwirkung sozialrechtlicher Ansprüche, ZfSH/SGB 1988, 16-23.

stimmte Leistungen systematisch (fehlerhaft) abrechnet. Zum anderen muss der Vertragszahnarzt aus seiner langjährigen unbeanstandeten Abrechnung der entsprechenden Leistungen seitens der KZV den Schluss ziehen, die KZV stelle die Zulässigkeit der Abrechnungsweise nicht in Frage.[392] Selbst wenn diese Voraussetzungen vorliegen, muss darüber hinaus geprüft werden, ob Anlass zu einer Vertrauensbetätigung gegeben war und insoweit Schutzwürdigkeit bestand. Daran fehlt es z. B. bei erkennbar ohne medizinischen Nutzen vorgenommenen Leistungen.[393] Das BSG hat vor diesem Hintergrund zu Recht entschieden, dass aus der unbeanstandeten Abrechnung bestimmter Leistungen über einen längeren Zeitraum für den betroffenen Vertragsarzt kein Recht erwächst, auch in Zukunft entsprechend abrechnen zu dürfen.[394] Soweit dem Vertragszahnarzt die Erbringung einer bestimmten Leistung durch bestandskräftigen Verwaltungsakt nicht ausdrücklich gestattet worden ist, muss er stets mit Veränderungen hinsichtlich der Abrechenbarkeit seiner Leistungen rechnen.

Neben Gründen des Vertrauensschutzes führen auch die Einleitung, Durchführung und der Abschluss eines sonstigen Prüfverfahrens - unabhängig vom Ausgang des Verfahrens - im Hinblick auf die Möglichkeit einer Abrechnungsprüfung zu einer der (weiteren) Prüfung entgegenstehenden Bestandskraft des Bescheides. Der Honorarbescheid ist für alle Beteiligten bindend geworden.[395] § 77 SGG lässt keine andere Beurteilung zu.

---

[392] Vgl. BSG, Urt. v. 20.3.1996 - 6 RKa 34/95 = SozR 3-2500, § 95, Nr. 9; BSG, Urt. v. 12.12.2001 - B 6 KA 3/01 R = BSGE 89, 90, 101 = SozR 3-2500, § 82, Nr. 3, S. 14.

[393] BSG, Urt. v. 5.2.2003 - B 6 KA 15/02 R = MedR 2003, 591-594.

[394] BSG, Urt. v. 28.5.1965 - 6 RKa 1/65 = BSGE 23, 97, 104; BSG, Urt. v. 18.9.1973 - 6 RKa 14/72 = BSGE 36, 155, 161 = SozR Nr. 37 zu § 368a RVO.

[395] Ausführlich: Meyer-Ladewig, SGG, § 77, Rn. 1 ff.

Kapitel 4 - Honorarverteilung

I. Einführung

Jede KZV ist gesetzlich verpflichtet, die von den Krankenkassen ausgeschüttete Gesamtvergütung an die Vertragszahnärzte zu verteilen. Dies ist eine der wesentlichen Aufgaben der KZV, welche im vierten Kapitel des SGB V ihre Verankerung findet, in dem alle Beziehungen zwischen den Krankenkasse und den Leistungserbringern normiert werden. Während im zweiten Titel des vierten Kapitels die Kassenzahnärztlichen Vereinigungen selbst gebildet werden, umfasst der dritte Titel die Vorgaben zu den Verträge auf Bundes- und Landesebene. § 85 ist in diesem Zusammenhang die zentrale Vorschrift zur Vergütung der durch die KZV und die Vertragszahnärzte sichergestellten Versorgung. Diese Vorschrift gliedert sich ein in die Regelungen zu den Gesamtverträgen (§ 83), den Bundesmantelverträgen, den Einheitlichen Bewertungsmaßstäben (§ 87) sowie zur Frage des Zahlungsanspruches bei Mehrkosten (§ 87a). Die Sondervorschriften der §§ 85a ff[396] beziehen sich allein auf die vertragsärztliche Vergütung und gelten gemäß § 85a Absatz 1, 2. Halbsatz, § 85b Absatz 1 Satz 3 nicht für Vertragszahnärzte.
§ 85 regelt im Wesentlichen zwei Bereiche auf folgenden Stufen:

1. Rahmen für Umfang und Festlegung der Gesamtvergütung zwischen Kasse und KZV (§ 85 Absatz 1-3e) und
2. Vorgaben für die Verteilung der Gesamtvergütung über den HVV (§ 85 Absatz 4 - 4f).

Auf der zweiten Stufe ist mit den Verbänden der Krankenkassen bei der Ausschüttung ein Verteilungsmaßstab zu vereinbaren, bei dem Art und Umfang der Leistungen der Vertragszahnärzte zugrunde zu legen sind. Der Verteilungsmaßstab muss sicherstellen, dass eine übermäßige Ausdehnung der Tätigkeit des Vertragszahnarztes verhindert wird. Die Kassenzahnärztlichen Vereinigungen haben dabei die in § 85 Absatz 4 niedergelegten Grundsätze in ihre regionalen HVV einzuarbeiten. Im Rahmen der gesetzlichen Vorgaben verbleibt allerdings ein Spielraum. Die Degressionsvorschriften (§ 85 Absatz 4b - 4e) sind zwar systematisch dem Bereich der Gesamtvergütung zugeordnet worden, stellen letzt-

[396] Bei den Vertragsärzten werden die Regelungen über die Vereinbarung von Gesamtvergütungen zwischen den Krankenkassenverbänden und den Kassenärztlichen Vereinigungen auf der Grundlage mitgliederbezogener Kopfpauschalen durch die in § 85a-d getroffenen Regelungen ersetzt. Durch die Abschaffung der bisher vereinbarten Kopfpauschalen pro Mitglied sollen die Handlungsspielräume vergrößert und zugleich bestehende Hindernisse für die Entwicklung innovativer Versorgungsformen, insbesondere der integrierten Versorgung, beseitigt werden: Es wird nicht mehr ein fixes, von der Krankenkasse unabhängig vom Umfang der tatsächlich erbrachten Leistungen gezahltes Honorarbudget (als Summe der Kopfpauschalen) vereinbart. Siehe auch Kapitel 2, III., a), aa), (1).

lich aber ein eigenständiges Instrument im Bereich der Vergütung dar und bedürfen daher einer selbstständigen Untersuchung.[397]

II. Historische Entwicklung und Regelungszweck

Sowohl der erste Komplex des § 85 (Absätze 1 bis 3e) als auch die Vorgaben auf der zweiten Stufe - mithin der Honorarverteilung - unterlagen im Laufe ihrer Geschichte vielfachen Änderungen.[398] Die beiden wirtschaftlichen Kernaussagen des § 85 bestehen darin, dass mit der Vereinbarung und Ausschüttung der Gesamtvergütung von Seiten der KZV gegenüber den Krankenkassen keine weitergehenden Ansprüche gestellt werden können[399] und sich die vereinbarte Veränderung der Gesamtvergütungen für vertragszahnärztliche Leistungen nicht stärker entwickeln darf als die durchschnittliche Veränderungsrate der beitragspflichtigen Einnahmen aller Mitglieder der Krankenkassen.

III. Gegenstand der Regelung

1. Gesamtvergütung

Der jeweiligen KZV und den Landesverbänden der Krankenkassen obliegt es, die Gesamtvergütung zu vereinbaren. Die Gesamtvergütung ist nach § 85 Absatz 2 Satz 2 das Ausgabenvolumen für die Gesamtheit der zu vergütenden vertragszahnärztlichen Leistungen. Die Festlegung sowie die Veränderung der Gesamtvergütungen ist gemäß § 85 Absatz 3 grundsätzlich unter Berücksichtigung der Praxiskosten, der für die vertragszahnärztlichen Tätigkeit aufzuwendenden Arbeitszeit sowie der Art und des Umfangs der zahnärztlichen Leistungen, soweit sie auf einer Veränderung des gesetzlichen oder satzungsmäßigen Leistungsumfangs[400] beruhen, zu bestimmen.

Die Höhe der Gesamtvergütung ist faktisch durch die Budgetierung des § 71 Absatz 1 bestimmt. Dieser erklärt, dass Beitragserhöhungen zu vermeiden sind, es sei denn, die notwendige medizinische Versorgung ist auch nach Ausschöpfung von Wirtschaftlichkeitsreserven nicht zu gewährleisten. Ausgenommen vom Gebot der Beitragsstabilität sind allein Vorsorgemaßnahmen (z. B. §§ 21, 22). Bei der Vereinbarung der Veränderungen der Gesamtvergütungen in Bezug auf das Ausgabenvolumen für die Gesamtheit der zu vergütenden vertragszahnärztlichen Leistungen ist neben dem Grundsatz der Beitragssatzstabilität auch der in § 72 Absatz 2 niedergelegte Grundsatz der Angemessenheit der Vergütung zu beachten. Mit Inkrafttreten des GMG ist abweichend von der bisherigen

---

[397] Siehe dazu Kapitel 5.

[398] Ausführlich: Muschallik, in: Schnapp/Wigge, Vertragsarztrecht, § 22, Rn. 7 ff.; Engelhard, in: Hauck/Noftz, § 85, Rn. 6-11n.

[399] Das Gesetz sieht in § 85 Absatz 2 Satz 1 vor, dass die Krankenkasse die Gesamtvergütung „mit befreiender Wirkung" leistet. Zudem ist es den Krankenkassen nicht möglich, rückwirkend Beiträge zu erheben. Dazu: BSG, Urt. v. 12.12.2001 - B 6 KA 3/01 R = BSGE 89, 90 (97).

[400] Bis zum 1.1.2004 war nur von „Leistungsausweitung" die Rede.

Regelung eine Überschreitung der Veränderungsraten nach § 71 Absatz 3 auch dann zulässig, wenn Mehrausgaben auf Grund von Beschlüssen des Gemeinsamen Bundesausschusses nach § 135 Absatz 1 entstehen. Hintergrund dieser Neuregelung sind die häufig politisch motivierten Auseinandersetzungen bei der Vereinbarung der Gesamtvergütung, welche die Aufnahme neuer erstattungsfähiger Leistungen - und damit auch den zahnmedizinischen Fortschritt - behinderten. Abschließend sind die - verfassungskonformen[401] - Sonderreglungen für Zahnersatz und Kieferorthopädie in § 85 Absatz 2b Satz 1 und 2 zur Absenkung der Punktwerte zu erwähnen.
Die Gesamtvergütung korrespondiert mit den gesetzlich festgelegten, durch die KZV sicherzustellenden, vertragszahnärztlichen Leistungen in der Gesetzlichen Krankenversicherung. Gemäß § 73 Absatz 2 umfasst die vertragszahnärztliche Versorgung die zahnärztliche Behandlung und kieferorthopädische Behandlung nach Maßgabe des § 28 Absatz 2 und die Versorgung mit Zahnersatz einschließlich Zahnkronen und Suprakonstruktionen, soweit sie § 56 Absatz 2 entspricht.[402] Die vertragszahnärztliche Behandlung umfasst gemäß § 28 Absatz 2 die Tätigkeit des Zahnarztes, die zur Verhütung, Früherkennung und Behandlung von Zahn-, Mund- und Kieferkrankheiten nach den Regeln der zahnärztlichen Kunst ausreichend und zweckmäßig ist; sie umfasst auch konservierend-chirurgische Leistungen und Röntgenleistungen, die im Zusammenhang mit Zahnersatz einschließlich Zahnkronen und Suprakonstruktionen erbracht werden. Wählen Versicherte bei Zahnfüllungen eine darüber hinausgehende Versorgung, haben sie die Mehrkosten selbst zu tragen. Im Übrigen ist die Versorgung mit Zahnersatz einschließlich Zahnkronen und Suprakonstruktionen im Rahmen der §§ 55 ff. vom Sachleistungsprinzip umfasst. § 56 Absatz 2 konkretisiert diese Vorgabe.[403]

Die Gesamtvergütung und die entsprechenden Verträge haben mit der zweiten Stufe der Verteilung der Vergütung zunächst nichts zu tun. Denn die betragsmäßige Festsetzung der von den Krankenkassen zu zahlenden Gesamtvergütung beinhaltet für den einzelnen Vertragszahnarzt keine abstrakt-generelle Norm, die seinen Status bestimmt oder Vorgaben für sein Verhalten macht. Sie legt in dem kollektiv-vertraglich geprägten und aus diesem Grunde gestuften System der Preisvereinbarung für die vertragszahnärztlichen Leistungen eine Gesamtsumme als Parameter fest, an welchen nachfolgend in der abgetrennten Rechtsbeziehung zwischen Vertragszahnarzt und KZV bei der Honorarverteilung lediglich tat-

---

[401] BSG, Urt. v. 8.5.1996 - 6 RKa 19/95 = BSGE 78, 185 ff.; Die Trennung der höchstzulässigen Ausgabenvolumina für Zahnersatz und Kieferorthopädie und die übrigen Leistungen stellt nach BSG, Beschl. v. 14.12.2005 - B 6 KA 63/05 B (n. v.; vorhergehend LSG Nordrhein-Westfalen, Urt. v. 31.8.2005 - L 11 KA 123/03, n. v.) - einen hinreichenden Grund dar, im HVM keine Umverteilung nicht ausgeschöpfter Volumina vorsehen.
[402] Seit 1.1.2005: vgl. Artikel 37 Absatz 8 GMG.
[403] Zum Festzuschusssystem siehe Kapitel 2, II., 5., b), cc).

bestandlich angeknüpft wird.[404] Der einzelne Vertragszahnarzt hat daher z. B. keinen Anspruch darauf, im Falle von Gesamtvergütungsnachzahlungen für zurückliegende Zeiträume Nachvergütungen zu erhalten.[405]

2. Gesamtverträge

Nach Maßgabe der Gesamtverträge im Sinne des § 83 entrichten die in einem Landesverband zusammengeschlossenen Krankenkassen[406] diese Vergütung mit befreiender Wirkung an die jeweilige KZV; Nachforderungen sind im Verhältnis KZV zur Krankenkasse ausgeschlossen. Umgekehrt kann es in einzelnen Fällen und ausgehend von der Art der vereinbarten Gesamtvergütung jedoch zu Erstattungsansprüchen kommen.[407] Gesamtverträge sind öffentlich-rechtliche Verträge[408] und - da sie direkte Rechtswirkungen gegenüber den Vertragszahnärzten entfalten - Normverträge[409].

Kommt ein Vertrag über die vertragszahnärztliche Versorgung ganz oder teilweise nicht zu Stande, setzt das Schiedsamt[410] mit der Mehrheit seiner Mitglieder innerhalb von drei Monaten den Vertragsinhalt fest (§ 89 Absatz 1). Das Schiedsverfahren bestimmt sich nach den Regelungen in der Schiedsamtsverordnung. Der Schiedsspruch eines Schiedsamtes ist ein Verwaltungsakt gegenüber den Verfahrensbeteiligten - im Übrigen hat er normative Wirkung -, der vor den Sozialgerichten angefochten werden kann. Wird ein Vertrag bis zum Ablauf von drei Monaten auch durch Schiedsspruch nicht in Kraft gesetzt und kommt das Schiedsamt innerhalb einer von der zuständigen Aufsichtsbehörde bestimmten Frist dieser Aufgabe nicht nach, setzt die Aufsichtsbehörde den Vertragsinhalt fest (§ 89 Absatz 1 Satz 5).

3. Vergütungen außerhalb der Gesamtvergütung

Von der Honorarverteilung und den dortigen Restriktionen sind nicht alle Leistungen des Vertragszahnarztes und Kieferorthopäden umfasst. Denn nur durch

---

[404] BSG, Beschl. v. 25.5.2005 - B 6 KA 27/04 B (Juris-Dokument: KSRE100221018); BSG, Urt. v. 18.12.1970 - 6 RKa 1/69 = BSGE 31, 23, 28 = SozR Nr. 13 zu § 368f RVO; Engelmann, Untergesetzliche Normsetzung im Recht der gesetzlichen Krankenversicherung durch Verträge und Richtlinien, NZS 2000, 1, 4.

[405] BSG, Urt. v. 9.12.2004 - B 6 KA 44/03 R = GesR 2005, 307-321.

[406] Zu den Problemen bei der Beteiligung von Ersatzkassen: Schnapp, Gesamtverträge und Schiedsverfahren mit Ersatzkassenbeteiligung, NZS 2003, 1 ff.; Wigge, Die Stellung der Ersatzkassen im gegliederten System der gesetzlichen Versicherung nach dem GRG.

[407] Engelhard, in: Hauck/Noftz, § 85, Rn. 125 ff.

[408] Dazu: Boerner, Die Neuregelung des § 69 SGB V und ihre Bedeutung für die Leistungserbringungsverträge, SGb 2000, 389 ff.

[409] BSG, Urt. v. 15.3.1995 - 6 RKa 36/93 = BSGE 76, 48, 51.

[410] Zum Gestaltungsspielraum eines Landesschiedsamtes bei der Anpassung der Gesamtvergütung im vertragsärztlichen Bereich für ein bestimmtes Kalenderjahr: SG Schwerin, Urt. v. 30.11.2005 - S 3 13/04 (Juris, n. rkr., B 6 KA 4/06 R).

das SGB V erfasste Leistungen unterliegen der Budgetierung. Insoweit liegt es nahe, dass diese Abgrenzung vor dem Hintergrund der nahezu umfassenden Budgetierung in der Gesetzlichen Krankenversicherung auch in den Mittelpunkt wirtschaftlicher Überlegungen vieler Vertragszahnärzte gerückt ist. Während bei den Vertragsärzten nur sehr beschränkte Möglichkeiten zum Erbringen von Privatleistungen gegenüber Patienten der Gesetzlichen Krankenversicherung bestehen (sog. Individuelle Gesundheitsleistungen), gewährt das SGB V den Vertragszahnärzten weit reichende Alternativen.
Die Abgrenzung gewinnt insbesondere für die Festlegung der Höhe der Gesamtvergütung weit reichende Bedeutung.

a) Kostenerstattung

Gemäß § 85 Absatz 2 Satz 8 sind die Ausgaben für Kostenerstattungsleistungen nach § 13 Absatz 2 auf das Ausgabenvolumen der Gesamtvergütung anzurechnen.[411] Kostenerstattungsleistungen sind daher grundsätzlich Teil der vertragszahnärztlichen Versorgung. Dies zeigt insbesondere die Vorgabe, dass die Anrechnung von Ausgaben für Kostenerstattungsleistungen auf die Gesamtvergütungen auf diejenigen Fälle beschränkt wird, in denen Versicherte einen zugelassenen Leistungserbringer in Anspruch nehmen. Es erfolgt also eine Anrechnung, wenn Versicherte an Stelle der Sachleistung Kostenerstattung gewählt haben. Ausgenommen sind mit Blick auf die fehlende Bezugnahme hingegen Leistungen gemäß § 13 Absatz 3 und Absatz 4 sowie - explizit erwähnt - Absatz 2 Satz 4. Letztere betreffen Maßnahmen, bei denen der Versicherte keinen zugelassenen Leistungserbringer in Anspruch genommen hat. § 13 Absatz 2 Satz 4 sieht vor, dass Versicherte nach „vorheriger Zustimmung“ durch die Krankenkasse auch nicht zugelassene Leistungserbringer im Inland in Anspruch nehmen können. Hat die Krankenkasse dem zugestimmt, erfolgt keine Anrechnung auf die Gesamtvergütung. Das Gleiche gilt auch, wenn der Versicherte nach § 13 Absatz 4 und 5 einen nicht zugelassenen Leistungserbringer im Ausland in Anspruch genommen hat.
Der in der juristischen Literatur[412] entstandene Streit, inwieweit Leistungen, die zwar grundsätzlich als Naturalleistung zu gewähren sind, aber aufgrund des vom Versicherten ausgeübten Wahlrechts im Wege der Kostenerstattung vergütet wurden, unter § 85 Absatz 2 zu subsumieren sind, hat sich mit der Einfügung des Satz 8 und der damit einhergehenden Klarstellung erledigt.

b) Mehrkostenvereinbarung

Eine Anrechnung auf die Gesamtvergütung erfolgt auch bei Ausgaben auf Grund der Mehrkostenvereinbarungen nach § 28 Absatz 2 Satz 3. Gemäß § 28

---

[411] Seit 1.1.2005: vgl. Artikel 37 Absatz 9 und Absatz 8 GMG; zum bisherigen Streitstand: Engelhard, in: Hauck/Noftz, § 85, Rn. 35 ff.
[412] Übersicht bei: Engelhard, in: Hauck/Noftz, § 85, Rn. 33 ff.

Absatz 2 müssen Versicherte bei Zahnfüllungen die über eine ausreichende und zweckmäßige Versorgung (z. B. Dentibonding, Keramikinlays, etc.) hinausgehenden Kosten selbst tragen. In diesen Fällen ist von den Krankenkassen gemäß § 28 Absatz 2 Satz 3 lediglich die vergleichbare plastische Füllung als Sachleistung abzurechnen. Diese Sachleistung ist der Gesamtvergütung anzurechnen (§ 85 Absatz 2 Satz 8).

c) Zahnersatz

Mit den Neuregelungen zum Zahnersatz in den §§ 55 ff. im Rahmen eines befundorientierten Festzuschusssystems ist unmittelbar die Problematik verknüpft, ob die Vergütung für den Zahnersatz noch unter den Begriff der Gesamtvergütung zu subsumieren ist. Es wurde bereits festgestellt, dass trotz der Neuregelung die Zahnersatzleistungen weiterhin der Wirtschaftlichkeits- und Abrechnungsprüfung unterliegen.[413] Zu fragen ist, ob dieses Ergebnis mit ähnlicher Begründung auf den vorliegenden Komplex übertragen werden kann. Zahnersatz bleibt weiterhin Teil des Leistungskatalogs der Gesetzlichen Krankenversicherung und unterliegt dem Sachleistungssystem. Damit wird die entsprechende Vergütung auf den ersten Blick auch von § 85 Absatz 2 Satz erfasst.
Mit Wirkung zum 1.1.2005 wurden die Worte „sowie für das zahnärztliche Honorar gemäß § 30 Absatz 3 Satz 1" gestrichen[414] sowie die Degressionspunktmengengrenzen um den Anteil Zahnersatz bereinigt. Das heißt, dass diese Leistungen - im Rahmen des § 56 Absatz 2 - zwar noch Gegenstand der vertragszahnärztlichen Versorgung sind, § 73 Absatz 2 Nr. 2a, aber nicht mehr Bestandteil der Gesamtvergütung.[415]

---

[413] Siehe unter Kapitel 2, II., 5., b), cc).

[414] Siehe Artikel 37 Absatz 8 und 9 GMG. Bis zur Neuregelung erfolgte eine Abgrenzung der vertragszahnärztlichen Versorgung von den vom Versicherten ergänzend wählbaren Zusatzleistungen. Sämtliche Leistungen der vertragszahnärztlichen Versorgung waren als Sachleistung auf der Berechnungsgrundlage des BEMA über die KZV abzurechnen. Lediglich die Kosten der zusätzlichen, über die in § 30 Absatz 1 a. F. definierte Versorgung hinausgehenden Leistungen hatten Versicherte selbst in vollem Umfang zu tragen. § 30 Absatz 1 legte konkret fest, dass Versicherte Anspruch auf medizinisch notwendigen Zahnersatz haben und bestimmte diesen Umfang. Nur die über die Definition hinausgehenden Leistungen waren auf Grundlage eines privatrechtlichen Behandlungsvertrages zwischen dem Versicherten und dem Zahnarzt zu erbringen und nach der GOZ abzurechnen. Zur Vermeidung von Unklarheiten schrieb § 30 Absatz 4 zudem detailliert Verfahrensregelungen für die Versorgung mit Zahnersatz und ergänzenden Zusatzleistungen vor. Voraussetzung für jede Mehrkostenvereinbarung war grundsätzlich, dass der Zahnarzt bei der Behandlung einen Mehraufwand nachweisen kann (BSG, Urt. v. 23.4.1996 - B 6 RK 24/95). Abrechnungsgrundlage für die Mehrkosten war dabei die GOZ, wobei der Gebührensatz gem. § 87a a. F. grundsätzlich auf den 2,3-fachen Satz begrenzt war.

[415] Ausführlich: Boecken, Festzuschüsse beim Zahnersatz, VSSR 2005, 1 ff.; nunmehr ebenso: Engelhard, in: Hauck/Noftz, § 85 Rn. 32d ff. (in Abweichung zur Vorauflage); ebenso fällt der Zahnersatz nicht in die Berechnung der Degressionspunkte, siehe Kapitel 5, III., 2., a).

Die gegenläufigen Befunde in den Bereichen Wirtschaftlichkeitsprüfung und Gesamtvergütung stellen keinen Widerspruch dar, da grundsätzlich verschiedene Regelungsinhalte und -bereiche betroffen sind.

d) Sonstige Leistungen

Es ist dem Vertragszahnarzt über die gesetzlichen Vorgaben hinaus nicht gestattet, Zusatzzahlungen zu verlangen. Im Rahmen seiner Vertragszahnarztzulassung hat er sozialversicherte Patienten nach Maßgabe der Bedingungen der Gesetzlichen Krankenversicherung zu behandeln. Dieser Grundsatz gilt selbst dann, wenn damit zu rechnen ist, dass er nach Überschreiten des Budgets möglicherweise für die zu erbringenden Leistungen kein oder kein volles Honorar mehr erhält.[416] Dem Zuschnitt der vertragszahnärztlichen Versorgung liegt nach Auffassung des BSG eine Mischkalkulation zugrunde. Dies bedeutet, dass es durchaus Leistungen geben kann, bei denen selbst eine kostengünstig organisierte Praxis keinen Gewinn erzielt. Das Tarifsystem bildet im Ergebnis aber ein als ausgewogen zu bezeichnendes Tarifgefüge.[417] Ein Vertragszahnarzt darf daher nicht für (behauptete oder auch tatsächlich bestehende) qualitative Unterschiede bei einer bestimmten zahnärztlichen Behandlungsweise zur Diagnose oder Therapie von Krankheiten, die in seiner Praxis verfügbar ist, von ihm beherrscht wird und erbracht werden darf und für die eine Gebührennummer vorhanden ist und die daher zum Gegenstand der vertragszahnärztlichen Versorgung gehört, von Versicherten der Gesetzlichen Krankenversicherung private Zuzahlungen beanspruchen, soweit gesetzlich nichts anders geregelt ist.[418] Das systematische Verlangen einer Zuzahlung als Gegenleistung für die Erbringung einer vertragszahnärztlichen Leistung - das heißt zusätzlich zu einer von der KZV entgegengenommenen vertragszahnärztlichen Honorierung - begründet gar einen Pflichtverstoß des Vertragszahnarztes und kann im Wege des Disziplinarrechtes sanktioniert werden.[419]

Damit sind auch Satzungsbestimmungen einer KZV, die vorschreiben, dass der Vertragszahnarzt sein vertragszahnärztliches Leistungsangebot von der kostendeckenden Vergütung einzelner zahnärztlicher Leistungen abhängig machen darf, rechtswidrig.[420]

Die vollständige Loslösung vom Sachleistungsprinzip ist nur unter den in § 4 BMV-Z bzw. § 8 EKV-Z vorgegebenen Bedingungen möglich.

---

[416] BSG, Urt. v. 14.3.2001 - B 6 KA 67/00 R = MedR 2002, 47-51.

[417] BSG, Urt. v. 26.1.2000 - B 6 KA 59/98 = Die Leistungen Beilage 2001, 289-297; zustimmend: Francke, Die Behandlungspflicht, SGb 2002, 84, 89.

[418] BSG, Urt. v. 14.3.2001 - B 6 KA 77/00 B = Berliner Ärzteblatt 2001, 230 f.

[419] BSG, Urt. v. 17.5.2001 - B 6 KA 8/00 R = MedR 2003, 242 f.

[420] BSG, Urt. v. 14.3.2001 - B 6 KA 54/00 R = NJW 2002, 238.

4. HVV und Budget

Der Begriff der Budgetierung kann auf zwei Stufen bezogen werden:
Zum einen wird wie erwähnt die Gesamtvergütung budgetiert. Spätestens seit der Koppelung der Veränderung der Gesamtvergütung an die Veränderungen der beitragspflichtigen Einnahmen durch § 71 Absatz 2, existiert ein globales, die Gruppe der Vertragszahnärzte betreffendes Budget auf der ersten Stufe.
Zum anderen kommt es auf der zweiten Stufe zu Einschränkungen der Vergütung der Leistungen des einzelnen Vertragszahnarztes. Obwohl letzteres die Konsequenz des ersten Budgets ist, sind die gesetzlichen Vorgaben und Mittel unterschiedlich. Vorliegend sind lediglich die formellen und materiellen Vorgaben und Konsequenzen eines Budgets für den Vertragszahnarzt von Bedeutung.
Die Vorschriften zur Bestimmung der Höhe des vertragszahnärztlichen Honorars stellen Berufsausübungsregelungen dar, die nach Art. 12 Absatz 1 Grundgesetz durch ausreichende Gründe des Gemeinwohls gerechtfertigt werden können, sofern dem Grundsatz der Verhältnismäßigkeit Genüge getan wird.[421]
Grundsätzlich kann der Vertragszahnarzt zum Zeitpunkt der Leistungserbringung nur von einer ungefähren Höhe des zu erwartenden Honorars ausgehen, da Maßnahmen der Honorarverteilung nicht an die Leistungserbringung, sondern allein an die Ausschüttung der Gesamtvergütung anknüpfen.[422]

a) Allgemeine Vorgaben

Regelungen einer KZV, die das vertragszahnärztliche Einkommen steuern und begrenzen, sind hoheitliche Maßnahmen, die dem Vorbehalt des Gesetzes unterliegen. Der einzelne Quartals- oder Jahreshonorarbescheid, der die Rechte eines Vertragszahnarztes bezüglich seiner Abrechnung bestimmt, bedarf daher einer gesetzlichen Grundlage. Der Begriff des „Gesetzes" ist insoweit zunächst weit, d.h. im materiellen Sinne zu verstehen. Unter ihn fallen daher nicht nur Parlamentsgesetze, sondern auch Rechtsverordnungen und Satzungen.[423]
Ein HVV ist eine abstrakt-generelle Regelung, die nach der Rechtsprechung des BSG einen „Akt autonomer Rechtsetzung"[424] darstellt. Die mit der Erfüllung staatlicher Aufgaben betraute juristische Person des öffentlichen Rechts ist zum Erlass dieser Regelung mit Wirksamkeit für die ihr angehörenden und ihr un-

---

[421] BVerfG, Beschl. v. 22.10.2004 - 1 BvR 528/04 = SozR 4-2500, § 87, Nr. 6, Rn. 9 und 13 = NJW 2005, 1036, 1037.

[422] Hier liegt ein wesentlicher Unterschied zu den bis zum 30.6.2003 geltenden Praxisbudgets aus dem EBM (siehe dazu: Kapitel 6, II., 3.), da von diesen eine wesentlich stärkere steuernde Wirkung auf das Leistungsverhalten des einzelnen Leistungserbringers ausging. Dazu: BSG, Urt. v. 3.3.1999 - B 6 KA 15/98 R = SozR 3-2500, § 85, Nr. 31, S. 239; BSG, Urt. v. 17.9.1997 - 6 RKa 36/97 = SozR 3-2500, § 87, Nr. 18, S. 98.

[423] Vgl. Maurer, Allgemeines Verwaltungsrecht, § 4, Rn. 10 ff.

[424] BSG, Urt. v. 13.8.1964 - 6 RKa 7/63 = BSGE 21, S. 235, 236; BSG, Urt. v. 27.1.1965 - 6 RKa 15/64 = BSGE 22, 218, 219; BSG, Urt. v. 30.3.1977 - 6 RKa 3/76 = BSGE 43, 247, 249 = SozR 2200, § 368f, Nr. 5, S. 5 f.

terworfenen Personen berechtigt und verpflichtet.[425] Die HVV sind Satzungen einer Selbstverwaltungskörperschaft und damit Gesetze (nur) im materiellen Sinne. Im Gegensatz zu den bundeseinheitlichen Regelungen des SGB V und des BEMA-Z erstreckt sich der Wirkungsbereich eines HVV nur auf den Bezirk der jeweiligen KZV. Sinn der Satzungsautonomie ist es, gesellschaftlichen Gruppen die Regelung solcher Angelegenheiten, die sie selbst betreffen und die sie in überschaubaren Bereichen am sachkundigsten beurteilen können, eigenverantwortlich zu überlassen und dadurch den Abstand zwischen Normgeber und Normadressat zu verringern.[426] Damit kann auf die Erfordernisse der Praxis, die unter Umständen nur vorübergehend oder regional begrenzt sind, reagiert werden. Ungeachtet der besonderen gesetzlichen Beschränkungen unterliegt jede Satzung weiteren allgemeinen Schranken.[427]

Rechtsgrundlage für den Erlass von HVV ist § 85 Absatz 4 Satz 2.[428] Die Vorschrift regelte lediglich allgemein, dass die Kassenzahnärztlichen Vereinigungen bei der Verteilung der Gesamtvergütungen den im Einvernehmen mit den Verbänden der Krankenkassen festgesetzten Verteilungsmaßstab anwenden. Mit Inkrafttreten des GMG ist es nicht mehr allein Aufgabe der KZV, die Gesamtvergütung zu verteilen. Auch die Krankenkassen sind nunmehr zu beteiligen, da der HVV mit diesen zu vereinbaren ist.
Bereits der Wortlaut der Vorschrift macht deutlich, dass die Verteilung der Gesamtvergütung originärer Regelungsgegenstand eines Verteilungsmaßstabes ist. Diese Auslegung deckt sich mit dem Zweck der Ermächtigung.[429] Der HVV weist neben der Verteilung daher zugleich eine Steuerungsfunktion im Sinne von Honorarbegrenzungsregelungen auf.
Die Rechtsprechung entwickelte im Laufe der Zeit einige Prinzipien, die auch aktuell ihre Bedeutung beibehalten haben. Neben formalen Aspekten (Einver-

---

[425] BVerfG, Urt. v. 9.5.1972 - 1 BvR 518/62 = BVerfGE 33, S. 125, 156; zu den Inhalten eines HVV: Hinz, Der Honorarverteilungsvertrag - Ablösung des Honorarverteilungsmaßstabes, Die Leistungen 2005, 705 ff. und 2006, 1 ff.; allgemein: Bogs, Ist das uneingeschränkte Monopol der deutschen Kassenärztlichen Vereinigungen noch zeitgemäß?, in: FS für Krasney, 25-38 (38).

[426] BVerfGE 33, 125, 156/157; BSG, Urt. v. 9.12.2004 - B 6 KA 44/03 R = MedR 2005, 307-321.

[427] Die Schranken bestehen in personeller und sachlicher Hinsicht; dazu: Maurer, Allgemeines Verwaltungsrecht, § 4, Rn. 17.

[428] Übersicht der Rechtsprechung zur Rechtsmäßigkeit von Honorarverteilungsmaßstäben: Clemens, Regelungen der Honorarverteilung, Stand der Rechtssprechung des BSG, MedR 2000, 17 ff.; Link, Verfassungsanforderungen an die Honorarverteilung, VSSR 2001, 69 ff.; Clemens, Rechtliche Grenzen bei der Honorarverteilung durch Honorarverteilungsmaßstäbe, MedR 1998, S. 264 ff.; Preissler, Grenzen des Gestaltungsermessens in HVM, MedR 1996, S. 162 ff.; zum der KZV zustehenden Ermessen: BSG, Urt. v. 22.6.2005 - B 6 KA 5/04 R = GesR 2005, 567-570.

[429] Vgl. hierzu: Schnapp, Honorareinbehalt, Wesentlichkeitstheorie und Satzungsautonomie, S. 861, 863 ff. mit Hinweis darauf, dass sich die Reichweite der Ermächtigung nicht schon in der bloßen Verteilung der Gesamtvergütung erschöpft.

nehmen mit den Krankenkassen[430], Rückwirkung[431], Veröffentlichung[432], etc.[433]) sind ganz wesentliche materielle Punkte zu beachten. Dazu gehören der Grundsatz der Honorarverteilungsgerechtigkeit, eine Beobachtungspflicht der K(Z)V[434], der Grundsatz der Angemessenheit der Vergütung[435], die Problematik von Anfangs- und Erprobungsregelungen, der Grundsatz der leistungsproportionalen Verteilung[436] sowie die Vorgabe zur gleichmäßigen Verteilung der Ge-

---

[430] Zum bis zum 31.1.2003 geltenden Erfordernis des Benehmens: BSG, Urt. v. 24.8.1994 - 6 RKa 15/93 = SGb 1995, 446-450.

[431] BSG, Urt. v. 17.9.1997 - 6 RKa 36/97 = BSGE 81, 86; zum Problem der Rückwirkung durch rückwirkende Teilkontingentierung für die Leistungsbereiche Kieferorthopädie, Zahnersatz, Parodontose: LSG Nordrhein-Westfalen, Urt. v. 31.8.2005 - L 11 KA 80/04 (n. v., n. rkr., B 6 KA 42/05 R).

[432] Dazu: BSG, Urt. v. 7.2.1996 - 6 RKa 68/94 = BSGE 77, 288, 291 = SozR 3-2500, § 85, Nr. 11, S. 63, 66.

[433] Ausführlich: Engelhard, in: Hauck/Noftz, § 85, Rn. 171 ff.

[434] Diese ist umso ausgeprägter, je geringer die Zahl der Vertragsärzte bzw. der Leistungen ist, die einem im Honorarverteilungsmaßstab gebildeten Honorartopf zugeordnet sind, BSG, Urt. v. 20.10.2004 - B 6 KA 30/03 R = NZS 2005, 665-669; BSG, Urt. v. 9.9.1998 - B 6 KA 55/97 R = BSGE 83, 1 = SozR 3-2500, § 85, Nr. 26. Bei den Vertragszahnärzten werden regelmäßig verschiedene Honorartöpfe, unterschieden zwischen Zahnärzte, Kieferorthopäden und Mund-, Kiefer- und Gesichtschirurgen, gebildet. Zum Teil sind „Sondertöpfe" für bestimmte Behandlungsmaßnahmen, z. B. die parodontologische Behandlung, vorhanden. Auch hier ist es Aufgabe der Normgeber des HVV bei unzumutbaren Auswirkungen (z. B. deutlicher Punktwertverfall über mindestens 2 Quartale) für betroffene Zahnärzte zu reagieren, soweit die Gründe nicht in von den Leistungserbringern selbst verursachten Mengenausweitungen liegen. Solche Teilhonorarkontingente liegen z. B. einem Verfahren vor dem LSG Nordrhein-Westfalen, Urt. v. 31.8.2005 - L 11 KA 80/04 (n. rkr. B 6 KA 42/05 R), wenn auch unter dem Aspekt der verbotenen Rückwirkung, nicht der Beobachtungspflicht, zugrunde. Auch das LSG Schleswig-Holstein, Urt. v. 20.06.2006 - L 4 KA 7/05 (n. v.) hatte über die Rechtmäßigkeit der Bildung gesonderter Honorarkontingente für Kieferorthopäden und im Schwerpunkt kieferorthopädisch ausgerichteter Praxen zu entscheiden und ist der Auffassung, dass die Unterteilung von Kontingenten mit einem wenigstens 70%igen Anteil kieferorthopädischer Leistungen für Schwerpunktpraxen einerseits und Zahnärzten mit einem niedrigeren Anteil kieferorthopädischer Leistungen andererseits nicht zu beanstanden ist.

[435] Ausführlich: Schnapp, Anmerkung, SGb 2005, 548 ff.; Schneider, Die vertragsärztliche Vergütung im Spannungsfeld von EBM und HVM, MedR 1997, 1 ff.; Maaß, Die Angemessenheit der Vergütung der vertragsärztlichen Leistung, NZS 1998, 13 ff.; Spoerr, Haben Ärzte ein Recht auf angemessenes Honorar?, MedR 1997, 342 ff.; Wimmer, Der Rechtsanspruch von Vertragsärzten auf angemessene Vergütung, MedR 1998, 533 ff.; Schmiedl, Angemessene Vergütung, MedR 2002, 116 ff.; nach LSG Hamburg, Beschl v. 14.1.2005 - L 2 B 350/05 ER KA (n. v.) kann der Vertragsarzt mit der Behauptung, das Budget ließe den weiteren Betrieb der Praxis nicht zu, keine höhere Vergütung, weder für vergangene noch für zukünftige Quartale erlangen, wenn die Funktionsfähigkeit der Versorgung nicht gefährdet ist.

[436] Der Grundsatz der leistungsproportionalen Verteilung besagt, dass die vertragszahnärztlichen Leistungen prinzipiell gleichmäßig zu vergüten sind. Im Rahmen der Autonomie der KZV bleibt ihr allerdings ein Spielraum für sachlich gerechtfertigte Abweichungen; dazu: BSG, Urt. v. 9.9.1998 - B 6 KA 55/97 R = BSGE 83, 1, 2 = SozR 3-2500, § 85, Nr. 26, S. 183; LSG Niedersachsen-Bremen, Urt. v. 27.10.2004 - L 3 KA 62/04 (n. rkr., B 6 KA 26/05 R) = MedR 2005, 371-378.

samtvergütung. Jeder HVV muss sich an diesen Rahmenbedingungen messen lassen.
Der Grundsatz der Angemessenheit[437] der Vergütung wurde von der Rechtsprechung im vertragsärztlichen Bereich[438] auf einen minimalen Anwendungsbereich reduziert. Grund für ein Eingreifen wird erst gesehen, wenn die Funktionsfähigkeit der Versorgung mangels ausreichenden Anreizes, vertragszahnärztlich tätig zu werden, gefährdet wäre.[439] In Fortsetzung dessen kann ein Anspruch auf höheres Honorar[440] erst dann in Betracht kommen, wenn die vertragszahnärztliche Versorgung in einem Teilbereich mangels ausreichender finanzieller Anreize für vertragszahnärztliche Tätigkeiten gefährdet ist.[441] Bezogen auf den einzelnen Vertragszahnarzt kann auf der anderen Seite von einer angemessenen Vergütung aber nur gesprochen werden, wenn sie die Kosten der Leistungen deckt und dem selbstständig auf eigenes Risiko tätigen Vertragszahnarzt darüber hinaus eine Chance lässt, ein entsprechendes freiberufliches Einkommen zu erzielen.[442] Die Basis für eine angemessene Vergütung wird durch die Festlegung der Punktzahl- und Punktwertrelation für die abrechnungsfähigen zahnärztlichen Leistungen geschaffen.[443]

Der Grundsatz der Honorarverteilungsgerechtigkeit[444] leitet sich aus Artikel 12 Absatz 1 in Verbindung mit Artikel 3 GG ab[445]. Danach müssen Berufsausübungsregelungen die Unterschiede berücksichtigen, die typischerweise innerhalb der betroffenen Berufsgruppe bestehen. Eine Verletzung des Grundsatzes liegt vor, wenn vom Prinzip der gleichmäßigen Vergütung abgewichen wird, obwohl zwischen den betroffenen Vertragszahnärzten keine Unterschiede von

---

437 Einen anderen Blick hat: Schneider, Die Preisfindung für vertragszahnärztliche Leistungen, SGb 2004, 143-153.
438 Anders bei den Psychotherapeuten: BSG, Urt. v. 28.1.2004 - B 6 KA 52/03 R (Mindestpunktwert 10 Pf.) = MedR 2004, 396-404.
439 BSG, Urt. v. 8.5.1996 - 6 RKa 49/95 = SozR 3-2200, § 368, Nr. 1 = BSGE 78, 191, 199.
440 Der grundsätzliche Anspruch des Vertragszahnarztes auf einen seiner Leistung entsprechenden Anteil an der Gesamtvergütung ergibt sich aus § 85 Absatz 4 i. V. m. den Vorgaben des HVV (z. B. § 2 des HVV der KZVB („Leistungsansprüche" des VZA), § 1 Absatz 4 des HVV der KZVLB („Honoraransprüche" des VZA), Nr. 1 des HVV der KZV-MV oder § 2 Absatz 1 des HVV der KZVWL („Vergütungsansprüche" des VZA)); dazu: Schnapp, Anmerkung, SGb 2005, S. 548 f., der allein Bezug auf § 85 Absatz 4 Satz 1, 1. Halbsatz nimmt; allgemein: BSG, Urt. v. 3.3.1999 - B 6 KA 8/98 R = SozR 3-2500, § 85, Nr. 30.
441 BSG, Urt. v. 20.10.2004 - B 6 KA 30/03 R = NZS 2005, 665-669.
442 Isensee, Das Recht des Kassenarztes auf angemessene Vergütung, VSSR 1995, 321.
443 Hess, Angemessenheit der Vergütung und angemessenes Arzthonorar, VSSR 1995, 369.
444 Siehe z. B.: BSG, Urt. v. 12.10.1994 - 6 RKa 5/94 = SozR 3-2500 ,§ 72, Nr. 5 = NJW 1995, 3075; BSG, Urt. v. 31.1.2001 - B 6 KA 13/00 R = SozR 3-2500, § 85, Nr. 38.
445 Ständige Rechtsprechung: BSG, Urt. v. 29.9.1993 - 6 RKa 65/91 = BSGE 73, 131, 135 = SozR 3-2500, § 8, Nr. 4, S. 23; BSG, Urt. v. 3.12.1997 - 6 RKa 21/97 = BSGE 81, 213, 217 ff. = SozR 3-2500, § 85, Nr. 23, S. 152 f; BSG, Urt. v. 9.9.1998 - B 6 KA 55/97 R = BSGE 83, 1 = SozR 3-2500, § 85, Nr. 26; BSG Urt. v. 3.3.1999 - B 6 KA 8/98 R = SozR 3-2500, § 85, Nr. 30.

solcher Art und solchem Gewicht bestehen, dass eine ungleiche Behandlung gerechtfertigt ist. Zum anderen ist eine Verletzung des Grundsatzes dann gegeben, wenn umgekehrt eine unzulässige Gleichbehandlung vorliegt.

b) Gesetzliche Tatbestandsvoraussetzungen

Das Gesetz (§ 85 Absatz 4 Satz 5) schreibt verpflichtend die gleichmäßige, auf das gesamte Jahr bezogene Verteilung der Gesamtvergütung auf Grundlage eines individuellen Praxisbudgets vor. Bei der Verteilung der Gesamtvergütung sind Art und Umfang der Leistungen der Vertragszahnärzte zu Grunde zu legen; dabei ist jeweils für die von den Krankenkassen einer Kassenart gezahlten Vergütungsbeträge ein Punktwert in gleicher Höhe zu Grunde zu legen. Der Verteilungsmaßstab hat Regelungen zur Verhinderung einer übermäßigen Ausdehnung der Tätigkeit des Vertragszahnarztes vorzusehen. Insbesondere sind arztgruppenspezifische Grenzwerte festzulegen, bis zu denen die von einer Zahnarztpraxis erbrachten Leistungen mit festen Punktwerten zu vergüten sind (Regelleistungsvolumina). Der Grenzwert muss sich mindestens am durchschnittlichen Behandlungsaufwand für die erbrachten Leistungen pro Behandlungsfall orientieren. Für den Fall der Überschreitung der Grenzwerte ist vorzusehen, dass die den Grenzwert überschreitende Leistungsmenge mit abgestaffelten Punktwerten vergütet wird.
Die bisher als Soll-Vorschrift ausgestaltete Regelung zu den Regelleistungsvolumina wird damit verbindlich vorgegeben. Die Vorgaben des § 85 Absatz 4 Satz 7 und 8 waren durch das GKV-SolG als Kann-Bestimmung eingefügt worden. Die damalige Begründung[446] entspricht der des GMG. Nach der Gesetzesbegründung ist es Ziel dieser Neuregelung, bis zu individuellen Grenzwerten erbrachte Leistungen mit festen Punktwerten zu vergüten und insoweit Kalkulationssicherheit zu schaffen. Leistungen, die den Grenzwert überschreiten, müssen mit abgestaffelten Punktwerten vergütet werden. Damit soll zum einen der Kostendegression bei steigender Leistungsmenge Rechnung getragen, zum anderen der ökonomische Anreiz zur übermäßigen Mengenausweitung begrenzt werden.
Diese Zielrichtung, ökonomische Anreize für die Leistungsausweitung zu begrenzen, spricht für eine maximale Ausgestaltung der Punktwerte im Regelleistungsvolumen bzw. für eine hohe und frühe Abstaffelung, die eine Leistungserbringung nicht wirtschaftlich interessant erscheinen lässt.
Die Ausformung zur Pflichtvorgabe hat eine gesetzliche Durchbrechung des Grundsatzes der leistungsproportionalen Vergütung zur Konsequenz. Auch wenn die im BEMA-Z vorgenommene Festlegung der Punktzahl für eine bestimmte Leistung unangetastet bleibt, ist die Punktbewertung nunmehr erstmalig zwingend zu unterscheiden.

---

[446] Bundestags-Drucksache 14/157, S. 34.

Die Neuregelung führt zu einer inhaltlich massiven Einschränkung der Gestaltungsmöglichkeiten der KZV. Nicht nur, dass der HVV nunmehr als Vertrag mit den Krankenkassen (einvernehmlich) zu vereinbaren ist, auch die inhaltliche Gestaltung wird auf ein Grundmodell beschränkt. Zwar sind durchaus verschiedene Ausgestaltungen dieses Rahmens denkbar. Die bis zur Umsetzung des GMG im vertragszahnärztlichen Bereich zu findende Vielzahl an Varianten ist allerdings entfallen.

aa) Festlegung arztgruppenspezifischer Grenzwerte

Das „Wie" der gesetzlichen Pflicht zur Bestimmung von punktzahlbezogenen Grenzwerten ist im vertragszahnärztlichen Bereich nicht näher bestimmt. Klar ist allein, dass es eine arztgruppenspezifische Einordnung geben muss und damit kein einheitlicher, über alle vertragszahnärztlichen Leistungserbringer hinweg berechneter Grenzwert gebildet werden darf. Insbesondere die konkrete Unterscheidung zwischen den Arztgruppen ist schwierig. Im vertragszahnärztlichen Bereich bestehen keine diesbezüglichen Vorgaben. Anders ist dies nach § 85b bei den Vertragsärzten.

In der Regel werden in den HVV Unterschiede zwischen Zahnärzten, der Kieferorthopäden und Mund-, Kiefer- und Gesichtschirurgen getroffen. Zum Teil erhalten auch die Oralchirurgen gesonderte Grenzwerte. Diese Unterscheidung ist unter Anwendung des Differenzierungsgebotes richtig, da diese Gruppen in der Regel Überweisungspraxen haben und daher ein besonderes Leistungsspektrum mit durchschnittlich höheren Fallkosten aufweisen.

Problematisch ist nicht nur die Festlegung der Grenzwerte für die jeweilige Kategorie, sondern auch die Einordnung in eine bestimmte Arztgruppe. Während bei den Vertragsärzten die Abgrenzung über die Weiterbildungsordnung und -richtlinien und den EMB relativ einfach ist[447], kann der zugelassene Vertragszahnarzt grundsätzlich alle Leistungen des BEMA-Z erbringen. Abrechnungsausschlüsse existieren selten, z. B. für den Kieferorthopäden. Dieser ist auf das Fachgebiet der Kieferorthopädie beschränkt.

Daher kann die Unterscheidung zwischen „reinen" Kieferorthopäden und überwiegend kieferorthopädisch tätigen Zahnärzten ebenso problematisch[448] sein wie die Differenzierung zwischen „reinen" Oralchirurgen und (auch) oralchirurgisch tätigen Zahnärzten. Hier ist es als zulässig zu bezeichnen, wenn der HVV auf

---

[447] Z. B. BSG, Urt. v. 29.9.1999 - B 6 KA 38/98 R = BSGE 84, 290, 293 f. = Breith 2000, 711-717; BSG, Urt. v. 5.2.2003 - B 6 KA 15/02 R = SozR 4-2500, § 95, Nr. 1, Rn. 8 und Nr. 5, Rn. 11, 13; BVerfG, Beschl. v. 16.7.2004 - 1 BvR 1127/01 = MedR 2004, 608-609.

[448] Eine solche ist nach LSG Mecklenburg-Vorpommern, Urt. v. 7.7.2004 - L 1 KA 1/03 (n. v.) vorzunehmen; Nichtzulassungsbeschwerde zurückgewiesen, Beschl. des BSG v. 27.4.2005 - B 6 KA 86/04 B (n. v.). Nach Auffassung des SG Berlin, Urt. v. 22.2.2006 - S 79 KA 19/01 KZA (n. v.; n. rkr.) bedarf es in einem HVM keiner besonderen Festlegung für PAR-Schwerpunktpraxen; so auch: SG Hamburg, Urt. v. 19.6.2002 - S 27 KA 232/99 (n. v.; rkr.) und LSG Nordrhein-Westfalen, Urt. v. 18.12.1996 - L 11 Ka 131/96 (n. v.).

das Abrechnungsverhalten des einzelnen Vertragszahnarztes abstellt. Stammt ein bestimmter Prozentwert eines vollständigen Abrechnungsjahres z. B. nur aus kieferorthopädischen Leistungen, kann eine Einstufung in die Gruppe der Kieferorthopäden stattfinden. Der Prozentwert sollte dabei 50% deutlich überschreiten, um Grenzfälle auszuschließen und tatsächlich einen entsprechenden Schwerpunkt abbilden zu können. Die bisher denkbare Abgrenzung dahingehend, dass z. B. der als Oralchirurg oder als Mund-, Kiefer- und Gesichtschirurg einzustufende Zahnarzt nicht mehr als einen bestimmten Prozentsatz aus Sachleistungen (konservierend-chirurgisch, parodontologisch und Kieferbruch) abzurechnen hat, kann mit Blick auf die Änderungen im System des Zahnersatz nicht mehr bestehen. Denn damit ist nicht mehr feststellbar, ob die Kostenerstattungsleistungen unterhalb der festgelegten Grenze liegen. Hier bietet sich alternativ das Abstellen auf die wichtigsten Abrechnungsziffern der chirurgischen Kernleistungen an.
Die Problematik ähnelt den Schwierigkeiten bei der Festlegung der Vergleichsgruppe im Rahmen der Wirtschaftlichkeitsprüfung.[449]

Sehr problematisch und bisher ungeklärt ist in diesem Zusammenhang die Einflechtung von ungleichberechtigten Gemeinschaftspraxispartnern in die Bestimmung des Grenzwertes. Grundsätzlich müssen für Berufsausübungsgemeinschaften die Werte der Regelleistungsvolumina zusammengefasst werden.[450]
Die in einem HVV aus den Degressionsvorschriften bedenkenlos übernommene differenzierte Einstufung[451] stellt einen Eingriff in die Berufsausübungsfreiheit dar, der dem Vorbehalt des Gesetzes unterliegt. Angesichts der Reichweite des Eingriffs sprechen erhebliche Gründe dagegen, eine satzungsmäßige Regelung dieser Gestaltung zuzulassen. Erforderlich wäre vielmehr eine formellgesetzliche Grundlage, die eine Differenzierung nach nicht gleichberechtigten und gleichberechtigten Partnern im Rahmen der Budgetierung vorsieht.[452] Auch inhaltlich kann in Bezug auf die Grenzwertbestimmung in einem HVV eine Unterscheidung zwischen gleichberechtigten und ungleichberechtigten Partnern nicht vorgenommen werden. Eine solche wäre durch die Ermächtigungsgrundlage des § 85 Absatz 4 nicht gedeckt. Vielmehr entstünde eine Ungleichbehandlung, gegen den Grundsatz der Gleichbehandlung würde für den Fall verstoßen, dass keine Rechtsfertigungsgründe vorliegen. Nach der Rechtsprechung zu Artikel 3 Absatz 1 Grundgesetz ist dem Normsetzer eine Gestaltungsfreiheit eingeräumt, sowohl bei der Bewertung, ob zwei Sachverhalte gleich bzw. ungleich sind, als auch bei der Frage, ob gegebenenfalls die Ungleichheit so gewichtig ist,

[449] Siehe dazu Kapitel 2, II., 8.
[450] Engelhard, in: Hauck/Noftz, § 85, Rn. 261.
[451] Siehe dazu: Kapitel 5, III., 4.,
[452] Ausführlich zur formalen Problematik: Großbölting/Middendorf, Die differenzierte Einstufung bei der Gründung oder Erweiterung einer zahnärztlichen Gemeinschaftspraxis, MedR 2003, 93 ff.

dass sie eine unterschiedliche Behandlung rechtfertigt.[453] Eine Ungleichbehandlung ist nur gerechtfertigt, wenn ihr sachgerechte und hinreichend gewichtige Gründe zugrunde liegen.[454]
Im Falle einer Gemeinschaftspraxis besitzen alle Zahnärzte je einen eigenen Zulassungsstatus, mit dem sie an der vertragszahnärztlichen Versorgung teilnehmen. Für die Vergütung ist die volle Zulassung nicht nur der Regelfall, sondern die grundlegende Komponente und Vorgabe. Auch § 95, der die Zulassungsvoraussetzungen zum Vertragsarztwesen festlegt, geht von dieser vollwertigen Zulassung aus. Und diese Vorgabe unterscheidet eben nicht zwischen der „Qualität" der Zusammensetzung einer Gemeinschaftspraxis bzw. den damit zusammenhängenden Budgets.
Auch das BSG hat schon früh ausgeführt, dass eine durch die Festlegungen in einem Honorarverteilungsmaßstab hervorgerufene Ungleichbehandlung[455] nicht unter Verweis auf die bloße Wahl zwischen verschiedenen Organisationsformen, nach denen die vertragsärztliche Tätigkeit ausgeübt werden darf, gerechtfertigt werden kann.[456] Eine Befugnis zur Festlegung kann auch nicht aus dem Gestaltungsermessen im Rahmen der Honorarverteilung in Verbindung mit dem § 85 Absatz 4b Satz 5 entnommen werden. Zwar kreiert der Gesetzgeber dort die Rechtsfigur des ungleichberechtigten Partners. Insoweit könnte dahingehend argumentiert werden, dass das Gesetz gegenüber dem Satzungsgeber eine übertragbare Unterscheidung vorgibt. In dieser Vorschrift ist aber nicht die Rede davon, dass das gesamte Budget eines Vertragszahnarztes entsprechend der Vorgaben zur Degressionsregelung gestaltet werden darf. Zudem stellt es einen gravierenden Unterschied dar, die vom Gesetzgeber gewünschte Abschöpfung der über der Degressionsgrenze liegenden Punkte wie vorgeschrieben zu berechnen oder das überhaupt zur Verfügung stehende Budget festzulegen. Insoweit sind die Zielrichtungen der Vorschriften zur Degression und zum HVV grundver-

---

[453] Z. B. BVerfG, Urt. v. 28.4.1999 - 1 BvL 32/95 = BVerfGE 100, 1, 46; BVerfG, Beschl v. 10.11.1998 - 1 BvL 50/92 = BVerfGE 99, 165, 177 f.
[454] BVerfG, Urt. v. 28.4.1999 - 1 BvL 11/94 = BVerfGE 100, 138, 174; BVerfG, Beschl v. 14.12.1994 - 1 BvR 720/90 = BVerfGE 91, 346, 363.
[455] Das BSG hatte hier noch über einen Honorarverteilungsmaßstab (HVM) zu entscheiden, da die Bezeichnung HVV erst mit dem GMG entstanden ist. Bis dahin war vom HVM Rede, da die KZV mit den Kassen nur ein Benehmen herzustellen hatte. Der HVM der beklagten KV sah die Festlegung einer Laborpunktzahlgrenze vor, nach der der Arzt nur eine bestimmte Anzahl von Laborleistungen voll vergütet bekommen konnte. Maßgeblich war die Anzahl der Fälle. Im Verhältnis zwischen Fallzahl und Grenzwert war bei wenig Fällen eine Progression, bei vielen Fällen eine Regression vorgesehen. Je geringer also die Fallzahl, umso höher lag in der Stufenrelation die Begrenzungszahl. Bei der klagenden Gemeinschaftspraxis wurde die Fallzahl nicht durch die Zahl der Ärzte geteilt, so dass sie dadurch in einer hohe Grenzwertdegression kam, also schlechter behandelt wurde, als Einzelärzte, die zusammen die gleiche Anzahl von Fällen aufgewiesen hätten.
[456] BSG, Urt. v. 16.12.1986 - 6 RKa 3/85 = BSGE 61, 92-96 (zur Frage der Zuordnung von Gemeinschaftspraxen zur regressiven Staffelung von Laborpunktzahlbegrenzungen in einem HVM).

schieden. Die Rechtsprechung vertritt die Auffassung, dass die Degressionsregelungen ein in sich geschlossenes Konzept darstellen.[457]
Schließlich würde eine andere Auslegung auch dem grundlegenden Ziel des Gesetzgebers zur Förderung von kooperativen Strukturen widersprechen.
Der Satzungsgeber ist daher an die Vorgaben der Sätze 6, 7 und 8 gebunden, welche auf den Vertragszahnarzt und die Zahnarztpraxis rekurrieren, und darf diese nicht erweiternd - und im Sinne des HVV-Grenzwertes beschränkend - auslegen.

Die Vertragszahnarztpraxis erhält bis zu diesem im HVV festgelegten Grenzwert einen festen Punktwert für die von ihr erbrachte und zur Abrechnung eingereichte Leistung. Bei zeitlich begrenzter Tätigkeit des Vertragszahnarztes wird es nach dem Grundsatz pro rata temporis eine anteilige Berechnung geben müssen.

bb) Abstaffelung für den Fall der Überschreitung des Grenzwertes
Bereits ohne die Regelungsinhalte der heutigen Sätze 7 und 8 konnte das BSG der Vorgabe des Satzes 3 (bei der Verteilung sind Art und Umfang der Leistungen zu Grunde zu legen) nicht entnehmen, dass die Leistungen gleichmäßig, d.h. mit einem für alle Leistungen einheitlichen Punktwert, honoriert werden müssen.[458] Das Gesetz schließt auch nicht grundsätzlich aus, durch Regelungen im HVV die Gesamtvergütung in Teilbudgets aufzuteilen, auch wenn sich als deren Folge ergibt, dass Leistungen unterschiedlich hoch vergütet werden.[459] Die Festschreibung von Honorarkontingenten für einzelne Arztgruppen und/oder Leistungsbereiche ist sachlich dadurch gerechtfertigt, dass diese Konstruktion eine unterschiedliche Mengendynamik in den verschiedenen Bereichen verhindert und damit das Honorargefüge nicht zu Lasten anderer Arztgruppen und/oder Leistungsbereichen beeinflusst werden kann.
Die vom Gesetz mit Blick auf den Wortlaut nunmehr zwingend[460] vorgeschriebene Abstaffelung ist in ihren Auswirkungen mit der Degression zu vergleichen. In beiden Komplexen argumentiert der Gesetzgeber dahingehend, dass eine schrankenlose Ausdehnung von Kapazitäten mit dem Qualitätsanspruch nicht in Übereinstimmung gebracht werden kann. Mit der Vorgabe zur Abstaffelung erreicht der Gesetzgeber eine Annäherung und Ausrichtung auf Fallpauschalen und Leistungskomplexe. Eine Abstaffelung setzt voraus, dass eine klare Stufung erfolgt. Der höheren Überschreitung muss eine höhere Abstaffelung, jeweils be-

---

[457] BSG, Urt. v. 28.8.1996 - 6 RKa 41/95 = USK 96150; Engelhard, in: Hauck/Noftz, § 85, Rn. 289.
[458] BSG, Urt. v. 3.3.1999 - B 6 KA 15/98 R = MedR 2000, 153 (154) ff.
[459] BSG, Urt. v. 9.9.1998 - B 6 KA 55/97 R = MedR 2000, 150-153; zur Problematik einer solchen Argumentation siehe Kapitel 2, 6., c).
[460] A. M.: Engelhard, in: Hauck/Noftz, § 85, Rn. 262a, unter Verweis auf die Gesetzesbegründung.

zogen auf den eine bestimmte Stufe übersteigenden Bereich, gegenüberstehen. Welche Stufen der HVV vorsieht und wie groß die Sprünge zwischen den Stufen und bei den Abschlägen sind, bleibt der Entscheidung der KZV und der Krankenkassen vorbehalten. Eine ähnliche radikale Vorgabe wie im vertragsärztlichen Bereich[461] existiert nicht, ist aber auch nicht ausgeschlossen. Ausgeschlossen dürfte lediglich eine vollständige Nichtvergütung innerhalb einer Stufe sein. Das BSG ist zwar der grundsätzlichen Auffassung, dass die praxisindividuelle Budgetierung eines bestimmten Leistungsbereichs nicht zur Folge habe, dass tatsächlich erbrachte ärztliche Leistungen nicht vergütet werden, sondern lediglich bewirke, dass bei einer Überschreitung des Grenzwertes die Höhe der Vergütung für die einzelne erbrachte Leistung sinke.[462] Nach dem Wortlaut des Absatz 2 muss aber in jedem Fall (irgend)eine Abstaffelung, unabhängig von der Höhe der Überschreitung, vorgesehen sein. Daher darf ein HVV konkrete, in individualisierbaren Behandlungsfällen erbrachte Leistungen von der Honorierung nicht vollständig ausschließen.

cc) Regelungen zur Verhinderung einer übermäßigen Ausdehnung der Tätigkeit des Vertragszahnarztes

Als Grundaussage hat der Gesetzgeber schon vor Einfügung der Sätze 7 und 8 in Satz 6 vorgeschrieben, dass sichergestellt sein soll, dass der Vertragszahnarzt seine Tätigkeit nicht übermäßig ausdehnt. Mit dem GMG wurde auch diese Soll-Vorschrift in eine Muss-Vorschrift geändert. Hieraus den Schluss zu ziehen, die Bildung eines arztgruppenspezifischen Grenzwertes sei die alleinige Möglichkeit, dieses Ziel zu erreichen, wäre zu weit reichend. Die Formulierung „insbesondere" zeigt, dass die Festlegung der Grenzwerte nicht das einzige Mittel der Wahl sein kann und muss, um dem gesetzlichen Auftrag nachzukommen. Damit bleiben andere - zusätzliche - Begrenzungsregeln[463] denkbar und anwendbar. In jedem Fall wurde aber der Rahmen, in dem sich der HVV in diesem Bereich bewegen darf, deutlich eingeschränkt. Denn sowohl Grenzwertziehung als auch Abstaffelung müssen in jedem HVV zu finden sein.

c) Umsetzung

Die Kassenzahnärztlichen Vereinigungen haben unterschiedliche Wege beschritten, den Tendenzen der Punktmengenausweitung und ihren Auswirkungen entgegenzutreten.
Infolge der gesetzlichen Möglichkeiten sind die Gestaltungen des HVV - soweit ersichtlich - weiterhin vielfältig. Diese Vielfältigkeit bezieht sich aber nur noch auf die Ausfüllung der Tatbestandsmerkmale. Von der Bildung eines individuel-

---

[461] Siehe § 85a Absatz 2.
[462] BSG, Urt. v. 20.3.1996 - 6 RKa 51/95 = SozR 3-2500, § 87, Nr. 12 = BSGE 78, 98; BSG, Urt. v. 3.12.1997 - 6 RKa 21/97 = MedR 1998, 275-279.
[463] Ausführlich zu den Möglichkeiten: Engelhard, in: Hauck/Noftz, § 85, Rn. 211 ff.

len Praxisgrenzvolumens auf der Basis eines Regelleistungsvolumens und bei Überschreitung im Einzelfall vorzunehmender Abstaffelung[464] über die Bestimmung einer fallzahlabhängigen Bemessungsgrenze mit abgestaffelten Zu- und Abschlägen[465] oder die Bildung einer praxisindividuellen Punktmengenobergrenze im Sinne in Kombination mit einem Median[466] bis hin zur Schaffung eines auf Arbeitstage bezogenen Verrechnungspunktwerts bei Überschreitungen der Gesamtvergütung[467] ist vieles zu finden.
Allen unterschiedlichen Gestaltungen der Honorarverteilung ist das Ziel gemeinsam, Begrenzungen der Gesamtvergütungen im Verhältnis der Krankenkassen zur KZV in geeigneter Form an die einzelnen Vertragszahnärzte im Rahmen der Honorarverteilung weiterzugeben. Diesen Gesichtspunkt hat das BSG schon vor Einführung des Globalbudgets in § 85 Absatz 3a als legitimen Grund für eine Abweichung vom Gebot der strikt leistungsproportionalen Honorarverteilung angesehen und entsprechende Reglungen gebilligt.[468] Die bisherigen Indikatoren für eine übermäßige Ausdehnung, das sind insbesondere die Überschreitung einer bestimmten Punktzahlengrenze oder einer Kombination von Fall- und Punktzahlenobergrenze sein[469], behalten ihre Bedeutung.

IV. Ergebnis

Jeder HVV muss Regelleistungsvolumina enthalten. Für den Fall der Überschreitung sind abgestaffelte Punktwerte vorzusehen. Weil nähere Vorgaben fehlen, bleibt der HVV ein sehr bewegliches Instrument, welches der KZV und den Landesverbänden Krankenkassen diverse Möglichkeiten einräumt. Insbesondere ist zu beachten, dass es vom jeweiligen HVV abhängt, wie die einzelnen Tatbestandsmerkmale praktisch mit Leben gefüllt werden. Die Höhe der Regelleistungsvolumina steht in unmittelbaren Zusammenhang mit der abgestaffelten Restvergütung und umgekehrt. Je umfänglicher die Ressourcen dem einen Bereich zugeordnet werden, desto beschränkender muss der andere Bereich ausgestaltet sein. Hier schreibt das Gesetz keine einheitliche Linie vor.

---

[464] §§ 2 - 4 des HVV KZVS vom 1.1.2005.
[465] § 2 der Anlage vom HVV der KZVWL vom 1.1.2005; § 5 des HVV der KZVHH vom 1.7.2004; § 12 des HVV der KZVLB vom 1.7.2004.
[466] Ziffer 1 des HVV der KZVMV vom 1.1.2005.
[467] Anlage II des HVV der KZV Bayern vom 1.1.2005.
[468] BSG, Urt. v. 30.9.1983 - 6 RKa 29/82 = SozR 2200, § 368f, Nr. 9, S 22 f.; BSG, Urt. v. 19.12.1984 - 6 RKa 8/83 = USK 84269; vgl. auch BSGE 73, 131, 135 = SozR 3-2500, § 85, Nr. 4, S. 22.
[469] Zur Punktzahlengrenze: BSG, Urt. v. 12.10.1994 - 6 RKa 24794 = SozR 3-2500 § 85, Nr. 8; zur Kombination von Fallzahl- und Punktzahlgrenze: z. B. BSG, Urt. v. 3.6.1987 - 6 RKa 31/86 = SozR 2200 § 368f, Nr. 15. Einen HVM, der ohne Berücksichtigung von Fallzahl und Gesamthonorar der Praxis allein auf den Fallwert abgestellt hatte, hat das BSG hingegen für rechtswidrig erklärt: BSG, Urt. v. 24.8.1994 - 6 RKa 15/93 = BSGE 75, 37, 44 = SozR 3-2500, § 85, Nr. 7, S. 44; ausführlich: Engelhard, in: Hauck/Noftz, § 85, Rn. 221 ff.

Kapitel 5 - Die Degression

I. Einführung

Die Vorschriften der Degression (§ 85 Absätze 4b - f) verpflichten die KZV, im Rahmen der Honorarverteilung ab einer bestimmten Gesamtpunktmenge je Vertragszahnarzt die aus § 73 Absatz 2 Nr. 2 abzuleitenden Vergütungsansprüche für die vertragszahnärztliche sowie kieferorthopädische Behandlung zu reduzieren. Sie stellen ein selbstständiges Kürzungsinstrument dar, welches allein gegenüber zugelassenen und ermächtigten Vertragszahnärzten, nicht aber sonstigen Leistungserbringern, angewendet wird. Im Ergebnis führt die Degression zu einer Kürzung der Vergütung bei denjenigen Vertragszahnärzten und Kieferorthopäden, die ein hohes Abrechnungsvolumen aufweisen. Das Vertragsarztrecht kennt eine solche Vorgabe nicht.

II. Historische Entwicklung und Regelungszweck

Nachdem die Degressionsvorschriften zum 1.1.1993[470] in das SGB V eingegliedert worden waren, dann zum 1.7.1997[471] wieder aufgehoben wurden, sind sie nach nochmaliger Einfügung zum 1.1.1999[472] nunmehr sicherer Bestandteil der Honorarverteilung[473].

Die Einführung der Degression dient nach dem Willen des Gesetzgebers dem Zweck, die Krankenkassen an Kostenvorteilen und Rationalisierungsmöglichkeiten in umsatzstarken Zahnarztpraxen zu beteiligen, da bei größeren Leistungsmengen die Fixkosten einer Praxis einen degressiven Verlauf hätten und die Mitarbeiter produktiver eingesetzt werden könnten. Darüber hinaus trage ein degressiver Punktwert zur Sicherung der finanziellen Stabilität der Gesetzlichen Krankenversicherung bei. Des Weiteren sollte beobachteten Fehlentwicklungen bei der Qualität[474] der zahnärztlichen Versorgung entgegengesteuert werden.

Bis zum GMG folgte der Überschreitung von 350.000 Punkten je Kalenderjahr eine Verminderung der diesen Sockel übersteigenden Punktemengen um 20 %, ab einer Punktmenge von 450.000 Punkten um 30 % und ab einer Punktmenge von 550.000 Punkten um 40 %. Mit dem GMG verringerte sich mit Blick auf die im BEMA-Z abgesenkten Punktbewertungen für Kieferorthopäden der Vergütungsanspruch für die weiteren vertragszahnärztlichen Behandlungen ab einer

---

470 Gesetz zur Sicherung und Strukturverbesserung der Gesetzlichen Krankenversicherung (GSG) vom 21.12.1992, BGBl I, S. 2266.

471 Zweites Gesetz zur Neuordnung der Selbstverwaltung und Eigenverantwortung in der Gesetzlichen Krankenversicherung (2. GKV-NOG) vom 23.7.1997, BGBl I S. 1520.

472 Gesetz zur Stärkung des Solidarität in der Gesetzlichen Krankenversicherung (GKV-SolG) vom 19.12.1998, BGBl I S. 3853; siehe Artikel 1, Nr. 14, Buchstabe c des GKV-SolG.

473 Lindemann, in: Wannagat, SGB, § 85, Rn. 182.

474 Zusammenfassende Darstellung bei Saekel, Qualität in der Zahnmedizin, BKK 1992, 464 ff.; a. M.: Muschallik, in: Schnapp/Wigge, Vertragsarztrecht, § 22, Rn. 36, der unter Verweis auf eine im Selbstverlag des Instituts der Deutschen Zahnärzte erschienene Studie die Auffassung vertritt, dass derartige Annahmen weder epidemologisch noch systemvergleichend bestätigt werden können.

Gesamtpunktmenge von 280.000 Punkten je Kalenderjahr um 20 %, ab einer Punktmenge von 360.000 Punkten je Kalenderjahr um 30 % und ab einer Punktmenge von 440.000 Punkten je Kalenderjahr um 40 %. Die Absenkung entspricht im Wesentlichen der Punktzahlreduzierung für kieferorthopädische Leistungen durch den Bewertungsausschuss (§ 87 Absatz 2 und 2d in der ab dem 1.1.2004 gültigen Fassung des BEMA-Z).
Eine Punktzahlreduzierung für die sonstigen Zahnärzte erfolgte zunächst nicht, da der Absenkung beim Zahnersatz und bei kieferorthopädischen Leistungen eine entsprechende Punktzahlanhebung im Bereich der konservierend-chirurgischen Leistungen gegenüberstand. Die Vertragszahnärzte traf es im Jahre 2005, als mit der Ausgliederung des Zahnersatzes aus dem HVV die Gesamtpunktmenge entsprechend von 350.000 auf 262.500, bzw. von 450.000 auf 337.500 und von 450.000 auf 412.500 vermindert wurde.[475] Mit der Umstellung auf befundbezogene Festzuschüsse beim Zahnersatz wurden die Gesamtpunktmengen je Vertragszahnarzt um den auf den Zahnersatz entfallenden Anteil in Höhe von 25 % bereinigt.[476] Bei den Kieferorthopäden blieben hingegen in diesem Zusammenhang die Punktmengengrenzen unverändert, da von ihnen keine Zahnersatzleistungen erbracht werden.
Im Ergebnis fallen mit dem GMG die Degressionsgrenzen bei Zahnärzten und Kieferorthopäden auseinander.

III. Gegenstand der Regelung

Die Degressionsvorschriften finden sich im vierten Kapitel „Beziehungen der Krankenkassen zu den Leistungserbringern", eingebunden in den Komplex zur Gesamtvergütung. Sie stellen inhaltlich ein in sich geschlossenes Regelungskonzept dar und konkretisieren die Vorgaben an die Krankenkassen und die KZV. Die Regelungen sind verfassungemäß.[477]

---

475 Art. 37 Absatz 8 GMG.

476 Vgl. Art. 37 Absatz 8 und 9 GMG, § 85 Absatz 1 Satz 8.

477 Das BSG hat mehrfach festgestellt, dass durch die Degression der Grundsatz der Honorarverteilungsgerechtigkeit nicht verletzt wird: Urt. v. 14.5.1997 - 6 RKa 25/96 = BSGE 80, 223 ff.; Urt. v. 17.11.1999 - B 6 KA 7/99 B (Verfassungsbeschwerde wurde nicht zur Entscheidung angenommen: BVerfG, Beschl. v. 7.8.2000 - 1 BvR 73/00); anders noch: SG Stuttgart, Urt. v. 6.12.1995 - S 10 Ka 3456/94; Wigge, Der degressive Punktwert in der vertragszahnärztlichen Versorgung, NZS 1995, 529, 531) Ein Verstoß gegen das Grundgesetz insgesamt (Artikel 12 Absatz 1 Satz 2, Artikel 3 Absatz 1, Artikel 20 Absatz 3, Artikel 28 Absatz 1) sei nicht zu konstatieren (BVerfG, Urt. v. 14.5.1985 - 1 BvR 449/82 = BVerfGE 70, 1, 28; LSG Rheinland-Pfalz, Urt. v. 2.7.1999 - L 5 Ka 3/98 (Juris)). Dies gelte auch für die unterschiedslose Einbeziehung der Kieferorthopäden (BSG, Beschl. v. 30.8.2001 - B 6 KA 32/01 B (Juris); kritisch zur Absenkung der Grenzen für Kieferorthopäden durch das GMG: Muschallik, in: Schnapp/Wigge, Vertragsarztrecht, § 22, Rn. 39 ff.) sowie der Mund-, Kiefer- und Gesichtschirurgen (LSG Berlin, Urt. v. 20.10.2004 - L 7 KA 22/01 (§ 85 Absatz 4b i. d. F. v. 21.12.1992; n. v.) in die Degressionsregelung. Begründet wurde Auffassung der verfassungemäßen Ausgestaltung mit dem Ziel der gesetzlichen Punktwertdegression (Einsparungen und finanzielle Stabilität (BSG, Urt. v. 14.5.1997 = BSGE 80, 223 ff.; anderer Auffassung

1. Geltung

Der mit der erstmaligen Einführung der Degressionsvorschriften in der Literatur[478] entstandene Streit um die Notwendigkeit einer Umsetzung der Degressionsvorschriften in den HVV hat sich in Anbetracht der Rechtsprechung und der deutlichen gesetzlichen Formulierung weithin erledigt.
Die vereinzelten Auffassungen, welche eine Umsetzung der Degression durch den HVV als zwingend ansehen, vermögen nicht zu überzeugen. Die Komplexe HVV und Degression haben in der gesetzlichen Veranlagung sehr verschiedene Ausrichtungen und abschließende Regelungsinhalte. Der HVV soll mögliche Differenzen zwischen Gesamtpunktmenge in Kombination mit dem Punktwert und Gesamtvergütung beseitigen oder von vornherein verhindern. Hingegen beschneidet die Degression „nur" die zugestandene Punktmenge. Die KZV ist insoweit bei der Anwendung der Degression nicht gestaltend, sondern allein verwaltend tätig. Auch die Rechtsprechung sieht in der Degression ein eigenständiges, von der Budgetierung streng zu trennendes Institut.[479] Letztlich sind sowohl die Tatbestandsvoraussetzungen als auch die Rechtsfolgen deutlich und unmissverständlich festgelegt. Etwaig notwendige weitere Details können gemäß § 85 Absatz 4e Satz 5 in Verbindung mit § 83 durch die Vertragspartner der Vergütungsverträge geregelt werden. Diese Kompetenz bezieht sich auf Umsetzungsbestimmungen und Einzelheiten der verwaltungstechnischen Umsetzung. Es bedarf danach keiner Adaption in den HVV.
Im Ergebnis anders ist indessen die Frage zu beantworten, ob Elemente der Degression ohne weiteres in HVV-Regelungen übernommen werden können. Dies gilt z. B. für die Unterscheidung zwischen gleichberechtigten und ungleichberechtigten Partnern einer Gemeinschaftspraxis. Diese differenzierte Einstufung im Rahmen der Budgetierung - mit der Folge der Absetzung von Budgetgrößen -

---

sind Harneit, Die vertragszahnärztliche Vergütung, GesR 2002, 73-79; SG Stuttgart, Urt. v. 6.12.1995 - S 10 Ka 3456/94 (Juris)), Verringerung von Qualitätsdefiziten, Abschöpfung von Kostenvorteilen, etc.). Der verhältnismäßige Eingriff ist durch ausreichende Gründe des Gemeinwohls (dazu: BVerfG, Beschl. v. 22.5.1996 - 1 BvR 744/88 = BVerfGE 94, 372, 390; BVerfG, Beschl. v. 31.10.1994 - 1 BvR 35/82 = BVerfGE 68, 193, 218; BVerfG, Beschl. v. 14.5.1985 - 1 BvR 449/82 = BVerfGE 70, 1, 26; kritisch zur Rechtsprechung des BVerfG: Hufen, Grundrechtsschutz, NJW 2004, 14, 17; Muschallik, in: Schnapp/Wigge, Vertragsarztrecht, § 22, Rn. 33 ff.) gerechtfertigt.
Die Anwendung der aktuellen Degressionsvorschriften auf die MKG-Chirurgen ist hingegen umstritten. Diese erbringen fast ausschließlich chirurgische Leistungen. Der Gesetzgeber hat die Absenkung der Punktmengen zum 1.1.2005 aber damit begründet, dass der Zahnersatz aus dem Vergütungssystem ausgegliedert worden und daher eine entsprechende Anpassung erforderlich sei. Insoweit lässt sich mit Blick auf Artikel 3 Absatz 1 GG gut argumentieren, dass ebenso wie bei den Kieferorthopäden die Degressionsstufen hätten unverändert bleiben müssen (Verfahren vor dem SG Berlin anhängig - S 71 KA 401/05; kritisch auch: Muschallik, Schnapp/Wigge, Vertragsarztrecht, § 22, Rn. 43).

[478] Kamps, Die Honorarverteilung an die Vertragszahnärzte, MedR 1994, 41-48, m. w. N.

[479] BSG, Urteil vom 28.8.1996 - 6 RKa 41/95 = Die Leistungen Beilage 1997, 315 ff.; SG Berlin, Urt. v. 16.1.2002 - S 79 KA 44/00 KZA (n. v.); Engelhard, in: Hauck/Noftz, § 85, Rn. 289.

stellt einen gravierenden Eingriff in die Berufsausübungsfreiheit dar, welche eine formell-gesetzliche Grundlage erforderlich macht.[480]

2. Begriff der Gesamtpunktmenge

Die „Gesamtpunktmenge" stellt die erste Berechnungskomponente der Degression dar. Der Begriff als solcher ist im SGB V allein im Rahmen der Degression zu finden und dem Gesetz im Übrigen unbekannt.
Umfasst werden nach § 85 Absatz 4b Satz 9 die durch den BEMA-Z bestimmten Punktmengen im Sinne vertragszahnärztlicher Leistungen des § 73 Absatz 2 Nr. 2, mithin die zahnärztlichen und kieferorthopädischen Behandlungen. Es wird also auf die Punktmengen „aller vertragszahnärztlichen Leistungen" abgestellt. Ansatzpunkte dafür, bestimmte im Rahmen der vertragszahnärztlichen Versorgung erbrachte Leistungen unberücksichtigt zu lassen, sind den Bestimmungen - bis auf die im Folgenden zu untersuchenden Ausnahmen - (weiterhin) nicht zu entnehmen.[481] Nach der gesetzlichen Konzeption können bei der Berechnung auch Umstände nicht berücksichtigt werden, die erst nach Abschluss der Behandlung und Abrechnung feststehen. Das trifft etwa für die rechtskräftig festgestellte Ersatzpflicht eines Drittschädigers (z. B. Ersatzanspruch der Krankenkasse gemäß § 116 SGB X) sowie die gegebenenfalls erst im Vollstreckungswege zu klärende Solvenz dieser Person zu.[482]

a) Zahnersatz

Fraglich ist, ob die im Zusammenhang mit der Versorgung mit Zahnersatz anfallenden Punkte bei der Berechnung der Gesamtpunktmenge zu berücksichtigen sind, da diese zwar Gegenstand der vertragszahnärztlichen Versorgung sind, § 73 Absatz 2 Nr. 2a, aber nicht von § 85 Absatz 4b Satz 9 in Bezug genommen werden. Dies stünde im Widerspruch zur gesetzlichen Anordnung des § 85 Absatz 4c Satz 1, nach der die KZV die Punktmengen auch durch die Erfassung der „zahnprothetischen und kieferorthopädischen Rechnungen" und der Leistungen des § 28 Absatz 1 Satz 1 zu ermitteln hat.
Im Wege der telelogischen Reduzierung ist der Wortlaut allerdings auszulegen und letztlich umzudeuten. Mit der Herausnahme der prothetischen Leistungen aus dem „klassischen" Vergütungssystem durch das GMG fallen diese auch nicht mehr in die Berechnung der Gesamtpunktmengen.[483]

---

[480] Siehe Kapitel 4, III., 4., b), aa).
[481] Ausführlich zur Frage der nachträglichen Korrektur, insbesondere durch sonstige Begrenzungsmechanismen: Kapitel 6, II., 5., a).
[482] BSG, Beschl. v. 22.11.2004 - B 6 KA 55/04 B (Juris-Dokument: KSRE098091518).
[483] Im Gegensatz zur Frage der Einbindung des Zahnersatzes in die Wirtschaftlichkeitsprüfung; siehe Kapitel 2, II., 5., b), cc). Hingegen liegt eine Übereinstimmung mit den Befunden im Bereich des HVV vor, die eine Einbindung verneint haben.

Dieses Ergebnis wird nicht nur durch die fehlende Bezugnahme des Satzes 9 bestätigt, sondern auch durch die Formulierung des § 85 Absatz 4b Satz 1, der nicht mehr von der Punktmenge „aus vertragszahnärztlicher Behandlung einschließlich der Versorgung mit Zahnersatz" spricht. Mit der fehlenden expliziten Erwähnung der Versorgung mit Zahnersatz gibt der Gesetzgeber zu erkennen, dass diese Leistungen nicht mehr in die zu berechnende Punktmenge einfließen.

Auch die Gesetzesbegründung zum GMG stützt diese Auslegung. Die Absenkung der Punktmengengrenzen wird damit begründet, dass diese eine „notwendige Folgeregelung aufgrund der Umstellung auf befundbezogene Festzuschüsse beim Zahnersatz" darstelle. Es erfolge eine Bereinigung „um den auf den Zahnersatz entfallenden Anteil".

Abschließend lässt sich diese Auffassung auch mit der Entwicklung der Regelungen zum Zahnersatz, soweit sie Bezug zur Degression haben, begründen. Nach § 30 Absatz 1 in der vom 1.1.1989 bis zum 31.12.1992 geltenden Fassung[484] erstattete die Krankenkasse den Versicherten 50 % der Kosten der im Rahmen der kassenzahnärztlichen Versorgung durchgeführten medizinisch notwendigen Versorgung mit Zahnersatz (zahntechnische Leistungen und zahnärztliche Behandlungen), solange nicht Festzuschüsse nach § 30 Absatz 2 festgelegt waren. Ungeachtet der Frage der Kostentragung waren Zahnersatz-Leistungen weiter in das System des Kassenzahnarztrechts eingebunden.[485] Die Kosten für die prothetische Versorgung waren zwischen Vertragszahnarzt und dem Versicherten abzurechnen. Die Krankenkasse erfüllte ihre Pflicht im Rahmen der Zahlung des gesetzlich festzusetzenden Zuschusses. Zwischen 1993 und 1997[486] bestand die Verpflichtung der Krankenkasse, den von ihr zu tragenden Anteil von 50 % der Kosten der prothetischen Versorgung an die KZV zu zahlen. Damit wurde an der Kostenerstattung festgehalten. Diese Änderung war ausweislich der Gesetzesbegründung zu den §§ 29 und 30 insbesondere deswegen notwendig, um eine problemlose Umsetzung des degressiven Punktwertes des § 85 Absätze 4b bis 4f zu ermöglichen.[487] Eine erneute und gravierende Änderung wurde zum 1.7.1997 vorgenommen.[488] § 30 Absatz 4 sah vor, dass die Krankenkasse den Festzuschuss an den Patienten zahlt. Der Zahlungsanspruch des Vertragszahnarztes richtete sich direkt gegen den Versicherten. Wiederum ist ein Zusammenhang mit der Degression zu erkennen, welche durch Artikel 1 Nr. 29 Buchstabe e des 2. GKV-NOG aufgehoben wurde. Eine Erfassung der vertragszahnärztlichen Vergütungsanteile für zahnprothetische Behandlungen über die

[484] Artikel 1 GRG v. 20.12.1988, BGBl I 2477.
[485] Offengelassen in: BSG, Urt. v. 10.4.1990 - 6 RKa 11/89 = NJW 1991, 2988-2989 und BSG, Urt. v. 16.1.1991 - 6 RKa 25/89 = SozR 3-5555, § 12, Nr. 2.
[486] GSG v. 21.12.1992, BGBl I 2266.
[487] Bundestags-Drucksache 12/3608 S. 79.
[488] 2. GKV-NOG v. 23.6.1997, BGBl I 1520 (gemäß Artikel 19 Absatz 4 am 3.1.1998 mit Wirksamkeit aller Festzuschüsse nach § 30a in Kraft getreten).

KZV war nicht mehr erforderlich. Das GKV-SolG führte zum 1.1.1999 nicht nur die Regelungen zur Degression wieder ein, sondern sah auch vor, dass die Versorgung mit Zahnersatz als Sachleistung erbracht wird. Die Abrechnung war - am BEMA-Z orientiert - über die KZV vorzunehmen. Das Festzuschusskonzept wurde aufgegeben. Mit dem GMG erfolgte erneut eine Umstellung auf ein befundorientiertes Festzuschusssystem (§§ 55-59).[489] An die Stelle der bisherigen prozentualen Zuschüsse trat eine fixe Beteiligung. Der Vertragszahnarzt ist seitdem nach Bewilligung des Zuschusses durch die Krankenkasse und Durchführung der Behandlung gemäß § 87 Absatz 1a Satz 8 gehalten, die Abrechnung gegenüber der KZV und dem Patienten vorzunehmen. Dies gilt nur nicht für den Fall, dass der Versicherte eine über die Regelversorgung des § 56 Absatz 2 hinausgehende bzw. andersartige Versorgung wählt. Der Abrechnungsweg hängt mithin von der Entscheidung des Patienten für die Art seiner Versorgung ab.
Mit dieser Vorgabe macht der Gesetzgeber der KZV, ähnlich wie in der Zeit zwischen dem 1.7.1997 und dem 31.12.1998, die Erfassung des vertragszahnärztlichen Vergütungsanteils beim Zahnersatz zumindest für den Fall der von der Regelversorgung abweichenden Versorgung unmöglich. Eine degressionsbezogene Umsetzung ist daher faktisch ausgeschlossen und hätte allein mit der, vom Gesetzgeber allerdings nicht angeordneten, vollständigen Erfassung der Leistungen durch die KZV erreicht werden können. Die mögliche Mitteilung der Punktmengen durch die Krankenkassen ist im Gegensatz zu § 85 Absatz 4b Satz 11 nicht explizit vorgesehen.
Festzuhalten ist, dass die prothetischen Leistungen im Rahmen der Berechnung der Gesamtpunktmengen nicht mehr herangezogen werden.

Die Rechtsprechung des BSG verkehrt sich damit im Bereich der Frage der Einbeziehung von Zahnersatz im Ergebnis, nicht aber in der Begründung ins Gegenteil. Soweit das BSG ausführt[490], dass das schon vom Wortsinn der genannten Bestimmungen her anzunehmende Verständnis einer Einbeziehung der Zahnersatzleistungen und der Eigenanteile in systematischer Sicht durch § 85 Absatz 4e SGB V bestätigt werde, der mit der durchzuführenden Punktwertminderung nur die über die KZV abgerechneten Punktmengen erfasse, gilt dies auch für die aktuelle Rechtslage. Nach dem BSG kann die KZV die Vergütungsminderung aufgrund der Degression nur bei den Punkten vornehmen, deren Vergütung durch sie erfolgt.

Richtigerweise[491] muss Absatz 4c also dahingehend verstanden werden, dass die KZV „die kieferorthopädischen Rechnungen zahnarzt- und krankenkassenbezogen nach dem Leistungsquartal zu erfassen und mit den abgerechneten Leistun-

---

[489] Siehe dazu: Kapitel 2, II., 5., b), cc).
[490] Urt. v. 13.5.1998 - B 6 KA 39/97 R = USK 98151.
[491] Das ist eine Folge der systematischen Auslegung, zu der gehört, dass jede Vorschrift einer Rechtsordnung mit jeder anderen im Einklang stehen muss. Die vorgenommene teleologische Reduktion der Vorschrift ist also im Wesentlichen systematischen Überlegungen geschuldet.

gen nach § 28 Absatz 2, **1. Halbsatz**, Satz 3, 7, 9 und den gemeldeten Kostenerstattungen" zusammenzuführen hat.

Ausgegrenzt sind damit - im Gegensatz zur bisherigen Rechtslage und Rechtsprechung[492] - auch die Eigenanteile der Patienten. Zwar ist dem Wortlaut des Absatz 4c immer noch kein Hinweis darauf zu entnehmen, dass bei der Ermittlung der degressionspflichtigen Punktmengen die auf die Eigenanteile der Versicherten entfallenden Punktzahlen nicht zu berücksichtigen sind. Mit dem Wegfall der gesamten Sparte Zahnersatz sind allerdings auch die diesbezüglichen Eigenanteile erfasst.

b) Kostenerstattung und Materialkosten

Etwas anderes gilt für die Kostenerstattungsleistungen, also Zahlungen an kostenerstattungsberechtigte freiwillige Mitglieder und deren Familienangehörige, im Sinne des § 13 Absatz 2 sowie Materialkosten. Diese sind gemäß § 85 Absatz 4b Satz 10 und 11 in die Berechnung einzuziehen. Änderungen durch das GMG haben sich nicht ergeben. Das formulierte Ziel, eine Besserstellung von Zahnärzten mit hohem Anteil an freiwillig Versicherten zu verhindern, ist auch mit Blick auf die erweiterten Möglichkeiten des § 13 Absatz 2[493] zu verfolgen. Das Gesetz differenziert im Hinblick auf die Eigenanteile der Versicherten nicht. Sie werden ohne Rücksicht darauf einbezogen, ob der Vertragszahnarzt später tatsächlich das Honorar erhält. Das BSG begründet seine diesbezügliche Auffassung damit, dass die schematisierende Festlegung, alle von den Krankenkassen gemeldeten Kostenerstattungen nach § 13 Absatz 2 seien bei der Ermittlung der Gesamtpunktmenge nach § 85 Absatz 4b zugrunde zu legen, von der Befugnis des Gesetzgebers gedeckt sei zu typisieren.[494] Für eine solche - eher schematische - Regelung sprechen auch Gesichtspunkte der Verwaltungsvereinfachung und -praktikabilität. Auf solche Punkte kann der Gesetzgeber ebenfalls abstellen.[495] Die Einbeziehung der Punktmengen aus der Kostenerstattung gilt

---

[492] BSG, Urt. v. 13.5.1998 - B 6 KA 38/97 = USK 98151.

[493] Bis zur Einführung des GMG hatten nur freiwillige Mitglieder der Gesetzlichen Krankenversicherung und ihre mitversicherten Familienangehörigen die Möglichkeit, anstelle der Sachleistung Kostenerstattung zu wählen. Pflichtmitglieder erhielten Leistungen ausschließlich nach dem Sachleistungsprinzip. Nunmehr wurde die Möglichkeit, Kostenerstattung zu wählen, allen Versicherten eingeräumt. Hierdurch sollte auch das Prinzip der Eigenverantwortung und des Kostenbewusstsein gestärkt werden. Praktisch hat die Kostenerstattung kaum Relevanz entfaltet, da die gesetzlichen Schranken (ausdrückliche Pflicht der Kassen, ihre Versicherten über die Folgen einer Entscheidung für die Kostenerstattung aufzuklären, fehlende Möglichkeit, die Wahl der Kostenerstattung auf bestimmte ambulante Leistungen zu beschränken, Bindung für ein Jahr) die benannten Grundsätze letztlich konterkariert haben.

[494] BSG, Urt. v. 14.5.1997 - 6 RKa 25/96 = BSGE 80, 223, 233.

[495] BSG, Urt. v. 28.4.1999 - B 6 KA 60/98 R = MedR 2000, 49-51, unter Verweis auf BVerfG, Urt. v. 29.5.1990 - 1 BvL 20/84 = BVerfGE 82, 60, 102; BVerfG, Beschl v.

daher unabhängig davon, ob diese Privatzahlungen dem Vertragszahnarzt tatsächlich geleistet wurden.

Im Ergebnis umfasst die Regelung des § 85 Absatz 4b alle Leistungen im Rahmen der vertragszahnärztlichen Versorgung an Versicherte der Gesetzlichen Krankenversicherung unabhängig davon, in welcher Form und durch wen deren Vergütung an den Vertragszahnarzt erfolgt ist.

Eine gesetzliche Ausnahme muss mit Blick auf den § 264 in der Fassung des GMG gelten, der die Möglichkeit (Absatz 1) der Übernahme von Krankenbehandlung für nicht Versicherungspflichtige gegen Kostenerstattung sowie die Verpflichtung (Absätze 2-7) zur leistungsrechtlichen Gleichstellung von Empfängern laufender Hilfe zum Lebensunterhalt und von Empfängern von Hilfe in besonderen Lebenslagen nach dem BSHG, die nicht krankenversichert sind, mit gesetzlich Krankenversicherten vorsieht. § 264 betrifft zwar die Kostenerstattung, wird aber vom Wortlaut des § 85 Absatz 4b Satz 10 nicht erfasst. Dies gilt, obwohl durch die Krankenversichertenkarte sichergestellt wird, dass für die Behandlung von Sozialhilfeempfängern die Regelungen und die Steuerungsinstrumente zur Gewährleistung einer zweckmäßigen und wirtschaftlichen Versorgung ebenfalls in vollem Umfang angewendet werden. Zur Durchführung des Abrechnungsverfahrens sowie für die Anwendung von Steuerungsinstrumenten, z. B. Wirtschaftlichkeitsprüfungen nach § 106, hat der Gesetzgeber die Festlegung von Statusbezeichnungen auf der Krankenversichertenkarte für erforderlich gehalten. In Absatz 6 Satz 1 wird zudem klargestellt, dass die Versorgung der Hilfeempfänger bei der Bemessung der Vergütungen nach § 85 oder § 85a zu berücksichtigen ist. Ein Verweis auf § 85 Absatz 4b erfolgt hingegen ebenso wenig wie eine erweiternde Neuformulierung der Degressionsvorschriften. Dies ist unverständlich, da im § 264 eine vollständige Gleichstellung mit den sonstigen Kostenerstattungsleistungen erfolgt. Bei der Neuformulierung des § 264 scheint der Gesetzgeber die notwendige Änderung im § 85 Absatz 4b schlicht übersehen zu haben.

3. Begriff des Kalenderjahres

Neben der Menge der vertragszahnärztlichen Leistungen muss auch die zeitliche Komponente betrachtet werden. Das Gesetz ordnet insoweit grundsätzlich eine jahresbezogene Berechnung an. Die Vorschrift des § 85 Absatz 4b Satz 8 beschäftigt sich mit der Reduzierung der Punktmenge entsprechend der Beschäftigungsdauer im jeweiligen Kalenderjahr und steht im systematischen Zusammenhang mit der Regelung der Punktmengengrenzen bei Gemeinschaftspraxen,

---

23.3.1994 - 1 BvL 8/85 = BVerfGE 90, 226, 237; BSG, Urt. v. 27.6.1996 - 11 RAr 77/95 = BSGE 79, 14, 17 f. = SozR 3-4100, § 111, Nr. 14, S. 53.

die sich gemäß § 85 Absatz 4b Satz 3 nach der Zahl der gleichberechtigten zahnärztlichen Mitglieder richtet.
Das denkbare Argument, die zeitbezogene Abstaffelung gelte nur für angestellte Zahnärzte und Ausbildungsassistenten sowie für sonstige nicht gleichberechtigte Mitglieder einer Praxis, greift zu kurz. Festzustellen ist zunächst, dass eine klare Vorgabe entsprechend der Regelung bei angestellten Zahnärzten oder nicht gleichberechtigten Zahnärzten nicht zu finden ist. Mithin ist im Wege der Auslegung eine Lösung zu finden. Das BSG füllt diese Unsicherheit richtigerweise mit Hinweis auf § 85 Absatz 4b Satz 1, welcher die degressionsfreie Gesamtpunktmenge an die Begriffe „je Vertragszahnarzt" und „je Kalenderjahr" knüpft. Diese Verknüpfung von Gesamtpunktmenge, Vertragszahnarzt und Kalenderjahr hat zur Folge, dass für die Anrechnung einer degressionsfreien Punktmenge eine durchgehende Tätigkeit für das gesamte Kalenderjahr vorliegen muss. Die freie Punktmenge verringert sich, wenn der Vertragszahnarzt nur einige Monate im Kalenderjahr tätig war.[496] Die zu ermittelnde „Punktmenge je Kalenderjahr" reduziert sich daher bei nur zeitweiliger Tätigkeit in allen denkbaren Fällen ebenso wie bei Änderung des Status der Abrechnung, z. B. der Gründung einer Gemeinschaftspraxis.[497]
Ähnliches gilt selbst für den Fall, dass die gesetzliche Vorschrift an sich nur für einen Teil des Kalenderjahres Gültigkeit besitzt.[498] Soweit nach der Rechtsprechung des BSG feststeht, dass dem Vertragszahnarzt, der nur während eines Teiles eines Kalenderjahres tätig war, nicht die gesamte Punktmenge, sondern lediglich ein entsprechender Anteil zusteht, muss dies auch dann gelten, wenn die Veränderung nicht in der Person des Vertragszahnarztes begründet ist, sondern dadurch eintritt, dass die entsprechende Vorschrift im Laufe eines Kalenderjahres aufgehoben wird.[499]

4. Begriff des gleichberechtigten, ungleichberechtigten und angestellten Vertragszahnarztes

Vertragszahnarzt ist zunächst jeder Zahnarzt, der durch den Zulassungsausschuss bestandskräftig im Sinne des § 95 Absatz 1 Satz 1 zur Versorgung der gesetzlich Versicherten zugelassen wurde.
Problematisch gestaltet sich in diesem Zusammenhang die Berechnung der Degressionsgrenzen bei Gründung oder Erweiterung zahnärztlicher oder kieferorthopädischer Kooperationen und bei Anstellung von Zahnärzten in medizinischen Versorgungszentren (MVZ). Hier bestehen Besonderheiten im Vertragszahnarztrecht, welche weit reichende finanzielle Auswirkungen haben. Denn bei

---

[496] BSG, Urt. v. 3.12.1997 - 6 RKa 79/96 = USK 97155.
[497] Engelhard, in: Hauck/Noftz, § 85, Rn. 272 ff.
[498] In der Zeit zwischen dem 1.7.1997 und dem 1.1.1999 waren die Vorgaben zur Degression in § 85 Absätze 4b - f aufgehoben.
[499] BSG, Urt. v. 27.4.2005 - B 6 KA 18/04 R = SozR 4-2500, § 85, Nr. 15; LSG Nordrhein-Westfalen, Urt. v. 10.5.2006 - L 11 KA 53/04 (Juris).

Gemeinschaftspraxen mit gleichberechtigten Gesellschaftern erhöht sich die Punktmengengrenze um jeweils 262.500 Punkte pro Partner je Kalenderjahr bei Zahnärzten und um 280.000 Punkte bei den Kieferorthopäden, während der Praxis für ungleichberechtigte Partner weniger Punktzuschlag zugestanden wird. Bei Gemeinschaftspraxen mit nicht gleichberechtigten Gesellschaftern wird gemäß § 85 Absatz 4b Satz 7 die Punktmengengrenze lediglich wie bei angestellten Zahnärzten[500] um 70 % erhöht. Soweit der angestellte Zahnarzt oder Kieferorthopäde eine Genehmigung besitzt, die im Zeitraum vom 1.1.1993 bis zum 1.7.1997 datiert, erhöht sich die Punktmengengrenze um 70 %, während seit dem 1.7.1997 für angestellte Zahnärzte neue Regelungen gelten.[501]

Bei der Feststellung der Punktemengen im Rahmen einer Gemeinschaftspraxis wird zwar grundsätzlich auf die Zahl der Praxisinhaber abgestellt. Dies soll nach der Gesetzesbegründung allerdings nur für den Fall gelten, dass bei den Beteiligten von einem „gleich starken unternehmerischen Interesse" ausgegangen werden kann, nur in diesen Fällen kann von gleichberechtigten Partnern in einer Gemeinschaftspraxis gesprochen werden. Nicht gleichberechtigte Partner werden gemäß § 85 Absatz 4b Satz 4 wie angestellte Zahnärzte behandelt.[502] Um die zutreffenden Punktmengen für den degressiven Punktwert festlegen zu können, muss der Nachweis der gleichberechtigten Partnerschaft gegenüber dem Zulassungsausschuss erbracht werden.
Ausgangspunkt für die inhaltliche Bestimmung und Abgrenzung des Begriffspaares „gleichberechtigt - nicht gleichberechtigt" ist § 85 Absatz 4b Satz 5. Danach liegt eine Gleichberechtigung der zahnärztlichen Mitglieder vor, wenn vertraglich gleiche Rechte und Pflichten der Teilhaber in Berufsausübung und Praxisführung vereinbart sind. Während der Begriff der Berufsausübung in dieser

---

[500] Vor dem 1. NOG 1.7.1997.

[501] § 101 Absatz 1 Satz 1 Nr. 5 i. V. m. Kapitel G. der Bedarfsplanungsrichtlinien für Zahnärzte bestimmt, dass die Genehmigung zur Beschäftigung eines ganztags beschäftigten Zahnarztes oder bis zu zwei halbtags beschäftigten Zahnärzten als angestellte Zahnärzte im Sinne von § 32 b ZV-Z nur bei Erfüllung bestimmter Bedingungen zu erteilen ist. Der anstellende Vertragszahnarzt muss gegenüber dem Zulassungsausschuss insbesondere eine schriftliche Erklärung zur Leistungsmengenbegrenzung gemäß § 101 Absatz 1 Nr. 5 SGB V abgeben. Diese ist dahingehend ausgestaltet, dass während der Anstellung eines Zahnarztes der bisherige Leistungsumfang nicht wesentlich überschritten werden darf. Der Zulassungsausschuss legt in einer verbindlichen Feststellung zur Beschränkung des Praxisumfangs das Gesamtpunktzahlvolumen im Sinne einer Obergrenze fest. Der Festsetzung des Gesamtpunktzahlvolumens sind die Abrechnungen zugrunde zu legen, die in den letzten vier abgerechneten Quartalen über die KZV vorgenommen worden sind. Die im entsprechenden Vergleichszeitraum vom Vertragszahnarzt abgerechneten Punkte dürfen das festgesetzte Gesamtpunktzahlvolumen um nicht mehr als 3 % überschreiten. Das heißt im Ergebnis, dass der nach dem 1.7.1997 angestellte Zahnarzt keine Budgetrelevanz aufweist; im Gegenteil beschränkt sich der zugelassene Vertragszahnarzt und nimmt eine starre Abrechnungsobergrenze in Kauf.

[502] Zur Problematik der weitergehenden Abgrenzung zwischen einem ungleichberechtigtem Partner und dem angestellten Zahnarzt: OLG Koblenz, Urt. v. 2.3.2000 - 2 Ws 92-94/00, MedR 2001, 144-146.

Vorschrift den originär zahnärztlichen Tätigkeitsbereich umfasst und damit allein im Sinne der therapeutischen Freiheit der jeweiligen Partner zu verstehen ist[503], besteht über die Auslegung des Begriffs „Praxisführung" Uneinigkeit[504]. Sowohl der Wortlaut („Praxisführung") als auch gesetzesgenetische Aspekte sprechen dafür, dass sich der Begriff der Praxisführung allein auf die Organisation des Praxisbetriebs bezieht.[505] Wenn das Gesetz vom Führen einer Praxis spricht, so hat es damit tätigkeitsbezogene Regelungen des Gesellschaftsvertrages im Auge, nicht jedoch zustandsbezogene. Demnach fallen unter den Begriff der Praxisführung vor allem Fragen der Geschäftsführung und Vertretung, nicht aber solche der gesellschaftsinternen Gewinn- und Vermögensbeteiligung. Folge dieses Verständnisses ist, dass die dem Zulassungsausschuss bei Antragsstellung vorzulegenden Gesellschaftsverträge nur in Bezug auf die erstgenannten Aspekte überprüft und bewertet werden dürfen. Letztere haben allein zivilrechtliche und keine vertragszahnarztrechtliche Bedeutung.

Diese Problematik verschärft sich im Bereich der Anstellung von Zahnärzten in medizinischen Versorgungszentren.[506] Mit dieser Institution wurde durch das GMG in § 95 eine neue Einrichtung geschaffen, die als solche an der vertrags(zahn)ärztlichen Versorgung teilnimmt und im ambulanten Bereich Leistungen durch angestellte (Zahn)Ärzte oder Vertrags(zahn)ärzte erbringt. In diesem Zusammenhang taucht ebenfalls Frage auf, ob der in einem medizinischen Versorgungszentrum angestellte Zahnarzt bzw. sein Arbeitgeber im Bereich des HVV und der Degression ein volles Budget beanspruchen kann oder sich mit dem 0,7-fachen Satz zufrieden geben muss.
Mit dem medizinischen Versorgungszentrum wurde der Kreis der Teilnehmer an der vertragszahnärztlichen Versorgung erweitert. Neben zugelassenen Vertrags(zahn)ärzten und ermächtigten Ärzten können auch medizinische Versor-

---

503 Vgl. insoweit Butzer, Nullbeteiligungsgesellschaften unter Ärzten, MedR 2001, 604, 609, Fn. 44, unter Bezugnahme auf eine Auskunft von Herrn Dr. Peter Kurz, Bundeszahnärztekammer, Berlin; BGH, Urt. v. 6.4.1987 - II ZR 101/86 = NJW 1987, 3124, 3125; so auch: Saenger, Gesellschaftsrechtliche Gestaltung ärztlicher Kooperationsformen, NZS 2001, 234 ff. mit zahlreichen Nachweisen aus der Rechtsprechung; Ulmer, in: MünchKomm-BGB, 4. Auflage, § 705 Rn. 134, 149, 244 ff.

504 Z. B. SG Berlin, Urt. v. 28.8.2005 - S 79 KA 19/04 KZA (n. v.), welches allein auf die Gewinnverteilung als Abgrenzungskriterium abstellt; die Berufung ist anhängig beim LSG Berlin-Brandenburg - L 7 KA 1001/05; Großbölting/Middendorf, Die differenzierte Einstufung bei der Gründung oder Erweiterung einer zahnärztlichen Gemeinschaftspraxis, MedR 2003, 93 ff.

505 Ausführlich: Großbölting/Middendorf, Die differenzierte Einstufung bei der Gründung oder Erweiterung einer zahnärztlichen Gemeinschaftspraxis, MedR 2003, 93 ff.

506 Dazu ausführlich: Lindenau, MVZ - Gesetzesanspruch und Zulassungswirklichkeit, GesR 2005, 494-498; Ratzel, MVZ, ZMGR 2004, 63 ff.; Wigge, MVZ, MedR 2004, 1 ff.; Wigge, in: Schnapp/ders., Vertragsarztrecht, § 6, Rn. 61 ff.; Preissler/Zwingel, Das MVZ; S. 1ff.; mit der Anstellung von Ärzten im MVZ beschäftigt sich Möller, Der im zugelassenen MVZ angestellte Arzt, GesR 2004, 456 ff., der allerdings allein die ärztliche und nicht die zahnärztliche Seite beleuchtet.

gungszentren an der ambulanten Versorgung der Krankenversicherten teilnehmen. Sie sollen durch fachübergreifende und interdisziplinäre Zusammenarbeit eine umfassende Versorgung der Patienten aus einer Hand gewährleisten. Gründer eines medizinischen Versorgungszentrums können ausschließlich Leistungserbringer sein, die aufgrund einer Zulassung, Ermächtigung oder Vertrag an der medizinischen Versorgung der Versicherten teilnehmen.[507] Die Auslegung des Tatbestandsmerkmals „fachübergreifend" ist im vertragszahnärztlichen Bereich umstritten. Für die Möglichkeit der fachübergreifenden Tätigkeit zwischen den Gruppen Zahnarzt, Kieferorthopäde, MKG und Oralchirurg spricht insbesondere der Umstand, dass im Gesetz nicht von einer fachgruppenübergreifenden Tätigkeit die Rede ist. Der Begriff der fachübergreifenden Tätigkeit ist vom Wortsinn her ein „Weniger". Zudem setzt der § 32b Absatz 1 der Zahnärztezulassungsverordnung für die Anstellung eines angestellten Zahnarztes durch einen zugelassenen Vertragszahnarzt voraus, dass dieser angestellte Zahnarzt „desselben Fachgebietes" entstammt. Insoweit erkennt der Verordnungsgeber hier an, dass es auch bei den Zahnärzten unterschiedliche Fachgebiete gibt. Dies wird bestätigt durch die unterschiedlichen Abrechnungsmöglichkeiten von Kieferorthopäden bzw. Zahnärzten, bzw. Oralchirurgen, bzw. Mund-, Kiefer- und Gesichtschirurgen in den jeweiligen HVV. Selbst wenn man die Auffassung vertritt, nach der die Weiterbildungsordnung als Maßstab heranzuziehen ist, zeigt der Blick in diese Verordnungen, dass wesentliche Unterschiede z. B. zwischen Zahnarzt und Oralchirurg bestehen und damit auch Sinn und Zweck des Merkmals „fachübergreifend", nämlich, eine interdisziplinäre Zusammenarbeit zwischen verschiedenen Spezialisten, erfüllt ist.
Im medizinischen Versorgungszentrum können Zahnärzte, die in das Arztregister eingetragen sind, als Angestellte oder Vertragszahnärzte tätig sein. Die Anstellung bedarf der Genehmigung des Zulassungsausschusses (§ 95 Absatz 2).

Fraglich ist, welche Punktmengen dem Versorgungszentrum für einen (in Verbindung mit einer Zulassung[508]) angestellten Zahnarzt zuzuordnen sind. Denkbar ist sowohl eine Größenordnung von 262.500 Punkten als auch von 183.750 Punkten (also 70% von 262.500).
Der Wortlaut des § 85 Absatz 4b zeitigt zunächst ein eindeutiges Ergebnis. Der im Versorgungszentrum als Arbeitnehmer tätige Zahnarzt ist angestellt im Sinne der Zulassungsverordnung für Vertragszahnärzte und damit auch im Sinne des § 85 Absatz 4b. § 32 der Zulassungsverordnung wurde zwar im Zuge des GMG dahingehend geändert, dass die Anzahl der anzustellenden Zahnärzte nicht mehr

---

[507] Z. B. ermächtigte Träger von Einrichtungen §§ 117, 118, 119, 119a, Krankenhausträger § 108, Vorsorge- und Rehabilitationseinrichtungen §§ 111, 111a, Heilmittelerbringer § 124, Hilfsmittelerbringer § 126, Leistungserbringer nach §§ 132, 132a, 132b, 132c, Apotheken § 129.

[508] Ein MVZ kann einen Zahnarzt auf Grundlage der Bedarfsplanungsrichtlinien auch ohne Zulassung anstellen, muss in diesem Fall aber die Leistungsbegrenzungserklärung abgeben.

beschränkt wird.[509] Die Einstufung als Anstellung an sich bleibt hingegen bestehen. Dies bestätigt z. B. die Neuformulierung des § 95d Absatz 5 Satz 1, die auch den Angestellten eines medizinischen Versorgungszentrums die Fortbildungspflicht auferlegt.

Eine andere Erkenntnis vermittelt der Blick auf die Einbindung der vertragszahnärztlichen Anstellung in einem MVZ im System der Gesetzlichen Krankenversicherung.
Nach § 95 Absatz 3 Satz 2 bewirkt die Zulassung des medizinischen Versorgungszentrums, dass die angestellten Zahnärzte Mitglieder der für den Vertragszahnarztsitz des Versorgungszentrums zuständigen KZV sind. Das Zentrum ist zur Teilnahme an der vertragszahnärztlichen Versorgung berechtigt und verpflichtet. Mit der Vertragszahnarztzulassung gliedert sich also das Versorgungszentrum selbst in den der KZV obliegenden Sicherstellungsauftrag zur Durchführung einer ordnungsgemäßen vertragszahnärztlichen Versorgung ein. Die vertraglichen Bestimmungen über die vertragszahnärztliche Versorgung sind für das Zentrum verbindlich. Die Zulassung des medizinischen Versorgungszentrums sowie die spätere Anstellung weiterer Zahnärzte ist nur gestattet, wenn der Planungsbereich für die jeweiligen Arztgruppen nicht wegen Überversorgung gesperrt ist (§ 95 Absatz 2 Satz 8). Die in den zugelassenen medizinischen Versorgungszentren angestellten Zahnärzte sowie Vertragszahnärzte werden nach § 101 Absatz 4 bei der Feststellung des Versorgungsgrades mitberücksichtigt. § 101 Absatz 1 Satz 6 regelt, dass die Zahnärzte, die in einem medizinischen Versorgungszentrum angestellt sind, bei der Feststellung des Versorgungsgrades in einer Region im Rahmen der Bedarfsplanungsregelungen berücksichtigt werden, und zwar in dem Umfang, der ihrer vertraglichen Arbeitszeit entspricht. § 103 Absatz 4a ermöglicht niedergelassenen Vertragszahnärzten, in überversorgten Regionen ihren Zulassungsstatus aufzugeben und künftig als angestellter Zahnarzt eines medizinischen Versorgungszentrums ihre Leistungen zu erbringen. Der Zulassungsausschuss hat diese „Übertragung der Zulassung" auf das medizinische Versorgungszentrum zu genehmigen.[510] Im Ergebnis erfolgt die Übertragung daher bedarfsplanungsneutral. Lediglich im Rahmen des § 103 Absatz 4a Satz 4 bricht das Gesetz mit den Vorgaben der Bedarfsplanung.[511] Damit

---

[509] Artikel 17 Nr. 5 des GMG; Ziermann, Sicherstellung der vertragszahnärztlichen Versorgung, MedR 2004, S. 547, ist unter Verweis auf den Wortlaut der Auffassung, dass nur eine 70%-tige Erhöhung stattzufinden hat.

[510] Dabei bringt der Vertragszahnarzt seine gesamte Praxis in das Versorgungszentrum ein. Eine Fortführung der Praxis im Rahmen des Nachbesetzungsverfahrens des § 103 Absatz 4 ist daher nicht möglich. Allein die Veräußerung der Privatpraxis bleibt davon unberührt.

[511] Zahnärzte, die durch ihre Anstellung in einem medizinischen Versorgungszentrum dessen Gründung oder die Erweiterung dessen ärztlichen Behandlungsangebots ermöglicht haben, können nach mindestens 5 Jahren in dem betreffenden Planungsbereich auch dann in die Niederlassung wechseln, wenn dieser Planungsbereich wegen Überversorgung gesperrt ist. Gleichzeitig darf das medizinische Versorgungszentrum die durch den Wechsel in die Freiberuflichkeit frei werdende Arztstelle nachbesetzen.

formuliert der Gesetzgeber ähnlich wie im Bereich des Job-Sharings[512] einen Kompromiss zwischen den Interessen der angestellten Zahnärzte (Wechsel in die Freiberuflichkeit, Berufsfreiheit), des Versorgungszentrums (Bindung der Vertragszahnarztsitze und Bestandssicherung) und der Bedarfsplanung (keine Steigerung der Anzahl der Leistungserbringer). Dieses Privileg gilt für angestellte Zahnärzte, die zu Gunsten des Versorgungszentrums auf ihre Zulassung verzichtet haben. Zahnärzten, die zum Zwecke der Nachbesetzung einer bereits vorhandenen Arztstelle in einem medizinischen Versorgungszentrum angestellt werden, steht der Wechsel in die Freiberuflichkeit in einem gesperrten Planungsbereich - wie jedem anderen Zahnarzt auch - nur im Wege der Praxisübergabe nach § 103 Absatz 4 offen. Die Berechtigung von Zahnärzten, in zugelassenen medizinischen Versorgungszentren Versicherte der Gesetzlichen Krankenversicherung zu behandeln, endet mit Ende des Kalendervierteljahres, in dem sie das 68. Lebensjahr vollendet haben. Diese Regelung stellt die angestellten Ärzte in medizinischen Versorgungszentren den Vertragszahnärzten und den bei Vertragszahnärzten angestellten Ärzten gleich, die ebenfalls über das 68. Lebensjahr hinaus nicht zahnärztlich tätig sein dürfen (§ 95 Absatz 7 Satz 7).

Letztlich erfolgt eine - bis auf die das MVZ betreffenden Besonderheiten - nahezu vollständige Gleichstellung des in einem MVZ angestellten Zahnarztes mit Vertragszahnärzten. In der systematischen und teleologischen Betrachtung zeigt sich also, dass die wirtschaftlichen und rechtlichen Folgen einer Anstellung vollkommen mit der Situation des niedergelassenen Vertragszahnarztes identisch sind.
Bestätigt wird diese Auffassung auch durch die entsprechende Änderung der Bedarfsplanungsrichtlinien für Zahnärzte[513], die analog zur vertragsärztlichen Regelung im Grundsatz von vollen, Stellen ausgehen. Diese werden mit dem Faktor 1,0 verknüpft.
Zudem verdeutlicht die Entwicklung des § 95 im Gesetzgebungsverfahren[514], dass der Gesetzgeber nicht die höchste Sorgfalt hat walten lassen. Die Vertragszahnärzte und die abgelegene Vorschrift des § 85 Satz 4b scheinen schlicht übersehen worden zu sein. Die Anknüpfung der Anstellung an die Zulassung zeigt hingegen, dass sowohl ein volles Budget im Rahmen des HVV als auch bei der Degression zur Verfügung stehen muss. Es ist mit Artikel 3 GG auch nicht vereinbar, wenn der in einem MVZ tätige Vertragszahnarzt ein anderes Volumen zur Verfügung gestellt bekäme als der angestellte Zahnarzt, welcher für das MVZ arbeitet. § 85 Absatz 4b Satz wurde zu Zeiten gefasst, in denen die Anstellung eines Zahnarztes mit Zulassung noch gar nicht denkbar war.

---

[512] § 101 Absatz 3, Vollzulassung nach 10-jähriger Tätigkeit.

[513] So die Bedarfsplanungsrichtlinien der Zahnärzte, die mit Beschl. des Bundesausschusses v. 14.10.2005 entsprechend geändert (Bundesanzeiger Nr. 44 (S. 1408) v. 3.3.2006) wurden und in Abschnitt H. Ziffer 1-7 Vorgaben tätigen.

[514] Dazu: Peikert; Erste Erfahrungen mit MVZ, ZMGR 2004, 211 ff.; Wigge, MVZ, MedR 2004, 1 ff..

Der richtige Anknüpfungspunkt zur Bestimmung der Degressionspunktmengen ist daher im Umfang der Besetzung der Zulassung durch Angestellte zu sehen.[515] Das MVZ kann die Zulassung in bis zu vier Stellen teilen[516] und durch Angestellte bearbeiten lassen. Entsprechend der Vorgaben des Satzes 8 muss sich die Budget- und Degressionspunktmenge an der Beschäftigungsdauer orientieren. Dies korrespondiert auch mit der Genehmigungspflicht zur Anstellung bei dem Zulassungsausschuss bei der KZV.

IV. Rechtsfolge: Pflicht zur Erstattung der KZV

Die KZV hat als Folge der Anwendung der Absätze 4b und 4c zum einen Erstattungen an die Krankenkassen zu leisten und parallel dazu zum anderen die Honorarforderung des Vertragszahnarztes zu mindern. Die beschriebene Abstaffelung und Reduzierung der Punktmenge bezieht sich dabei nach dem Wortlaut („verringert sich ... ab einer Gesamtpunktmenge") in allen Fällen nicht auf die Gesamtpunktmenge, sondern auf die jeweilige Abstufung. Das bedeutet, dass die abgesenkten Punktwerte nur die Leistungen betreffen, die nach Überschreitung des jeweiligen Grenzwertes erbracht werden.
Neben den Informationspflichten des Absatz 4d hat die KZV gemäß § 85 Absatz 4e Satz 1 und Satz 3 die Pflicht, die sich aus den degressiven Punktwerten ergebenden Beträge den Krankenkassen bei der nächsten („folgenden") Gesamtvergütungsabrechnung gutzuschreiben.[517] Dies führt zu einer Verringerung dieser Gesamtvergütung. Zur Ermittlung der Höhe der Verringerung ist ab dem Zeitpunkt der Grenzwertüberschreitungen der vertraglich vereinbarte Punktwert prozentual abzusenken. Nach Satz 3 sind bei der Berechnung der Gesamtvergütung diese abgesenkten Punktwerte den auf den Zeitpunkt der Grenzwertüberschreitung folgenden Abrechnungen gegenüber den Krankenkassen zugrunde zu legen. Die Durchführung dieses Verfahrens durch die KZV und die Weitergabe der aufgrund der Punktwertdegression erzielten Honoraranteile an die Krankenkassen wird durch die gemäß § 85 Absatz 4f eröffnete Sanktionsmöglichkeit gesichert: Die Krankenkasse hat danach ein Zurückbehaltungsrecht in Höhe von 10 % gegenüber jeder Forderung der KZV, solange diese ihren Pflichten aus den Absätzen 4c bis 4e nicht nachkommt. Der Anspruch auf Auszahlung der nach Satz 1 einbehaltenen Beträge erlischt sogar, wenn die KZV bis zur letzten Quartalsabrechnung eines Jahres ihre Verpflichtungen nicht oder nicht vollständig erfüllt.

---

[515] A. M.: Ziermann, Sicherstellung der vertragszahnärztlichen Versorgung, MedR 2004, 547, die unter Verweis Wortlaut des Gesetzes eine Festlegung auf 70% präferiert.

[516] Nach dem Beschl. des Bundesausschusses v. 14.10.2005, a. a. O.; sie gleichen hier den Bedarfsplanungsrichtlinien der Ärzte, Abschnitt 1, Buchstabe f, Nr. 2 i.d.F. vom 14.5.2005, Bundesanzeiger Nr. 90, S. 7485.

[517] Zum Verfahren ausführlich: Engelhard, in: Hauck/Noftz, § 85, Rn. 288 ff.; Hencke, in: Peters, Handbuch der Krankenversicherung, § 85, Rn. 55; Hess, in: Kasseler Kommentar, § 85, Rn. 72; BSG, Urt. v. 15.5.2002 - B 6 KA 25/01 = GesR 2003, 22-25; BSG, Urt. v. 28.8.1996 - 6 RKa 41/95 = USK 96150.

Der gegenüber dem Vertragszahnarzt zu erlassende Bescheid enthält zwei Regelungskomplexe: Zum einen wird die zu kürzende Punktmenge für das Abrechnungsjahr festgesetzt, zum anderen wird in Anknüpfung hieran ein Degressionsbetrag ermittelt.
Uneinheitlich ist dabei, auf welchen Punktwert sich die Degressionsabsenkungen beziehen. Betroffen sind sowohl die Beziehungen der Krankenkassen als auch die des Vertragszahnarztes zur KZV. Direkte Vorgaben zur Höhe des Punktwertes enthält das Gesetz nicht. Zwar verlangt Absatz 4e Satz 2 bei der Verrechnung die Bindung an den vertraglich vereinbarten Punktwert. Aus dieser Vorgabe, die allein das Umsetzungsverfahren im Folgejahr regelt, kann aber keine verpflichtende Anknüpfung für die Vertragspartner der Vergütungsverträge zu Berechnung der Ergebnisse des vorhergehenden Jahres entnommen werden.[518] Denn Absatz 4e befasst sich mit der zeitlich und inhaltlich anderen Komponente der Umsetzung der Weitergabe von schon berechneten Einsparungen, nicht aber mit der Berechung der Einsparung an sich.
Die Regelungen in den einzelnen KZV-Bereichen sind daher in beiden Beziehungen auch unterschiedlich. Zum Teil wird tatsächlich der vereinbarte Punktwert herangezogen, zum Teil ein individueller Auszahlungspunktwert des betroffenen Vertragszahnarztes. Für die Berechnung des kassenseitig abzuführenden Degressionsbetrages sind im Sinne eines Mittelwertes auch Unterscheidungen zwischen den Leistungsbereichen konservierend-chirurgisch, Kieferbruch und Parodontologie einschließlich Individualprophylaxe auf der einen und Kieferorthopädie auf der anderen Seite sowie darauf basierende einheitliche Durchschnittswerte - jeweils bezogen auf die Kassenart - vorzufinden. Die Bildung eines rechnerischen Mittelwertes (im Sinne eines jahresweise ermittelten kassen- und leistungsspartenübergreifenden Mischpunktwertes) ist zulässig und durch die gesetzliche Regelung des Absatzes 4e Satz 5 gedeckt.[519] § 85 Absatz 4e Satz 5 erlaubt es den Partnern der Vergütungsverträge „weitere Einzelheiten" zu regeln. Diese Ermächtigungsgrundlage ist dafür vorgesehen, die verwaltungsmäßige Umsetzung der gesetzlichen Bestimmungen zu regeln und praxisgerechte Verfahrensweisen zu vereinbaren, soweit der Sinn der gesetzlichen Regelung gewahrt bleibt.[520]

Erfolgt in der Beziehung des Vertragszahnarztes zur KZV eine Berechnung nach den vertraglich vereinbarten Werten, ist dies verbunden mit der Problematik, dass die im Verhältnis zu den vereinbarten Punktwerten geringeren Auszahlungspunktwerte zu einem Eingreifen der Degression schon bei Umsätzen führt, die niedriger als bei Einführung der Regelung sein könnten und dass damit Sinn

[518] A. M.: Engelhard, in: Hauck/Noftz, § 85, Rn. 292, der ohne weitere Begründung auf die Rechtsprechung des BSG (BSG SozR 3-2500, § 85, Nr. 46, S. 380, 389) verweist.
[519] BSG, Urt. v. 15.5.2002 - B 6 KA 25/01 R = SozR 3-2500, § 85, Nr. 46; BSG, Urt. v. 13.5.1998 - B 6 KA 39/97 R = USK 98151.
[520] BSG, Urt. v. 14.5.1997 - 6 RKa 25/95 = BSGE 80, 223, 235 = SozR 3-2500, § 85, Nr. 22, S. 147.

und Zweck der Degression nicht mehr erfüllt sein können. Das BSG hat diese Konsequenzen im speziellen Fall unter Hinweis darauf gebilligt, dass der Degressionsberechnung durch die betroffene KZV nur der Auszahlungspunktwert zu Grunde gelegt wurde und daher die Auswirkungen im Ergebnis vernachlässigt werden konnten.[521]
Diese Auffassung kann aber insbesondere aus systematischen Erwägungen nicht auf alle denkbaren Konstellationen übertragen werden. Denn fraglich ist, ob es rechtmäßig sein kann, wenn die dem einzelnen Vertragszahnarzt abzuziehenden und den Kassen gutzuschreibenden Überschreitungsbeträge erst auf der Basis der auf Grund des HVV nach vorgenommenen Punktmengenbegrenzungen verbleibenden Überschreitungsmengen ermittelt werden.
Vieles spricht dafür, Honorarkürzungen, die sich nicht aus den gesamtvertraglichen Vergütungsvereinbarungen, sondern erst unter Heranziehung des HVV ergeben, außer Acht zu lassen. Zum einen lässt das Gesetz in der Neufassung des § 85 Absatz 4 erkennen, dass dem vertraglich vereinbarten Grenzwert eine besondere Bedeutung zukommt. Zum anderen würde der Sinn und Zweck der Degressionsvorschriften durch die Abschmelzung der Punktwerte faktisch konterkariert. Letztlich kann allein die Zugrundelegung des vertraglichen Punktwertes dem gesetzgeberischen Anliegen Rechnung tragen. Danach sollen die zu erzielenden Einsparungen in vollem Umfang an die Krankenkassen weitergeleitet werden und nicht im Wege der Honorarverteilung den Vertragszahnärzten zugute kommen. Für den Fall der gespaltenen Berechnung (vertraglicher Punktwert an die Krankenkassen und individueller Punktwert an den Zahnarzt) ist das Vorgehen unter Beachtung der Interessen der anderen Vertragszahnärzte als bedenklich zu bezeichnen. Knüpft die KZV bei der Berechnung an die persönlichen Auszahlungspunktwerte an, werden hvv-bedingte Belastungen bereits bei der Degressionsberechnung prozentual berücksichtigt. Dies führt zwar zu einem Vorteil des betroffenen Vertragszahnarztes, benachteiligt aber die übrigen Zahnärzte, denen im folgenden Abrechnungsjahr weniger Verteilungsmasse zur Verfügung steht.
Im Sinne einer interessengerechten Vereinheitlichung liegt daher die Anknüpfung an den vertraglich vereinbarten Grenzwert nahe.

Praktisch machen diese Vorgaben eine mehrstufige Verfahrensweise erforderlich. Zunächst erfolgt eine vorläufige Degressionsberechnung. Anschließend (wenn die vereinbarten oder durch das Schiedsamt festgesetzten Punktwerte feststehen) können endgültige Degressionsbescheide erlassen werden. Solche

[521] BSG, Urt. v. 14.5.1997 - 6 RKa 25/95 = BSGE 80, 223, 235; a. A.: LSG Niedersachsen, Urt. v. 30.5.2001 - L 3/5 KA 65/99 - Juris-Dokument KSRE087721318, welches die Bildung eines Mischpunktwertes inhaltlich darauf beschränken will, die sich aus den einzelnen Kassenarten und Leistungssparten ergebenden Abweichungen bei der Punktwerthöhe auszugleichen. Entsprechend der gesetzlichen Vorgabe des § 85 Absatz 4e Satz 1 sei bei der Ermittlung der über die KZV abgerechneten Honorare die jeweils gesamtvertraglich vereinbarten Punktewerte zugrunde zu legen.

endgültigen Bescheide ersetzen nach § 96 SGG die vorläufigen Bescheide als Verfahrensgegenstand.[522] Den wechselseitigen gegenläufigen Interessen der Kassen an zeitnahem Empfang der Ausgleichszahlungen einerseits und der Vertragszahnärzte an möglichst umfassender Klärung des Honoraranspruchs sowie der auferlegten Kürzungsmaßnahmen andererseits lässt sich bei Degressionsbescheiden nur dadurch gerecht werden, dass der - ohnehin als Schritt auf dem Weg zur Ermittlung des endgültigen zahnärztlichen Honorars vorgesehenen - Vergütungsabsenkung durch Degression zunächst vorläufiger Charakter beigemessen wird.[523]

[522] BSG, Urt. v. 3.12.1997 - 6 RKa 21/97 = BSGE 81, 213, 214 = SozR 3-2500, § 85, Nr. 23, S. 149.
[523] BSG, Urt. v. 15.5.2002 - B 6 KA 25/01 R = GesR 2003, 22-25.

Kapitel 6 - Verknüpfung der Verteilungs- und Kontrollmechanismen

I. Einführung und Interessendarstellung

Die Wirtschaftlichkeits- und Abrechnungsprüfung und ihre Auswirkungen müssen nicht nur in einen Kontext miteinander, sondern auch mit den weiteren bereits dargestellten gesetzgeberischen Maßnahmen zur Erhaltung der Stabilität und Finanzierbarkeit der Gesetzlichen Krankenversicherung gestellt werden. Letztlich ist die Ungewissheit zu klären, ob die vorgestellten Instrumente im Rahmen des GMG überhaupt eine Verbindung im Sinne eines Rangverhältnisses aufweisen. Bejaht man diese Frage, muss das konkrete Wie des Mit- und/oder Gegeneinander beleuchtet und geklärt werden. Dabei sind etwaige besondere gesetzliche Vorgaben innerhalb der einzelnen Instrumente zu beachten bzw. für die mit dem GMG geänderte Wirtschaftlichkeits- und Abrechnungsprüfung in ihrer Aussage und Auswirkung zu untersuchen.

Die Möglichkeiten der Bewertung dieses Miteinanders der verschiedenen Verteilungs- und Prüfungsmechanismen sind vielfältig: Ob alle Vorgaben zur Steuerung und Überprüfung des vertragszahnärztlichen Honorars unabhängig zueinander stehen oder ob eine Maßnahme die andere vollständig ausschließt oder ob die verschiedenen Mechanismen aufeinander, in allen denkbaren Varianten, Bezug nehmen - vieles ist denkbar. Schließt man sich letzterer Auffassung an, muss eine Bewertung sowohl im Sinne einer (gesetzlichen) Vorrangigkeit als auch im Sinne der konkreten Umsetzung vorgenommen bzw. müssen der KZV und den Krankenkassen bzw. den Prüfgremien die Möglichkeiten und Grenzen ihrer Gestaltung aufgezeigt werden.

Mit der verfassungsrechtlichen Beurteilung der einzelnen Maßnahmen selbst haben sich Rechtsprechung und Literatur umfassend beschäftigt.[524] Vorliegend ist lediglich die Kumulation von Verteilungs- und Kontrollmechanismen der Maßnahmen von Interesse.

Bei der Entwicklung eines möglichen Lösungsansatzes sind die Vorgaben des Gesetzes möglichst in Übereinstimmung mit den (Grund)Rechten der beteiligten Vertragszahnärzte zu bringen oder aber im Sinne eines verhältnismäßigen, die Grundrechte schonenden Eingriffs auszulegen.

Vielen gesetzlichen Vorgaben des SGB V steht das Interesse des Vertragszahnarztes entgegen, seinen Beruf unbeschränkt ausüben zu können und damit auch den Verdienst frei zu bestimmen. Das Grundrecht der Berufsfreiheit nach Artikel 12 Absatz 1 GG schützt den Erwerb, d. h. die Betätigung selbst, während die

[524] Zur Wirtschaftlichkeitsprüfung: BSG, Urt. v. 6.9.2000 - B 6 KA 46799 R = SozR 3-2500, § 106, Nr. 51; zur Degression: Urteile v. 24.5.1997 - 6 RKa 25/96 = BSGE 80, 223 ff. = SozR 3-2500, § 85, Nr. 22 und BVerfG, Beschl. v. 12.7.2000 - 1 BvR 2260/97 = NJW 2000, 3413; zum HVM: BSG, Urt. v. 21.10.1998 - B 6 KA 71/97 R = SozR 3-2500, § 85, Nr. 28; allgemein: Merten, Krankenversicherung zwischen Eigenverantwortung und Staatsversorgung, NZS 1996, 593, 598.

Eigentumsfreiheit des Artikel 14 Absatz 1 GG das Erworbene, also das Ergebnis der Betätigung sichert.[525]
Artikel 12 des Grundgesetzes begleitet nach der Rechtsprechung des Bundesverfassungsgerichts[526] die Freiheit des Bürgers im Bereich des Berufs und gewährleistet für den Einzelnen das Recht, jede ihm genehme Tätigkeit als Beruf zu ergreifen und sich dadurch die Grundlage seiner Lebensführung zu schaffen. Sowohl Berufswahl als auch -ausübung des Vertragszahnarztes werden mithin von Artikel 12 GG geschützt. Die Berufsfreiheit kann allerdings nach Artikel 12 Absatz 1 GG durch Gesetz oder aufgrund eines Gesetzes begrenzt werden.[527] Da weder die Mechanismen selbst noch ihre Kumulation das „Ob" einer vertragszahnärztlichen Tätigkeit, sondern das „Wie" betreffen, kann ein Eingriff in die Berufswahl[528] weder unter objektiven noch subjektiven Aspekten vorliegen. Es kommt daher ausschließlich das Anlegen der Maßstäbe für die Einordnung als Berufsausübungsregelung in Betracht. Berufsausübungsregelungen sind die übrigen Eingriffe in die Berufsfreiheit und gelten den teils objektiven, teils subjektiven Bedingungen, unter denen, und den Modalitäten, in denen sich die berufliche Tätigkeit vollzieht.[529]
Eine Konstellation, die wie vorliegend nicht unmittelbar die Berufsausübung regelt, greift dann in den Schutzbereich des Art. 12 Absatz 1 GG ein, wenn sie in engem Zusammenhang mit der Ausübung des Berufs steht und objektiv eine berufsregelnde Tendenz deutlich erkennen lässt.[530] Da die aufgezeigten mehrfachen Belastungen den Vertragszahnarzt in seiner Berufstätigkeit insbesondere finanziell beschränken, ist die Kumulation der Prüfungs- und Kürzungsmaßnahmen als Eingriff in die Berufsausübung zu beurteilen. Es handelt sich nicht

---

525 Wittig, Bundesverfassungsgericht und Grundrechtssystematik, FS für Müller, 590, Fn. 67; BVerfG, Beschl. v. 16.3.1971 - 1 BvR 52/66 = BVerfGE 30, 292, 335. Die Eigentumsfreiheit nach Artikel 14 Absatz 1 GG ist vorliegend offensichtlich nicht berührt, da die hier in Rede stehende Problematik den Berechnungsansatz bei Aufeinandertreffen verschiedener Kürzungen betrifft, welcher zwar die Möglichkeiten des Vertragszahnarztes begrenzt, Honorar zu beanspruchen, nicht aber bereits erworbene Positionen berührt.
526 Siehe nur BVerfG, Urt. v. 11.6.1958 - 1 BvR 596/56 = BVerfGE 7, 377, 397; Scholz, in: Maunz, Art. 12, Rn. 1.
527 Zum Gesetzesvorbehalt vgl. BVerfG, Beschl. v. 14.7.1987 - 1 BvR 537/81 = BVerfGE 76, 171, 184 f.; BVerfG, Beschl. v. 12.6.1990 - 1 BvL 72/86 = BVerfGE 82, 209, 224 f.
528 Vgl. Pieroth/Schlink, Grundrechte, Rn. 825 ff.
529 Pieroth/Schlink, Grundrechte, Rn. 834.
530 BVerfG, Beschl. v. 5.3.1974 - 1 BvL 27/72 = BVerfGE 37, 1, 17; BVerfG, Urt. v. 7.5.1998 - 2 BvR 1991/95 = BVerfGE 98, 106, 117; das BVerfG (E 97, 228 (253 f.) ist der Auffassung, dass „sich der Schutz des Art. 12 Abs. 1 GG nicht gegen jedwede auch nur mittelbar wirkende Beeinträchtigung des Berufs" richte. Das Grundrecht würde ansonsten konturlos werden.
Das zusätzliche Kriterium der berufsregelnden Tendenz ist zunehmender Kritik ausgesetzt, siehe dazu: Schnapp, in: ders./Wigge, Vertragsarztrecht, § 4, Rn. 60, m. w. N; Manssen, in: Mangoldt, Art. 12, Rn. 73 ff. Diese Kritik ist berechtigt, da es im Zusammenhang mit der Frage, ob Artikel 12 Absatz 1 GG einschlägig ist, weder auf eine Finalität noch auf die Schwere der Beeinträchtigung gegenüber dem Grundrechtsträger ankommen kann.

etwa nur um die Modifikation einer Leistungsgewährung[531], vielmehr ist eine objektiv berufsregelnde Tendenz zu bejahen. Diese ist einer grundrechtlichen Rechtfertigung zu unterziehen.[532] Entscheidend für die Beurteilung der Zumutbarkeit gesetzlicher Vergütungsregelungen im Rahmen des Artikel 12 Absatz 1 Satz 2 GG ist dabei nicht der Umfang der im Vergleich zum früheren Rechtszustand herbeigeführten Änderungen, sondern vielmehr, ob eine Regelung als solche bzw. die Kumulation der Regelungen noch eine angemessene Vergütung bewirkt und auf welchem Wege ein möglichst schonender Ausgleich zwischen den Interessen hergestellt werden kann.
Bei Vertrags(zahn)ärzten könnten in diesem Zusammenhang Besonderheiten gelten, die bei der Untersuchung zu beachten sind. Denn die Vertrags(zahn)ärzte bewegen sich im streng reglementierten Bereich der Gesetzlichen Krankenversicherung.[533] Es ist nach langer Diskussion aber herrschende Meinung, dass sich auch der Vertragszahnarzt - der kein eigenständiges Berufsbild, sondern eine Ausübungsform des frei praktizierenden Arztes darstellt[534] - für seine Tätigkeit auf die Berufsfreiheit des Artikels 12 GG berufen kann.[535] Der Vertragszahnarzt

---

[531] So etwa wenn Benutzungsordnungen von kommunalen Einrichtungen erlassen werden und in diesem Zusammenhang zur Wahrung des Betriebs der Einrichtung Vorschriften erlassen werden.

[532] Schwerdtfeger, Verfassungsrechtliche Grenzen der Freiheit und Bindung der Leistungserbringung, 37; Hufen, Grundrechtsschutz, NJW 2004, 15.

[533] Der Vertragszahnarzt wird mit seiner Zulassung in den der KZV obliegenden Auftrag zur Sicherstellung der zahnärztlichen Versorgung (§ 75 Absatz 1) einbezogen und ist in diesem Rahmen verpflichtet, die für die Versorgung eines Versicherten medizinisch notwendigen Leistungen zu erbringen. Damit unterliegt der Vertragszahnarzt bei der - für ihn regelmäßig verpflichtenden - persönlichen (Hess, in: Kasseler Kommentar, § 98, Rn. 51) Versorgung der gesetzlich versicherten Patienten den sozialversicherungsrechtlichen Bindungen, die ihn auf das medizinisch Notwendige beschränken und in seiner Therapiefreiheit einschränken, die Teil seiner Berufsfreiheit ist (Ebsen, Rechtliche Instrumente der Freiheitssicherung und Steuerung bei der Leistungserbringung im Gesundheitswesen, 13 f.) Mit der Einschränkung ist allerdings keine Aufhebung verbunden. Die Vertragszahnärzte müssen selbst dann behandeln, wenn die ihnen zustehende Vergütung nicht kostendeckend ist. Der Vertragszahnarzt unterliegt einer Residenzpflicht und darf nicht ohne Genehmigung an mehreren Orten Sprechstunden abhalten (BSG, Urt. v. 20.12.2005 - 6 RKa 55/94 = SozR 3-2500, § 75, Nr. 7; Hess, in: Kasseler Kommentar, § 95, Rn. 54). Der Vertragszahnarzt hat Richtlinien des Bundesausschusses über zahnärztliche Behandlungen ebenso zu beachten wie er neue Methoden auf Kosten der Kassen nur anwenden darf, wenn der Gemeinsame Bundesausschuss diesbezügliche Empfehlungen abgegeben haben, § 135 (von Maydell/Pietzker, Begrenzung der Kassenarztzulassung, 1993, 16 ff., 28; BVerfG, Urt. v. 17.12.2002 - 1 BvL 28/95 = NJW 2003, 1232-1236).

[534] BSG, Urt. v. 24.11.1993 - 6 RKa 26/91 = BSGE 73, 223, 226; Schnapp, in: ders./Wigge, Vertragsarztrecht, § 4, Rn. 73; Bogs, Freie Zulassung zum freien Kassenarztamt unter dem Bonner Grundgesetz, in: FS für Wannagat, 51, 67; von Maydell/ Pietzcker, Begrenzung der Kassenarztzulassung, 1993, 19 ff.

[535] Weiß, Der Vertragsarzt zwischen Freiheit und Bindung, NZS 2005, 67 ff.; Hufen, Grundrechtsschutz, NJW 2004, 15.

ist kein Beliehener mit eingeschränktem Grundrechtsschutz.[536] Dass er in das System der Gesetzlichen Krankenversicherung einbezogen wird und den dortigen Restriktionen unterliegt, ändert daran im Grunde nichts. Es darf nicht dahingehend argumentiert werden, der Vertragszahnarzt, der seine Zulassung begehrt, willige damit in die gesetzlichen Regelungen ein und daher geschehe ihm nach dem Gedanken volenti non fit iniuria kein Unrecht.

II. Denkbare Lösungsansätze

Unter den beschriebenen Kautelen der einzelnen Mechanismen auf Grundlage des GMG sind die Gewichtungen der verschiedenen Interessen zu beschreiben, in ein Verhältnis zu setzen und zu justieren. Auf dieser Basis können sodann die besonderen Vorgaben einzelner Mechanismen und deren Auswirkungen untersucht werden.

1. Unabhängiges Nebeneinander

Bei unvoreingenommener Betrachtung der Systeme scheinen verschiedene Bereiche betroffen zu sein. Während die Budgetierung und die Degression ein Kontingent im Sinne einer sowohl allgemeinen als auch speziell-einzelfallbezogenen Honorierung beschreiben, soll die Wirtschaftlichkeitsprüfung die Frage der Notwendigkeit, Zweckmäßigkeit und des Ausreichenden im Sinne der Qualität klären. Die Abrechnungsprüfung, also die sachlich-rechnerische Richtigstellung inklusive der Plausibilitätsprüfung, befasst sich hingegen mit der Erbringungs- und Abrechnungssystematik im Zusammenhang mit der Qualität von vertragszahnärztlichen Leistungen, aber auch - mit Blick auf die erweiterte Anwendung - mit der Kontingentierung von Honorar. Hier kann es also zu Überschneidungen mit der Ausrichtung der Budgetierung kommen. Grundsätzlich ist aber festzustellen, dass verschiedene Absichten verfolgt werden.

Soweit ein Vertragszahnarzt Adressat verschiedener Prüfungen ist, könnte unter Verweis auf die im Wesentlichen verschiedenen Zielrichtungen die Auffassung vertreten werden, dass die Honorarverteilungs- und Honorarbegrenzungsmaßnahmen völlig unabhängig zueinander stehen und daher keine die andere zu berücksichtigen habe. Gerade mit Blick auf die Neuregelung der §§ 106 und 106a bzw. den erweiterten Anwendungsbereich der sachlich-rechnerischen Richtigstellung liegt das Argument nahe, der Gesetzgeber habe in Kenntnis der bisherigen Regelungen bzw. der diesbezüglichen Rechtsprechung die verschiedenen Begrenzungsregelungen bewusst nebeneinander gestellt und ihnen auch weiterhin unterschiedliche Zwecke zugeordnet. Eine gegenseitige Berücksichtigung

536 Neumann, Der Vorrang des Gesetzes im Leistungserbringungsrecht der gesetzlichen Krankenversicherung, in: Schnapp, Probleme der Rechtsquellen im Sozialversicherungsrecht, 43 ff.; Sodan, Der Vertragsarzt - Ausschussbeauftragter für den Richtlinienvollzug?, S. 185 ff.; Scholz, in: Maunz, Art. 12, Rn. 220 ff.

hat er trotz dieser Kenntnis jedenfalls nicht vorgeschrieben. Führt man sich zudem z. B. für den Bereich der Wirtschaftlichkeitsprüfung die zu dieser Vorschrift und ihrer Vorgängerregelung in der Reichsversicherungsordnung ergangene Rechtsprechung des BSG[537] vor Augen, nach der die Prüfgremien zur umfassenden Durchführung von Maßnahmen der Wirtschaftlichkeitsprüfung im Interesse der Beachtung des Wirtschaftlichkeitsgebotes in der vertragszahnärztlichen Versorgung verpflichtet sind und damit die Sicherung der Stabilität und Finanzierbarkeit der Gesetzlichen Krankenversicherung garantieren, kann dieser Befund nur bestätigt werden.
Die Umsetzung dieser These führte im Ergebnis dazu, dass ein Vertragszahnarzt, der zwei oder mehreren derartigen Mechanismen unterliegt, durch die zweite oder dritte Honorarprüfung, welche der Kürzung einen höheren Punktwert oder eine höhere Punktzahl - nämlich den Ausgangspunktwert oder die Ausgangspunktzahl - zugrunde legt, Einbußen erleidet. Letztlich würde auf Basis eines Punktwertes gekürzt, den der Betroffene aufgrund der ersten gesetzlichen Maßnahme selbst nicht erhalten hat.

Eine solche Auffassung ist wegen dieser belastenden Folgen für den Vertragszahnarzt mit dem Grundgedanken des Artikel 12 Absatz 1 nicht in Übereinstimmung zu bringen. Denn rechtfertigende Allgemeinwohlinteressen für dieses Vorgehen sind nicht erkennbar. Dies gilt zumindest für den Fall, in dem andere Lösungsmöglichkeiten in Betracht kommen. Es ist grundsätzlich nicht verhältnismäßig, die Effektivität von Begrenzungsregelungen zu verabsolutieren und starke Einschränkungen für Leistungserbringer zu rechtfertigen, wenn andere systemimmanente Wege zur Verfügung stehen.[538]
Insoweit ist an dieser Stelle festzustellen, dass jedes Verteilungs- und Überprüfungsinstrument für sich zwar verfassungsrechtlich einwandfrei ist, aber eine bedingungslose Kumulation verfassungsrechtlichen Ansprüchen nicht genügt. Der Normkonflikt zwischen effektiver Wirtschaftlichkeits- und Abrechnungsprüfung, den Vorgaben zur Degression sowie zur Honorarverteilung auf der einen und den berechtigten Interessen des Vertragszahnarztes auf der anderen Seite bedarf folglich der Lösung im Sinne einer Interdependenz.

2. Vollständige Berücksichtigung

Dieser wechselseitigen Abhängigkeit kann dadurch entsprochen werden, dass die Kürzungsergebnisse gegeneinander aufgerechnet werden, wenn es zu mehreren Prüfungen kommt. Damit wird eine Belastung des betroffenen Vertragszahnarztes vermieden.
Klar ist zunächst, dass auch unter Anwendung des GMG alle gesetzlichen Möglichkeiten bzw. Notwendigkeiten einer Überprüfung oder Begrenzung nebenein-

[537] BSG, Urt. v. 6.9.2000 - B 6 KA 46/99 R = SozR 3-2500, § 106, Nr. 51.
[538] Zum Rechtfertigungsgrund der Kostenstabilität im Gesundheitswesen im Allgemeinen: Hufen, Inhalt und Einschränkbarkeit vertragsärztlicher Grundrechte, MedR 1996, 394, 399.

ander Bestand haben. Dies hat das BSG sowohl für den Fall der Kombination von Wirtschaftlichkeitsprüfung und Unterschreitung des Budgets als auch für den Fall der Kombination von Wirtschaftlichkeitsprüfung und Überschreitung des Budgets durch den Leistungserbringer plausibel begründet. Diese Begründung[539] ist uneingeschränkt nachzuvollziehen und hat weiter Bestand. Der völlige Ausschluss einer Prüfung an sich, allein mit Blick auf die vorherige Durchführung einer anderen, ist nicht umsetzbar.
Auf einer zweiten Stufe wäre es allerdings möglich, eine Verrechnung der Kürzungssummen vorzunehmen. Geht man zum Beispiel davon aus, dass der Gegenstand von Wirtschaftlichkeits- und Abrechnungsprüfungsmaßnahmen oder Degression das vom Vertragszahnarzt bei der Abrechnung geltend gemachte Honorar sein muss und damit die Abrechnung dem Grunde und der Höhe nach vor der Budgetierung zu untersuchen ist, wäre in Erfüllung der gesetzlichen Vorgabe und zur Vermeidung einer Doppelbelastung die Aufrechnung der Einbußen aus einer - zeitlich immer vorausgehenden - HVV-Kürzung diskutabel. In diesem Moment wäre die eigentliche Kürzung aus dem HVV-Verfahren um die Belastung der Wirtschaftlichkeits- oder Abrechnungsprüfung zu reduzieren. Es kommt - ganz im Sinne des Vertragszahnarztes - zu einem wechselseitigen Erlöschen gleichwertiger Forderungen. Diese Aufrechnung könnte bis hin zum vollständigen Wegfall einer Belastung aus der HVV-Prüfung führen.
Diese Vorgehensweise wäre indessen, bezogen auf das Beispiel[540], mit der Zielrichtung keines HVV zu vereinbaren. Zwar hätte der Vertragszahnarzt finanziell keine Belastung zu erdulden. Der Steuerungseffekt des HVV würde aber konterkariert. Jeder Vertragszahnarzt könnte seine Leistungen im Wesentlichen unbegrenzt abrechnen. Schließlich kann er davon ausgehen, dass sein Individualbudget in jedem Fall - d. h. auch bei Wirtschaftlichkeits- oder Abrechnungsprüfungen oder Degression - erhalten wird. Es ist aber zweifellos nicht die Funktion des HVV, erbrachte Leistungen unabhängig von ihrer Wirtschaftlichkeit zu schützen. Im Gegenteil soll eine Mengenausweitung vermieden werden. Die Wirtschaftlichkeits- und Abrechnungsprüfung oder die Degression wären zwar effektiv durchgeführt. Auch die Grundrechte des Betroffenen wären berücksichtigt. Dadurch, dass die Prüfungen für den Vertragszahnarzt praktisch keine finanziellen Ergebnisse hätten, würde der HVV letztlich an (Durchsetzungs-)Qualität verlieren. Ein Verweis auf mögliche disziplinarrechtliche Sanktionen

---

[539] BSG, Urt. v. 5.11.2003 - B 6 KA 55/02 R =SozR 4-2500, § 106, Nr. 4. Das BSG leitet seine Auffassung insbesondere daraus ab, dass der Gesetzgeber den Anwendungsbereich der Wirtschaftlichkeitsprüfung auch nach der ausdrücklichen Sanktionierung von Budgetierungsregelungen nicht auf solche Arztgruppen und/oder solche Leistungen beschränkt habe, die von der Budgetierung ausgenommen sind. Einem Ausschluss der Wirtschaftlichkeitsprüfung bei budgetierten Leistungen stünden zudem die unterschiedlichen Zielsetzungen von Budgetierung und Wirtschaftlichkeitsprüfung entgegen. Bereits diese zeigten auf, dass die Einführung der Budgetierungsregelung eine Wirtschaftlichkeitsprüfung nicht obsolet mache.

[540] Eine andersartige, aber mit ähnlicher Argumentation gelöste Fallkonstellation liegt der Entscheidung des BSG, Urt. v. 23.2.2005 - B 6 KA 79/03 R = ArztR 2005, 291-294 zugrunde.

bei dauerhaften Verstößen gegen vertragszahnarztrechtliche Vorschriften kann nicht ausreichen, um dieses Defizit zu beseitigen. Das in §§ 2 Absatz 4, 12 Absatz 1 und 72 Absatz 2 verankerte Wirtschaftlichkeitsgebot hat jeder Vertragszahnarzt im Rahmen der vertragszahnärztlichen Versorgung zu beachten. Ein Disziplinarverfahren oder gar ein Zulassungsentzug kommen aber erst bei wiederholten und nachhaltigen Verstößen in Betracht. Dies muss auch für die umgekehrte Konstellation gelten, in der die HVV-Kürzung nur deswegen Bestand hat, weil das Ergebnis der Wirtschaftlichkeitsprüfung um diese HVV-Kürzungsbeträge bereinigt wird.

Dies verdeutlicht, dass eine vollständige Aufrechnung in keiner denkbaren Konstellation in Betracht kommt. Letztlich kann dahingestellt bleiben, welche Mechanismen zueinander in Konkurrenz stehen und wo die Aufrechnung vorgenommen wird. Denn im Ergebnis ist festzuhalten, dass die Zielrichtung und die Effektivität einer jeden gesetzlichen Vorgabe eingeschränkt oder aufgehoben werden, wenn keine oder nur unzureichende Auswirkungen zu befürchten sind.

3. Berechnung mit Anerkennungsquote

Scheiden die bisher diskutierten Varianten aus, ist eine prozentuale Berücksichtigung der Ergebnisse vorhergehender Kürzungen in die Überlegungen einzubeziehen. Auch der Rechtsprechung des BSG zur aufgeworfenen Problematik kann zumindest eine grundsätzliche Tendenz in diese Richtung entnommen werden. Diese Rechtsprechung ist allerdings mit Vorsicht zu genießen, da sie eher unübersichtlich ist, sich naturgemäß auf den jeweiligen Rechtszustand bezieht und wie üblich jeweils auf ganz verschiedenen Sachverhalten basiert. Zudem kann sie die zwischenzeitlichen Änderungen des SGB V sowie die Besonderheiten des Vertragszahnarztrechts noch nicht erfasst haben. Dennoch sind Leitlinien für eine mögliche Beurteilung offenkundig.

Die erste Entscheidung des BSG[541] betraf das Zusammentreffen von Praxisbudget[542] und Wirtschaftlichkeitsprüfung. Kern des Rechtstreits war die Berechnung

[541] Urt. v. 15.5.2002- B 6 KA 30/00 R = SozR 3-2500, § 87, Nr. 32.

[542] In der Zeit zwischen dem 3. Quartal 1997 (Beschlüsse des Bewertungsausschusses v. 19.11.1996 und 11.3.1997, in: Deutsches Ärzteblatt 1997, A-864 ff. = C-654 ff.) und dem 3. Quartal 2003 (Beschluss des Erweiterten Bewertungsausschusses v. 19.12.2002, in: Deutsches Ärzteblatt 2003, A-218/B-198/C-190) fanden sich diese Budgets im EBM sowie den darauf aufbauenden Gebührenordnungen BMV-Ä und EGO (Kapitel A I Allgemeine Bestimmungen Teil B EBM - BMÄ/EGO). Die von den Budgets umfassten Leistungen waren je Arztpraxis und Abrechnungsquartal nur bis zu einer begrenzten Gesamtpunktzahl abrechnungsfähig. Eine vermehrte Erbringung und Abrechnung der vom Praxisbudget erfassten Leistungen über den praxisindividuellen Grenzbetrag hinaus brachte keine Erhöhung des Honorars mit sich. Im Honorarbescheid war das individuelle Praxisbudget zu errechnen und der Gesamtanforderung in Punkten gegenüberzustellen (ausführlich: Hesral, Praxis- und Zusatzbudgets des EBM in der gerichtlichen Praxis, NZS 2000, 596 ff.; Hess, in: Schnapp/Wigge,

eines Praxis- und Zusatzbudgets durch die (beklagte) KV im Zusammenhang mit einer Wirtschaftlichkeitsprüfung. Die Honorarforderungen des Klägers, welche sowohl das Praxis- als auch das Zusatzbudget überschritten, wurden durch die KV im Ergebnis unter Hinweis auf die Überschreitung des Zusatzbudgets beschränkt. Denn bei der Berechnung des Praxisbudgets berücksichtigte die KV die Wirtschaftlichkeitsprüfungsbescheide. Nach denen war das Honorar für die vom Vertragsarzt abgerechneten, (allein) vom Praxis-, nicht aber vom Zusatzbudget erfassten Beratungs- und Betreuungsleistungen wegen unwirtschaftlicher Behandlungsweise zu mindern. Die KV verrechnete die Ergebnisse der Wirtschaftlichkeitsprüfung mit der zunächst vorgesehenen Kürzung im Bereich des Praxisbudgets. Dadurch wurde das zulässige Punktzahlvolumen des Praxisbudgets unterschritten, während das Zusatzbudget weiterhin überschritten wurde. Die sich anschließende Frage befasste sich mit der Problematik der Verrechnung von freien Praxisbudgetleistungen mit überschrittenen Zusatzbudgetleistungen.[543]
In Bezug auf die Höhe der Anrechnung im Rahmen des Praxisbudgets judizierte das BSG, dass die Kürzungen wegen Unwirtschaftlichkeit nur das auf die unwirtschaftlichen Leistungen entfallende Honorar abschöpfen dürften und nicht im Zusammenwirken mit den Praxisbudgets zu einer „doppelten" Belastung des Arztes führen sollen. Budgetierte Leistungen dürfen nach Auffassung des BSG folglich nur mit dem Wert abgezogen werden, den sie im Budget gehabt hätten. Bei dieser Handhabung sei die Honorarkürzung insoweit nach wie vor fühlbar, ohne dass sie die Budgetierung unbeachtet lasse.

In einer weiteren Entscheidung[544] befasste sich das BSG erneut mit dem Verhältnis zwischen Wirtschaftlichkeitsprüfung und Praxisbudget und bestätigte

---

Vertragsarztrecht, § 16, Rn. 37 ff.) Das Praxisbudget ergab sich aus der Multiplikation einer Fallpunktzahl der Arztgruppe mit der budgetrelevanten Fallzahl. Neben dem Praxisbudget waren bestimmte ärztliche Leistungspositionen einzelnen arztgruppenspezifischen Zusatzbudgets zugewiesen, ein weiterer Leistungsbereich blieb unbudgetiert (Urteile des BSG v. 8.3.2000 = BSGE 86, 16 ff. = SozR 3-2500, § 87, Nr. 24 und v. 16.5.2001 - B 6 KA 53/ 00 = MedR 2002, 165-167).

[543] Nach der Regelung in Abschnitt A I. Teil B Nr. 4 Satz 5 des Einheitlichen Bewertungsmaßstabs für vertragsärztliche Leistungen (EBM-Ä) a. F., waren Leistungen, die ein Zusatzbudget übersteigen, mit dem Praxisbudget zu verrechnen. Das BSG begründet seine die Verrechnung der Budgetbereiche ablehnende Auffassung damit, dass die Wirtschaftlichkeitsprüfung entwertet würde, wenn über das Punktzahlvolumen des Zusatzbudgets hinaus erbrachte Leistungen auch dann aus dem Praxisbudget vergütet werden könnten, wenn dieses erst infolge einer Honorarkürzung unterschritten sei. Denn dann füllten Leistungen des Zusatzbudgets die durch die Kürzung entstandenen Unterschreitungen, das ausgezahlte Honorar würde sich trotz unwirtschaftlicher Behandlungsweise nicht mindern.

[544] Urt. v. 5.11.2003 - B 6 KA 55/02 R = SozR 4-2500, § 106, Nr. 4. Der Leitsatz lautet: „Wird im Rahmen der Wirtschaftlichkeitsprüfung das Honorar für Leistungen gekürzt, die Bestandteil des Praxisbudgets sind, ist der Kürzungsbetrag von dem Honorar abzuziehen, das dem Arzt nach Anwendung der Vorschriften über das Praxisbudget zu vergüten ist. Die Kür-

seine bisherige Rechtsauffassung. Ausgangspunkt war hier der Streit um eine Wirtschaftlichkeitsprüfung. Der beklagte Beschwerdeausschuss kürzte das Honorar des Klägers, bezogen auf eine Einzelziffer im Wege des statistischen Vergleichs, unbeschadet der Tatsache, dass dessen Honoraranforderungen im Rahmen des HVM nur zu 43,5% vergütet wurden. Der Kläger war der Auffassung, die Honorarminderung als Folge der Wirtschaftlichkeitsprüfung hätte nicht erst nach der Anwendung der Vorschriften über das Praxisbudget auf seine Honorarforderung vorgenommen werden dürfen. Der beklagte Ausschuss beachtete den Umstand, dass die Kürzungsmaßnahme einen budgetierten Bereich betroffen hatte, insoweit, als er die Bewertungspunktzahl für Leistungen der betroffenen Ziffer in Höhe der Quote verminderte, in der das angeforderte und abgerechnete Leistungsvolumen im HVM nicht vergütet wurde. Diese Vorgehensweise wurde vom BSG bestätigt: Entscheidender Faktor bei jeder sachgerechten Ermittlung von Honorarkürzungen nach Wirtschaftlichkeitsprüfung des budgetierten Leistungsbereichs unter Berücksichtigung der Budgetierung sei die so genannte Anerkennungsquote bzw. die „verbleibende Honorarquote".

Schließlich beschäftigte sich das höchste deutsche Sozialgericht mit einer ärztlichen Wirtschaftlichkeitsprüfung auf Grundlage des § 106 Absatz 2 Satz 1 Nr. 1 in der Fassung des GSG, welche nach einer bereits umgesetzten Budgetierung durchgeführt wurde.[545] Die Honoraranforderungen der Klägerin in den betroffenen Quartalen wurden wegen Überschreitung des ihr zustehenden Praxisbudgets, also bereits vor der Wirtschaftlichkeitsprüfung gekürzt. Der beklagte Beschwerdeausschuss reduzierte das Honorar für eine Einzelziffer im Wege des statistischen Vergleichs, wobei er zu Gunsten der Vertragsärztin die tatsächlich abgerechnete Anzahl, nicht etwa den Punktwert, der Ziffern um den Prozentsatz reduzierte, um den die Gesamthonoraranforderung durch das Praxisbudget verringert wurde. Dementsprechend reduzierte sich die prozentuale Überschreitung im Rahmen der Betrachtung des „offensichtlichen Missverhältnisses"[546].
Nach Auffassung des BSG hatte der Beklagte die Wirtschaftlichkeitsprüfung zu Recht erst nach erfolgter Budgetierung durchgeführt. Die Honorarkürzungen seien infolge der Berechnung nur mit dem Wert wirksam geworden, den sie unter Budgetbedingungen bei der Klägerin tatsächlich gehabt hätten.[547]

---

zungen sind mit dem Wert vorzunehmen, den die gekürzten Leistungen unter Budgetbedingungen gehabt hätten".

[545] Urt. v. 23.2.2005 - B 6 KA 79/03 R = ArztR 2005, 291-294, unter Verweis auf Grütters, Auswirkungen des Einheitlichen Bewertungsmaßstabes vom 1.1.1996 auf die Wirtschaftlichkeitsprüfung nach § 106 SGB V, 73 f.

[546] Dazu: Kapitel 2, II., 7, b.

[547] In einem Parallelverfahren - B 6 KA 72/03 R = SGb 2005, 280 - wurde ein Kürzungsbescheid unter anderem deswegen als rechtswidrig eingestuft, weil die auf der Grundlage der Einzelfallprüfung mit anschließender Hochrechnung als unwirtschaftlich erkannten Leistungen in vollem Umfang gestrichen worden waren. Dabei wurde nicht berücksichtigt, dass ein erheblicher Teil der Leistungen bereits nach Anwendung des Regelwerkes nicht vergütet worden war und damit nur die verbleibenden Ansätze dieser Leistungen in Höhe des als un-

Die beschriebenen Konstellationen sind nur teilweise auf den vertragszahnärztlichen Bereich zu übertragen. Eine Budgetierung über den BEMA-Z hat es zu keiner Zeit gegeben. Sie war zumindest bis zum Wegfall der Praxis- und Zusatzbudgets andersartig gestaltet. Der vertragszahnärztliche HVV im Sinne des § 85 Absatz 4 muss seit jeher Mechanismen enthalten, welche eine übermäßige Ausdehnung der ärztlichen Tätigkeit des Vertragszahnarztes verhindern.[548] Der HVV wirkt flankierend zum BEMA-Z, indem er die dem Vertragszahnarzt im BEMA-Z in Punkten in Aussicht gestellten Bewertungen der zahnärztlichen Leistungen verringert. Die Konstruktion ist mithin eine andere, als diejenige, die den Urteilen des BSG zugrunde lag.
Dennoch kann der Ansatz des BSG für den vertragszahnärztlichen Bereich aufgegriffen werden. Die Untersuchung der Art und Weise der Interdependenz von Wirtschaftlichkeits- und/oder Abrechnungsprüfung und sonstigen Verteilungs- und Kürzungsmechanismen muss diese Alternative in Betracht ziehen.

4. Neuberechnung des HVV

Zu guter Letzt könnte stets und allein die KZV verpflichtet sein, die Berechnung des Individualbudgets des Betroffenen erneut durchzuführen und auf diese Weise die Kumulation von Prüfungen verhindern. Damit wären alle weiteren Verteilungs- und Prüfmechanismen vollkommen effektiv. Im Sinne einer Rangordnung stünde der HVV an letzter Stelle. Bei jeder Veränderung des Honoraranspruchs des Vertragszahnarztes, sei es aufgrund selbst verursachter Reduzierungen (z. B. aufgrund von Unwirtschaftlichkeiten), sei es aufgrund allgemeiner Umstände (z. B. der nachträglichen Absenkung der Gesamtvergütung) müsste der Anspruch des Vertragszahnarztes auf Teilhabe an der Gesamtvergütung im Rahmen des HVV, gegebenenfalls auch mehrfach, neu berechnet werden.
Praktisch ist diese Vorgehensweise ohne weiteres umzusetzen. Die praxisindividuelle Budgetierung hat nicht zur Folge, dass tatsächlich erbrachte vertragszahnärztliche Leistungen nicht vergütet werden. Der Vertragszahnarzt erhält alle von ihm angeforderten Leistungen vergütet. Nach Abschluss der technischen Umsetzung des BEMA-Z durch die Abrechnungsstelle der KZV wird die in Abrechnungspunkten ausgedrückte Honorarforderung mit den Vorgaben des HVV verknüpft. In der Regel erfolgen Kürzungen infolge diverser Mengenbegrenzungen (bezogen auf die Punktmenge und/oder den Punktwert), die anerkannten Punkte sind zumindest bis zum Grenzwert mit festen, darüber hinaus mit abgestaffelten Punktwerten zu multiplizieren. In diesem Zusammenhang erfolgt auch eine Umwandlung der anerkannten Punktmengen in Euro.[549] Bei der Neuberechnung käme es in diesem Zusammenhang zu geringeren Abschlägen, mithin zu einer Erhöhung der Vergütung.

---

wirtschaftlich erkannten Prozentsatzes der hochgerechneten Leistungen hätte gestrichen werden dürfen.

[548] Siehe Kapitel 4., III., 4.

[549] Siehe Kapitel 4.

Folgt man dieser Auffassung, ist auch die rechtliche Umsetzung keinen Bedenken unterworfen. Jeder HVV-Bescheid ist notwendig vorläufig[550] und steht unter diversen Vorbehalten, insbesondere der nachträglichen Überprüfung. Die Möglichkeit einer nachträglichen, unabhängig vom Verursacherprinzip notwendigen Durchführung von Begrenzungsregelungen stellt eine legitime Konstellation für den Erlass vorläufiger Honorarbescheide dar. Zum Zeitpunkt des Erlass des HVV-Bescheides stehen zwar alle Berechnungselemente fest. Diese können aber eine nachträgliche Veränderung erfahren. Die quartalsweise Honorarfeststellung und -auszahlung durch die KZV steht dem nicht entgegen, denn sie hat keine konstituierende Wirkung, sondern ist insbesondere Folge des Interesses an einer zeitnahen Vergütung der erbrachten vertragszahnärztlichen Leistungen.[551] Dies bedingt, dass der Auszahlung nur eine vorläufige und grobe Prüfung der tatsächlichen Anspruchsberechtigung vorangeht. Es erfolgt zunächst eine Orientierung an den Angaben des Vertragszahnarztes.
Zu den Voraussetzungen zum Erlass solcher vorläufiger Bescheide existiert eine breite Rechtsprechung.[552] Unrichtige Honorarbescheide können danach innerhalb der für die Einleitung und Durchführung von Prüfverfahren vorgesehenen Fristen korrigiert werden. Die Folge ist, dass der Vertragszahnarzt in der Regel nicht auf den Bestand seiner Quartalsabrechnungen vertrauen kann.[553] In der hier diskutierten Konstellation ist die Interessenlage sogar eine andere, da der Vertragszahnarzt in der Regel eine Verbesserung seiner Rechtsposition, nämlich die durch die Neuberechnung erzielte Verringerung seiner HVV-Einbehalte erwartet. Die Rücknahme der gegebenenfalls bestandskräftigen Honorarbescheide richtet sich mit Blick auf § 37 Satz 1 SGB I in Verbindung mit den §§ 82 Absatz 1 und 83 entweder nach den speziellen Honorarverteilungsvorschriften oder - soweit diese nicht vorhanden sind - nach dem SGB X.
Der Vertragszahnarzt hat einen Anspruch auf Aufhebung und Neuberechnung von Amts wegen. Dies ergibt sich aus den speziellen Bestimmungen des HVV, die festlegen, dass der Honorarbescheid vorläufig ergeht und unter dem Vorbehalt nachträglicher Berichtigungen steht. Darunter fällt jede Veränderung der Berechnungsgrundlage und zwar unabhängig davon, ob sich das Ergebnis dadurch verbessert oder verschlechtert.
Selbst wenn sich aus einem HVV ein solcher Anspruch nicht herleiten lässt, ist das Ergebnis über die Anwendung des SGB X zu erreichen. Ziel des hier ein-

---

[550] Siehe schon unter: Kapitel 3, III., 1., a), aa), (2), (bb).
[551] Mit dem Interesse an zeitnaher und umfassender Auszahlung (BSG, Urt. v. 31.10.2001 - B 6 KA 16/00 R = NZS 2002, 1057-1061) ist das Verbot des vorzeitigen Verfahrensabschlusses (dazu: BSG, Urt. v. 28.6.1990 - 4 RA 57/89 = SozR 3-2500, § 32, Nr. 2) in Einklang zu bringen. Endgültige, eine Geldleistung bewilligende Bescheide dürfen danach nur ergehen, wenn die Sach- und Rechtslage abschließend geklärt ist und die Höhe des Geldbetrages feststeht. Dieser Einklang bedingt den Erlass vorläufiger Honorarbescheide.
[552] BSG, Urt. v. 31.10.2001 - B 6 KA 16/00 R = BSGE 89, 62, 67 ff. = SozR 3-2500, § 85, Nr. 42, S. 346 ff.; BSG, Urt. v. 12.12.2001 - B 6 KA 3/01 R = BSGE 89, 90, 93 ff. = SozR 3-2500, § 82, Nr. 3, S. 6 ff.
[553] BSG, Urt. v. 10.5.1995 - 6 RKa 30/94 = NZS 1996, 134-136.

schlägigen § 44 SGB X ist es, die Konfliktsituation zwischen der - aufgrund der Bindungswirkung eines unrichtigen Verwaltungsakts eingetretenen - Rechtssicherheit einerseits und der materiellen Gerechtigkeit andererseits zugunsten der letzteren aufzulösen.[554] Die Anwendung des § 44 SGB X Absatz 1 Satz 1 scheidet aus, weil vertragszahnärztliches Honorar keine Sozialleistung in diesem Sinne ist.[555] Insoweit ist Absatz 2 Satz 1 heranzuziehen. Diese Vorschrift gibt - dies zeigt die Ausgestaltung als Ermessensvorschrift - weder der Beständigkeit der Entscheidung noch der Einzelfallgerechtigkeit den Vorrang; beide haben im Rahmen dieser Vorschrift vielmehr gleichen Rang. Deshalb kann weder allein die Rechtswidrigkeit des früheren Bescheides zu dessen Rücknahme verpflichten, noch kann die eingetretene Bindungswirkung entscheidender Grund für die Ablehnung der Rücknahme sein.[556] Die Behörden haben das ihnen eröffnete Handlungsermessen stets pflichtgemäß auszuüben und vor allem die zwingenden Gebote des Rechtsstaates, insbesondere den Gleichheitssatz, zu beachten sowie den Grundsätzen der Verhältnismäßigkeit und des Vertrauensschutzes Rechnung zu tragen.[557]

In der vorliegenden Fallgestaltung ist regelmäßig von einer Reduzierung des Entschließungsermessens der KZV auf Null auszugehen. Dies lässt sich insbesondere mit dem aus Artikel 12 Absatz 1 GG in Verbindung mit § 85 Absatz 4 abzuleitenden Gebot der Honorarverteilungsgerechtigkeit begründen, welches - hier auf der letzten Stufe der Rückabwicklung - Anwendung findet. Dieses Gebot hat nicht nur eine Funktion bei der ursprünglichen Honorarverteilung, sondern ist auch auf denkbaren Folgeebenen anzuwenden. Es muss letztlich nicht nur dafür sorgen, dass Honorar gerecht verteilt wird, sondern auch absichern, dass das „richtige" Honorar gerecht verteilt wird. Dies umfasst die vollständige Abwicklung der Verteilung der Gesamtvergütung, der Richtigstellung oder Wirtschaftlichkeitsprüfung und der Neuberechnung als Folge solcher Prüfungen. Die Beachtung dieser grundgesetzlichen Vorgabe führt dazu, dass sich die Ermessensentscheidung auf eine einzige richtige Entscheidung reduziert.

Das Argument, die KZV müsse im Falle einer für den Vertragszahnarzt positiven Entscheidung die finanziellen Auswirkungen für die Gesamtheit ihrer Mitglieder berücksichtigen, vermag - anders als in Fällen, in denen die Rechtmäßigkeit eines HVV in Streit steht und daher eine Vielzahl von (Zahn)Ärzten betroffen ist[558] - bei der Neuberechnung des Einzelfalls nicht überzeugen. Es be-

---

[554] BSG SozR 5870, § 2, Nr. 44; BSG SozR 3-1300, § 44, Nr. 21.

[555] Dazu: BSG, Urt. v. 18.3.1998 - B 6 KA 16/97 R = BSGE 82, 50-55.

[556] Vgl. BSG, SozR 1300 § 44, Nr. 28.

[557] BSG, Urt. v. 22.6.2005 - B 6 KA 21/04 R = Breith 2006, 359-365; BVerfGE 14, 105, 114 und 49, 168; zum Grundsatz der Verhältnismäßigkeit: BVerfGE 35, 382, 400 f. und 49, 168.

[558] BSG, Urt. v. 22.6.2005 - B 6 KA 21/04 R = Breith 2006, 359-365; BSG, Urt. v. 18.3.1998 - B 6 KA 16/97 R = BSGE 82, 50 = SozR 3-1300, § 44, Nr. 23; auch für den Fall, dass eine K(Z)V sich entscheidet, die aus einer Neuberechnung der Honorare erwachsenden Nachzahlungen nicht nur denjenigen Vertragsärzten zukommen zu lassen, die gegen die Quartalsbescheide Widerspruch erhoben hatten, sondern allen durch die rückwirkende Budgetierung nachteilig Betroffenen und gleichzeitig gegenüber den begünstigten Vertragsärzten auf Rück-

steht auch nicht die Gefahr, dass ein Vertragszahnarzt von einer durch andere Zahnärzte erwirkten Rechtsänderung profitiert, ohne das Risiko eines Rechtsmittels getragen zu haben.

Es spricht einiges dafür, die entsprechende Nachvergütungsverpflichtung nicht aus der laufenden Gesamtvergütung zu begleichen, sondern aus zu bildenden, quartalsbezogen Rückstellungen. Denn im ersten Fall würden auch diejenigen Zahnärzte belastet, die zu Zeiten des Erlasses des Erstbescheides noch gar nicht niedergelassen waren. Es kann auf Erfahrungswerte zurückgegriffen werden, welche Größenordnungen je Quartal zu erwarten sind. Dass die KZV mit enormen Rückzahlungsverpflichtungen konfrontiert wird, ist nicht zu erwarten. Damit ist auch der Rechtsanspruch der Vertragszahnärzte, dass die für ein bestimmtes Quartal geleistete Gesamtvergütung möglichst ungeschmälert für die Honorierung der in diesem Quartal erbrachten Leistungen verwendet wird, ausreichend berücksichtigt.

Insoweit ist eine mehrstufige Verfahrensweise notwendig. Erst wenn alle denkbaren Mechanismen abgeschlossen oder nicht mehr umsetzbar sind und damit die individuellen Punktmengen und -werte feststehen, müssen die endgültigen Bescheide erlassen werden, welche die vorläufigen Bescheide ersetzen. Die Ausgangslage ist damit auch eine andere als bei der Degressionsberechnung, die - zumindest für den Fall fehlender Berechnungselemente - auf Grundlage der in den Degressionsvorschriften enthaltenen besonderen Ermächtigungsgrundlage zunächst vorläufig vorgenommen wird und die gegebenenfalls durch einen endgültigen Bescheid ersetzt wird.[559]

5. Gesetzliche Besonderheiten

Soweit sich nach den bisherigen Untersuchungen zwei Lösungsmöglichkeiten herauskristallisieren, ist darüber hinaus die Frage zu beantworten, ob gesetzlichen Besonderheiten Rechnung getragen werden muss, die für die eine oder andere Prüfung zwingende Vorgaben machen.

---

forderungen verzichtet, hält sich dies im Rahmen des SGB X (so LSG Nordrhein-Westfalen, Urt. v. 11.12.2002 - L 11 KA 57/00 (Juris). Es ist demnach denkbar, entstandene Überzahlungen nicht zurückzufordern und andererseits eine Korrektur auch zugunsten solcher Vertragsärzte vorzunehmen, die ihre für sie nachteiligen Honorarbescheide haben bestandskräftig werden lassen.

[559] Siehe auch § 96 SGG, nach dem die endgültigen Bescheide die vorläufigen Bescheide als Verfahrensgegenstand ersetzen; dazu: BSG, Urt. v. 14.5.1997 - 6 RKa 25/96 = BSGE 80, 223, 224 = SozR 3-2500, § 85, Nr. 22, S. 134; BSG, Urt. v. 3.12.1997 - 6 RKa 21/97 = BSGE 81, 213, 214 = SozR 3-2500, § 85, Nr. 23, S. 152, Nr. 23, S. 149; LSG Baden-Württemberg, Urt. v. 20.12.1995 - L 5 Ka 2099/94 = MedR 1996, 237.

a) Degression

Einen solchen Sonderfall stellt die Degression dar, die - nachträglich in das Vergütungssystem eingefügt - eine mit dem HVV identische Zielrichtung, nämlich die Einführung einer allgemeinen Steuerung der Honorierungskontingente, aufweist. Das BSG führt in einer Entscheidung[560] aus, dass die Weitergabe der Kürzungen der Degression an die Krankenkassen vorrangig sei vor der Verteilung der Gesamtvergütung an die Vertragszahnärzte. Dieser Vorrang folge aus Inhalt, Systematik, Sinn und Zweck sowie Entstehungsgeschichte der Degressionsbestimmungen. Soweit Bemessungsgrenzen des Honorarverteilungsmaßstabs das Honorar des Vertragszahnarztes minderten und dies die honorarmäßige Grundlage des Degressionsabzuges beträfe, sei diese Minderung bei der Honorarfestsetzung und nicht im Rahmen der Degression zu verrechnen.

Gegenstand der Entscheidung war das Verhältnis zwischen einer individuellen Bemessungsgrenze aufgrund des HVM auf der einen und degressionsbedingter Punktwertabsenkungen auf der anderen Seite. Nach dem HVM wurden die Vergütungsanforderungen des Vertragszahnarztes bis zum Erreichen seiner individuellen Bemessungsgrenze vollständig, ein danach noch verbleibender Teil abgestaffelt (Restgesamtvergütung im Verhältnis zu allen überschießenden Leistungen) befriedigt. Daraus ergab sich eine Honorarreduktion, welche neben einer vorausgehenden Kürzung aus Degressionsüberschreitungen stand.

Die Degression schließe, so das BSG, eine weitere Beschränkung der Honoraransprüche der Vertragszahnärzte durch Regelungen in einem HVM zwar nicht generell aus. Allerdings erfordere der Grundsatz der Honorarverteilungsgerechtigkeit im Rahmen der HVM-Kürzung eine Berücksichtigung der Verringerung des Honoraranspruchs auf Grund der Degression. Soweit der Degressionsabzug daher seine Grundlage im zu budgetierenden Leistungsaufkommen des HVM hat, muss dieser (prozentual) berücksichtigt werden. Festzuhalten bleibt, dass nach der Rechtsprechung des BSG zur Interpretation der gesetzlichen Vorgaben der Degression ein absoluter Vorrang zukommt.[561]

In der praktischen Umsetzung muss dies dazu führen, dass die Überschreitung der degressionsrelevanten Gesamtpunktmengen eines Jahres um die hvv-bedingten Honorareinbehalte desselben Jahres zu reduzieren ist. Zuvor sind die

---

[560] Urt. v. 21.5.2003 - B 6 KA 25/02 R = MedR 2004, 168-172; ähnlich SG Hamburg, Urt. v. 29.5.2002 - S 3 KA 1585/00 (Juris-Dokument: KSRE090510218). Bereits in einer vorhergehenden Entscheidung - Urt. v. 15.5.2002 - B 6 KA 25/01 R = GesR 2003, 22-25 - befasste sich das BSG mit Honorarabzügen einer KZV auf Grundlage der Degressionsvorschriften, ließ dort aber offen, ob es rechtmäßig sei, dass nach der streitgegenständlichen Degressionsvereinbarung die dem einzelnen Vertragszahnarzt abzuziehenden und den Krankenkassen gutzuschreibenden Überschreitungsbeträge erst auf der Basis der nach vorgenommenen Punktmengenbegrenzungen auf Grund des HVM verbleibenden Überschreitungsmengen ermittelt werden sollten; siehe auch: Harneit, Die vertragszahnärztliche Vergütung, GesR 2002, 73 ff.

[561] Siehe Kapitel 5, IV.

Honorareinbehalte in Punkte umzurechnen. Dies kann dadurch geschehen, dass der Honorareinbehalt durch den durchschnittlichen HVV-Punktwert geteilt und damit die berechnungsfähige Punktmenge ermittelt wird. Auf der Grundlage der sich hieraus ergebenden Gesamtpunktmengen des betreffenden Jahres muss die Degression kzv-intern neu berechnet werden. Die sich ergebende Differenz zwischen dem ursprünglichen und dem unter Berücksichtigung von HVV-Kürzungen neu berechneten Degressionseinbehalt ergibt sodann die dem Vertragszahnarzt zu erstattende Gutschrift.

b) Untersuchung der Handlungsanweisungen des § 106 und § 106a

Mit Inkrafttreten des GMG findet sich auch in den §§ 106 und 106a eine umfassende Neuregelung des gesamten Gebietes der Wirtschaftlichkeits- und Abrechnungsprüfung.[562] Dabei stellt die hier in Frage stehende Problematik einen besonderen Teilbereich des Gesamtkomplexes dar. Das Gesetz ordnet für die Wirtschaftlichkeitsprüfung in § 106 Absatz 2 Satz 3, 2. Halbsatz an, dass die Prüfungen „nach Satz 1 Nr. 2 (...) neben dem zur Abrechnung vorgelegten Leistungsvolumen" (Satz 3, 1. Halbsatz) auch Überweisungen, etc. umfassen. Zudem haben

> „honorarwirksame Begrenzungsregeln (...) keinen Einfluss auf die Prüfungen".

Ähnlich, aber nicht vollständig identisch, lautet die Vorgabe des § 106a Absatz 2 Satz 5:

> „Bei den Prüfungen ist von dem durch den Vertragsarzt angeforderten Punktzahlvolumen unabhängig von honorarwirksamen Begrenzungsregeln auszugehen".

aa) Prüfgegenstand

In Bezug auf den Prüfgegenstand ist vom „zur Abrechnung eingereichten Leistungsvolumen" bzw. vom „angeforderten Punktzahlvolumen" die Rede.
Das „Leistungsvolumen" bzw. das „Punktzahlvolumen" umfasst vom Wortsinn alle denkbaren abrechenbaren Leistungen. Eine Unterscheidung z. B. zwischen für den HVV relevanten und nicht relevanten Punkten wird ebenso wenig indiziert wie eine Differenzierung nach Leistungen, die in die Degressionsberechnung fallen und solchen, die außen vor bleiben. Im Kreis der Degression bestimmt das Gesetz im § 85 Absatz 4b Satz 9 und 10 hingegen sehr konkret, was die zu berücksichtigende Punktmenge ist.
Der Begriff des Leistungsvolumens ist weit reichend. Er wird vom Gesetz im Zusammenhang mit der Budgetierung im Rahmen der §§ 85 ff. verwandt. Die-

---

[562] Siehe Kapitel 2 und 3.

ses unterscheidet hier zwischen dem arztgruppenspezifischen (Regel-)Leistungsvolumen auf der einen Seite sowie dem arztspezifischen (Regel-)Leistungsvolumen[563] auf der anderen Seite. Das Leistungsvolumen ist auf jeder Berechnungsstufe als Oberbegriff einzuordnen und damit entsprechend umfassend. Gleiches gilt für die Begrifflichkeit „Punktzahlvolumen", welche das Gesetz im § 85 Absatz 4a Satz 2 im Rahmen der Bestimmung der Vergütungsanteile für die hausärztliche Versorgung aufgreift.

Die Gremien sind vom Wortsinn und mit Blick auf systematische Aspekte also gehalten, eine umfassende Betrachtung vorzunehmen und die vom Vertragszahnarzt selbst verlangten und im Rahmen der Abrechnungssammelerklärung als korrekt und vollständig erklärten Volumina der Überprüfung zuzuführen.

bb) Honorarwirksame Begrenzungsmaßnahmen

Es stellt sich die Frage, welche der dargestellten Mechanismen als honorarwirksame Begrenzungsregel aufgefasst werden können.
Das SGB V spricht ausschließlich im Zusammenhang mit der Wirtschaftlichkeits- und Abrechnungsprüfung von „Begrenzungsregelungen". Ansonsten wird der Begriff nicht verwandt.
Der Begriff „Regelungen zur Begrenzung des Honorars" muss zunächst im weiten Sinne verstanden werden. Soweit Vorschriften des SGB V oder hierauf beruhende untergesetzliche Vorgaben unmittelbar begrenzenden Einfluss auf das Honorar des Vertragszahnarztes nehmen, sind sie unter den Begriff „Regelung" zu subsumieren. Dies gilt für Fragen sowohl der Wirtschaftlichkeit als auch der Abrechnungsfähigkeit oder sonstige Vorgaben. Damit ist - ausgenommen die durchzuführende Prüfung selbst - jeder denkbare Kürzungsmechanismus, unabhängig von der Stufe, auf der die Kürzung angewendet wird, als eine solche Regelung zu verstehen.

---

[563] Das arztgruppenspezifische Regelleistungsvolumen ist Folge des zwischen Kassen und KV anhand der Zahl und der Morbiditätsstruktur der Versicherten der Krankenkasse zu vereinbarenden Behandlungsbedarfs. Der Behandlungsbedarf wird nach zu vereinbarenden Kriterien auf die einzelnen Arztgruppen aufgeteilt. Die arztgruppenbezogene Regelleistungsvolumina bestimmen also den von den verschiedenen Arztgruppen zu leistenden Versorgungsumfang.
Ein arztbezogenes Regelleistungsvolumen ist die von einem Arzt in einem bestimmten Zeitraum abrechenbare Leistungsmenge, die mit einem festen Punktwert (Regelpunktwert) zu vergüten ist. Die Werte für die arztbezogenen Regelleistungsvolumina sind differenziert nach Arztgruppen festzulegen. Eine das arztbezogene Regelleistungsvolumen überschreitende Leistungsmenge darf nur mit einem Punktwert von 10 % des Regelpunktwertes vergütet werden.
Der praxisindividuelle Punktwert des Arztes ist ein Mischpunktwert. Er ist das Ergebnis der Kombination der mit dem Regelpunktwert fest vergüteten Leistungsmenge und der Bewertung der das arztbezogene Regelleistungsvolumen überschreitenden, stark verringert vergüteten, Punktzahl.

Eine „Begrenzungsregelung" setzt allerdings voraus, dass überhaupt etwas entstanden ist, was ob seines Umfangs begrenzt werden kann und gegebenenfalls muss. Daher könnte diskutiert werden, ob die sachlich-rechnerische Berichtigung eine solche Begrenzungsregel ist. Die Richtigstellung findet in der Regel vor der Auszahlung des Honorars statt. Es erfolgt also nicht die Begrenzung von entstandenem, sondern die Bestimmung des vom Vertragszahnarzt beanspruchten Vergütungsvolumens. Auch praktisch ereignet sich die Richtigstellung im Rahmen EDV-gestützter Abrechnung, wobei die Abrechnungsbelege auf Vollständigkeit und Übereinstimmung mit den Vorgaben des BEMA-Z sowie der vollständigen und plausiblen persönlichen Leistungserbringung überprüft werden. Dieser Ansatz schließt es aber keinesfalls aus, auch nach Auszahlung des Honorars noch Richtigstellungen vorzunehmen. Dies gilt insbesondere mit Blick auf den erweiterten Anwendungsbereich des § 106a[564], der eine nachträgliche Richtigstellung ermöglicht. Insoweit kann der These, die Richtigstellung sei ein Instrument, welches allein die Anspruchsvoraussetzungen vor Erlass des Honorarbescheides festlegt, nicht gefolgt werden. Ansonsten wären auch diejenigen Vertragszahnärzte schlechter gestellt, die nach einer Wirtschaftlichkeitsprüfung noch eine Richtigstellung über sich ergehen lassen müssen, welche (zu spät) zu einer Verringerung des Anspruchs auf Vergütung führt. Auch die denkbare Differenzierung zwischen der Art der sachlich-rechnerischen Richtigstellung ist unter Verweis auf die in der Begründung zu übertragende Rechtsprechung des BSG[565] zurückzuweisen.

---

564 Siehe Kapitel 3, insbesondere III., 1., a), bb).

565 Das Urt. des BSG v. 10.3.2004 - B 6 KA 123/03 B (n. v.) betraf die Frage der Berechnung und Festlegung eines ärztlichen HVM-Budgets anhand von Honoraransprüchen aus Vorjahren, die nachträglich einer Richtigstellung unterlagen. Das BSG billigt in ständiger Rechtsprechung die Festlegung von Honorarkontingenten nach Abrechnungsergebnissen des einzelnen Vertragszahnarztes in vergangenen Zeiträumen (BSG, Urteile v. 21.10.1998 - B 6 KA 71/97 R = BSGE 83, 52 , 54 ff.; B 6 KA 65/97 R = SozR a. a. O; B 6 KA 68/97 R = SGb 1999, 524 , 526 ff.; B 6 KA 35/98 R = MedR 1999, 472, 474 ff.; Urt. v. 10.12.2003 - B 6 KA 54/02 R =GesR 2004, 325-329.

Unter dieser Prämisse führt das Gericht aus, die Orientierung am Praxisumsatz vergangener Quartale bedeute zugleich, dass Grundlage nur die realen Honoraransprüche für die betroffenen Quartale sein könnten. Andernfalls seien diejenigen Vertragsärzte besser gestellt, die zunächst überhöhte unrichtige Abrechnungen einreichten und bei denen erst spätere sachlich-rechnerische Richtigstellungen zur Absenkung auf den realen Vergütungsanspruch führten. Bei der Ermittlung der realen Honoraransprüche könne auch nicht nach der Art der sachlich-rechnerischen Richtigstellung differenziert werden. Dies liefe dem solchen Regelungen innewohnenden Bedürfnis zuwider, die für folgende Quartale maßgebliche Budgetbemessung nicht auf lange Zeit in der Schwebe zu belassen. Deshalb sei für eine individuelle Überprüfung jeder sachlich-rechnerischen Richtigstellung kein Raum. Solche Differenzierungen ergäben zudem Unsicherheiten für die Budgethöhe, weil zum Beispiel in Fällen unvollständiger Leistungserbringung die Grenzziehung zwischen Leistungen, bei denen eine künftig vollständige Leistungserbringung zu erwarten sei, und solchen, bei denen dies nicht zu erwarten und deshalb die Herausrechnung aus der Budgetgrundlage zu erwägen wäre, nicht rechtssicher durchführbar sei. Jedenfalls dann, wenn sachlich-rechnerische Richtigstellungen bestands-

cc) Fehlender Einfluss anderer honorarwirksamer Begrenzungsregelungen

Ist bisher festzustellen, dass grundsätzlich ein weites Verständnis der gesetzlichen Vorgaben anzunehmen ist, muss die Einwirkung sowohl auf die Wirtschaftlichkeits- als auch auf die Abrechnungsprüfung untersucht werden. Letztlich ist zu klären, wie die beiden Mechanismen zueinander in Verhältnis stehen.

Geht man vom Wortlaut der Bestimmungen aus, so ergeben sich erste Unsicherheiten. Die zitierten Passagen geben vom Wortsinn keine klare Handlungsanweisung für die Prüfungs- und Beschwerdeausschüsse zur Frage des „Wie" der Prüfung im Sinne einer Auswirkung oder fehlenden Auswirkung von sonstigen Honorarbegrenzungsregeln. So wird das zur Abrechnung vorgelegte Leistungsvolumen bzw. Punktzahlvolumen lediglich zum Ausgangspunkt für die jeweilige Prüfung gemacht.
Durch die Verwendung des Semikolon im § 106 Absatz 2 Satz 2, welches zwei gleichrangige Teilsätze voneinander abgrenzt, schreibt das Gesetz nur vor, dass honorarrelevante Begrenzungsregelungen keinen Einfluss auf die Prüfungen haben dürfen. Welche Art von Einfluss dies ist, ist dem Wortlaut nicht zu entnehmen.
Der § 106a Absatz 2 verbindet die Vorgaben „angefordertes Punktzahlvolumen" und „unabhängig von honorarwirksamen Begrenzungsregeln" in Satz 5 und sieht keine Unterteilung vor. Vielmehr bestimmt er die Nichtbeachtung der weiteren Honorarbegrenzungsregeln als (negative) Tatbestandsvoraussetzung des Prüfgegenstandes selbst.
In Betracht kommen bei der Wortlautbetrachtung also zwei Interpretationen: Zum einen könnte ein Einfluss auf die Wahl der Prüfung sowie Prüfungsschritte an sich bis hin zum Ergebnis gemeint sein. Zum anderen kommt eine weitergehende Auslegung in Betracht, die auch das Ergebnis der Prüfung selbst - auf einer 2. Stufe - einschließt. In der ersten Variante hätte § 106 Absatz 2 Satz 3, 2. Halbsatz bzw. die Erwähnung der „honorarwirksamen Begrenzungsregeln" in § 106a Absatz 2 Satz 5 nur klarstellende, in der zweiten Variante eine eigenständige Funktion.

In der Gesetzesbegründung zu § 106 Absatz 2 wird erläutert, mit der Neufassung werde eine Klarstellung dahingehend vorgenommen, dass der Wirtschaftlichkeitsprüfung der zahnärztlichen Leistungen das vom Vertragszahnarzt zur Abrechnung eingereichte Leistungsvolumen zu Grunde zu legen sei und etwaige Regelungen zur Honorarbegrenzung nicht vorab berücksichtigt werden dürften. Dadurch sollen eine sachgerechte und unverfälschte Beurteilung der Behandlungs- und Verordnungsweise und ein transparentes Prüfverfahren gewährleistet werden.

---

kräftig seien, sei kein Raum mehr für die Erwägung, ob auf einen Abzug bei der Budgetbemessung verzichtet werden könne.

Die Formulierung „vorab" deutet darauf hin, dass es dem Gesetzgeber im Wesentlichen auf die Vergleichbarkeit auf der ersten Stufe ankommt. Eine verwertbare Aussage zur zweiten Stufe ist in der Begründung nicht zu finden. Möglich wäre es aber ohne weiteres, die geäußerte Zielrichtung der Transparenz auch auf die Kürzungshöhe zu beziehen. Abgesehen davon, dass der Gesetzesbegründung regelmäßig nur unterstützende Bedeutung bei der Normauslegung zukommt[566], wäre auch nach der Gesetzesbegründung ein weites Verständnis des Wortlautes denkbar. Die Gesetzesbegründung zielt im Wesentlichen auf eine Effektivitäts- und Qualitätsbetrachtung. Letztlich hilft die Gesetzesbegründung zu § 106 Absatz 2 bei der Auslegung nicht weiter.
Eine ähnliche Schlussfolgerung bringt die Untersuchung der Begründung zu § 106a Absatz 2. Auch hier soll mit der Einbeziehung des gesamten vom Vertragszahnarzt eingereichten Leistungsvolumens die Validität der Prüfungsergebnisse und die Transparenz der Leistungsabrechnung gewährleistet werden. Das Leistungsvolumen dürfe nicht im Hinblick auf honorarwirksame Begrenzungsregelungen vorab reduziert werden. Auch die Formulierung, mit dieser Vorgehensweise werde eine Vergleichbarkeit der Leistungsabrechnung und der Prüfungsergebnisse aus den verschiedenen KZV-Bezirken geschaffen, deutet nicht darauf hin, dass ferner die zweite Stufe der Unabhängigkeit von weiteren Mechanismen erfasst werden soll. Denn denkbar ist ebenfalls, dass hier nur die allgemeinen Abrechnungsergebnisse und die damit zusammenhängenden Prüfquoten betroffen sind. Insoweit sind, ähnlich wie bei § 106, mehrere Auslegungen denkbar.

Anders ist dies bei der systematischen Betrachtung: § 106 Absatz 2 Satz 3, 2. Halbsatz muss - innerhalb der Absatz 2 betrachtet - gegenüber der Regelung des Satzes 3, 1. Halbsatz eine weitergehende Bedeutung haben. Ansonsten wäre eine Regelung gar nicht erforderlich gewesen. Bezöge man die Anordnung des 2. Halbsatzes allein auf den Prüfgegenstand, ergäbe sich zu der Vorgabe, das zur Abrechnung vorgelegte Leistungsvolumen sei einer Prüfung zu unterziehen, kein abweichender Regelungsinhalt. Mithin wäre er überflüssig oder „nur" klarstellend. Folglich kann der Satz 3, 2. Halbsatz dahingehend verstanden werden, dass auch in den Berechnungsschritten und damit im Ergebnis der Wirtschaftlichkeitsprüfung keine Einflüsse dritter Art auftauchen dürfen.
Ähnliches gilt für § 106a Absatz 2 Satz 5, der die beiden Wortpaare zwar in sich vereint, aber inhaltlich keine andere Aussage macht.

Diese Erkenntnis wird verstärkt durch die Systematik des ganzen Abrechnungssystems. Der Vertragszahnarzt muss sowohl von Kürzungen als auch von etwaigen Kompensationen in seinem originären Bereich betroffen werden. Hat er un-

[566] Es handelt sich eben nicht um das Gesetz und genau genommen lediglich um die Erwägungen des Initiativorgans, auf die rekurriert werden kann; dazu: Butzer/Epping; Methodik der Fallbearbeitung im öffentlichen Recht, S. 43.

wirtschaftlich behandelt, so hat er - ex post betrachtet - eine unrichtige Abrechnungssammelerklärung abgegeben und damit über sein Individualbudget eine zu hohe Vergütung aus der Gesamtvergütung bezogen. Systematisch konsequent ist es daher, die „richtige“ - wirtschaftliche - Anforderung dem Honorarverteilungssystem zu unterwerfen. Eigentlich hätte nach der Konzeption des § 12[567] das unwirtschaftliche Honorar erst gar nicht zur Abrechnung gelangen dürfen.

Das System der Wirtschaftlichkeitsprüfung ist schließlich historisch betrachtet davon ausgegangen, dass vollständig vergütete Punkte in die Prüfung einbezogen und gegebenenfalls gekürzt werden. Denn bei Normierung der Wirtschaftlichkeitsprüfung im § 106 waren Budgetmaßnahmen nicht vorhanden. Dies korrespondierte mit der gesetzlichen Vorgabe, dass bei der Verteilung der Gesamtvergütungen feste Punktwerte vereinbart werden sollten. Dies ist zwar mit Einführung des Grundsatzes der Beitragsstabilität und folgenden Budgetierungen praktisch nicht mehr der Fall. Hat der Gesetzgeber dennoch in voller Kenntnis der verschiedenen Formen der Budgetierung den § 106 in seinem Regelungsgehalt verändert und - zumindest bezogen auf die Frage der Interdependenz von weiteren Begrenzungsmaßnahmen - verschärft, so bringt er damit zum Ausdruck, dass trotz begrenzter Gesamtvergütung und individueller Budgetierung Unwirtschaftlichkeiten entstehen können, die umfassend zu beseitigen sind. Diese auch vom BSG geäußerte Auffassung[568] hat er letztlich durch die Neufassung des § 106 Absatz 2 Satz 3, 2. Halbsatz und des § 106a Absatz 2 Satz 5 unterstrichen.

Insoweit spricht vieles dafür, dass die Wirtschaftlichkeits- und Abrechnungsprüfung maximalen Erfolg in allen Bereichen erreichen soll. Damit beantwortet sich auch die folgende Frage, wie die in Punkten ausgedrückte unwirtschaftliche Leistung bewertet wird, d.h. wie hoch die finanzielle Einbuße des Vertragszahnarztes ist. Die Ansetzung eines individuellen Punktwertes im Sinne einer Quote aus dem Punktwert der im Regelleistungsvolumen fest vergüteten Punkte und dem Punktwert der außerhalb des Regelleistungsvolumen abgestaffelt vergüteten Punkten würde deshalb ausscheiden, weil den gesetzlichen Vorgaben damit nicht Genüge getan wird. Folgt man der These der absoluten Vorrangigkeit der Wirtschaftlichkeits- und Abrechnungsprüfung auf beiden Stufen, ist es angezeigt, den Kürzungspunktwert ausschließlich an den festen Punktwert, der im Regelleistungsvolumen zu zahlen ist, anzulehnen. Diese Vorgehensweise entspricht auch der Grundkonstellation des Gesetzes bei der Honorarverteilung. Diese sollte nach festen Punktwerten erfolgen. Aufgrund der Einbeziehung der Krankenkassen in die Gestaltung des HVV bestehen auch keine Bedenken, dass hier einseitige Festlegungen erfolgen. Vielmehr geben die gesetzlichen und un-

567 „Leistungen, die nicht notwendig oder unwirtschaftlich sind, dürfen (...) Leistungserbringer nicht bewirken.“ Dazu: Schewe, Die Beschwörung des Wirtschaftlichen, SGb 1989, 410 ff.

568 BSG, Urt. v. 15.5.2002 - B 6 KA 30/00 R = MedR 2003, 54-56.

tergesetzlichen Vorgaben zu erkennen, dass sie den festen Punktwert in Bezug auf die Höhe in Verbindung mit der im BEMA-Z festgelegten Anzahl als angemessen für die vertragszahnärztliche Leistung empfinden. Greift man die vor Einführung sämtlicher Begrenzungsregeln zu findende Systematik im Sinne dieser These auf, entspricht dies am ehesten der gesetzlichen Konstruktion. Weitere Konsequenz dieser Vorgehensweise wäre die zwingende Neuberechnung[569] der im Rahmen des HVV zu realisierenden (finanziellen) Ansprüche des betroffenen Vertragszahnarztes auf Teilhabe an der Gesamtvergütung. Nur so kann ein grundrechtskonformer Interessenausgleich geschaffen werden.

Trotz dieser Argumente existiert jedoch keine klare Anweisung. Denn die Wahl einer bestimmten Verrechnungsmethode ist den beteiligten Behörden trotz der bisherigen Erkenntnisse gesetzlich nicht zwingend und deutlich vorgeschrieben. Zudem kann auch die weitere, mit den gesetzlichen Vorgaben und den Einflüssen des Grundgesetzes konforme Möglichkeit der Berechnung von Kürzungen mit Anerkennungsquoten[570] zur Anwendung gelangen.
Fehlt eine deutliche und unmissverständliche Anweisung, steht der KZV und den Krankenkassen ein Handlungsspielraum zu. Insoweit ist diesen oder den Prüfgremien, nachdem das „Ob" nicht in Frage steht, in Bezug auf das „Wie" der Verrechnung ein Bewegungsspielraum zu belassen, welcher innerhalb der gesetzlichen Vorgaben auszufüllen ist.

Bestätigt wird die Wahlfreiheit durch die Öffnungsklausel des § 106 Absatz 3. Zu Regelungen im Rahmen der Prüfvereinbarung gehören auch Bestimmungen darüber, auf welcher Ebene, zu wessen Lasten und gegebenenfalls in welchem Umfang sich nachträgliche Korrekturen der Berechnungsgrundlage auswirken. Zur Begründung des Ergebnisses kann auch herangezogen werden, dass das Gesetz in den §§ 106 und 106a - anders als die Vorgaben zur Degression - nicht auf den für den konkreten Vergütungsanspruch des Vertragszahnarztes maßgeblichen Punktwert abstellt, sondern auch einen Bezug auf durch weitere Kürzungsmechanismen verringerte Punktwerte zulässt.

Die Notwendigkeit einer flexiblen Handhabung wird auch für den Fall eines Aufeinandertreffens von Wirtschaftlichkeits- und Abrechnungsprüfung deutlich. Eine vollkommen effektive Durchsetzung beider Mechanismen zum Nachteil des betroffenen Vertragszahnarztes ist gar nicht möglich.[571] Die Konsequenz dessen muss die Rückstufung einer Prüfung sein. Das heißt, dass im Rahmen einer Prüfung das den Vertragszahnarzt belastende Ergebnis der anderen Prüfung berücksichtigt werden muss, was sich in der Folge regelmäßig in einer geringeren Effektivität (insbesondere im Sinne einer vollständigen Honorarkür-

---

[569] Siehe II., 4.
[570] Siehe II., 3.
[571] Siehe II., 1.

zung) niederschlägt. Damit können die Maximalziele in dieser Konstellation gar nicht erreicht werden.

Für die Festlegung auf der Ebene der KZV und der Krankenkassen spricht auch folgendes: In Bezug auf den Fluss der finanziellen Erstattung sollten allein zufällige Ergebnisse vermieden werden. Denn während die Degressionsbeiträge dem Grunde und der Höhe nach per Gesetz den Krankenkassen zustehen und sowohl bei der Abrechnungsprüfung als auch aufgrund der Verteilungs- und Begrenzungsregeln der HVV das Geld zurück an die KZV in die Gesamtvergütung fließt, ist das bei der Wirtschaftlichkeitsprüfung von der jeweiligen Vereinbarung der Vertragspartner abhängig. In der Regel erhalten die Krankenkassen die Gelder. Lediglich für die - rein ärztlichen -Richtgrößenüberschreitungen nach § 106 Absatz 5a ordnet Absatz 5c Satz 1 verpflichtend an, dass die Prüfgremien den „den Krankenkassen zustehenden Betrag" festzusetzen haben. Es kommt als Folge dessen zu einer automatischen gesetzlichen Verminderung der zu entrichtenden Gesamtvergütung, während die Körperschaft sich im Wege der Aufrechnung an den Arzt zu halten hat. Dadurch wird das Verfahren zur Rückzahlung vereinfacht, da die Beträge nicht mehr an eine Vielzahl von Krankenkassen auszuschütten sind. Für den vertragszahnärztlichen Bereich fehlen solche Vorgaben.
Es kann nicht vom zeitlichen Aspekt abhängen, in welchen Bereichen Bescheide gerade schon oder noch nicht erlassen wurden und wo die entsprechende Berücksichtigung festgemacht wird. Denn die zu berücksichtigende Belastung darf nicht zufällig einmal auf Seiten der KZV und einmal auf Seiten der Kassen liegen.
Weiterhin ist zu beachten, dass es sich bei der Festlegung hinsichtlich der verschiedenen Maßnahmen um ganz unterschiedliche Zuständigkeitsbereiche handelt. Während die Prüfgremien für die Durchführung der Wirtschaftlichkeitsprüfung abschließend verantwortlich sind[572], sind für Maßnahmen nach dem HVV sowohl die KZV als auch die Krankenkassen zuständig - letztere allerdings erst mit der Änderung des GMG. Die Richtigstellung ist hingegen originäre Aufgabe der KZV.

Letztlich geht das Gesetz selbst von einer gemeinsamen und damit im Zweifel vollständigen Erfüllung der bei der Durchführung und Überwachung der vertragsärztlichen Versorgung anfallenden Aufgaben durch Krankenkassen und KZV aus.[573] Dies wird durch die erneute Verstärkung der Kooperation und Beeinflussung zwischen KZV und Krankenkassen, aber auch zwischen der Wirtschaftlichkeits- und der Abrechnungsprüfung bestätigt.

---

[572] Vgl. BSG, Urt. v. 20.3.1996 - 6 RKa 85/95 = MedR 1997, 229-231.
[573] So schon BSG, Urt. v. 31.7.1991 - 6 RKa 20/90 = BSGE 69, 154, 157 sowie BSG, Urt. v. 20.9.1995 - 6 RKa 56/94 = NJW 1996, 3101-3102.

Daneben sind die für eine Entscheidung relevanten Bereiche, wie die Zahlungsflüsse oder der Datenaustausch, nunmehr derart miteinander verknüpft, dass die Benachteiligung des jeweils anderen Partners ausgeschlossen ist. Der Gesetzgeber gibt damit zu erkennen, dass eine unbedingte Abstimmung erforderlich ist.

Es muss und kann demnach eine flexible und interessengerechte Lösung gefunden werden, die sich am Sinn und Zweck der konkurrierenden Mechanismen orientiert sowie eine sachgerechte Antwort im Einzelfall ermöglicht.
Die KZV und die Krankenkassen sind gehalten, die bestehenden Unsicherheiten durch entsprechende Regelungen schnellstmöglich zu beseitigen. So muss insbesondere für ein Aufeinandertreffen von Wirtschaftlichkeits- und Abrechnungsprüfung Rechtssicherheit geschaffen werden. Die §§ 106 und 106a sowie 85 Absatz 4 beinhalten entsprechende Kompetenzzuweisungen.
Fehlen - wie bisher - entsprechende Festlegungen im Gesetz und in gesamtvertraglichen Vereinbarungen bzw. dem HVV, genügt dies den Anforderungen an eine angemessene Verfahrensgestaltung nicht. Durch die Art der Verfahrensgestaltung muss insbesondere gewährleistet werden, dass ein lediglich von zufälligen Umständen abhängiger und damit anfälliger Umgang mit der Problematik nicht stattfindet.
Bis dahin müssen die Gremien für den Einzelfall unter Abwägung der Interessen ein ausgleichendes und gut begründetes Ergebnis finden. Regelmäßig wird eine Einordnung im Sinne einer Anerkennungsquote sinnvoll sein, wobei im atypischen Fall Abweichungen geboten sein können.

dd) Anwendungsbereich des § 106 Absatz 2 Satz 3

Mit Blick auf die systematische Stellung des Absatzes 2 Satz 3 muss abschließend noch der Umfang des Anwendungsbereichs der Vorgaben geklärt werden. Denn die Vorgaben des Satzes 3 scheinen sich allein auf die Stichprobenprüfung des Satzes 1 Nr. 2 zu beziehen. Weder die Auffälligkeitsprüfung des Absatz 2 Satz 1 Nr. 1 noch die Durchschnittsprüfung oder andere zahnarztbezogene Prüfungen im Sinne des Satzes 4 werden in Bezug genommen. Systematisch findet sich die Anordnung lediglich verbunden durch ein Semikolon in direkter Folge zu gesetzlichen Regelungen, welche sich ausschließlich mit der Stichprobenprüfung des Absatz 2 Satz 1 Nr. 2 befassen (§ 106 Absatz 2 Satz 2 und 3). Nachfolgend eröffnet das Gesetz der KZV und den Krankenkassen die Möglichkeit, in den Prüfvereinbarungen über die in Satz 1 vorgesehenen Prüfungen hinaus auch weitere zu vereinbaren. Hierunter fällt insbesondere die Prüfung nach Durchschnittswerten. In Satz 6 kommt es aber erneut auf die Zufälligkeitsprüfung zu sprechen. Ein logischer Aufbau ist letztlich nicht zu erkennen. Der systematischen Stellung ist angesichts dieses Befundes keine große Bedeutung zuzumessen.

Das Gesetz ordnet in § 106 Absatz 2 Satz 3, 2. Halbsatz und § 106a Absatz 2 Satz 5 an, dass jeglicher Einfluss von sonstigen Begrenzungsregelungen auf die Prüfungen ausgeschlossen sei. Insoweit ist eine Mehrzahl von Wirtschaftlichkeitsprüfungen in die gesetzliche Anordnung einbezogen. Diese Mehrzahl kann sich zum einen auf die Unterscheidungen im Rahmen der Arten von Wirtschaftlichkeitsprüfung an sich und zum anderen auf die Anzahl von Prüfungen innerhalb einer Untergruppe der Prüfungsart beziehen. Mit Blick auf § 106 Absatz 2 Satz 3, welcher die „Prüfungen nach Satz 1 Nr. 2“ und das „zur Abrechnung vorgelegte Leistungsvolumen“ näher umschreibt und die entsprechende Vorgabe des § 106a zeigt sich, dass auch die Vielzahl von Stichprobenprüfungen gemeint sein kann.
Der Gesetzgeber hat den Satz 3 des § 106 mit dem GMG inhaltlich verändert und die bisherige Fassung „Die Prüfungen nach Satz 1 umfassen (...)“ in „Die Prüfungen nach Satz 1 Nr. 2 umfassen (...)“ geändert. Dies spricht dafür, dass er bewusst ausschließlich die Zufälligkeitsprüfung mit der Vorgabe des fehlenden Einflusses honorarwirksamer Begrenzungsregeln verknüpft.

Folgte man allein dem Gesetzeswortlaut und stellt damit fest, dass der Anwendungsbereich des Satz 3 lediglich die Zufälligkeitsprüfung umfasst, ist die Frage, wie mit Blick auf die dann vorhandene Regelungslücke mit der Problematik des Aufeinandertreffens verschiedener Kürzungsmechanismen bei anderen Prüfungen umzugehen ist, allerdings noch nicht beantwortet. Es ist angezeigt, eine analoge Anwendung der Vorgaben des Satzes 3 vorzunehmen. Denn die Interessenlage gestaltet sich unabhängig von der Art der angewandten Prüfung identisch. Es kann keinen Unterschied machen, ob der Vertragzahnarzt neben einer HVV-Kürzung oder einer Richtigstellung mit einer Wirtschaftlichkeitsprüfung in Form einer Zufälligkeitsprüfung oder z. B. in Form einer Durchschnittsprüfung konfrontiert wird. Im Kern wird über die dieselbe Rechtsfrage entschieden. Da allein für den Fall, dass die Durchschnittsprüfung vollständig abgeschafft worden wäre[574], die Beschränkung auf die Nr. 2 einen nachvollziehbaren Sinn gehabt hätte, ist das Fehlen einer mit Satz 3 vergleichbaren Rechtsnorm die Folge einer planwidrigen Regelungslücke. Letztlich ist auch aus den dargestellten[575] verfassungsrechtlichen Wertungen abzuleiten, dass ein selbstständiges Nebeneinander der Mechanismen nicht in Betracht kommt. Denn die Folge wäre, dass die Durchschnittsprüfung entweder zu Lasten des betroffenen Zahnarztes oder zu Lasten der Effektivität der Prüfung weitere Mechanismen nicht beachten muss. Dies wäre weder mit Artikel 12 Absatz 1 GG noch mit dem § 106 Absatz 1 bzw. § 106a Absatz 1 zu vereinbaren.

---

[574] Dies war im Gesetzgebungsverfahren geplant, wurde aber im Ergebnis nicht umgesetzt. Siehe Kapitel 2, II., 6., c). Vieles spricht dafür, dass der Gesetzgeber bei der „Änderung der Änderung“ nicht höchste Sorgfalt hat walten lassen.

[575] Siehe dazu die unter II., 1. und II., 2. erarbeiteten Erkenntnisse.

Es kann allerdings offen bleiben, ob eine analoge Anwendung des Satz 3 oder einer erweiternde Auslegung angezeigt ist, denn beide Ansätze führen zu identischen Ergebnissen.

Für letzteren Ansatz spricht die Gesetzesbegründung, welche pauschal davon ausgeht, dass „der Wirtschaftlichkeitsprüfung der ärztlichen Leistungen" das angeforderte Honorar zugrunde zu legen ist. Hier wird nämlich der Oberbegriff verwandt.
Gerade der erste Halbsatz des Satzes 3 bestimmt den Umfang der Stichprobenprüfung: Neben dem zur Abrechnung vorgelegten Leistungsvolumen sind auch Überweisungen, Krankenhauseinweisungen und Feststellungen der Arbeitsunfähigkeit sowie sonstige veranlasste Leistungen, insbesondere aufwändige medizinische Leistungen einzubeziehen. Hauptansatz und Ausgangspunkt bleibt allerdings das zur „Abrechnung vorgelegte Leistungsvolumen". Hier schließt sich der Kreis im erweiterten Wortlaut-Verständnis. Ähnlich wie § 106a verknüpft § 106 das zur Abrechnung vorgelegte Leistungsvolumen mit keiner bestimmten Form der Wirtschaftlichkeitsprüfung.

Sinn und Zweck des GMG im Bereich der Wirtschaftlichkeitsprüfung ist es, die Richtgrößenprüfung sowie die Zufälligkeitsprüfung als Regelprüfmethoden und die Prüfung nach Durchschnittswerten als nachrangig zu bestimmen. Entwürfe des GMG sahen wie erwähnt gar deren vollständige Abschaffung vor. Letztlich wurde die Pflichtvorgabe zur Durchschnittsprüfung gestrichen und diese Prüfmethode in den Verantwortungsbereich der KZV und der Krankenkassen gelegt. Der Inhalt der Änderungen in Absatz 2 Satz 3 weist zwar in wörtlicher und systematischer Beziehung keine Nähe zu den Durchschnittsprüfungen aus, ist aber mit Blick auf den Sinn der Änderungen und die Interessenlagen auf alle Prüfformen auszudehnen. Die Vorgaben können ohne weiteres auf die zahnärztliche Prüfung nach Durchschnittswerten und weitere, vereinbarte Methoden übertragen werden. Würden Kürzungen vor (irgend)einer Prüfung berücksichtigt, würden Unwirtschaftlichkeiten nicht oder nur bedingt aufgedeckt und es käme es zu unverständlichen Verzerrungen.

Die geschilderte Problematik stellt sich im Rahmen des § 106a Absatz 2 nicht, da Satz 5 die vorgehenden Anordnungen umfassend in Bezug nimmt.

Festzuhalten bleibt, dass im gesamten System der Wirtschaftlichkeits- und Abrechnungsprüfung eine Interdependenz zwischen den verschiedenen Mechanismen bestehen muss.

ee) Ergebnis zu den Normbefunden

Die Bestimmung des § 106 Absatz 2 Satz 3, 2. Halbsatz sieht für alle Maßnahmen der Wirtschaftlichkeitsprüfung und die Vorschrift des § 106a Absatz 2 Satz

5 für die Abrechnungsprüfung vor, dass diese unabhängig von den sonstigen Begrenzungsregelungen durchzuführen sind.
Das Gesetz legt nicht abschließend fest, ob damit auch der Umfang der Honorarkürzungen nicht beeinflusst werden darf. Es ist jedoch der verpflichtende Grundsatz für die KZV und die Prüfgremien abzuleiten, eine Interdependenz zwischen den verschiedenen Kontrollmechanismen herzustellen.

III. Ergebnis

Mit gesetzlichen Vorgaben hat der Gesetzgeber die verschiedenen, unterschiedlichen Zwecken dienenden Prüfungsmechanismen der §§ 106 und 106a nebeneinander gestellt und eine gegenseitige Berücksichtigung bzw. die Berücksichtigung weiterer Verteilungs- und Kontrollinstrumente auf einer ersten Stufe ausgeschlossen.
Unzulänglich ist geregelt, ob die verschiedenen Verfahren auch bei der Festsetzung der Kürzungswerte nicht zu berücksichtigen sind und wie beim Aufeinandertreffen verschiedener Prüfungsmechanismen zu verfahren ist. Letztlich besteht jedoch kein schrankenloses Nebeneinander, sondern eine Anrechnungspflicht.[576] Wie mit dieser umzugehen ist, bleibt offen.

Wirtschaftlichkeits- und Abrechnungsprüfungen gehen in ihrer Veranlagung davon aus, dass nur die realen Honoraransprüche für das betroffene Quartal Grundlage der Prüfung sein können. Wird diese Systematik aufgebrochen, darf es nicht der Wahlfreiheit der Prüfgremien, der KZV und der Krankenkassen zugeordnet werden, wie die Kollision der beschriebenen Interessen zu lösen ist. Mit Blick darauf, dass grundrechtsrelevante Bereiche betroffen sind, bedarf es grundlegender Regelungen im HVV der KZV und der entsprechenden Prüfvereinbarungen. Diese sind nicht nur aufeinander abzustimmen, sondern auch in Übereinklang mit den gesamtvertraglichen Regelungen des KZV-Bezirkes zu bringen. Eine Beschäftigung ausschließlich der Prüfgremien oder der KZV mit der Frage des Zusammentreffens verschiedener Kürzungsmechanismen scheitert nicht nur daran, dass eine Beliebigkeit[577] einzusetzen droht und das Verhältnis der Wirtschaftlichkeits- zur Abrechnungsprüfung ungeklärt bleibt, sondern auch, weil der grundgesetzliche Eingriff einer normativen Regelung bedarf. Daher ist die KZV zusammen mit den Krankenkassen gehalten, im Rahmen der Prüfvereinbarung, aber auch im HVV verbindliche Vorgaben niederzulegen, welchem

---

576 Siehe unter II., 1.

577 So ist zu bedenken, dass es in der praktischen Auswirkung durchaus einen Unterschied macht, ob die Prüfgremien die Anerkennungsquote heranziehen, um die Bewertungspunktzahl (Fallgestaltung aus BSG, Urt. v. 5.11.2003 - B 6 KA 55/02 R = SozR 4-2500, § 106, Nr. 4) oder die Gesamtzahl (Fallgestaltung aus BSG, Urt. v. 23.2.2005 - B 6 KA 79/03 R = ArztR 2005, 291-294) der geprüften Einzelziffer prozentual entsprechend zu kürzen. Es drohen also weitere Verzerrungen bei der für die Qualität einer Wirtschaftlichkeitsprüfung ganz grundlegenden Berechnungen.

der denkbaren Lösungsansätze zu folgen ist und einen Verfahrensweg vorzugeben.
Dem SGB V sind mit Ausnahme der Regelungen zur Degression keine direkt verpflichtenden Vorgaben zum Inhalt dieser Vereinbarungen zu entnehmen. Die Alternativen sind durchaus vielfältig und hängen im Wesentlichen von dem im Einzelfall vorliegenden Zusammenspiel der Gesamtvergütungssystematik des KZV-Bezirks in Verbindung mit dem HVV sowie der Vereinbarungen zur Wirtschaftlichkeits- und Abrechnungsprüfung ab.

Auf der Ebene des HVV ist sowohl die prozentuale Absenkung von Punktwerten als auch von Punktzahlen denkbar. Als Folge der ersten Variante sinkt bei der Neuberechnung die durch den HVV bewirkte prozentuale Absenkung der Vergütung, was faktisch einer Erhöhung der Vergütung für die das Individualbudget übersteigenden Leistungen gleichkommt. Voraussetzung der letztgenannten Version wäre eine Bereinigung entweder der ursprünglichen Überschreitung der hvv-relevanten Punktmengen oder der gesamten ursprünglich zur Abrechnung eingereichten Punktsumme um die z. B. in der Wirtschaftlichkeitsprüfung festgesetzten Punktmengen. Sodann kann auf Grundlage der reduzierten Punktmenge die HVV-Berechnung erneut durchlaufen. Dabei müssen Mechanismen eingezogen werden, nach denen die Neuberechnung auf Grundlage des jeweils einschlägigen HVV zu einer prozentualen Verbesserung der Ansprüche des Vertragszahnarztes führt. Zu beachten und zu regeln sind ferner die Besonderheiten bei unbudgetierten Leistungen sowie im Rahmen der Vergütung des Zahnersatzes über Festzuschüsse.

Auf der Ebene der Wirtschaftlichkeits- und Abrechnungsprüfung kann bei der Berechnung vom Regelpunktwert bzw. - soweit noch nicht festgelegt - vom individuellen HVV-Punktwert im Sinne einer Anerkennungsquote oder aber von einem reduzierten praxisindividuellen Mischpunktwert als Ergebnis des Verhältnisses von im Rahmen des Regelleistungsvolumens vollständig vergüteten Punkten zu den darüber hinausgehenden, nur abgestaffelt vergüteten, Punkten ausgegangen werden. Kritisch zu bedenken ist regelmäßig, dass das Steuerungsverhalten des HVV und seine Auswirkung nicht ohne weiteres prozentual auf die Wirtschaftlichkeitsprüfung übertragen werden kann. Es stellt sich die Frage, was der das individuelle Budget überschreitende Wert damit zu tun hat, wie es zur Überschreitung hinsichtlich bestimmter Einzelziffern oder des Gesamtfallwertes gekommen ist.

Rechnerische Unsicherheiten dürfen dabei - abgesehen von Rundungsdifferenzen - nicht unter Hinweis auf gewährte Toleranzen oder notwendige typisierende Betrachtungsweisen überspielt werden. Es muss der Vereinbarung den Körperschaften überlassen bleiben, ob die KZV durch die Neuberechnung und das „Weniger" an HVV-Kürzung eine Einbuße hinnehmen muss und aus der Gesamtvergütung die Differenz zwischen den Zahlungen an die Krankenkassen und der nachträglich erhöhten HVV-Auszahlung an den Vertragszahnarzt zu übernehmen hat oder ob diese Differenz von den Krankenkassen zu tragen ist. Denkbar ist auch eine Unterteilung zwischen den fest zu vergütenden Punkten innerhalb des Individualbudgets und den floatend bewerteten Punkten außerhalb des Budgets.

Im Sinne einer handhabbaren Systemgerechtigkeit ist es angezeigt, der Selbstverwaltung der KZV und der Krankenkassen die Pflicht für spezifische Regelungen aufzuerlegen. Dabei sind die gesetzlichen Vorgaben sowie die benannten Abwägungskriterien durchweg zu beachten. Der Grundsatz der Effizienz der Verwaltung kann nur am Rande Geltung beanspruchen.
Entgegenstehende Festlegungen innerhalb der HVV, die bestimmen, dass das Verfahren zur Überprüfung der Behandlungsweise und Abrechnung des Zahnarztes sowie Honorarkürzungen aus der Degression durch den HVV nicht berührt werden und umgekehrt auch der HVV durch diese Mechanismen nicht beeinträchtigt wird, sind rechtswidrig. Regelungen, die dazu führen, dass vom Vertragszahnarzt mehr zurückgefordert wird, als er tatsächlich erhalten hat, sind unzulässig.

IV. Zusammenfassung und Ausblick

Die Wirtschaftlichkeits- und Abrechnungsprüfung ist einem steten Wandel durch den Gesetzgeber unterworfen. Jede Änderung ist von dem Bemühen geprägt, mehr Effizienz zu erreichen und gleichzeitig den Krankenkassen und den Kassenzahnärztlichen Vereinigungen eigenen Handlungsspielraum zu belassen. Diese Kombination stellt sich regelmäßig als Widerspruch dar. Der Ausgangspunkt der Reformbemühungen ist häufig ein Änderungsbedarf im vertragsärztlichen Bereich. Man kann den Eindruck gewinnen, dass die besonderen Strukturen des Vertragszahnarztrechtes bei der Formulierung des Gesetzestextes selten beachtet werden. Die Rechtsprechung ist in Anbetracht des komplexen Zusammenspiels zwischen Grundgesetz, SGB V und diversen untergesetzlichen, jeweils kzv-spezifischen Regelungen kaum in der Lage, eine klare Struktur der Möglichkeiten und Grenzen der Prüfungen herauszuarbeiten. Fast regelmäßig muss die obergerichtliche Rechtsprechung auf „übergeordnete Grundprinzipien“ oder das Verhältnismäßigkeitsprinzip zurückgreifen, um einigermaßen tragfähig begründete Ergebnisse erreichen zu können.
Die vorliegend untersuchte Problematik des Aufeinandertreffens verschiedener Kontrollmechanismen verschärft die Komplexität deutlich, zumal in der vertragszahnärztlichen Abrechnung noch Besonderheiten zu berücksichtigen sind.

Die Neufassung der §§ 106 und 106a ändert an diesem grundsätzlichen Befund wenig. Zwar soll der Vertragszahnarzt besser beraten werden, eine unmittelbare Auswirkung auf die Prüfungen hat dieser Ansatz jedoch nicht. Auch sollte die Qualität und die Effizienz der Wirtschaftlichkeitsprüfungen gesteigert werden, die statistische Vergleichsprüfung wurde aber keineswegs abgeschafft. Ob der

verbesserte Datenaustausch und die Professionalisierung der mit einem unabhängigen Vorsitzenden neu besetzten Prüfgremien einen Fortschritt mit sich bringen, wird abzuwarten sein, die ersten praktischen Erfahrungen sprechen nicht dafür.
Im Rahmen der Zuständigkeiten bei der Anwendung des § 106 bzw. des § 106a ist eine deutliche Abgrenzung zwischen Unwirtschaftlichkeit und Unrichtigkeit erforderlich. Dies gilt auch in Bezug auf den genauen Prüfungsumfang, insbesondere mit Blick auf das Festzuschusssystem, sowie die detaillierte Betrachtung der Vergleichsgruppen. Bei letzteren und bei den Praxisbesonderheiten bzw. den kompensatorischen Einsparungen muss es aufgrund des schnellen Wandels in der Zahnmedizin und der Spezialisierung der Vertragszahnärzte zu einer Anpassung der rechtlichen Bewertung kommen.
Diese Aspekte bewegen sich allerdings im bestehenden System der Wirtschaftlichkeits- und Abrechnungsprüfung, welches durch das GMG insoweit keinem grundlegenden Wandel unterzogen wurde.

Die Frage des Aufeinandertreffens verschiedener Prüfungs- und Kontrollmechanismen hat das Gesetz nur rudimentär beantwortet. Während auf einer ersten Stufe noch erkennbar ist, dass im Sinne einer Vergleichbarkeit eine unabhängig von der Prüfmethode unbeeinflusste Aufbereitung erfolgen soll, existiert zur Folgeproblematik, nämlich ob auf der zweiten Stufe der Ergebnisfindung eine Beeinflussung ausgeschlossen ist oder nicht, keine verwertbare Vorschrift. Der Rückgriff auf allgemeine Vorgaben führt zu dem Resultat, dass in jedem Fall eine Interpendenz hergestellt werden muss. Die sich anschließende Ungewissheit, wie diese zu erreichen ist, wird vom Gesetz ebenfalls nicht beseitigt. Lediglich bei der Degression ist ein Anwendungsvorrang dieses Mechanismus bestimmt. Im Übrigen bleibt offen, ob die Interpendenz auf der Ebene der Wirtschaftlichkeits- und Abrechnungsprüfung oder der Honorarverteilung hergestellt werden soll. Hier sind die Krankenkassen und die Kassenzahnärztlichen Vereinigungen gehalten, klare Vorgaben in den Prüfvereinbarungen und den Honorarverteilungsverträgen zu normieren.

Das Vergütungssystem der Vertragszahnärzte nimmt auf der einen Seite, z. B. durch das Festzuschusssystem, an Komplexität ab und erreicht in diesen Bereichen eine bescheidene Transparenz und Gerechtigkeit. Auf der anderen Seite birgt jede Reform oder Einführung von Verteilungs- und Kontrollmechanismen die Gefahr einer kaum mehr durchsichtigen Vergütungsstruktur inklusive der damit zusammenhängenden rechtlichen Problematiken auf verschiedenen Ebenen, unter Beachtung verschiedener Zuständigkeiten, Interessen und gesetzlicher Vorgaben. Offensichtlich ist das derzeit geltende Verfahren zur Verteilung und Kontrolle der Gesamtvergütung den Betroffenen kaum mehr zu vermitteln.
Sinnvoll wäre ein Honorarsystem, welches nicht nach Leistungsmenge vergütet, sondern mit Festpreisen arbeitet und einzelne Behandlungsschritte oder -

komplexe bei einer weiterhin bestehenden sinnvollen Budgetierung angemessen honoriert. Zudem sollten qualitative Aspekte eine höhere Beachtung erfahren.

BOCHUMER SCHRIFTEN ZUM SOZIALRECHT

Herausgegeben von Friedrich E. Schnapp

Band 1 Friedrich E. Schnapp (Hrsg.): Probleme der Rechtsquellen im Sozialversicherungsrecht, Teil I. Tagungsband zum 5. Fachkolloquium des Instituts für Sozialrecht am 25./26. Juni 1997 in Bochum. 1998.

Band 2 Friedrich E. Schnapp (Hrsg.): Probleme der Rechtsquellen im Sozialversicherungsrecht, Teil II. Tagungsband zum 6. Fachkolloquium des Instituts für Sozialrecht am 25./26. Juni 1998 in Bochum. 1999.

Band 3 Reinhard Dettmeyer: Die verfassungsrechtlichen Grenzen für die gesetzliche Einführung einer *Verwaltungssektion* bei medizinisch unklaren Todesfällen. 1999.

Band 4 Friedrich E. Schnapp (Hrsg.): Finanzierungsfragen der Sozialversicherung. Am Beispiel des Arbeitsförderungsrechts. Tagungsband zum 31. Praktikerseminar des Instituts für Sozialrecht am 28. November 1998 in Bochum. 2000.

Band 5 Claudia Bader: Die einmaligen Leistungen zur Hilfe zum Lebensunterhalt nach dem Bundessozialhilfegesetz. 2000.

Band 6 Friedrich E. Schnapp (Hrsg.): Probleme der Rechtsquellen im Sozialversicherungsrecht Teil III. Tagungsband zum 7. Fachkolloquium des Instituts für Sozialrecht am 24./25. Juni 1999 in Bochum. 2000.

Band 7 Friedrich E. Schnapp (Hrsg.): Begutachtungsseminar "Medizin und Recht". Tagungsband zum 1. Begutachtungsseminar am 13. und 14.11.1998 in Bochum. 2001.

Band 8 Friedrich E. Schnapp (Hrsg.): Funktionale Selbstverwaltung und Demokratieprinzip – am Beispiel der Sozialversicherung. Tagungsband zum 8. Fachkolloquium des Instituts für Sozialrecht am 28./29. Juni 2000 in Bochum. 2001.

Band 9 Friedrich E. Schnapp (Hrsg.): Rechtsfragen der gemeinschaftlichen Berufsausübung von Vertragsärzten. Tagungsband zum 9. Fachkolloquium des Instituts für Sozialrecht am 21./22. Juni 2001 in Bochum. 2002.

Band 10 Thomas Wilk: Die Rechtsbeziehungen im Vertragsarztwesen unter besonderer Berücksichtigung der Rechtsstellung des Belegarztes. 2005.

Band 11 Astrid Windels-Pietzsch: Friedenswahlen in der Sozialversicherung. Insbesondere Untersuchungen zu den Entscheidungsfreiräumen der Sozialversicherungsträger und ihrer Verbände. 2005.

Band 12 Manuela Müller: Reform und Perspektiven des Leistungsrechts im gegliederten Rehabilitationssystem. Eine Untersuchung zur Ausgestaltung der rehabilitationsrechtlichen Leistungskataloge unter besonderer Berücksichtigung verfassungsrechtlicher Maßgaben. 2007.

Band 13 Ralf Großbölting: Die vertragszahnärztliche Wirtschaftlichkeits- und Abrechnungsprüfung. Unter besonderer Berücksichtigung vergütungsrelevanter Verteilungsmechanismen. 2007.

www.peterlang.de

Peter Lang · Internationaler Verlag der Wissenschaften

Dominik Roters

Die gebotene Kontrolldichte bei der gerichtlichen Prüfung der Richtlinien des Bundesausschusses der Ärzte und Krankenkassen

Frankfurt am Main, Berlin, Bern, Bruxelles, New York, Oxford, Wien, 2003.
XLIV, 273 S.
Frankfurter Schriften zur Gesundheitspolitik und zum Gesundheitsrecht.
Herausgegeben von Ingwer Ebsen und Roland Eisen. Bd. 1
ISBN 978-3-631-50241-9 · br. € 51.50*

Für die Gesetzliche Krankenversicherung ist der Bundesausschuss ein Kompetenzzentrum zur Bestimmung von Wirksamkeit und Wirtschaftlichkeit medizinischer Leistungen. Für die Rechtswissenschaft ist er eine schillernde Organisationsform zwischen Sachverständigengremium und Organ der gemeinsamen Selbstverwaltung. In der sich nun schon über Jahre hinziehenden rechtsdogmatischen Diskussion gelingt der Arbeit ein neuer Zugriff: Überzeugend, gut strukturiert und anschaulich formulierend erarbeitet der Autor die gerichtliche Kontrolldichte und findet hier den Schlüssel für die zentralen Rechtsfragen: demokratische Legitimation des Bundesausschusses, Bindungswirkung der Richtlinien und Auslegung des Wirtschaftlichkeitsgebotes im SGB V.

Aus dem Inhalt: Der Versicherte, die Krankenkassen, die Vertragsärzte und deren Rechtsbeziehungen · Der Bundesausschuss, seine Richtlinien und deren Verfassungsmäßigkeit · Die Kontrolldichte für untergesetzliche Rechtsnormen · Die gebotene Kontrolldichte für die Richtlinien des Bundesausschusses

Frankfurt am Main · Berlin · Bern · Bruxelles · New York · Oxford · Wien
Auslieferung: Verlag Peter Lang AG
Moosstr. 1, CH-2542 Pieterlen
Telefax 0041 (0)32/376 17 27

*inklusive der in Deutschland gültigen Mehrwertsteuer
Preisänderungen vorbehalten

Homepage http://www.peterlang.de

FSC
www.fsc.org
MIX
Papier | Fördert gute Waldnutzung
FSC® C083411

Kolibri 360 GmbH
Ferdinand-Jühlke-Straße 7
99095 Erfurt, Deutschland
produktsicherheit@kolibri360.de

Druck:
CPI Druckdienstleistungen GmbH
im Auftrag der
Kolibri 360 GmbH
Ferdinand-Jühlke-Str. 7
99095 Erfurt